Florian Hauck

Schillers Denkbilder

Florian Hauck

Schillers Denkbilder

Die Kunst in den ästhetischen Schriften

Dissertation, Julius-Maximilians-Universität Würzburg
Philosophische Fakultät, 2017
Gutachter: Prof. Dr. Helmut Pfotenhauer, Prof. Dr. Wolfgang Riedel

Impressum

Julius-Maximilians-Universität Würzburg
Würzburg University Press
Universitätsbibliothek Würzburg
Am Hubland
D-97074 Würzburg
www.wup.uni-wuerzburg.de

© 2020 Würzburg University Press
Print on Demand

Covergrafik: Shadow of Schiller / johnny_automatic, Public Domain

ISBN 978-3-95826-142-6 (print)
ISBN 978-3-95826-143-3 (online)
DOI 10.25972/WUP-978-3-95826-143-3
URN urn:nbn:de:bvb:20-opus-207254

Vorwort

Schiller hat sich selbst als „Barbar" in Fragen der bildenden Kunst bezeichnet. Dadurch unterscheidet er sich signifikant von kunstbesessenen Zeitgenossen wie Goethe. Dennoch hat sich Schiller an Schlüsselstellen seines Werkes, besonders den ästhetischen Schriften der 90er Jahre, auf die Evidenz der Kunstwerke, besonders die damals kanonischen der antiken Plastik, berufen. Man hat ihm dies als konventionellen, epigonalen Klassizismus im Gefolge des von Winckelmann etablierten Zeitgeschmacks ausgelegt. Die neuere Forschung schickt sich an, dem zu widersprechen: Die Bezüge auf Bildnisse – wie die sog. Juno Ludovisi als Vermittlerin zwischen Anmut und Würde – sind zu emphatisch, systematisch gesehen zu zentral, um sie dergestalt marginalisieren zu dürfen. Hier setzt vorliegende Studie an. Sie greift die rezenten Erkenntnisse auf und hebt sie durch akribisch-textnahe Studien auf eine neue Ebene.

Sichtbar wird im Durchgang der einschlägigen Schriften, angefangen mit den ‚Briefen eines reisenden Dänen‘, über jene großen ästhetischen Essays bis hin zu den späten Beiträgen zu Goethes „Propyläen", wie eigenständig Schiller als Denker zwischen Begriff und Anschauung oszilliert – philosophisch riskant, von Fichte der systematischen Unsauberkeit geziehen, und doch originell, auf der Lizenz zum bildhaften Schreiben bestehend. Die Kunst mag als Mittelglied zwischen dem Sinnlich-Erscheinenden und dem über dieses hinausweisenden Übersinnlich-Erhabenen nicht begriffskonform sein und doch oder gerade deshalb eine Vermittlung mit eigenem konfigurativen Recht verheißen. Schillers jahrelange Auseinandersetzung mit Kant erscheint in diesem Kontext ebenso eigenwillig: anthropologisch die Menschennatur und das Leid an ihr geltend machend gegenüber einem bei Kant wahrgenommenen ästhetischen Formalismus des Spiels der Erkenntniskräfte.

Nicht das Kunstwerk in seiner konkreten Gestalt zählt demnach, sondern die Kunst – die Kunst als Reservoir von Vorbildern für die Versöhnung des begrifflich Getrennten. Nicht die Erfahrung von Kunst ist maßgeblich, sondern das Denken mit den Lizenzen künstlerischer Freiheit. Dazu muss man kein avancierter Kenner der geschichtlichen Wirklichkeit der Bildnisse sein, sondern ein philosophisch wagemutiger Kopf. Schiller ist im Gegensatz zu den meisten seiner ästhetisch ambitionierten Zeitgenossen nie in Italien gewesen, nie auf den Spuren der großen Werke an ihrem historischen Ort. Und hat dennoch viel zur Kunst und mittels der Kunst zu sagen.

Vorliegende Studie zeigt in der Mikroanalyse der Texte und im Zusammenhang der wichtigen diskursiven Formationen, dass dies weit mehr ist als ein Zugeständnis an den herrschenden Geschmack.

Helmut Pfotenhauer

Inhaltsverzeichnis

Vorwort I

Inhaltsverzeichnis III

1   Einführung 1

2   Muster und Vorgänger. Schillers eklektische Rückgriffe 11

   2.1   Abel und der Karlsschulunterricht... 12

      2.1.1   Grundlagen der Schillerschen Ausbildung................................ 12

      2.1.2   Schillers Rezeption des Philosophieunterrichts in den
           Abschlussdissertationen 24

           2.1.2.1   *Philosophie der Physiologie* 24

           2.1.2.2   *Versuch über den Zusammenhang der tierischen Natur des Menschen
                  mit seiner geistigen* 34

   2.2   Schillers und Lessings reziprokes Verhältnis.................................... 44

   2.3   Schillers Kantrezeption.. 60

      2.3.1   Kants ›formale Zweckmäßigkeit‹ und Schillers ›Freiheit in der
           Erscheinung‹.. 63

           2.3.1.1   Kant und die Analyse des Schönen 67

           2.3.1.2   Schiller und das Schöne.. 72

      2.3.2   Kants ›interesseloses Wohlgefallen‹ und Schillers ›ästhetischer
           Zustand‹.. 84

           2.3.2.1   Kant und dessen erste Bestimmung des Schönen 84

           2.3.2.2   Schiller und der ›ästhetische Zustand‹......................... 87

3   Nachträgliche Begründung des ästhetischen Philosophierens.......... 97

   3.1   Metaphorisches Philosophieren? Schiller und Fichte........................ 97

   3.2   Fichtes *Ueber Geist und Buchstab in der Philosophie* im Kontext der *Horen*
      Schillers.. 99

   3.3   Der Briefwechsel nach der Ablehnung. Fragmente einer Eskalation 117

   3.4   Schillers *Über die notwendigen Grenzen* als Abschluss des Disputs.....125

4   Ästhetisches *work in progress*. Schillers Zugriffe 133

   4.1   Anthropologie und Kunst. Der *Brief eines reisenden Dänen* 134

      4.1.1   Winckelmannepigonalität bei Schiller?......................................137

4.1.1.1 Klimatheorie...137

4.1.1.2 Statuenbeschreibungen...142

4.1.1.2.1 Herkules Farnese und Torso...142

4.1.1.2.2 Laokoon...154

4.1.1.2.3 Apoll vom Belvedere...161

4.1.2 Inszenierung der Kunstbegeisterung im *Brief* 168

4.1.2.1 Herrschaftskritik und Biologie 170

4.1.2.2 Der ›gipserne‹ Kunstenthusiasmus...174

4.1.2.3 Die klassizistische Trias...179

4.2 Formationen des Weiblichen. Venus und Juno.............................184

4.2.1 Visionen der Vereinigung. *Anmut* und *Würde* 184

4.2.2 Der Mythos als Zeichen der Depotenzierung der Kunst...........190

4.2.3 Der Salon als Formation des Weiblichen in der Gesellschaft 198

4.3 Paradigmatischer Laokoon. Schiller und das Erhabene 206

4.3.1 Schillers Konzept des Erhabenen.......................................206

4.3.2 Die Spur Laokoons durch Schillers ästhetische Schriften........................213

Exkurs: Goethes Aufsatz *Über Laokoon*.....................................220

5 Abschließende Einblicke in Schillers Kunstverständnis und Ausblicke auf seinen *Propyläen*-Beitrag...225

6 Literaturverzeichnis 233

6.1 Quellen..233

6.1.1 Schiller-Werkausgaben...233

6.1.2 Werkausgaben anderer Autoren......................................234

6.1.3 Andere Quellen 235

6.2 Forschungsliteratur..237

1 Einführung

Die Frage, was Anthropologie sei, muss im Grunde nicht mehr gestellt werden, dafür hat dieser Begriff und was darunter zu verstehen ist, in den letzten Jahrzehnten zu viel Interesse und eine zu bedeutende Karriere in der Forschung erlebt. Dennoch muss man sich über Einiges klar werden, was in einem spezifischen Fall damit gemeint ist. Auch und gerade dann, wenn diese als ein zentrales und bestimmendes Wirkungsmuster im Denken Schillers angesehen wird. Anthropologie, das ist also zunächst ›ein weites Feld‹ – und doch lässt sich dieses vielfältige Thema auf zwei Hauptlinien einschränken und beide mit dem Autor Friedrich Schiller in Verbindung bringen.

Da ist zum einen die historische Anthropologie als Leitdisziplin der Popularphilosophie in der zweiten Hälfte des 18. Jahrhunderts. Letztere hat bis in die heutige Zeit allzu häufig einen schweren Stand, da sie als sekundäre oder gar ›seichte‹[1] Philosophie eines ›Dazwischen‹ angesehen wird. Zeitlich gesehen erlebt sie tatsächlich ihren Höhepunkt zwischen der Schulphilosophie, die am Übergang zum und im frühen 18. Jahrhundert maßgeblich geprägt wird von Gottfried Wilhelm Leibniz und Christian Wolff, und der Transzendentalphilosophie Immanuel Kants. Besonders im Vergleich zur sogenannten Schulphilosophie zeigt sich ein essentieller Unterschied. Während sich die *Popular*philosophie als ein offenes Philosophieren versteht, das sich prinzipiell jedem anbietet, der sich, selbst autodidaktisch, durch entsprechende Lektüre ausgebildet hat, bildet die *Schul*philosophie wesentlich strengere und somit tendenziell hermetische Systeme aus; zugleich etablieren sich Kreise, besagte ›Schulen‹ wie die Leibniziener oder Wolffianer, späterhin die Kantianer, die wesentlich an der Verbreitung der Philosophie ihrer jeweiligen Namenspatrone beteiligt sind. – Freilich entstammt eine Kritik des populären Philosophieren zumeist aus den Reihen der etablierten Fachphilosophie, so dass sich mitunter die Frage stellt, ob nicht bisweilen ein gewisser Neid auf die breitere Wirkung der Popularphilosophie eine Rolle spielt. Damals wie heute gilt, so beispielsweise vergleichbar der Literaturkritik, alles dasjenige, was als zu offen wahrgenommen wird, und was sich deswegen einem zu großen Kreis von Rezipienten erschließt, als mindere Qualität. Somit ist der zentrale Vorwurf an die Popularphilosophie, dass sie einmal einem zu großen Kreis offensteht und dass sie allgemein zu leicht fasslich zu sein scheint.

Das übersieht jedoch gleichzeitig die eminente Bedeutung, die dieser als zu ›leicht‹ verschmähten Philosophie zukommt. Sie ist maßgeblich daran beteiligt, die Sinnlichkeit des Menschen als dessen andere Natur aufzuwerten. Nachdem die Schulphilosophie als Fortsetzung der frühaufklärerischen rationalen Philosophie vor allem am Verstandesprimat sowie der cartesianischen Substanzentrennung festgehalten hat, besinnt sich die Popularphilosophie des ›anderen‹, des ›thomasischen Erbes‹: Dass der Mensch nicht allein aus dem Geist, dem Intellekt – oder auch Seele, die, obschon oftmals weitestgehend synonym mit Geist verwendet, doch ebenso mit mehr oder weniger theologischem Gehalt zu denken ist – besteht, sondern zusätzlich auf den Körper angewiesen ist. Schließlich, so lässt sich billig argumentieren, benötigt die Seele ein ›Trägermaterial‹, da sie als immateriell angesehen

[1] Vgl. Feger, Hans: Durch Schönheit zur Freiheit der Existenz – Wie Schiller Kant liest. In: Monatshefte 97 (2005), 3. Heft. S. 439-449. Hier: S. 439.

wird. Wenn aber der Körper nicht mehr nur als gleichsam ›lästiges Anhängsel‹ des Geistes zu werten ist, muss er in sein eigenes Recht eingesetzt werden.[2]

Es ist darum nicht von geringer Bedeutung, dass in der zweiten Hälfte des 18. Jahrhunderts sich die Anthropologie nicht allein über aufgeschlossene Philosophen verbreitet sondern auch über philosophisch ausgebildete Ärzte. Zu bedenken ist dabei, dass während jenes Jahrhunderts die Philosophie in besonderem Maß als eine Fundamentalwissenschaft gesehen wird, die dem Menschen hilft, das (systematische) Denken zu lernen. Unter dieser gleichsam propädeutischen Perspektive erschließt es sich leicht, dass es vor allem Ärzte sind, die während der Behandlungen und Therapien erkennen müssen, dass ein Zusammenhang zwischen dem Geist und dem Körper existieren müsse, ungeachtet des Umstandes, dass die Philosophie diesen gerade negiert, weil sie, vielleicht zu lange, an der Differenz der ›res extensa‹ und der ›res cogitans‹ festgehalten hat, also am allzu strikten Dualismus von Körper und Geist. Vor aller Begrifflichkeit haben die Ärzte erkannt, dass es für den therapeutischen Erfolg nachteilig ist, wenn sich der Patient in einer ›dunklen‹ Stimmung befindet, also melancholisch oder depressiv ist, während die Hebung dieser Stimmung die Heilung verbessert. Daher postulieren gerade sie, dass es ausschließlich die Verbindung der beiden Naturen ist, was den Menschen ausmache. Es ist mithin die Medizin, die an der Beseitigung der strengen Substanzentrennung erheblichen Anteil hat. Hinzu kommen in dieser zweiten Jahrhunderthälfte mehrere Entdeckungen, sowohl aus dem medizinischen als auch aus dem philosophischen Umfeld, welches die zeitgenössische theoretische ›Psychologie‹ beinhaltet. Einmal diejenige der Nerven, die die zeitgenössische Medizin jedoch nicht ganz ihrer Funktion gemäß zuordnen kann, so dass sie auf zahlreiche Spekulationen angewiesen ist. Zum anderen die ›erste‹ Entdeckung des Unbewussten. Es ist Johann Georg Sulzer, der eine entsprechende Theorie entwickelt, wie er auch erstmals sprachliche Fehlleistungen erfasst, die heute mit einem geflügelten Wort als ›Freudsche Versprecher‹ bezeichnet werden. Mit anderen Worten: im späten 18. Jahrhundert entdeckt man einen möglichen Zusammenhang zwischen dem Körper und dem Geist des Menschen; zugleich erkennt man, dass das Wachbewusstsein, wie man heute sagen würde, nicht allein ›Herr im Haus‹ aller mentalen Kräfte ist.[3]

Gerade anhand der Frage nach dem Zusammenhang des Körpers mit dem Geist, zeitgenössisch gesprochen: anhand der Frage nach dem ›commercium mentis et corporis‹, lässt sich erkennen, wie interdisziplinär die Anthropologie angelegt ist. Daher sind es wiederum Ärzte, die als erste von der ›Anthropologie‹ als der Wissenschaft vom ›Ganzen Menschen‹ sprechen; überhaupt wird die Rede vom ›Ganzen Menschen‹ zu einem zentralen Schlagwort

---

[2]   Vgl. Riedel, Wolfgang: Influxus physicus und Seelenstärke. Empirische Psychologie und moralische Erzählung in der deutschen Spätaufklärung und bei Jacob Friedrich Abel. In: Anthropologie und Literatur um 1800. Hrsg. v. Jürgen Barkhoff, Eda Sagarra. München 1992. (= Publications of the Institute of German Studies. University London. Bd. 54). S. 24-52. Vgl. auch ders.: Erkennen und Empfinden. Anthropologische Achsendrehung und Wende zur Ästhetik bei Johann Georg Sulzer. In: Der ganze Mensch. Anthropologie und Literatur im 18. Jahrhundert. DFG-Symposion 1992. Hrsg. v. Hans-Jürgen Schings. Stuttgart, Weimar 1994. (= Germanistische Symposien Berichtsbände. Bd. 15). S. 410-439. Vgl. ebenso ders.: Erster Psychologismus. Umbau des Seelenbegriffs in der deutschen Spätaufklärung. In: Zwischen Empirisierung und Konstruktionsleistung. Anthropologie im 18. Jahrhundert. Hrsg. v. Heinz Thoma, Jörn Garber. Tübingen 2004. (= Hallesche Beiträge zur Europäischen Aufklärung. Bd. 24). S. 1-17.

[3]   Vgl. ebd.

der Zeit, worin ausgedrückt wird, dass nicht mehr die vereinzelten Naturen des Menschen, mithin sein Körper und das Sinnliche sowie die Seele und der Geist, getrennt von der jeweils anderen behandelt werden sollen, sondern die Doppelnatur des Menschen selbst im Fokus stehen müsse. In diesem Bezug stehen all jene Studien der Zeit, die sich dem ›commercium‹-Problem widmen.

Eben in diesem Zentrum steht auch Friedrich Schiller.[4] In der Hohen Karlsschule wird er, auf Druck des Herzogs, zum Arzt ausgebildet. Gleichzeitig hat der maßgebliche Philosophieprofessor, Jacob Friedrich Abel, bereits im Vorfeld eine Aufstockung des Deputats der philosophischen Ausbildung für alle Fächer beim Herzog durchgesetzt, so dass Schiller, obgleich ›Medizinstudent‹ eine umfangreiche philosophische Grundausbildung erhält.[5] Somit vereinigt sich in der Person Schiller das Interdisziplinäre der Anthropologie auf einzigartige Weise. Der Philosophieunterricht von Abel fällt bei Schiller auf denkbar fruchtbaren Boden;[6] zugleich vermischt sich dieses Philosophisch-Spekulative mit dem zeitgenössischen medizinischen Wissen. Damit organisiert sich in Schillers Denken ein philosophisch-anthropologisches Paradigma, welches eine erste Ausprägung in den beiden vor allem philosophischen Abschlussschriften findet, der *Philosophie der Physiologie* und dem *Versuch über den Zusammenhang der tierischen Natur des Menschen mit seiner geistigen*.[7] Ich spreche deshalb von einem Paradigma, einem Denkmuster, da Schiller das in der Karlsschule Gelernte nicht nur in den dortigen Dissertationen anwendet, sondern sich dieses zu einem beständigen und fundamentalen Hintergrund seines Denkens ausweitet. In sämtlichen Schriften nach dem Verlassen der Karlsschule wird Schiller über den anthropologischen Zusammenhang schreiben, seien es Dramen, seien es historiographische Schriften oder auch die ästhetischen Schriften im engeren Sinn. Bei Schiller steht stets der Mensch im Mittelpunkt des Interesses – und damit zugleich die ›conditio humana‹, welche über alle ›Schreibepochen‹ Schillers hinweg sowie durch sämtliche literarische Gattungen ihre Ausformulierung erfährt.

In besonderer Weise erfährt das zentrale anthropologische Paradigma vom ›Ganzen Menschen‹ seine Ausformung bei Schiller. Denn in dessen Sinn geht er argumentativ immer wieder in einem Dreischritt vor. Eine Entsprechung mag man in der logischen Trias These – Antithese – Synthese sehen; drückt man es anhand der betreffenden Vorstellungen aus, die Schiller aus der Karlsschule mitnimmt, sind dies Körper – Geist – deren Vereinigung, also der Mensch. Dieses triadische Denken wird sich in vielfacher Weise manifestieren: in

---

[4]   Vgl. Bösmann, Holger: Projekt Mensch. Anthropologischer Diskurs und Moderneproblematik bei Friedrich Schiller. Würzburg 2005. (= Würzburger Beiträge zur deutschen Philologie. Bd. 30).

[5]   Vgl. hierzu das Kapitel 2.1 dieser Arbeit.

[6]   Vgl. hier die maßgebliche Edition der Schriften dieses für Schiller so eminenten Ideengebers von Wolfgang Riedel, der damit nicht nur die Anthropologie im Hinblick auf Friedrich Schiller untersucht hat, sondern in seinem umfangreichen Kommentar der Popularphilosophie des späten 18. Jahrhunderts auch den ihr gebührenden Rang zuweist: Abel, Jacob Friedrich: Eine Quellenedition zum Philosophieunterricht an der Stuttgarter Karlsschule (1773-1782). Mit Einleitung, Übersetzung, Kommentar und Bibliographie hrsg. v. Wolfgang Riedel. Würzburg 1995.

[7]   Vgl. Willems, Gottfried: »Vom Zusammenhang der tierischen Natur des Menschen mit seiner geistigen«. Das medizinische Wissen des 18. Jahrhunderts und der Menschenbildner Schiller. In: Schiller im Gespräch der Wissenschaften. Hrsg. v. Klaus Manger, Gottfried Willems. Heidelberg 2005. (= Ereignis Weimar – Jena. Kultur um 1800. Ästhetische Forschungen. Bd. 11). S. 57-77.

den ästhetischen Schriften als ›Anmut‹ und ›Würde‹ sowie daraus abgeleitet die ›schöne Seele‹, die zugleich Würde zeigt. Oder auch ›Stofftrieb‹ und ›Formtrieb‹, die sich gegenseitig im ›Spieltrieb‹ aufheben. Ebenso in seiner Geschichtsphilosophie, in der die vollkommene Vergangenheit als solche historisiert wird und gespiegelt in der unvollkommenen Gegenwart. Zugleich soll die Zukunft aufscheinen als ideale Wiedergewinnung des verlorenen Zustandes. Dies sei gesagt als grundlegender Hinweis zur Verwendung des anthropologisch gedachten ›Ganzen Menschen‹ bei Schiller.

Da ist zum anderen aber auch die zweite Hauptlinie der Anthropologie, als sogenannte ›Literarische Anthropologie‹.[8] Diese ist eine heutige literaturwissenschaftliche Richtung, die etwa zeitgleich mit der Entdeckung und Aufwertung der Popularphilosophie des 18. Jahrhunderts in den 1980er Jahren entwickelt worden ist. Grundlegend hierfür ist die Anerkennung der Literatur als eigene Epistemologie.[9] Die Literatur, hier ist im engeren Sinn die belletristische gemeint, vermittelt also nicht nur die Erkenntnisse anderer Wissenschaften, sie selbst trifft Aussagen über ihr Objekt. Das Objekt der Literatur wiederum ist in jedem Fall der Mensch, da sie von nichts anderem handeln kann; denn selbst wenn sie an der Oberfläche von den Realien der Welt berichtet, geschieht dies immer unter dem menschlichen Blickwinkel desjenigen, der schreibt. Mit anderen Worten: wie die historische Anthropologie als Verschwisterung von Philosophie und Medizin sich zum Menschen äußert, vor allen Dingen zu seiner vereinigten Doppelnatur, so hat die literarische Anthropologie als literaturwissenschaftliche Teildisziplin erkannt, dass jedes literarische Werk vom Menschen spricht; entweder vom schreibenden Menschen im Sinne einer (Auto-)Biographie oder vom Verhältnis der Menschen untereinander oder letztlich vom Verhältnis des Menschen zu seiner Umwelt.

Wiederum gerät hierbei Friedrich Schiller schnell in den Blick der Forschung. Immerhin hat er an der Karlsschule eine anthropologische Ausbildung von beiden grundlegenden Wissenschaften aus, von der Philosophie und der Medizin, erhalten, so dass er wie nur wenige andere Autoren seiner Zeit darauf bedacht ist, die Doppelnatur des Menschen im Blick

---

8   Vgl. Pfotenhauer, Helmut: Literarische Anthropologie. Selbstbiographien und ihre Geschichte – am Leitfaden des Leibes. Stuttgart 1987. Vgl. ebenso: Riedel, Wolfgang: Art. ›Literarische Anthropologie‹. In: Reallexikon der deutschen Literaturwissenschaft. Bd. II. H-O. Gemeinsam mit Georg Braungart, Klaus Grubmüller, Jan-Dirk Müller, Friedrich Vollhardt u. Klaus Weimar hrsg. v. Harald Fricke. Berlin, New York 2007. [= Broschierte Sonderausgabe]. S. 432-434. Vgl. ders.: Anthropologie und Literatur in der deutschen Spätaufklärung. Skizze einer Forschungslandschaft. In: Internationales Archiv für Sozialgeschichte der deutschen Literatur. Sonderheft 6 (1994). Forschungsreferate 3. S. 93-157. Vgl. ders.: Literarische Anthropologie. Eine Unterscheidung. In: Wahrnehmen und Handeln. Perspektiven einer Literaturanthropologie. Hrsg. v. Wolfgang Braungart, Klaus Ridder, Friedmar Apel. Bielefeld 2004. (= Bielefelder Schriften zu Linguistik und Literaturwissenschaft. Bd. 20). S. 337-366. Vgl. hier auch umfänglich folgenden Sammelband, welcher thematisch expressis verbis unter dem genannten Schlagwort steht: Der ganze Mensch. Anthropologie und Literatur im 18. Jahrhundert. DFG-Symposion 1992. Hrsg. v. Hans-Jürgen Schings. Stuttgart, Weimar 1994. (= Germanistische Symposien Berichtsbände. Bd. 15). Darin: Pfotenhauer, Helmut: Einführung. S. 555-560. [Einführung in die IV. Sektion, ›Literarische Anthropologie‹.]

9   Vgl. hier: Kohlross, Christian: Die poetische Erkundung der wirklichen Welt. Literarische Epistemologie (1800-2000). Bielefeld 2010. Darin: Wissen aus Unmittelbarkeit, Wissen aus Vermittlung – und Medialität bei Herder, Schiller und Kleist. S. 59-69; Was ist Kunst? Was ist der Mensch? Die ästhetische Erkenntnis des Menschen. S. 103-113.

zu behalten. Das heißt für seine eigene Literatur, dass darin der Mensch grundsätzlich in
seiner realen Verfassheit erscheint; man kann sagen, gerade bei Schiller ist der ›Idealismus‹
stets aus dem Wissen des Mediziners heraus ›geerdet‹. Ihm, dem bereits von den Zeitgenossen allzu hochfliegende Pläne bezüglich seiner *Ästhetischen Erziehung* vorgeworfen worden
sind, entwickelt diese aus einer dezidierten Trieblehre heraus. Andererseits ist er ein philo-
sophisch-ästhetischer Autor, der bei allen Reflexionen über das Schöne nie die andere Seite
vergisst, wie er ebenso bei allen Überlegungen zum Erhabenen, der wörtlichen Erhebung
über die Sinnesnatur, diese dennoch nicht aus den Augen verliert. Schillers Schriften lassen
sich daher in besonderem Maß lesen als Texte, die aus dem theoretischen Wissenshorizont
über den Menschen mit Blick auf den Menschen geschrieben worden sind.

Darüber hinaus hat Schiller in auffällig vielen ›Teildisziplinen‹ gearbeitet, die in besonderer Weise den Fokus auf den Menschen richten – oder er hat den Blick innerhalb dieser
auf den Menschen gewendet. Ein Theaterautor steht vor der Herausforderung, ›echte‹ Men-
schencharaktere auf die Bühne zu bringen, die das Publikum als solche wahrnimmt. In einer
historischen Epoche, die die Wiederentdeckung des ›natürlichen‹ Menschen erlebt, darf
eine Figur in einem Drama keine bloß papierene bleiben, sie darf sich nicht allein auf moralische oder Vernunftgründe beziehen lassen. Sie muss stattdessen ebenso ein gemischtes
Wesen sein, wie es der natürliche, der ›Ganze Mensch‹ ist.[10] Bereits sein Debütdrama *Die
Räuber* stellt dies eindrucksvoll vor, indem der vermeintliche Protagonist Karl Moor nicht
nur ›gut‹ ist; sein Charakter ist allein deshalb bereits deutlich verschattet, weil er sich derart
bereitwillig der Idee einer Räuberbande unterwirft. Im gleichen Maß sind die Beweggründe
des vorgeblichen Antagonisten Franz Moor zumindest nachvollziehbar. Schiller durchmischt die Charakterbilder beider Figuren entsprechend, so dass beide, freilich wirkungs-
ästhetisch gesteuert, zumindest mit der Anteilnahme des Publikums rechnen dürfen.

Das gleiche gilt für den Historiker beziehungsweise den Historiographen, der die Zeitläufte der Vergangenheit untersucht, wie den Geschichtsphilosoph,[11] der sich grundlegende
Gedanken zum Menschen als Subjekt und Objekt der Geschichte macht. Nicht selten greift
Schiller dabei auf das Politische aus – und verbindet dieses wiederum mit dem Ästhetischen.[12] Hierbei ist in Schillers Ansicht ein merklicher Wandel zu beobachten. Zu Anfang

---

[10] Dabei lässt sich immer wieder beobachten, wie der Dramenpraktiker die Ästhetik für die dramatische Theorie
      nutzbar macht – um letztlich wieder zur Praxis zurückzukehren. Vgl. Berghahn, Klaus L.: »Das Pathetischer-
      habene« – Schillers Dramentheorie. In: Ders.: Schiller. Ansichten eines Idealisten. Frankfurt a.M. 1986. S. 27-
      58.

[11] Vgl. Heinz, Marion: »Die Harmonie des Menschen mit der Gottheit« – Anthropologie und Geschichtsphilo-
      sophie bei Reinhold und Schiller. In: Friedrich Schiller. Der unterschätzte Theoretiker. Hrsg. v. Georg Bollen-
      beck, Lothar Ehrlich. Köln, Weimar, Wien 2007. S. 27-37. Vgl. ebenso: Dies.: Schönheit als Bedingung der
      Menschheit. Ästhetik und Anthropologie in Schillers ästhetischen Briefen. In: Transzendenz und Existenz.
      Festschrift für Wolfgang Janke zum 70. Geburtstag. Hrsg. v. Manfred Baum. Amsterdam, New York 2001. S.
      121-137. Vgl. auch: Kittsteiner, Heinz Dieter: Von der Geschichtsphilosophie zur Ästhetik. Von der Ästhetik
      zur Geschichtsphilosophie. In: Friedrich Schiller. Der unterschätzte Theoretiker. Hrsg. v. Georg Bollenbeck,
      Lothar Ehrlich. Köln, Weimar, Wien 2007. S. 39-58.

[12] Vgl. Sandkaulen, Birgit: Schönheit und Freiheit. Schillers politische Philosophie. In: Schiller im Gespräch der
      Wissenschaften. Hrsg. v. Klaus Manger, Gottfried Willems. Heidelberg 2005. (= Ereignis Weimar – Jena. Kul-
      tur um 1800. Ästhetische Forschungen. Bd. 11). S. 37-56. Vgl. auch: Sokel, Walter: Die politische Funktion
      botschaftsloser Kunst. Zum Verhältnis von Politik und Ästhetik in Schillers Briefen ›Über die ästhetische Er-

ist er ein Verfechter des zeitgenössischen Geschichtsoptimismus, ein Historiker mithin, der davon ausgeht, der Verlauf der Geschichte sei ausschließlich auf Fortschritt hin ausgelegt. Erst mit den Entwicklungen während, aber vor allem nach der Französischen Revolution wird sich sein Blick auf die Geschichte dahingehend verändern, dass sie als ›erhabenes Objekt‹ wahrgenommen wird.[13] Mit anderen Worten: von einer Geschichte, die der Mensch progressiv gestaltend steuert, verschiebt sich die Perspektive hin zu einer, die dem Menschen als ›Macht‹ gegenübertritt, der er also ausgeliefert ist. Dennoch ist in beiden Perspektiven der Blick auf den Menschen gerichtet, einerlei ob man ihn als ›Gestalter‹ oder als ›Unterworfenen‹ wahrnimmt.

Zuletzt gilt dieses ebenfalls für Schiller als Philosoph der Ästhetik. Er neigt nicht dazu, eine bloß theoretische Ausführung zur Frage vorzulegen, was das Schöne oder was das Erhabene sei – Schiller philosophiert in einem Moment der Ästhetikgeschichte, als sich diese bereits in zwei separate Denkrichtungen aufgeteilt hat, eben das Schöne und das Erhabene. Sie sind zu sehen als zwar gegensätzliche, zugleich jedoch komplementäre Elemente innerhalb der Ästhetik, die jeweils das auffangen, was das Gegenteil nicht einbeziehen kann. So ist im Rahmen des späten 18. Jahrhunderts beispielsweise eine ›Ästhetik des Hässlichen‹ in den Überlegungen zum Schönen nicht möglich, da es sich gleichsam um das radikal Andere handelt; in der Systematik des Erhabenen kann dies jedoch zumindest punktuell gelingen. Damit wird ersichtlich, was Schiller in seinem dualistischen Denken gerade an der Ästhetik interessiert haben dürfte. Dabei wiederum wird der anthropologische Schritt bei ihm dadurch vollzogen, dass er, bereits innerhalb seiner frühen Theorie über das Schöne, zu finden in den sogenannten *Kallias*-Briefen, das Empfinden des Schönen mit der Ethik verbindet. Diese ist es abermals, welch als Grundprinzip dem Erhabenen zugrunde gelegt wird, besonders dann, wenn man es als ein ›Erheben‹ des Menschen über seine Sinnesnatur im akuten Fall der Bedrohung derselben betrachtet. An der Stelle kommt Immanuel Kant und seine Transzendentalphilosophie ins Spiel, die den Auslöser für die im eigentlichen Sinn ästhetischen Schriften darstellen. Man wird wohl präzisieren müssen: sie ist der Auslöser für Schillers Beschäftigung mit dem Schönen, welches mit Kants *Kritik der praktischen Vernunft* verknüpft wird.[14] Es scheint so, dass mit der Freiheit, die dem Schönen zugemessen wird, die ›Freiheit der Entscheidung‹, die Schiller am Erhabenen interessiert, inhaltlich, auf jeden Fall aber semantisch verbunden wird. Weil Schiller die Ästhetik stets unter dem Blick-

---

ziehung des Menschen‹. In: Revolution und Autonomie. Deutsche Autonomieästhetik im Zeitalter der Französischen Revolution. Ein Symposium. Hrsg. v. Wolfgang Wittkowski. Tübingen 1990. S. 264-272. Vgl. auch: Ulrich, Thomas: Anthropologie und Ästhetik in Schillers Staat. Schiller im politischen Dialog mit Wilhelm von Humboldt und Carl Theodor von Dalberg. Frankfurt a.M., Berlin, Bern u.a. 2011. (= Bochumer Schriften zur deutschen Literatur. Bd. 71). Vgl. auch: Berghahn, Klaus L.: Ästhetische Reflexion als Utopie des Ästhetischen. In: Ders.: Schiller. Ansichten eines Idealisten. Frankfurt a.M. 1986. S. 125-155.

13   Vgl. Riedel, Wolfgang: Weltgeschichte als erhabenes Object. In: Prägnanter Moment. Studien zur deutschen Literatur der Aufklärung und Klassik. Festschrift für Hans-Jürgen Schings. Hrsg. v. Peter-André Alt, Alexander Košenina, Hartmut Reinhardt, Wolfgang Riedel. Würzburg 2002. S. 193-214.

14   Vgl. Tschierske, Ulrich: Vernunftkritik und ästhetische Subjektivität. Studien zur Anthropologie Friedrich Schillers. Tübingen 1988. (= Studien zur deutschen Literatur. Bd. 97). Vgl. auch: Riedel, Wolfgang: Theorie der Übertragung. Empirische Psychologie und Ästhetik der schönen Natur bei Schiler. In: Kunst und Wissen. Beziehungen zwischen Ästhetik und Erkenntnistheorie im 18. und 19. Jahrhundert. Hrsg. v. Astrid Bauereisen, Stephan Pabst, Achim Vesper. Würzburg 2009. S. 121-138.

winkel der Moral beziehungsweise der Ethik sieht, findet sich neuerlich das anthropologisch-dualistische Denken auf dieses Feld übertragen.

Es ist wiederholt das gleiche Muster. Der ›Ganze Mensch‹ steht für die Gleichzeitigkeit des sinnlichen und des Vernunftwesens des Menschen; mithin: eine Vereinigung. Die Suche und das Finden von Vereinigungen, und seien sie lediglich postuliert, sind das basale Strukturelement in Schillers Schreiben. Dabei geht es hier weniger um äußere Strukturelemente, also nicht darum, wie das anthropologische Denken Schillers die Form seiner Texte beeinflusst,[15] sondern darum, wie sein dualistisches und zugleich auf eine Harmonisierung ausgerichtetes Denken die Inhalte organisiert und Schillers Wirkungsabsichten steuert. Auch das ist ein Kennzeichen seiner Texte, selbst wenn es sich um philosophisch-ästhetische handelt: Der von der Theaterbühne her entwickelte Wille zum Effekt zeigt sich selbst in den ästhetischen Schriften,[16] die dahingehend wirken wollen, die Vereinigung von Gegenteilen plausibel erscheinen zu lassen. Verbindet Schiller auf der anderen Seite die Idee der Vereinigung mit derjenigen der Perfektibilität, also der steten Vervollkommnung, so tritt zusätzlich ein geschichtsphilosophisches Moment in die ästhetischen Schriften, wie es insbesondere die beiden umfangreichsten, *Über die ästhetische Erziehung des Menschen in einer Reihe von Briefen* sowie *Über naive und sentimentalische Dichtung*, vorlegen.

Einmal mehr also eine Arbeit, welche sich im Umfeld Schillers und der Anthropologie bewegt und zugleich dessen ästhetischen Schriften in den Blick nimmt. Beide Themenfelder für sich genommen sind bereits relativ gut erforscht, so dass es fraglich zu sein scheint, was Neues noch hinzugefügt werden könne. Zumal die Klage darüber, dass die Schillerforschung, besonders auch diejenige zu besagten ästhetischen Schriften, ins Unermessliche gehe, alt, sogar sehr alt ist. Davon gesprochen hat vor rund 30 Jahren bereits Cathleen Muehleck-Müller – und bezieht sich dabei auf Aussagen von 1905, mithin dem 100. Todesjahr Friedrich Schillers.[17] Seither ist die Menge der Forschungsliteratur nur immer weiter gewachsen, so dass es kaum noch erwartbar scheint, grundstürzenden Neuigkeiten zu begegnen.

Gleichwohl muss man konstatieren, dass sich die Forschung bezüglich Schiller in bemerkenswerter Weise ausdifferenziert hat. Das ist umso bemerkenswerter, als das Werk selbst schmal ist, besonders wenn man es mit einem, mit *dem*, Zeitgenossen, Goethe, vergleicht. Wenn also ein solches, schmaleres, Werk über 200 Jahre nach dem Tod des Autors, noch immer Jahr für Jahr neue Auseinandersetzungen provoziert, dann scheint etwas darin zu liegen, das es lohnt, immer feiner zu differenzieren und sich jeder noch so scheinbaren Detailfrage zu widmen.

---

[15] Vgl. hier die sehr verdienstvolle jüngere Arbeit: Mertens, Marina: Anthropoetik und Anthropoiesis. Zur Eigenleistung von Darstellungsformen anthropologischen Wissens bei Friedrich Schiller. Hannover 2014. (= Bochumer Quellen und Forschungen zum 18. Jahrhundert. Bd. 5).

[16] Vgl. Ueding, Gert: Schillers Rhetorik. Idealistisch Wirkungsästhetik und rhetorische Tradition. Tübingen 1971. Vgl. ebenso: Ders.: Schiller und die Rhetorik. In: Schiller-Handbuch. Hrsg. v. Helmut Koopmann. Stuttgart 1998. S. 190-197.

[17] Vgl. Muehleck-Müller, Cathleen: Schönheit und Freiheit. Die Vollendung der Moderne in der Kunst. Schiller – Kant. Würzburg 1989. (= Epistemata. Würzburger wissenschaftliche Schriften. Reihe Literaturwissenschaft. Bd. 36). S. If.

Es ist daher eine Detailfrage, welche im Zentrum dieser Arbeit steht, ja stehen muss. Denn wenn man – zumindest versuchsweise – sich einen Überblick über die Forschungsliteratur verschafft, fällt sehr rasch auf, dass es, bezogen auf einzelne Werkkategorien wie die Dramatik oder eben die ästhetischen Schriften, sehr breit angelegte ›Pfade‹ der Interpretation gibt, die die Forschung in mitunter eintöniger Art und Weise voranschreiten lassen. Gleichzeitig gibt es immer wieder Aspekte, die gleichsam am ›Wegesrand‹ liegen und daher nur wenig Beachtung finden. Liest man Schiller stattdessen einmal ›gegen den Strich‹, so lassen sich solch randständigen Aspekte finden, die sich der herkömmlichen Lesart widersetzen. Es muss nun Aufgabe der Forschung sein, gerade auch diese anscheinend, manchmal aber auch scheinbar, vergessenen Nuancen hervorzuheben und zu bewerten.[18]

Hierzu gehört nach meinem Dafürhalten das Verhältnis von Schiller und der bildenden Kunst. Konkreter gesagt: der antiken Kunst. Herkömmlich geht die Forschung kaum darauf ein, zu verlockend ist es, darauf hinzuweisen, dass Schillers Bezug zur Antike in besonderem Maße über deren Literatur vermittelt sei, während er selbst mehrfach geäußert hat, dass die Kunst im engeren Sinn nicht seinen Interessen entspreche, weshalb er einen Aufenthalt in Rom ablehne: »Leider ist Italien und Rom besonders kein Land für mich, das physische des Zustandes würde mich drücken und das aesthetische Interesse mir keinen Ersatz geben, weil mir das Interesse und der Sinn für die bildenden Künste fehlt.«[19] So schreibt Friedrich Schiller am 17. Februar 1803 an den in Rom weilenden Wilhelm von Humboldt. Noch deutlicher aber wird er in seinem Brief um die selbe Zeit an den Maler[20] Johann Christian Reinhart, der sich ebenfalls in Rom aufhält: »Wenn ich nur wüßte was ich in Rom sollte, ich käme gern einmal dahin, aber ich bin ein Barbar in allem was bildende Kunst betrifft, für die Poesie ist dort nichts zu finden, und den physischen Zustand will niemand rühmen, der von dorther kommt.«[21]

Umso signifikanter ist es, wenn dieser Autor, der sich entgegen der üblichen klassizistischen Normen einer sinnlichen Anschauung widersetzt, in den ästhetischen Schriften wiederholt auf Werke der antiken bildenden Kunst verweist. – Ich betone an dieser Stelle die ›antike‹ bildende Kunst, da Schillers freundschaftlicher Beitrag in den Propyläen zum Weimarischen Preisausschreiben in dieser Studie außen vor bleiben muss. – Man muss sich fragen, was diese eigenwillige Diskrepanz zu bedeuten hat. Seltsam genug, dass dieses bislang kaum jemanden, mit nur wenigen Ausnahmen,[22] weiter zu interessieren scheint. Dabei

---

[18]   Vgl. hier beispielsweise folgende Sammelbände: Friedrich Schiller. Der unterschätzte Theoretiker. Hrsg. v. Georg Bollenbeck, Lothar Ehrlich. Köln, Weimar, Wien 2007. Oder auch: »Ein Aggregat von Bruchstücken«. Fragment und Fragmentarismus im Werk Friedrich Schillers. Hrsg. v. Jörg Robert. Würzburg 2013.

[19]   Schillers Werke. Nationalausgabe. Begründet v. Julius Petersen, fortgeführt v. Lieselotte Blumenthal u. Benno v. Wiese. Hrsg. im Auftrag der Stiftung Weimarer Klassik und des Schiller-Nationalmuseums Marbach v. Norbert Oellers. Weimar 1943ff. (= NA) Bd. 32. Briefwechsel. Schillers Briefe 1.1.1803-9.5.1805. Hrsg. v. Axel Gellhaus. Weimar 1984. Brief Nr. 15 vom 17.2. [und 3. (bis 16.) 3.] 1803 an Wilhelm v. Humboldt. S. 11-13. Hier: S. 12.

[20]   Vgl. ebd. S. 287.

[21]   Ebd. S. 22. Brief Nr. 28 vom 7. [14.?] 3.1803 an Johann Christian Reinhart.

[22]   Vgl. hier besonders die Arbeiten Helmut Pfotenhauers und Rolf-Peter Janz'. Pfotenhauer, Helmut: Würdige Anmut. Schillers ästhetische Verlegenheiten und philosophische Emphasen im Kontext bildender Kunst. In: Ders.: Um 1800. Konfigurationen der Literatur, Kunstliteratur und Ästhetik. Tübingen 1991. S. 157-178. Vgl. auch: ders.: Rückwärtsgewandte Moderne. Der Klassizismus in den ästhetischen Schriften Schillers. In: Würz-

ist es bei einem derart hoch reflektierten Autor wie Schiller undenkbar, dass derlei Erwähnungen zufällig sind. Ebenso gilt, dass die Forschung bislang nur in Ansätzen ausgearbeitet hat, welche Funktion einer solchen Verweisstruktur auf die bildende Kunst zukommen könnte.[23]

Da Schillers Überlegungen beständig um das anthropologische Paradigma der Vereinigung eines Antagonismus in einem dritten Aspekt kreisen, das jeder Erwähnung von bildender Kunst vorausgeht, ist zunächst notwendig, zu untersuchen, auf welche Weise sich dieses in seiner Denkstruktur bildet. Dafür ist ein Blick auf die philosophisch-anthropologische Ausbildung an der Karlsschule durch Jacob Friedrich Abel erforderlich, da sich dort die Keimzelle befinden muss. Davon ausgehend wird zu zeigen sein, auf welch vielfältige und doch immer wieder analoge Weise sich dieses Denken in Schillers Begegnungen mit Vorläufern und Zeitgenossen manifestiert. Zuletzt soll es darum gehen, die in den ästhetischen Schriften aufscheinenden Kunstwerke in ihrem Kontext zu untersuchen und ihnen die Frage zu stellen, welche Funktion innerhalb des Textes sie haben.

Einige methodologische Anmerkungen zum Schluss. Gemeinhin sagt man, dass die ›Jahre der Theorie‹ zu Ende seien. Nachdem ab den 1970er Jahren verstärkt Literaturtheorien vor allem aus Frankreich importiert und ebenso stark diskutiert worden sind, einen Höhepunkt hierfür wird man in den späten 1980er und den 1990er Jahren konstatieren können, gewinnt man in der Gegenwart wiederholt den Eindruck, dass diese Theorien dem gewichen sind, was man eine ›postmoderne Haltung des Anything Goes‹ bezeichnen könnte. Beides scheint mir verfehlt. Im einen Fall gewinnt man den Eindruck, dass die Theorie den primären literarischen Text verdrängt, so dass eine Interpretation mehr ein Zwiegespräch verschiedener Methoden ist als eine Analyse der Quelle. Im anderen Fall wiederum ist in der Analyse eine gewisse Beliebigkeit zu finden, die dem Primärtext wiederum nicht gerecht zu werden scheint. Dabei muss, wie bereits die Hermeneutik festgestellt hat, der literarische Text stets im Fokus der Aufmerksamkeit eines Interpreten stehen. Insofern ist diese Studie einem Verfahren verbunden, das man am ehesten als ›Close Reading‹ bezeichnen könnte,

---

burger Schiller-Vorträge 2005. Hrsg. v. Jörg Robert. Würzburg 2007. S. 73-91. Ders.: Anthropologische Ästhetik und Kritik der ästhetischen Urteilskraft oder Herder, Schiller, die antike Plastik und Seitenblicke auf Kant. In: Ders.: Um 1800. Konfigurationen der Literatur, Kunstliteratur und Ästhetik. Tübingen 1991. S. 201-220. Ders.: Evidenzverheißungen. Klassizismus und »Weimarer Klassik« im europäischen Vergleich. In: Ders.: Um 1800. Konfigurationen der Literatur, Kunstliteratur und Ästhetik. Tübingen 1991. S. 137-155. Vgl. auch: Janz, Rolf-Peter: Ansichten der Juno Ludovisi. Winckelmann – Schiller – Goethe. In: Prägnanter Moment. Studien zur deutschen Literatur der Aufklärung und Klassik. Festschrift für Hans-Jürgen Schings. Hrsg. v. Peter-André Alt, Alexander Košenina, Hartmut Reinhardt, Wolfgang Riedel. Würzburg 2002. S. 357-372. Ders.: Über die ästhetische Erziehung des Menschen in einer Reihe von Briefen. In: Schiller-Handbuch. Hrsg. v. Helmut Koopmann. Stuttgart 1998. S. 610-626. Ders.: Natur und Kunst als Eideshelfer des Vollkommenen. In: »Ein Aggregat von Bruchstücken«. Fragment und Fragmentarismus im Werk Friedrich Schillers. Hrsg. v. Jörg Robert. Würzburg 2013. S. 135-143.

[23] Vgl. hier meine eigenen Ausführungen: Hauck, Florian: Herkules als Mittler zwischen Mensch und Göttern. Schillers Brief eines reisenden Dänen. In: Schiller im philosophischen Kontext. Hrsg. v. Cordula Burtscher, Markus Hien. Würzburg 2011. S. 92-102. Vgl. auch: Schneider, Helmut: Kontur der Versöhnung. Der klassische Statuenkörper als Hintergrund der Schillerschen Entfremdungskritik. In: Schiller und die Antike. Hrsg. v. Paolo Chiarini, Walter Hinderer. Würzburg 2008. (= Stiftung für Romantikforschung. Bd. XLIV). S. 347-363.

ohne dass ich mich in strenger Weise einer bestimmten Terminologie verpflichtet fühlen würde. Der literarische Text, sei der Autor Schiller, Kant, Fichte oder Winckelmann, steht in jedem Fall im Zentrum, zumal es mir häufig genug um einen konkreten Vergleich der einen Passage mit der eines anderen Textes geht. Insbesondere bei der ›Verarbeitung‹ der bildenden Kunst innerhalb eines literarischen Textes ist es im höchsten Maß relevant, diejenigen Textstellen in genauen Augenschein zu nehmen, die wiederum Schiller benutzt hat. Daher verfolge ich in dieser Studie das Verfahren einer möglichst genauen interpretatorischen Lektüre.

2 Muster und Vorgänger. Schillers eklektische Rückgriffe

Anhand der philosophisch-ästhetischen Schriften der 1790er Jahre kann man erkennen, dass Schiller noch immer Gedanken und Ideen verarbeitet und bearbeitet, die sich in gerader Linie bis in die frühen 1780er Jahre beziehungsweise bis in die Karlsschulzeit zurückverfolgen lassen. Ebenso lassen sich Spuren davon weiterverfolgen bis in die Dramatik der ›klassischen‹ Periode Jenas und Weimars. Diese grundlegenden Denkmuster speisen sich aus verschiedenen Quellen, mit denen Schiller entweder in der Karlsschule in Berührung gekommen ist oder die er sich später im Selbststudium erarbeitet hat.

Es ist daher nicht von der Hand zu weisen, dass diese Denkmuster, von denen die Rede ist, auf Vorgänger beziehungsweise Vorbilder zurückgehen: Da ist zunächst die Person Jacob Friedrich Abel, der Philosophieprofessor an der Karlsschule, der maßgeblichen Einfluss im Denken Schillers hinterlassen hat – sowohl durch die Art des Philosophierens, die er im Unterricht vorführt, als auch durch die Themen, die er behandelt.

Gotthold Ephraim Lessing unter die Vorbilder oder gar Vorgänger Schillers zu zählen, ist nicht ganz so naheliegend, wie dies im vorigen Beispiel der Fall ist. Zwar ist es so, dass Schiller sich die Kenntnis von Lessings *Laokoon* erst im Jahr 1793 erarbeitet hat, aber bereits in den Abelschen Vorlesungen und Prüfungen kommt es zu gewissen Berührungen. Dennoch bleibt zu fragen, ob sich tatsächlich stichhaltige Verbindungen von Lessing in den ästhetisch-philosophischen Schriften Schillers finden lassen. Ich würde daher, das sei an dieser Stelle vorweggenommen, von einer reziproken Ähnlichkeit sprechen.

Beim letzten dieser zu untersuchenden Vorgänger Schillers ist die Spur, die er hinterlassen hat, unzweifelhaft: Immanuel Kant. Schillers Lektüre der *Kritik der Urteilskraft* ist, nach brieflichen Erörterungen Schillers mit seinem langjährigen Freund Christian Gottfried Körner, die als Sammlung von Vorüberlegungen angesehen werden können, der Keim für die späterhin erfolgte Arbeit an den Ästhetischen Schriften der 1790er Jahre. Es ist beinahe zu banal, von einer bloßen ›Spur‹ zu sprechen, wenn man eher den Begriff des ›impacts‹ beziehungsweise ›Einschlags‹ wählen sollte: Diese spezifische Lektüre ist wirkmächtig genug, um Schiller auf Jahre hinaus anzuregen, auch wenn man ihn nicht als Kant-Interpreten ansehen sollte. Seine philosophisch-ästhetischen Überlegungen gehen aus von Kant, sie verharren jedoch nicht bei dem, was dieser in seiner *Kritik der Urteilskraft* postuliert.

Damit lässt sich für den ersten Hauptabschnitt sagen, dass Schiller sehr früh damit beginnt, intellektuelle Stimuli aufzunehmen und sie so lange in seinem Geist umzuwälzen, bis sie sich in etwas Eigenes umgewandelt haben, das Schiller sodann der Welt mitteilt, indem er es in eigene Werke überführt. Es ist vielleicht zu viel gesagt, aber man mag sich vor Augen halten, dass Schiller sich zunächst das meiste, wovon er schreibt, erst selbst erarbeitet, um es, nach einem Prozess der Aneignung und Anverwandlung, wieder zu entäußern; dabei soll nicht vergessen werden, dass die Spracharbeit eine wesentliche Zutat ist, die ganz allein Schillers Vermögen darstellt. Es ist also der Prozess der Aneignung, der Anverwandlung einer zunächst fremden Sache, welche in etwas eigenes Neues überführt wird, die ich in den Vordergrund stellen möchte, insbesondere in dem Kapitel über Kant, in dem dieser Vorgang besonders evident wird.

2.1 Abel und der Karlsschulunterricht

2.1.1 Grundlagen der Schillerschen Ausbildung

Der Unterricht in der Karlsschule, einer »Militärpflanzschule«[1] oder geläufiger »Militärakademie«,[2] ist für Schiller eine einschneidende Erfahrung, jedoch nicht nur negativ, jedenfalls dann nicht, wenn man an die Wirkungen denkt, die sowohl in besonderem Maße ein Lehrer, Jacob Friedrich Abel, als auch der Kontakt mit philosophischer Literatur der Zeit hervorgerufen haben. Dessen ungeachtet gibt es eine Bildungsgeschichte Schillers vor der Karlsschule, in die er, gerade 13jährig, im Januar 1773 eintreten muss.[3] Es scheint, dass Schiller bereits in der Zeit davor Fähigkeiten und Interessen erkennen lässt, die er sich anhaltend bewahrt, zumal diese in einem engen Zusammenhang mit Literatur stehen. So prägt den Knaben Schiller der Lateinunterricht des Theologen Johann Friedrich Jahn in der Ludwigsburger Lateinschule, den er von 1769 bis 1771 erhält, vor allem deshalb, weil er dem Erziehungskonzept Jahns gemäß aus einer anregenden Lektüre römischer Autoren wie Vergil, dessen *Aeneis* »Schiller zeitlebens außerordentlich schätzte«,[4] Horaz und Ovid besteht.[5] Da die begabteren Schüler selbst lateinische Gedichte abfassen müssen, fällt Schiller bei seinen »Fingerübungen«[6] durch einen hohen Sprachverstand und eine beachtliche Auffassungsgabe auf.[7] Die »Fähigkeit zur schnellen Adaption stilistischer Muster und bewegliche Formintelligenz treten hier schon als Merkmale von Schillers intellektueller Anatomie hervor.«[8] Diese Beschreibung der kindlichen Verfahren ist gerade deshalb sprechend, da Alt die ›Adaption‹ fremder Muster hervorhebt und damit das Verfahren noch des längst erwachsenen Schiller aufzeigt, wie es dessen Umfeld und Freundeskreis wahrgenommen und überliefert hat.[9]

So spricht Goethe verschiedentlich in seinen Unterhaltungen mit Johann Peter Eckermann über seine Beobachtungen bezüglich Schiller und dessen permanenten Wandlungen, je nach Fortgang seiner Lektüren und Gedanken.[10] Doch muss man folgendes bedenken: Das Grundproblem dieser Eckermannschen *Gespräche* mit Goethe ist das der Authentizität – zumindest aus heutiger Sicht. Wir sind es gewohnt, mithilfe unserer technischen Mittel exakte, gleichsam objektive Aufzeichnungen von Gesprächen und Interviews anzufertigen. Im frühen 19. Jahrhundert ist eine solche Genauigkeit undenkbar, selbst wenn Eckermann

---

[1] Alt, Peter-André: Schiller. Leben – Werk – Zeit. Eine Biographie. 2 Bde. München 2000. Hier: Bd. 1. S. 80. (Künftig zitiert als: Alt: Schiller.)

[2] Ebd. S. 81 und öfters.

[3] Vgl. ebd. S. 66, 81.

[4] Ebd. S. 76.

[5] Vgl. ebd. S. 75ff.

[6] Ebd. S. 79.

[7] Vgl. ebd.

[8] Ebd.

[9] Vgl. ebd. S. 77.

[10] Vgl. Goethe, Johann Wolfgang: Sämtliche Werke nach Epochen seines Schaffens. Münchner Ausgabe. Hrsg. v. Karl Richter u.a. München 1985ff. Bd. 19. Johann Peter Eckermann: Gespräche mit Goethe in den letzten Jahren seines Lebens. Hrsg. v. Heinz Schlaffer. München 1986. (= MA 19). Hier S. 131.

mit einem ›Notizblock auf den Knien‹[11] Goethe gegenüber gesessen und die Unterhaltungen stenographiert hätte. Vielmehr ist es das Ziel dieser *Gespräche* gewesen, ein ›wahres‹ Bild Goethes zu liefern, was immer man darunter zu verstehen habe; da jedoch die Zeitgenossen, besonders diejenigen, die Goethe persönlich gekannt haben, gerade diese ›Wahrheit‹ und ›Glaubwürdigkeit‹ betonen,[12] hat Eckermann mit den ihm zu Gebote stehenden Mitteln eine wenigstens authentisch wirkende Stimme Goethes getroffen. Hinzu kommt die mehr als implizite Zustimmung des verehrten Autors selbst, der einzelne »Aufzeichnungen« »gelesen und korrigiert« hat und so »Eckermanns Arbeitsweise und Absicht«[13] kennt und fördert, allein schon wegen des auf diese Weise beeinflussbaren Bildes der Nachwelt von Goethe durch Goethe selbst. Und doch gilt bis zuletzt: Wir hören in diesen *Gesprächen* niemals Goethe selbst, sondern Eckermann, der uns Lesern seine Version Goethes nahezubringen versucht.

Diese »authentische Stilisierung«,[14] ein durchaus treffendes Paradoxon, erzeugt Eckermann, indem er nach seinen Begegnungen mit Goethe zuhause die vorangegangenen Unterhaltungen stichpunktartig notiert und später, mitunter erst nach Jahren, diese Notizen zu den vorliegenden Texten umarbeitet. Damit unterliegen alle diese gesammelten Gespräche »Prinzipien ästhetischer Komposition«,[15] da Eckermann die protokollierten Ereignisse ergänzt, zerlegt und auch neu zusammensetzt, um möglichst eine thematische Einheit herzustellen.[16] Problematisch ist allein, dass gerade die Äußerungen Goethes zu Schiller voller Fehler seien, die allerdings auf Nachlässigkeiten des Protokollanten zurückzugehen scheinen, nicht jedoch auf Goethes Aussagen selbst.[17] Damit bleibt zu hoffen, dass es sich bei den Inkorrektheiten um solche der Datierung oder der Einsortierung handelt und dass damit die betreffenden Bemerkungen Goethes zum Wesen Schillers dennoch zutreffen.

Bemerkenswert sind die Worte Goethes vom 18. Januar 1825 allemal, gerade wenn man sie unter dem Blickwinkel liest, dass Alt davon spricht, bereits der junge Schiller habe in der Lateinschule Ludwigsburgs die Fähigkeit zur Adaption klassischer Autoren besessen. Goethe beschreibt Schillers Denken in einem handwerklichen Bild, welches die ›Anverwandlung‹, wie ich sie nennen würde, hervorhebt: »Er [Schiller; F.H.] griff in einen Gegenstand kühn hinein und betrachtete und wendete ihn hin und her und sah ihn so an und so, und handhabte ihn so und so.«[18] Damit sagt er, dass Schiller vorgefundene – und wie es übereinstimmend von ihm überliefert wird: vor allen Dingen literarische – Gegenstände nicht nur von allen Seiten betrachtet und hin- und herwendet, sondern diese Gegenstände nicht zuletzt ›handhabt‹, also sie verarbeitet, umarbeitet und sich anverwandelt. Das Bild des ›Hineingreifens‹ in den Gegenstand ist ebenfalls beredt, weil es damit in Verbindung steht, dass Schiller den Gegenstand ›handhabe‹; zumal es ein ›kühnes‹ Hineingreifen ist. Das lässt sich schwerlich anders lesen, als dass Goethe hier beschreibt, wie Schiller aus einem literarischen oder philosophischen Gegenstand sich dasjenige auswählt, was er verwenden kann,

---

[11] Vgl. ebd. S. 716.
[12] Vgl. ebd. S. 721.
[13] Ebd. S. 723.
[14] Ebd.
[15] Ebd. S. 717.
[16] Vgl. ebd. S. 716f.
[17] Vgl. ebd. S. 720.
[18] Ebd. S. 130.

und mit dieser Auswahl weiterarbeitet, während er das von der Aussonderung Übriggebliebene außer Acht lässt. Damit beschreibt er das eklektische Verfahren, welches Schiller spätestens im Philosophieunterricht Abels in der Karlsschule kennengelernt hat – und wohl zeitlebens anwendet. Verstärkt wird dieses Letzte noch in dem, was Goethe dem Vorangegangenen hinzusetzt: »Sein [Schillers; F.H.] Talent war mehr desultorisch. Deshalb war er auch nie entschieden und konnte nie fertig werden.«[19] Diese Sprunghaftigkeit[20] ist ein weiteres Kennzeichen für das eklektische Prinzip des – scheinbar – unsystematischen Auswählens, das sich spätestens seit der Karlsschule wirkmächtig in Schillers Denken entfaltet – ohne dass dies in irgendeiner Form pejorativ gemeint wäre. Denn damit deutet Goethe ebenfalls hin auf die im Eingang dieses Abschnittes erwähnte permanente Wandlung Schillers: Wenn Schiller nämlich ›nie entschieden‹ ist, das heißt, keine endgültige und feststehende philosophische Position einnimmt, wundert es nicht, dass er ›nie fertig werden kann‹ und sich beständig verändert, weil er sich beständig verändern muss. Goethe sagt selbst: »Alle acht Tage war er [Schiller; F.H.] ein Anderer und ein Vollendeter; jedesmal wenn ich ihn wiedersah, erschien er mir vorgeschritten in Belesenheit, Gelehrsamkeit und Urteil.«[21] In dieser paradoxalen Wendung »ein Anderer und ein Vollendeter« wird deutlich, dass ein Urteil oder eine Feststellung immer nur für einen Moment stillstehen kann, denn der folgende bringt bereits neue Lektüre, neue gelehrte Gedanken und damit neue Urteile.

Mit diesen Worten erklärt Goethe das Leben, zumindest aber die Bildungsgeschichte Schillers zu einem nicht abgeschlossenen, ja nicht einmal abschließbaren ›work in progress‹, als den man den Komplex der ästhetischen Schriften der 1790er Jahre insgesamt sehen muss, da auch sie in einem beständigen Neuanfang, begleitet von zahlreichen Wiederaufnahmen und Umwandlungen, entstehen.[22] Für einen solch regen, niemals stehenbleibenden Geist ist auf der anderen Seite ein adaptives Gespür vonnöten, damit er nicht im Stillstand verkümmert. Dieses Gespür oder diese Sensibilität aber scheint Schiller bereits vor dem Besuch der Karlsschule entwickelt zu haben, wie es seine Versuche in lateinischer Lyrik nahelegen, und ebenso scheint er es sich als einen zentralen Aspekt seiner intellektuellen Physiognomie lebenslang bewahrt zu haben.

Zwar sind die *Gespräche* Eckermanns mit Goethe zumindest problematisch im Hinblick auf die Glaubwürdigkeit unter heutigen Gesichtspunkten, aber dies trifft nicht zu auf den Text eines anderen Zeitgenossen: Wilhelm von Humboldts Essay beziehungsweise Vorwort zu dem von ihm herausgegebenen Briefwechsel mit Schiller von 1830 unter dem Titel *Über Schiller und den Gang seiner Geistesentwicklung.*[23] In diesem Text beschreibt Humboldt, wie

---

19 Ebd.

20 Vgl. den Kommentar zu ›desultorisch‹. Ebd. S. 762.

21 Ebd. S. 131.

22 Eine solche Wandlung führt Goethe selbst aus am Beispiel der Veränderung des Schillerschen Freiheitsbegriffs, wobei er diese vor allem biographisch begründet. Vgl. das Gespräch vom 18.1.1827. Ebd. S. 190-197. Hier S. 195f.

23 Humboldt, Wilhelm von: Werke in fünf Bänden. Hrsg. v. Andreas Flitner, Klaus Giel. Darmstadt 1960ff. Bd. 2. Schriften zur Altertumskunde und Ästhetik. Die Vasken. Hrsg. v. Andreas Flitner, Klaus Giel. Darmstadt 1961. (= HS II). S. 357-394. Vgl. zudem den Kommentar: Bd. 5. Kleine Schriften. Autobiographisches. Dichtungen, Briefe. Kommentare und Anmerkungen zu Band I-V. Anhang. Hrsg. v. Andreas Flitner, Klaus Giel. Darmstadt 1981. (= HS V). Hier S. 415.

es der Titel sagt, die Entwicklung von Schillers Denken anhand seiner Einflüsse und Begegnungen, wie er sie als langjähriger Briefpartner wahrgenommen hat. Zugleich tätigt er Äußerungen zu Schillers Wesen und Charakter, die frappierend dem ähneln, was Eckermann
Goethe unterlegt; und auch hier ist es das gemeinsame Umfeld Schillers und Humboldts,
das Humboldts Analysen als gelungen und ›wahr‹ auffasst, namentlich Christian Gottfried
Körner sowie Caroline von Wolzogen.[24]

Humboldt beschreibt mehrfach das Denken Schillers als prozessual beziehungsweise
niemals endend, so dass hier der Gedanke an ein, wie oben erwähnt, ›work in progress‹
ebenfalls naheliegt. Dabei sagt er über Schiller, dass »der Gedanke das Element seines Lebens«[25] gewesen sei, woraus folge: »Anhaltend selbstthätige Beschäftigung des Geistes ver-
liess ihn fast nie, und wich nur den heftigsten Anfällen seines körperlichen Uebels.«[26] Es sei
also allein der körperliche Zustand Schillers, seine akute Krankheit vom Anfang der 1790er
Jahre, die sich in ein chronisches Leiden auswächst und ihn dementsprechend beeinflusst,[27]
der dem steten Weiterdenken Einhalt gebieten kann. Humboldt folgert, wie der Ecker-
mannsche Goethe, dass Schiller »nie an einen Endpunkt gelangen konnte« wegen der »immer fortschreitenden Thätigkeit seines Geistes«,[28] wenngleich Humboldt von einem Telos
in all diesem Schillerschem Denken ausgeht, genauer gesagt: von einem anthropologischen
Telos: »Der Endpunkt, […], war die Herstellung der *Totalität* in der menschlichen Natur
durch das Zusammenstimmen ihrer geschiedenen Kräfte in ihrer absoluten Freiheit.«[29] Damit verknüpft Humboldt das, was er in den ästhetischen Schriften von Schiller ausgeführt
vorfindet, mit der Beobachtung seiner Arbeitsweise, namentlich der ›lebendigen‹ »Aneignung immer reicheren Stoffs«,[30] um daraus Eigenes zu formen.

Humboldt führt dies in besonderer Weise aus anhand der Kantrezeption in den ästhetischen Schriften. Er sagt, dass Schiller, wenn er auf einen »grossen Geiste neben sich« getroffen sei, sich nicht in dessen Sphäre hinüberziehen habe lassen, sondern »in dem eignen,
selbstgeschaffnen [Kreis; F.H.] durch einen solchen Einfluss auf das mächtigste angeregt«[31]
worden sei.

> So nun stand Schiller auch Kant gegenüber. Er nahm nicht von ihm; von den, in *An-
> muth und Würde* und den *ästhetischen Briefen* durchgeführten Ideen ruhen die
> Keime schon in dem, was er vor der Bekanntschaft mit Kantischer Philosophie
> schrieb, sie stellen auch nur die innere, ursprüngliche Anlage seines Geistes dar.[32]

Diese Äußerung Humboldts ist insofern bemerkenswert, als er damit andeutet, dass die ästhetische Philosophie Schillers letztlich ohne das Zusammentreffen mit der kantischen entstanden wäre; zumindest hätte sie ähnlich ausgesehen. Damit müsste man, diesem Gedanken folgend, Kant als den oder wenigstens einen Katalysator für die Ästhetik Schillers anse-

---

[24] Vgl. Humboldt: HS V. S. 417.
[25] Humboldt: HS II. S. 361.
[26] Ebd.
[27] Vgl. Alt: Schiller. Bd. 2. S. 17f.
[28] Humboldt: HS II. S. 393.
[29] Ebd. S. 366. Hervorhebung im Original.
[30] Ebd. Vgl. ebd.
[31] Ebd. S. 379.
[32] Ebd.

hen, die Lektüre der *Kritik der Urteilskraft* als dasjenige ausschlaggebende Moment, das eine Reaktion habe provozieren müssen – und dennoch seien vor allem Gedanken und Ideen in die beiden von Humboldt genannten Texte eingegangen, die bereits längst in Schiller gelegen haben. Damit betont er die ›Überzeitlichkeit‹ von Schillers Denken, als ein Denken, das in dessen Jugend beginnt und danach kein Ende findet; einem Denken also, das nicht in einer bestimmten Schaffensperiode seinen spezifischen Ausdruck findet, sondern die ›Grundsubstanz‹ des schillerschen Denkens über alle Schaffensperioden hinweg darstellt.

Zugleich beschreibt Humboldt diese Aneignung vergleichbar zu Eckermanns Goethe als einen Prozess, der »Alles, ergründend, spalten, und Alles, verknüpfend, zu einem Ganzen vereinen möchte.«[33] Einmal mehr tritt einem hier das ›Handwerkliche‹ des schillerschen Denkens entgegen, das ein vorgefundenes ›Alles‹ ergründet und dabei spaltet, um anschließend ›Alles‹ wieder zu verknüpfen und zu einem ›Ganzen‹ zu vereinen – dabei sagt Humboldt hier nicht, dass das neue ›Ganze‹ dem vorangegangenen ›Alles‹ entspricht. Im Gegenteil, man sieht vielmehr eine Teil-Ganzes-Beziehung, denn wenn das ›Ganze‹ aus ›Allem‹ zusammengesetzt ist, scheint es sich bei letzterem um alle Teile, um alle Einzelheiten zu handeln, die erst von einem schöpferischen Geist zusammengefügt werden müssen. Oder, um es mit einem beliebten Bild des Klassizismus zu sagen: Erst der schöpferisch-ordnende Geist stellt die Einheit (das ›Ganze‹) aus der Mannigfaltigkeit (dem ›Alles‹) her. Schiller besitzt einen solchen Geist, denn nach Humboldt erfolgt die von ihm beschriebene Tätigkeit »auf dem Grund einer Intellectualität«, die »Schillers besondere Eigenthümlichkeit«[34] darstellt.

Man kann daher sagen, dass es deutliche Anzeichen seitens langjähriger Weggefährten Schillers gibt, die darin übereinstimmen, dass sein Denken sehr früh bereits in bestimmte Bahnen gelenkt worden und er diesen stets treu geblieben sei. Bahnen, die, um im Bild zu bleiben, spätestens in der Karlsschule eingespurt worden sind, wenn es auch Hinweise darauf gibt, dass gewisse Grundzüge, insbesondere die Fähigkeit zur kreativen Aneignung, von der Alt spricht,[35] deutlich älter sind als die Begegnung mit dem Schiller so beeinflussenden Philosophieunterricht bei Jacob Friedrich Abel.

Da Schiller diese Fähigkeit bereits mitbringt, als er im Januar 1773 in die Karlsschule eintritt,[36] fällt der Unterricht Abels auf denkbar fruchtbaren Boden während der Zeit, in der Schiller dessen Unterricht besucht, also zwischen 1776 und 1780, mit Ausnahme des Jahres 1778, in dem die medizinischen Vorlesungen Vorrang haben.[37] Festzuhalten ist, dass das Lehren eine dezidierte Stärke Abels gewesen ist, denn als Philosoph ist er höchstens ein sekundärer Denker, der kaum Eigenständiges hervorgebracht hat. Gerade jedoch in der Ver-

---

[33] Ebd. S. 360.
[34] Ebd.
[35] Vgl. Alt: Schiller. Bd. 1. S. 79.
[36] Vgl. ebd. S. 88.
[37] Vgl. ebd. S. 118f. Vgl. ebenso: Abel, Jacob Friedrich: Eine Quellenedition zum Philosophieunterricht an der Stuttgarter Karlsschule (1773–1782). Mit Einleitung, Übersetzung, Kommentar und Bibliographie hrsg. v. Wolfgang Riedel. Würzburg 1995. Hier S. 5. Dieser Band wird weiterhin mit der Sigle »Abel/Riedel« zitiert, da der Kommentar so umfangreich und informativ ist, dass man diesen als eigene Abhandlung zur Geschichte der zeitgenössischen Popularphilosophie sehen muss und beide Namen als Koautoren zu nennen sind.

mittlung fremder Ideen und Gedanken bringt er es zu eigener Größe, die zu seiner Beliebtheit unter den ›Eleven‹[38] führt – einerseits weil er anscheinend über ein hinlängliches Cha-
risma verfügt und als junger Lehrer nur wenig Wert auf hergebrachte akademische Formen
legt, andererseits weil er durch seinen Stil, bei dem der Unterricht in freier Rede improvi-
siert wird, den Eleven das aufklärerische Credo des ›Selbstdenkens‹ praktisch vorführt.
Rückblickend darf man wohl sagen, dass das Philosophieren in Abels Unterricht vor allen
Dingen ein »Rezeptionsphänomen«[39] ist, bei dem Abel zugleich seinen intellektuellen Höhepunkt erlebt, während spätere Versuche, in Publikationen erneut zu reüssieren, nichts
weiter sind als Ausarbeitungen von Gedanken, die auf Abels Karlsschulzeit zurückgehen.[40]

Der spezifische Philosophieunterricht teilt sich für Schiller in zwei Hälften, da bis zur
Fachübernahme durch Abel 1775 die Philosophie vorrangig im Unterricht für alte Spra-
chen, Latein und Griechisch, abgehandelt wird, in dem der Schüler erneut den früheren
Lehrer Jahn hört.[41] Das Ziel dieser Form des Unterrichts ist es, nicht nur den Schülern den
Sprachverstand zu schärfen, sondern auch die antiken philosophischen Quellen im Original
zu lesen. Grundlage hierfür ist die erste Aufwertung des Philosophieunterrichts an der
Karlsschule, welcher seit dem Jahr 1773 für sämtliche Eleven aller Fächer obligatorisch ist.[42]
Da Schiller zu Anfang seine sprachlichen Leistungen wie zuvor an der Lateinschule an der
Karlsschule ebenso halten kann, bevor sein Notenniveau allgemein sinkt,[43] ist es nicht
zuletzt dieser verbundene altphilologisch-philosophische Unterricht, dem noch der spä-
tere Schiller die Grundlagen seiner ästhetischen Philosophie sowie seine »vorzügliche[n]
Sprachkenntnisse«[44] verdankt.

Die zweite Aufwertung der Philosophie zur »Generalwissenschaft«[45] als einem Element,
den Eleven das Denken von Grund auf beizubringen,[46] datiert ebenfalls auf 1773, als der
junge Professor Abel dem Herzog einen Vorschlag unterbreitet, wie der Philosophieunterricht nach seinen Vorstellungen umgebaut werden solle. Es dauert jedoch bis Anfang 1775,
bis er das Fach Philosophie verantwortlich übernehmen kann, da zum Jahresende 1774 Jahn
die Karlsschule im Streit mit dem Herzog verlässt und Abel erst anschließend das Fach re-
formieren kann.[47] Diese Reformen allerdings sind von grundlegender Natur: Während Jahn
mit den hergebrachten »lateinischen Kompendien«[48] des Schulphilosophen Christian Wolff
arbeitet – einem deduktiven philosophischen Lehrprogramm, das der Lehre an der Landes-
universität Tübingen entspricht, wo Abel das Fach bei den beiden Professoren Böck und
Ploucquet studiert hat, die zwischenzeitlich oder teilweise interimistisch an der Karlsschule

---

[38] Vgl. Alt: Schiller. Bd. 1. S. 81 und öfters.
[39] Abel/Riedel: Quellenedition. S. 402.
[40] Vgl. ebd. Vgl. zudem Alt: Schiller. Bd. 1. S. 141f., 149.
[41] Vgl. Alt: Schiller. Bd. 1. S. 89.
[42] Vgl. ebd. S. 84, 88.
[43] Vgl. ebd. S. 89.
[44] Ebd. S. 81.
[45] Ebd. S. 92; Abel/Riedel: Quellenedition. S. 21.
[46] Vgl. Abels *Programm*-Schrift: Abel, Jacob Friedrich: Programm. Schreiben an Herzog Carl Eugen von Würt-
     temberg über die Neugestaltung des Philosophieunterrichts auf der Solitude. Nebst einem »Entwurf zu einer
     Generalwissenschaft oder Philosophie des gesunden Verstandes zur Bildung des Geschmacks, des Herzens
     und der Vernunft« 13. Dec. 1773. In: Abel/Riedel: Quellenedition. S. 15-23.
[47] Vgl. Alt: Schiller. Bd. 1. S. 92, 113.
[48] Ebd. S. 113.

unterrichten, da sie den ›neuen‹ Wegen des jungen Dozenten deutliches Misstrauen entge-
genbringen[49] –, unternimmt es Abel, die Philosophie ›vom Kopf auf die Füße‹ zu stellen und
ein induktiv-empirisches Verfahren einzuführen, wie er es bereits in seinem *Programm* ausgeführt hat:[50] Zunächst sammle man »Materialien durch die H i s t o r i e und besonders die
N a t u r h i s t o r i e , ohne welche beide unmöglich die folgende [sic!] Theile gelernt werden
können.«

> Hat man auf diese Art der Natur zu folgen, die immer beim Einzelnen, u. zwar Sinn-
> lichen, zuerst anfängt, sich hinlänglich Data gesammelt, so abstrahirt man sich da-
> raus eine P h i l o s o p h i e der Natur oder Physic u. eine P h i l o s o p h i e des Menschen,
> und lernt dadurch die Natur und sich selbst kennen.[51]

Abel verstärkt dieses mit den Worten: »Indem man diese Schritte gemacht hat, hat man
zugleich Denken lernen [sic!] [...] und also eine L o g i c ohne es zu wissen; die gewöhnliche
Logic hat, wie aus der Erfahrung erhellt, beinahe gar keinen Nuzen.«[52] Damit ist erkennbar,
dass Abel selbst insbesondere vom englisch-schottischen Empirismus und der Moralphilo-
sophie geprägt ist, die in seinem Unterricht breiten Raum einnehmen und von den Eleven
eingehend studiert werden. Zu nennen sind hier Francis Hutchesons *System of Moral Phi-*
losophy von 1755, Adam Fergusons *Institutes of Moral Philosophy* von 1769[53] und nicht zuletzt David Humes *Enquiry Concerning Human Understanding* von 1748.[54] Das Ausgehen
von der Natur, der konkreten Betrachtung, vom Sinnlichen also, wird unter Abel zum Programm der Philosophie erhoben, woraus erst in einem zweiten Schritt die philosophische
Reflexion erfolgen könne; damit erhält der Empirismus in Abels Unterricht den Rang, der
ihm spätestens seit der ersten Hälfte des 18. Jahrhunderts zusteht.[55] Dabei reichen die
Grundlagen dieses Denkens zurück bis ins späte 17. Jahrhundert, da bereits John Locke in
seinem Widerspruch auf den cartesianischen Rationalismus, dem *Essay Concerning Human*
Understanding von 1690, sowohl die sinnliche Wahrnehmung, mithin die Grundlage der
Ästhetik, sofern man sie wörtlich nimmt, als auch die Denktätigkeit selbst auf die Welter-
fahrung, auf das In-der-Welt-Sein zurückführt, wie Schiller durch Abels Vorlesung erfährt.[56]
Bemerkenswert ist auf der anderen Seite, dass Abel keine Berührungsängste verspürt
und den französischen Materialismus, zumindest in Auszügen, in seinen Unterricht ein-
baut. Das ist nicht ganz selbstverständlich, da dessen Sicht auf den Menschen auf deutlichen
Widerstand bei den deutschen Philosophen stößt. Es betritt nämlich ein nüchternes, von
Trieben beherrschtes Wesen die philosophische Bühne, das in besonderem Maße vom Egoismus geleitet wird, der allein auf die eigene Bedürfnisbefriedigung setzt. Allein der Um-

---

49   Vgl. ebd. S. 114-118.
50   Vgl. Abel/Riedel: Quellenedition. Bes. S. 18f.
51   Beide Zitate ebd. S. 19. Hervorhebungen im Original.
52   Ebd. Hervorhebung im Original.
53   Vgl. Alt: Schiller. Bd. 1. S. 104f., 119f.
54   Vgl. ebd. S. 122.
55   Vgl. ebd. S. 121f. Vgl. ebenso: Riedel, Wolfgang: Schiller und die popularphilosophische Tradition. In: Schiller-
     Handbuch. Hrsg. v. Helmut Koopmann. S. 155-166. Hier: S. 157f. (Künftig zitiert als: Riedel: Schiller und die
     popularphilosophische Tradition.)
56   Vgl. Alt: Schiller. Bd. 1. S. 121.

stand, dass die einzige Autonomie des so gedachten Menschen darin liegen solle, die sinnlichen Regungen halbwegs zu kontrollieren, und dass nur dort allgemein als solche aner-
kannte Sittlichkeit zu finden sei, wo ›moralisches‹ Verhalten mit dem Egoismus in Einklang
stehe, setzt diese philosophische Richtung dem Verdacht des Atheismus aus.[57] Schiller wird
diesen atheistischen Strömungen stets ablehnend gegenüberstehen;[58] gleichwohl wird er die
Trieblehre mit zeitgenössischen Überlegungen zur Psychologie verbinden können – und sie
wird spätestens in den *Briefen über die ästhetische Erziehung des Menschen* einen unüber-
sehbaren Niederschlag finden.

Abel als sekundärer Denker führt direkt zur sogenannten ›Popularphilosophie‹ der
zweiten Hälfte des 18. Jahrhunderts, wenn man die Schulphilosophie als ›primär‹, alle anderen Formen des philosophischen Nachdenkens als ›sekundär‹ sehen möchte, wie das
nicht zuletzt idealistische Philosophen im Zusammenhang mit dem Hang zum Eklektizismus der Popularphilosophie insofern getan haben, als sie, sowie die deutsche Philosophie-
geschichte insgesamt, ›eklektisch‹ durchweg negativ verwenden, als Vorwurf der Beliebigkeit beziehungsweise der indifferenten Gleich-Gültigkeit der Mischung aus einer ganzen
Reihe Ideen Anderer.[59] Gerade Abel jedoch ist in seiner Lehrtätigkeit ein dezidierter Eklektiker, indem er für seinen Unterricht eine Vielzahl von behandelten Werken oder auch nur
Ausschnitte derselben auswählt und dabei, wie gesagt, keinerlei Berührungsängste mit Helvétius oder La Mettrie hat. Damit befindet sich Abel in guter Gesellschaft, da sich so bedeutende Popularphilosophen wie Garve, Feder oder Sulzer durchaus emphatisch auf den Eklektizismus berufen und ihn somit, ganz im Gefolge von Thomasius' Aufwertung im 17.
Jahrhundert,[60] für eine wahrhaftigere Philosophie ansehen als Schulphilosophien, die wegen
der meist vorhandenen Strenge der Systematik einen Hang zur Hermetik aufweisen.[61] Der
dahinterstehende Gedanke ist der des sogenannten ›Selbstdenkens‹: Wenn man sich philo-
sophierend und interpretierend verschiedenen Denkschulen nähert, ohne dabei einer bestimmten anzugehören, und aus diesen einzelne Bestandteile, Ideen und Argumentations-
zusammenhänge für das eigene Denken fruchtbar macht, so handelt es sich dabei nicht nur
um ein kommunikatives, dialogisches Denken mit den Vorgängern,[62] sondern zugleich um
eines, das in der Lage sein muss, sich ein eigenes Urteil bilden zu können.[63] Das heißt, der
Eklektiker bewegt sich mindestens auf Augenhöhe mit den Systemen, aus denen er auswählt
beziehungsweise sich Einzelnes herausliest, was ›eklektisch‹ bekanntlich wörtlich bedeutet.
– Damit ist der Eklektizismus womöglich avancierter als sich seine Kritiker überhaupt vorzustellen wagen.

Es ist kaum verwunderlich, dass Schiller einer solchen Methode nahesteht. Aufgrund
seiner philosophisch-medizinischen Ausbildung und einhergehend mit der Erkenntnis der

---

[57] Vgl. ebd. S. 123-125.
[58] Vgl. ebd. S. 125.
[59] Vgl. Nieke, W.: Art. ›Eklektizismus‹. In: Joachim Ritter u.a. (Hrsg.): Historisches Wörterbuch der Philosophie.
      Bd. 2: D-F. Darmstadt 1972. Sp. 432f. Hier besonders Sp. 432. (Künftig zitiert als: Ritter: Historisches Wörter-
      buch der Philosophie.)
[60] Vgl. Abel/Riedel: Quellenedition. S. 412. Vgl. ebenso: Riedel: Schiller und die popularphilosophische Tradi-
      tion. S. 157.
[61] Vgl. Abel/Riedel: Quellenedition. S. 414.
[62] Vgl. ebd. S. 413.
[63] Vgl. ebd. S. 414.

vielen offenen Fragen, die den leib-seelischen Zusammenhang anbelangen, muss ihm eine strenge Systemlogik, vor allem wenn sie mit definitivem Anspruch auftritt, illusionär erscheinen. Gerade weil der Eklektizismus vom erkenntnistheoretischen Hintergrund ausgeht, dass die geistigen Kapazitäten des Menschen naturgemäß beschränkt seien, ist eine philosophische »Praxis«[64] sehr viel naheliegender, die sich einer gebildeten, urteilsgeleiteten Auswahl und dem gleichzeitigen Aussondern fremder Standpunkte befleißigt, um daraus ein eigenes ›System‹ – oder etwas weicher formuliert: eine eigene Philosophie – zu entwickeln.[65]

Dieses Verfahren, das Abel seinen Eleven vorstellt, wird bei Schiller verfangen, nicht zuletzt deswegen, da eine inhaltliche Verbindung zu dem besteht, was Schiller bereits aus der Lateinschule mit an die Karlsschule bringt: Die Fähigkeit, sich Fremdes leichthändig anzueignen. Das Auswählen des zu verarbeitenden und das Entfernen abzulehnenden Materials ist ein notwendiger vorgängiger Arbeitsschritt auf dem Weg dahin, etwas Eigenes zu generieren. Das kann man an seinem späteren Umgang mit der Philosophie anderer, insbesondere Kants, sehen;[66] unter der nämlichen Prämisse steht auch sein Zugriff auf die bildende Kunst, wie sie sich ihm von Winckelmann her vermittelt.[67]

Der Eklektizismus, der eine der bedeutendsten Grundströmungen der Popularphilosophie des späten 18. Jahrhunderts ist, beinhaltet bereits den Aspekt der Praxis, des Tätigwerdens. Damit verbindet er sich mit dem nicht mehr rein theoretisch gefassten, sondern zugleich praktischen Verständnis des Weisheitskonzepts, wie es zuvor in der ersten Hälfte des Jahrhunderts entwickelt wird und wie es in der einschlägigen und größten Enzyklopädie, zumal des deutschsprachigen Raums, zu finden ist:[68]

> Heut zu Tage verstehen wir unter einem Weisen denjenigen, welcher die Weisheit besitzet, das ist, welcher nicht nur gründlich eingesehen hat, worinnen die wahre Glückseligkeit bestehet, sondern auch würcklich die besten Mittel anwendet, dadurch dieselbe bey ihm und andern Menschen vernünfftig erlanget werden kan.[69]

Mit dem Konzept der ›wahren Glückseligkeit‹ wird eine Lebenspraxis angesprochen, welche sich als eine »Wissenschaft des Guten und Bösen« begreift, zu der alle »theoretische Erkänntniß, so demonstrativ sie immer seyn mag«, nichts helfe: »Die Wissenschaft eines Weisen muß gantz practisch seyn, […].«[70] Auffällig ist bei obiger Bestimmung aber nicht nur das Tätigwerden an sich, sondern vor allem die intendierte Außenwirkung, denn der Weise solle die besten Mittel anwenden, um bei sich und anderen den Zustand der Glückseligkeit hervorzurufen. Daher wird in der Popularphilosophie die moralphilosophische Praxis und

---

[64] Ebd. S. 414.
[65] Vgl. ebd. S. 414f.
[66] Vgl. unten Kapitel 2.3.
[67] Vgl. unten Kapitel 4.1.
[68] Vgl. Abel/Riedel: Quellenedition. S. 403.
[69] Johann Heinrich Zedlers Grosses vollständiges Universal-Lexicon aller Wissenschafften und Künste, Welche bißhero durch menschlichen Verstand und Witz erfunden und verbessert worden. 68 Bde. Halle, Leipzig 1732-1754. Hier: Bd. 54. Wei-Wend. Art. ›Weise‹. Sp. 1045-1056. Hier: Sp. 1045. Vgl. ebenso: Art. ›Weisheit‹. Sp. 1114-1150.
[70] Alle Zitate ebd. Art. ›Weise‹. Sp. 1046.

eigentlich das Philosophieren schlechthin mit dem »Primat der Exoterik«[71] verbunden. Unter exoterischem Philosophieren versteht »man heute allgemein Lehren und Schriften, die für ein breites Publikum« »bestimmt sind.«[72] Ein Denken also, das sich in der und für die Öffentlichkeit vollzieht.[73]

Dass sich diese Verbindung aus Moral- und Lebensphilosophie und nach außen gerichteter Wirksamkeit der Popularphilosophie eingeschrieben hat, wie sie Schiller an der Karlsschule vermittelt bekommt, kann man in dessen Werk allenthalben sehen. Übergeht man den allein in Briefform konzipierten Anti-Kant-Entwurf der *Kallias*-Briefe – der aufgrund seiner Dialogstruktur bestenfalls eine Teilöffentlichkeit erhält, da er erst nach Körners Tod 1847 postum publiziert wird, aber zumindest die Schönheitsurteile mit der Sittlichkeit verbinden möchte im kantischen Begriff der ›praktischen Vernunft‹, und daher einen moralphilosophischen Impetus besitzt[74] –, so findet Schillers Philosophieren stets in der Öffentlichkeit statt, da sämtliche ästhetische Schriften in der von ihm selbst herausgegebenen Zeitschrift *Die Horen* erscheinen. Auch den hochinteressanten *Brief eines reisenden Dänen* veröffentlicht Schiller in seiner zuvor selbst herausgegebenen *Rheinischen Thalia*.[75] Selbst die *Augustenburger Briefe*, als Urform der *Briefe über die ästhetische Erziehung*, die sich an einen exklusiven Empfängerkreis richten, den adeligen Hof, waren letztlich auf Zirkulation, wenn nicht gar spätere Publikation angelegt, wie bereits die bloße Existenz von Abschriften nahelegt.[76] Daneben ist der Übergang vom theoretischen Philosophieren hin zur Tätigkeit, zum Tätigwerden in den Schriften grundgelegt: Man denke an die *Ästhetische Erziehung*, die zur Affektkontrolle aufruft beziehungsweise zum Ausgleich konkurrierender Triebe des Menschen; oder auch daran, wie Schiller über das Erhabene nachdenkt, stets mit der Laokoon-Gruppe im Blick, und dieses Nachdenken mit einer Theorie der Tragödie und der zeitgenössischen Inokulationstheorie verbindet.[77]

Eine Philosophie, welche sich sowohl als praktisch als auch induktiv-empirisch versteht, muss anscheinend zwangsläufig eine Philosophie vom Menschen werden. Denn zeitgleich mit dem Aufkommen des Empirismus verliert die Metaphysik ihre dominante Stellung.[78]

---

[71] Abel/Riedel: Quellenedition. S. 407. Vgl. ebenso: Riedel: Schiller und die popularphilosophische Tradition. Hier: S. 156.

[72] Gaiser, K.: Art. ›Exoterisch/esoterisch‹. In: Ritter: Historisches Wörterbuch der Philosophie. Bd. 2. D-F. Sp. 865-867. Hier: Sp. 865.

[73] Vgl. ebd.

[74] Schiller, Friedrich: [Kallias oder über die Schönheit] Briefe an Gottfried Körner. In: Ders.: Sämtliche Werke in 5 Bänden. Auf der Grundlage der Textedition von Herbert G. Göpfert hrsg. v. Peter-André Alt, Albert Meier, Wolfgang Riedel. München 2004. Bd. V. Erzählungen. Theoretische Schriften. Hrsg. v. Wolfgang Riedel. München ²2008. (= HA V) S. 394-433. Hier S. 398-400. Brief vom 8.2.1793. Vgl. zur Publikationszeit den Kommentar: S. 1201. Die *Kallias*-Briefe zitiere ich der leichteren Übersichtlichkeit wegen aus dieser Ausgabe. Darüber hinaus ist diese Ausgabe wesentlich aktueller im Kommentar; besonders in Fragen von Textdatierungen orientiert sie sich am Forschungshorizont – im Vergleich zu der in diesen Punkten veralteten Nationalausgabe. Gleiches gilt für die weiteren Schillertexte.

[75] Vgl. Schiller, Friedrich: Brief eines reisenden Dänen. In: HA V. Hier: Kommentar. S. 1282.

[76] Vgl. Schiller, Friedrich: Über die ästhetische Erziehung des Menschen in einer Reihe von Briefen. In: HA V. S. 1218.

[77] Zu letzterem vgl. Schiller, Friedrich: Über das Erhabene. In: HA V. S. 792-808. Hier S. 805f. Vgl. ebenfalls den Kommentar: S. 1261f.

[78] Vgl. Abel/Riedel: Quellenedition. S. 421. Vgl. ebenso: Riedel: Schiller und die popularphilosophische Tradition. S. 157.

Zudem beginnt im späten 18. Jahrhundert die Psychologisierung des Menschen sich durch-zusetzen, wofür nicht zuletzt das Wirken Johann Georg Sulzers steht[79] – ganz ungeachtet des Umstandes, dass sich ebenfalls anti-psychologische, also rein somatisch-physiologische Schulen und Denktraditionen halten und sich regelmäßig um Durchsetzung bemühen. Dennoch ist bis in die 1770er Jahre selbst die Psychologisierung des Gottesbegriffs abge-schlossen.[80]

Zur Entwicklung einer eigenständigen Psychologie in Abgrenzung zur Physiologie kommt es allein deshalb, weil die cartesianische Substanzentrennung des 17. Jahrhunderts eine immense Wirkmacht entfaltet. Aus dieser Dualität, in der der Geist, oder auch die Seele, was häufig synonym verwendet wird, zum ›Anderen des Körpers‹ wird, resultiert nicht nur eine stark mechanistische physiologische Vorstellung sondern auch eine Psycho-logie, die sich allein mit dem Geist befasst und mitunter höchst spekulative Positionen pro-duziert.[81] Gleichzeitig bleibt es gerade den Medizinern nicht verborgen, dass es gegenseitige Einflüsse von Physis und Psyche gibt, mithin einen leib-seelischen Zusammenhang – der selbst Christian Wolff in seiner Schulphilosophie beschäftigt.[82]

Es hat letztlich dieser vorangegangenen Substanzentrennung und eines allgemein aner-kannten »Influxionismus« bedurft,[83] um von dieser Trennung ausgehend den Versuch zu unternehmen, eine Vereinigungstheorie, besagte ›Anthropologie des Ganzen Menschen‹, zu entwickeln, welche sowohl dem Körper als auch dem Geist in deren je eigenen Bedin-gungen erneut gerecht zu werden sucht.[84] Dabei verwendet Abel den Begriff ›Anthropolo-gie‹ überhaupt nicht und spricht stattdessen von einer ›Philosophie‹ oder ›Theorie des Men-schen‹. Dennoch bewegt er sich in den Bahnen Platners, der allgemein von einer ›empiri-schen Psychologie‹ gesprochen hat – und es erklärt, weshalb Abel so häufig Bezug nimmt auf Mediziner und Physiologen. Allem Anschein nach sind beide Begriffe, der der Philoso-phie sowie der Psychologie, bei Abel nicht substanziell getrennt; sie scheinen ihm stets die beiden Seiten der menschlichen Existenz zu bezeichnen. Und da zum körperlichen Aspekt ebenso die Triebe und Leidenschaften gehören, ist der Schritt hin zur Beschäftigung mit den französischen Materialisten nicht allzu weit.[85]

Dass der Philosoph Abel stets das Medizinische mitdenkt, was darin seinen Nieder-schlag findet, dass bei Abel die »Frage nach dem commercium mentis et corporis«,[86] also die Frage nach dem, was den Zusammenhang zwischen Leib und Seele herstelle, von zen-traler Bedeutung ist, kommt seinem Schüler Schiller entgegen, da er die medizinische Aus-bildung an der Karlsschule durchläuft. Somit beschäftigt sich Schiller ganz dezidiert von beiden Seiten her mit dem, was man als das commercium-Problem bezeichnet. Freilich hat

---

[79]   Vgl. Riedel, Wolfgang: Erkennen und Empfinden. Anthropologische Achsendrehung und Wende zur Ästhe-tik bei Johann Georg Sulzer. In: Der ganze Mensch. Anthropologie und Literatur im 18. Jahrhundert. DFG-Symposion 1992. Hrsg. v. Hans-Jürgen Schings. Stuttgart, Weimar 1994. (= Germanistische Symposien Be-richtsbände. Bd. 15). S. 410-439.

[80]   Vgl. Abel/Riedel: Quellenedition. S. 421f.

[81]   Vgl. ebd. S. 424-427.

[82]   Vgl. ebd. S. 427.

[83]   Ebd. S. 427.

[84]   Vgl. ebd. S. 428f. Vgl. ebenso: Riedel: Schiller und die popularphilosophische Tradition. S. 158f.

[85]   Vgl. Abel/Riedel: Quellenedition. S. 430.

[86]   Ebd. S. 432.

der Eleve an der Karlsschule kaum die Gelegenheit, tatsächlich praktische Erfahrungen im Fach Medizin zu sammeln, was in dessen teilweise übermäßig spekulativ zu nennenden philosophischen Abschlussarbeiten resultiert und zur Zurückweisung der ersten der beiden, der *Philosophie der Physiologie*, führt.[87] – Aber selbst die im engeren Sinn medizinische Abschlussarbeit über die Fieberarten bleibt theoretisch, da es am nötigen Anschauungsmaterial, sprich Patienten, fehlt.[88]

Auch wenn die seinerzeitige empirische Psychologie nur bis zu einem bestimmten Grad *empirisch* sein kann, gelingen aufgrund des Interesses an den »seelischen Vermögen«[89] Erkenntnisse, die das vorwegnehmen, was rund 100 Jahre später Sigmund Freud in seiner Psychoanalyse erfassen wird, dass nämlich die ›Seele‹ nicht allein ›Herrin ist im Haus des Geistes‹, dass der Geist vielmehr ein »Schauplatz der Heteronomie«[90] ist, der von zahlreichen äußeren Einflüssen, negativen wie positiven, heimgesucht wird. Der Versuch der empirischen Psychologie, die geistigen Tätigkeiten zu verstehen, so ließe sich resümieren, ist auf »Instanzen« gestoßen, »die nicht Geist (res cogitans) sind, aber inmitten der geistigen Substanz ihr influxionistisches Wesen treiben, auf nicht-vernünftige Triebkräfte, die als Repräsentant des Körpers in der Seele den Ort der Vernunft beherrschen.«[91] Mit der Annahme einer seelisch-geistigen Landschaft, die untrennbar an äußere Kräfte gebunden ist, muss eine Moralethik entworfen werden, die in der Lage ist, sich dem entgegenzustellen. Eine Zentralkategorie ist bei Abel daher – neben dem Wohlwollen (benevolentia) als einer Form des Altruismus und der Weisheit, welche für Abel ganz entschieden in Richtung der Perfektibilität geht, der ständigen Vervollkommnung der geistigen Vermögen[92] – die Seelenstärke.

Diese Seelenstärke, welche bereits bei Abel eine »Idealmoral«, eine »Ethik der Autonomie«[93] darstellt, die sich am antiken Konzept des »virtus-Ideals«[94] orientiert, wandert bemerkenswert deutlich in Schillers Denken ein und manifestiert sich dort in den Überlegungen zum Erhabenen.[95] Abel geht es vorrangig um die Kardinaltugend der »Selbstbeherrschung«,[96] mithin um »die Herrschaft der Vernunft über die Neigungen, Affekte, Begehren,

---

87 Vgl. Schiller, Friedrich: Philosophie der Physiologie. In: Ders.: Werke und Briefe in zwölf Bänden. Hrsg. v. Otto Dann u.a. Frankfurt a.M. 1988ff. Bd. 8. Theoretische Schriften. Hrsg. v. Rolf-Peter Janz. Frankfurt a.M. 1992 (= FA 8). S. 37-58. (Künftig zitiert als: Schiller: Philosophie der Physiologie. FA 8). Hier: Kommentar. S. 1147, 1153. Ebenso: Schiller, Friedrich: Philosophie der Physiologie. In: HA V. S. 250-268. (Künftig zitiert als: Schiller: Philosophie der Physiologie. HA V.) Hier ebenso: Kommentar. S. 1174.

88 Vgl. Schiller, Friedrich: De discrimine febrium inflammatorium et putridarum. Über die Unterscheidung von entzündungsartigen Fiebern und Faulfiebern. In: HA V. S. 1056-1147. Hier: Kommentar. S. 1317f. (Künftig zitiert als: Schiller: De discrimine febrium. HA V.)

89 Abel/Riedel: Quellenedition. S. 432.

90 Ebd. S. 433.

91 Ebd. S. 436. Vgl. ebd. S. 432-436.

92 Vgl. ebd. S. 436-438.

93 Ebd. S. 438. Vgl. ebenso: Riedel, Wolfgang: Influxus physicus und Seelenstärke. Empirische Psychologie und moralische Erzählung in der deutschen Spätaufklärung und bei Jacob Friedrich Abel. In: Anthropologie und Literatur um 1800. Hrsg. v. Jürgen Barkhoff, Eda Sagarra. München 1992. (= Publications of the Institute of German Studies. University London. Bd. 54). S. 24-52.

94 Abel/Riedel: Quellenedition. S. 439.

95 Vgl. ebd. S. 438-440.

96 Ebd. S. 439.

die Herrschaft der Seele über Körper und Triebnatur.«[97] Eine basale Notwendigkeit, um die Seelenstärke zu erlangen, ist die sogenannte ›Aufmerksamkeit‹, »das Vermögen der Seele, aus dem auf sie eindringenden Sensationsstrom bestimmte Empfindungen und Vorstellungen aktiv und nach eigenem Gutdünken auszuwählen, von der übrigen Reizflut zu isolieren und als Gegenstand ihrer Betrachtung festzuhalten.«[98] Gerade die Vorstellung der ›aktiven‹ Auswahl von sinnlichen Eindrücken, einmal mehr ein Tätigwerden, ist es, dem wir bei Schiller wiederbegegnen werden. Einerseits in den philosophischen Abschlussarbeiten, um den Zusammenhang zwischen Geist und Körper zu bekräftigen, aber von dort aus andererseits besonders in denjenigen Schriften, in denen sich Schiller mit dem Erhabenen beschäftigt – und sei es nur am Rande –, als Fähigkeit, das Anbranden der Sinnlichkeit zurückzudrängen, damit sich der Geist behaupten kann, ganz als ›bilde sich die Seele den Körper‹.[99]

2.1.2 Schillers Rezeption des Philosophieunterrichts in den Abschlussdissertationen

2.1.2.1 *Philosophie der Physiologie*

Bekanntlich beendet Schiller seine Studien an der Stuttgarter Karlsschule mit der dritten seiner insgesamt drei Abschlussarbeiten 1780, nachdem die erste philosophisch-anthropologische Arbeit, *Philosophie der Physiologie*, 1779 wegen ›Unreife‹[100] beziehungsweise »wegen Unklarheiten, einiger gewagter Thesen und wegen der respektlosen Kritik anerkannter Gelehrter«[101] abgelehnt wird. Die im Jahr darauf lateinisch verfasste zweite ›Probschrift‹ oder ›Dissertation‹[102] über die Fieberarten wird ebenfalls als mangelhaft abgelehnt.[103] Erst die letzte Dissertation, *Versuch über den Zusammenhang der tierischen Natur des Menschen mit seiner geistigen*, findet die Anerkennung der Gutachter.[104] Bereits an den Titeln der Dissertationen lässt sich erkennen, dass allein die Fieberschrift im engeren Sinne eine medizinische Arbeit ist, während die beiden anderen sich im Umfeld der Anthropologie bewegen, jenem ›Zwitter‹, welchen sich Medizin und Philosophie teilen und der vorrangig um die

---

[97]   Ebd.

[98]   Ebd.

[99]   Vgl. Schiller, Friedrich: Versuch über den Zusammenhang der tierischen Natur des Menschen mit seiner geistigen. In: HA V. S. 287-324. Hier: S. 318. (Künftig zitiert als: Schiller: Versuch über den Zusammenhang. HA V.)

[100] Vgl. Schiller: Philosophie der Physiologie. HA V. Hier: Kommentar. S. 1174.

[101] Schiller: Philosophie der Physiologie. FA 8. Hier: Kommentar: S. 1153.

[102] Vgl. Schiller: HA V. Einleitender Kommentar zu den Karlsschulschriften. S. 1168.

[103] Vgl. Schiller, Friedrich: De discrimine febrium inflammatorium et putridarum. In: FA 8. S. 81-117. Hier: Kommentar. S. 1167. (Künftig zitiert als: Schiller: De discrimine febrium. FA 8.) Vgl. ebenfalls: Schiller: De discrimine febrium. HA V. Hier: Kommentar. S. 1314, besonders die in der Fußnote 4 abgedruckten Gutachten: S. 1314f.

[104] Vgl. Schiller: Versuch über den Zusammenhang. HA V. Hier: Kommentar. S. 1177. Vgl. ebenso: Schiller: Versuch über den Zusammenhang. FA 8. Hier: Kommentar. S. 1219. Vgl. zudem: Riedel, Wolfgang: Schriften der Karlsschulzeit. In: Schiller-Handbuch. Hrsg. v. Helmut Koopmann. Stuttgart 1998. S. 547-559. Hier besonders S. 547. (Künftig zitiert als: Riedel: Schriften zur Karlsschulzeit.)

Antwort auf die Frage nach dem commercium-Problem kreist. Der Frage demnach, was die empirisch nachvollziehbare Wechselwirkung zwischen Physis und Psyche hervorruft und welche Effekte diese gegenseitige Einflussnahme nach sich zieht.[105] Ich möchte mich an dieser Stelle allein auf die beiden anthropologischen Dissertationen beziehen, da ich meine, dass sich darin Denkfiguren und Positionen finden lassen, welche sich nicht nur später erneut in den im eigentlichen Sinn ästhetischen Schriften zeigen, sondern in meinen Augen einen Anfangspunkt darstellen, von dem aus sich Schillers Denken weiterentwickeln wird. Wie ich oben bereits ausgeführt habe, basiert Schillers Denken und Philosophieren darauf, sich in eklektischem Stil diejenigen Positionen anzueignen, die er für brauchbar, und damit fruchtbar hält, um sie anschließend zu etwas Eigenem umzuformen. Zugleich hat Schiller offenkundig die Neigung, diese Positionen sowie das daraus Gewonnene beizubehalten, solange sich keine adäquateren finden. Das ist der Grund, weshalb wir bereits in der ersten Dissertation von 1779 Gedanken vorfinden, denen wir auch in den Schriften der 1790er Jahre wiederbegegnen.

Ein gewisses Problem stellt allerdings der Umstand dar, dass Schillers erste Dissertation nicht vollständig auf uns gekommen ist. Es existiert lediglich eine fragmentarische Abschrift eines unbekannten Verfassers der ersten elf Paragraphen des ersten Kapitels. Zugleich hat Schiller diese Schrift zunächst auf Deutsch verfasst, selbige jedoch ins Lateinische übersetzt bei seinen Gutachtern eingereicht; es ist ebenfalls unbekannt, ob sich die Nachschrift auf die deutsche Erstfassung bezieht oder es sich um eine Rückübersetzung aus der lateinischen Zweitfassung handelt.[106] Damit lassen sich lediglich eingeschränkte Aussagen zu dieser Arbeit des jungen Schiller treffen; wiederum findet sich aber einiges Bemerkenswerte.

Die anthropologischen Grunddispositionen der *Philosophie der Physiologie* weisen Schiller im eigentlichen Wortsinn als ›philosophischen Arzt‹ aus,[107] da er zum einen einen medizinischen Abschluss anstrebt und somit Elemente der Humoralpathologie sowie des Animismus und der neuartigen Neuropathologie verquickt, wie sie dessen Medizinprofessor Consbruch lehrt, und diese, zum anderen, mit philosophischen Perspektiven verbindet, die Schiller im Philosophieunterricht Abels hört. Dazu gehört nicht zuletzt der »Materialismus des französischen Arztes Julien Offray de La Mettrie«,[108] der wiederum auf das Körperliche rückverweist. Voraussetzung der Verbindung der beiden Seiten der menschlichen Natur in der von Schiller so bezeichneten »*Mittelkraft*«[109] ist ein Festhalten am cartesianischen Substanzendualismus sowie einer natürlichen Wechselwirkung der beiden Naturen des

---

[105] An dieser Stelle sei auf die Dissertation Riedels verwiesen. Zwar ist sie älter als die *Quellenedition* und diese basiert auf jener, dennoch ist sie noch immer höchst lesenswert und in vielen Punkten weitaus detaillierter als die *Quellenedition*, indem darin diejenigen Quellen aufgezeigt werden, die Abel beeinflussen und damit wieder indirekt Schiller: Riedel, Wolfgang: Die Anthropologie des jungen Schiller. Zur Ideengeschichte der medizinischen Schriften und der »Philosophischen Briefe«. Würzburg 1985. (= Epistemata. Reihe Literaturwissenschaft. Bd. 17). Hier: S. 22-37. (Künftig zitiert als: Riedel: Die Anthropologie des jungen Schiller.)

[106] Vgl. Schiller: Philosophie der Physiologie. HA V. Hier: Kommentar. S. 1173f. Vgl. ebenso: Schiller: Philosophie der Physiologie. FA 8. Hier: Kommentar. S. 1148. Vgl. zudem: Riedel: Schriften der Karlsschulzeit. S. 550.

[107] Vgl. Schiller: Philosophie der Physiologie. FA 8. Hier: Kommentar. S. 1149. Vgl. ebenso: Riedel: Schriften der Karlsschulzeit. S. 548f.

[108] Schiller: Philosophie der Physiologie. FA 8. S. 1148. Vgl. ebd.

[109] Schiller: Philosophie der Physiologie. HA V. S. 253 und öfters. Hervorhebung im Original.

Menschen.[110] Denn nur in dem Fall, dass es zwei Naturen gibt, zwei Substanzen (die ›res extensa‹, also die Physis, schlichtweg alles Körperliche, und die ›res cogitans‹, die Psyche, oder auch Geist oder Seele), besteht die Notwendigkeit einer Verbindung in einem Dritten.

Bevor jedoch Schiller zur Vereinigung der Doppelnatur des Menschen gelangen kann, spricht er im ersten Paragraphen von der »*Bestimmung des Menschen*«.[111] Dass der Begriff ›Bestimmung‹ bereits als Überschrift für Paragraph eins der ersten Dissertation fungiert, ist insofern bedeutsam, als er im Rahmen der moral-ethischen Ästhetik, besonders in der *Ästhetischen Erziehung*, eine immense Bedeutung entfalten wird – und zwar durch das gesamte Wortfeld hindurch: ›sich bestimmen‹, ›Bestimmung‹, ›Bestimmbarkeit‹ und so fort. Zum einen steht der Begriff ›Stimmung‹ im Kontext des »antik-christliche[n] Konzepte[s] der Weltharmonie«,[112] zum anderen in Verbindung mit der Musikpraxis des Instrumentenstimmens, was beides zusammen mit subjektiven und objektiven Aspekten einhergehe.[113] Während man unter der ›Weltharmonie‹ den Aufbau der Welt und des Kosmos als Ganzes verstehen kann, welcher einem stabilen Zustand gleicht, in dem alles seinen Platz hat und in dem die betreffende Ordnung aufrecht erhalten wird, ist das Stimmen von Instrumenten in unserem Fall von weitaus größerem Interesse, da es eine ›Praxis‹ darstellt. Ein Orchester, eine Gruppe von Instrumenten muss durch den Akt des Stimmens aus dem vorgängigen Zustand des Chaos, der Unordnung, einer wörtlichen Kakophonie überführt werden in den nachmaligen Zustand des ›Zusammenklangs‹. Im Fall des ›Stimmens‹, welches sich auf die Musikpraxis bezieht, muss also überhaupt erst die Harmonie hergestellt werden.

Da Schiller konstatiert, »Gottgleichheit ist die Bestimmung des Menschen«,[114] diese zugleich aber als ein ›ewiges‹ Streben des Menschen beziehungsweise seiner Seele auch über den Tod hinaus definiert, ist von etwas Prozessualem, etwas nicht Abgeschlossenem die Rede: von der Perfektibilität.[115] Es ist dabei auffällig, dass Schiller selbst auf einer Vergleichsebene, wenn er das unendliche Streben des Menschen mit der Geordnetheit aller Kräfte in der Schöpfung misst, davon spricht, dass besagte »Kräfte wirken und ineinanderwirken, gleich Saiten eines Instruments tausendstimmig zusammenlautend in eine Melodie«.[116] Es ist mindestens ebenso auffällig, dass das beschriebene Zusammenstimmen ein Telos hat: Die Melodie, zu der sich die vielen Einzeltöne der Saiten vereinigen sollen. Dieser Prozess des ›Einstimmens‹ auf das Göttliche muss zwangsläufig eine unabschließbare Tätigkeit sein, da es dem Menschen nicht vergönnt ist, göttlich zu werden. Mit anderen Worten könnte man sagen: Der Mensch sei nicht bestimmt, etwas zu *sein*, sondern etwas zu *werden*. Ihm sei es aufgegeben, danach zu streben, das bloß Physische zu überwinden im Hinblick auf die ewige und göttliche Sphäre; damit freilich bestätigte er sich als jenes »Mittelding zwischen Vieh und Engel«,[117] als welches Schiller, Haller zitierend, den Menschen in seiner

---

[110]   Vgl. Schiller: Philosophie der Physiologie. FA 8. S. 1151, 1149. Vgl. zudem: Riedel: Schriften der Karlsschulzeit. S. 549-553. Vgl. ebenso: Riedel: Die Anthropologie des jungen Schiller. S. 61-68.

[111]   Schiller: Philosophie der Physiologie. HA V. S. 250. Hervorhebung im Original.

[112]   Wellbery, David: Art. ›Stimmung‹. In: Ästhetische Grundbegriffe. Ein Historisches Wörterbuch in sieben Bänden. Hrsg. v. Karlheinz Barck u.a. Bd. 5. Stuttgart, Weimar 2003. S. 703-733. Hier: S. 704.

[113]   Vgl. ebd. S. 703-707.

[114]   Schiller: Philosophie der Physiologie. HA V. S. 250.

[115]   Vgl. ebd.

[116]   Ebd.

[117]   Schiller: Versuch über den Zusammenhang. HA V. S. 296.

dritten Dissertation apostrophieren wird.[118] Das Streben nach Höherem, dem Göttlichen gar, übersteigt alle tierische Vernunft und zeichnet so den Menschen aus, der bereits qua Geburt dem Göttlichen zumindest teilhaftig ist.[119]

Zugleich ist in der Konstellation, etwas zu werden, nicht nur zu sein, eine Denkfigur vorgeprägt, welche sich deutlich erkennbar und wesentlich zugespitzt in Schillers Kantrezeption wiederfinden wird. Er wird Formulierungen Kants, die in eine Bedeutungsfixierung auslaufen, dahingehend sich aneignen und dadurch verändern, sie wieder zu ›verflüssigen‹, die Stillstellung wieder aufzulösen in einen Prozess, der seinerseits nicht abgeschlossen gedacht werden kann.[120] Insofern geht es Schiller anscheinend bereits im ersten Paragraphen seiner ersten Dissertation sehr viel mehr um das Streben als um die Erreichbarkeit des Erstrebten. Und damit einher geht eine sehr frühe Idealisierung des Menschen mit Blick auf sein Vervollkommnungspotential, welches im Ansatz wenigstens seine beiden Naturen zusammendenkt. Es mag paradox klingen, aber die Nichterreichbarkeit des Göttlichen ist zugleich eine Aufwertung des sinnlich-tierischen Menschen, indem er zwar stets der Physis unterworfen bleibt, im Wissen um das Göttliche diese jedoch transzendiert.

Nach einer Abschweifung zur Liebe als einer fundamentalen Antriebskraft des Menschen,[121] welche in seiner späteren *Theosophie des Julius* breiten Raum einnehmen wird,[122] reformuliert Schiller seinen Begriff von der ›Bestimmung des Menschen‹: »[...] der Mensch ist bestimmt zur Überschauung, Forschung, Bewunderung des großen Plans der Natur.«[123] Man kann darin einmal mehr einen Appell Schillers sehen, tätig zu werden. Wenn, wie es anfangs heißt, »Gottgleichheit«[124] die Bestimmung des Menschen sei, gelangt man dorthin, indem man forschend und überblickend die Einrichtung der Welt zu verstehen sucht, mithin die gottgegebenen und gleichzeitig zutiefst menschlichen Anlagen des Verstandes und der Vernunft gebraucht, und zuletzt Gott bewundert für seine Schöpfung, der man selbst teilhaftig ist und sie dennoch überblicken kann. Ein Auftrag, der dem ›sapere aude‹ verwandt ist und unter der Hand einen empirischen Ansatz nahelegt, zumal in dem erstgenannten ›Überschauen‹ ein sinnliches Primat zu erkennen ist. Während allerdings ›überschauen‹ verhältnismäßig passiv bleibt, indem hier das bloße Aufnehmen sinnlicher Reize angesprochen wird, lässt sich ›forschen‹ nachgerade ausschließlich aktiv, eine Tätigkeit hervorrufend, auffassen. Mit diesen beiden stellt Schiller eine deutliche Verbindung her zur ›natürlichen‹ Philosophie, wie sie sein Lehrer Abel präferiert; nicht nur verweist das auf Abels *Programm*, in welchem dieser ein induktiv-empirisches Verfahren vorschlägt,[125] sondern auch auf die *Theses Philosophicae* von 1776, jener ersten philosophischen Jahresabschlussprüfung, der Schiller als einer der Respondenten beiwohnt, also als Verteidiger der

---

[118] Vgl. ebd. Hier: Kommentar. S. 1178. Vgl. ebenso: Schiller: Versuch über den Zusammenhang. FA 8. Hier: Kommentar. S. 1224f., Anm. zu S. 130,30.

[119] Vgl. Schiller: Philosophie der Physiologie. HA V. S. 250.

[120] Vgl. unten Kapitel 2.3 dieser Arbeit.

[121] Vgl. Schiller: Philosophie der Physiologie. HA V. S. 251.

[122] Vgl. Schiller, Friedrich: Philosophische Briefe. HA V. S. 336-358. Darin die Theosophie des Julius: S. 344-358. Vgl. ebenso Kommentar: S. 1184f.

[123] Schiller: Philosophie der Physiologie. HA V. S. 251.

[124] Ebd. S. 250.

[125] Vgl. Abel: Programm. In: Abel/Riedel: Quellenedition. S. 15-23.

Thesen Abels, die von weiteren Eleven als Opponenten kritisiert werden.[126] In der ersten dieser Thesen heißt es ganz explizit: »Die wahre Philosophie ist die Philosophie des gesunden Menschenverstandes, wie sie z.B. Reid und mehrere andere Engländer vertreten.«[127] Im Verstand verknüpft sich die Reizaufnahme der physischen Sinne mit der Verarbeitung selbiger durch den Geist, zumeist repräsentiert durch die Einbildungskraft; mithin die Physis mit der Psyche. Und es ist der ›Verstand des Menschen‹, ihm innewohnend und – innerhalb des theologischen Grundgefüges der Zeit – von Gott eingegeben. Mithilfe dieser Anlagen soll sich der Mensch danach zur »Bewunderung des großen Plans der Natur«[128] erheben, wobei in dieser ›Bewunderung‹ bereits eine tiefere Einsicht in diesen göttlichen Plan mitschwingt, mehr noch: das Verständnis der Ordnung der Schöpfung, und somit verbunden mit einer Überschreitung der bloßen Passivität beziehungsweise Aktivität. Insofern wird die ›Bewunderung‹ zu einem eminenten Schritt auf dem Weg zur Gottgleichheit oder wenigstens einer Gottähnlichkeit.[129]

In der Benennung des menschlichen Weges als ›Überschauen, Forschen und Bewundern‹ lässt sich ein erster Dreischritt sehen, der einesteils in dieser ersten Dissertation Schillers von Bedeutung ist und von ihm später erneut in Anschlag gebracht werden wird, der anderesteils aber besonders in den späteren ästhetischen Schriften relevant werden wird. Man kann diese drei Begriffe übersetzen in eine Klimax: Zunächst die sinnlich-empirische und zugleich passive Fähigkeit zur Aufnahme von Reizen, die auf das Subjekt einwirken; danach die aktive verstandesmäßige Verarbeitung des Vorgefundenen im Rahmen der Zuordnungen zu Begriffen durch die Einbildungskraft; zuletzt die vernunftmäßige Erkenntnis der Ordnung hinter den Dingen, der Annäherung an das göttliche Ideal.

Dieser Dreischritt, den Schiller hier im ersten Paragraphen aufruft, bereitet den für die *Philosophie der Physiologie* wesentlicheren vor, der vom Kulminieren der physischen und psychischen Kräfte in der verbindenden ›Mittelkraft‹ handelt. Schiller befindet sich damit ganz im Lehrumfeld der Karlsschule: Dort wird mehrfach auf ein »Drittes«[130] hingewiesen, das als Verbindung der beiden Naturen des Menschen diene, wenn dieses auch verschieden verortet wird. Es scheint sich dabei um eine Frage des Ausgangsfaches zu handeln, wo genau diese Verbindung zu suchen sei, da Abel, als Fachphilosoph der Karlsschule, sie in der Seele selbst fixiert, während die Mediziner, allen voran Consbruch, dem Schiller folgen wird,[131] und zuvor bereits Haller, die neu entdeckten Nerven als Vermittlungsinstanz annehmen.[132] Dass die Trinität eine zentrale Figur in der Theologie ist, erweist sich für die Zeitgenossen tagtäglich; dass der Dreischritt ebenso eine bekannte Formation aus der Logik ist, also These – Antithese – Synthese, wird den Eleven in den teilweise konventionelleren Elementen des Philosophieunterrichts beigebracht; dass sich dieses Muster in der Verbindung aus Medizin und Philosophie, wie sie die Anthropologie darstellt, erneut wiederholt, könnte für Schiller

---

[126] Abel, Jacob Friedrich: Theses Philosophicae. In: Abel/Riedel: Quellenedition. S. 26-34. Diese eigentlich Lateinisch verfassten Prüfungsthesen hat Wolfgang Riedel in seinem Kommentar übersetzt: Ebd. S. 463f. Schiller findet sich im Respondentenverzeichnis S. 30.
[127] Ebd. S. 463. Lateinisch S. 31.
[128] Schiller: Philosophie der Physiologie. HA V. S. 251.
[129] Vgl. Schiller: Philosophie der Physiologie. FA 8. Hier Kommentar: S. 1149f.
[130] Ebd. S. 1151.
[131] Vgl. Schiller: Philosophie der Physiologie. HA V. S. 255f.
[132] Vgl. Schiller: Philosophie der Physiologie. FA 8. Hier Kommentar: S. 1151f.

also ein Hinweis sein, es hier mit einem besonders fruchtbaren Gedanken zu tun zu haben. Immerhin stellt die *Philosophie der Physiologie*, zumindest die Fragmente, die auf uns gekommen sind, insgesamt eine erste Erprobung dieser Denkfigur durch Schiller dar, einen dualistisch-antinomischen Ansatz durch die Einführung einer dritten Instanz zu überwinden. Dieser Schritt zur Überwindung des scheinbar Unvereinbaren wird uns bei ihm verschiedentlich in den ästhetischen Schriften der 1790er Jahre wiederbegegnen.[133]

Wie oben bereits ausgeführt hält Schiller für diese erste Dissertation am cartesianischen Substanzendualismus fest. Der zweite Paragraph ist die Stelle, an der Schiller dieses ausführt, wobei er die Materie besonders dadurch charakterisiert, dass sie ›undurchdringlich‹ sei im Gegensatz zum Geist.[134] Im Anschluss daran benennt er vier verschiedene ältere Verbindungstheorien, die er allesamt verwirft, um seine These von der »Mittelkraft« vorzubereiten: »Eine Kraft, die von der Materie verändert werden und die den Geist verändern kann.«[135] Der nachfolgende dritte Paragraph, immerhin mit ›Mittelkraft‹ überschrieben, beinhaltet eine Überraschung für all diejenigen, die sich Aufklärung über eben diese erwarten, indem Schiller seine Leser ›im Stich‹ lässt damit, dass auch er es nicht besser wisse – zumal er zuvor bereits beschieden hat, dass eine Kraft, die sowohl Materie als auch Geist sei, nicht denkbar ist, nur um es erneut zu verdeutlichen:[136]

> Es mag nun diese Kraft ein von Materie und Geist verschiedenes Wesen sein oder nicht, oder sie mag vielmehr das Einfache von der Materie sein, dies ist itzo ganz gleichgültig. Mag sie dann auch selbsten Stufe und Kette mehrerer, immer sich von der Masse mehr entfernender, immer dem Geiste verwandteren Kräfte sein. Auch dies ist mir gleichgültig. Auch gestehe ich gern, daß eine Mittelkraft undenkbar sein mag; ich sehe auch, warum sie es ist.[137]

Es ist höchst bemerkenswert, wie Schiller hier verfährt. Er wirft mehrere Vermutungen auf, zum Teil Gegensätzliches, zum Teil einander Annäherndes, in jedem Fall aber erklärt er diese Spekulationen für ›gleichgültig‹. Gerade diese Gleichgültigkeit, die man nicht anders lesen kann als ›Gleich-Gültigkeit‹, verweist vor auf jene Ansätze in den ästhetischen Schriften, die eine Harmonisierung in einem Dritten vorbereiten; man denke dabei nicht zuletzt an die bekannte Trias aus den *Briefen über die ästhetische Erziehung* Stofftrieb – Formtrieb – Spieltrieb.[138] Zugleich ist die Gleich-Gültigkeit von Körper und Geist ein Grundtatbestand innerhalb der Anthropologie, in der es gerade um die Gleichwertigkeit und das stete Aufeinanderangewiesensein dieser beiden Naturen geht, wie es die dritte Abelsche These von 1776 besagt: »Ohne Verknüpfung mit der Physiologie bleibt die Psychologie immer unzureichend.«[139] Hinter diese Vorstellung kann und will Schiller nicht mehr zurück, aber man sieht an dieser Stelle deutlich, dass sein Denken noch nicht ausgereift ist, denn es scheint gerade jener ›Platzhalter‹ zu fehlen, den in den eigentlichen ästhetischen Schriften allzu häu-

---

[133] Vgl. ebd. S. 1152.
[134] Vgl. Schiller: Philosophie der Physiologie. HA V. S. 252.
[135] Ebd. S. 253. Vgl. ebd. 252f.
[136] Vgl. ebd. S. 253.
[137] Ebd.
[138] Vgl. Schiller: Philosophie der Physiologie. FA 8. Hier: Kommentar. S. 1152.
[139] Abel: Theses Philosophicae. In: Abel/Riedel: Quellenedition. S. 463. Lateinisch S. 31.

fig die bildende Kunst bietet und der von Helmut Pfotenhauer als »Scharnier«[140] bezeichnet worden ist. Man könnte sagen: Schiller verzichtet an dieser Stelle darauf, eine Überbrückung dieser zwar gleichgültigen, dennoch aber gegensätzlichen Kräfte zu entwerfen, welche beiden gerecht wird oder sie wenigstens aufhebt. Ich sehe hier gleichwohl die Spur jener Denkfigur beginnen, welche Schiller später so produktiv anwenden wird, indem er in seinen Schriften Gegensätze und Gegenläufiges aufwirft, um sie dort im Unterschied zu dieser frühen Dissertation auf ein ausgearbeitetes Drittes hinauslaufen zu lassen – wenngleich auch dort Fragen offenbleiben werden. Auch hier bleibt, aufgrund Schillers Weigerung, diese ›Mittelkraft‹ auszuführen, im Grunde eine Leerstelle, die er einerseits zwar umkreist, andererseits jedoch nicht zufriedenstellend zu füllen vermag: »Ich bin nicht imstand, mir eine Veränderung ohne Bewegung vorzustellen, und dennoch bin ich überzeugt, daß das Denken keine Bewegung ist.« »Ganz philosophisch unmöglich ist sie [die Mittelkraft; F.H.] also nicht, und wahrscheinlich braucht sie nicht zu sein, wenn sie nur wirklich ist.«[141] Die verzweifelte Unfähigkeit, genauen Aufschluss über die Natur besagter ›Mittelkraft‹ zu geben, die Schiller hinter der kecken Pose der Gleichgültigkeit zu verbergen sucht, kann nicht darüber hinwegtäuschen, dass sich Schiller des Problems vollständig bewusst ist, die dieses ›Dritte‹ darstellt: Einerseits könne es nicht an beiden Substanzen gleichzeitig teilhaben. Andererseits existiert ersichtlich eine funktionierende Kommunikation, eine Vermittlung zwischen den beiden Substanzen, egal wie ›unwahrscheinlich‹ sie sei. Daher kommt Schiller konsequent zu dem Schluss: »Die Erfahrung beweist sie. Wie kann die Theorie sie verwerfen.«[142] Wenn es sich zuletzt nicht um einen Fehler des unbekannten Abschreibers handelt, ist es bemerkenswert, dass der letzte Satz, obwohl von der Wortstellung her in Frageform, trotzdem mit einem Punkt, nicht mit einem Fragezeichen endet. So wirft sich Schiller einmal mehr in eine Pose; desjenigen nämlich, der scheinbar eine Frage stellt, auch wenn es sich um eine vermeintliche Zweifellosigkeit handelt, etwas, worüber man gewiss nicht mehr sprechen müsse, da für alle offenbar. Damit ließe sich Schiller vorwerfen, sich allzu ›billig aus der Affäre zu ziehen‹, da er de facto keine Antwort gegeben hat. Zudem ist dies eine Stelle, an der man konstatieren kann, dass zumindest diese Dissertation tatsächlich ein gewisses Maß an ›Unreife‹ aufweist, wie es Schiller von den Gutachtern vorgeworfen wird.[143]

Der Stellvertreter für das vermittelnde Element mag fehlen, aber die Argumentationsfigur, welche ein System sich ausbalancierender Kräfte beschreibt, wird in dieser Abschlussschrift sichtlich ausgearbeitet, indem Schiller den Aufbau des Körpers entsprechend darstellt:

> Es wurden also mechanische Kräfte zwischen die Welt und die Mittelkraft gestellt, die ich die mechanische Unterkräfte [sic!] nenne; und da diese, ja selbsten meine Mittelkraft, dem ewigen zerstörenden Einfluß äußerlicher Kräfte und selbsten dem Übermaß des Objekts ausgesetzt ist, so wurden andere mechanische Kräfte ihnen

140   Pfotenhauer, Helmut: Rückwärtsgewandte Moderne. Der Klassizismus in Schillers ästhetischen Schriften. In: Würzburger Schiller-Vorträge. Hrsg. v. Jörg Robert. Würzburg 2007. S. 73-91. Hier: S. 73.
141   Beide Zitate: Schiller: Philosophie der Physiologie. HA V. S. 254.
142   Ebd.
143   Vgl. ebd. Hier: Kommentar: S. 1174.

gleichsam zugeordnet, die sie beschützen. Dies sind die Schutzkräfte. Alle diese mechanische Unter- und Schutzkräfte [sic!] in Verbindung heißen wir den Bau.[144]

Das heißt, dass bereits in jeder der einzelnen Naturen des Menschen gegenläufige Kräfte am
Werk sind, denn wie man sehen kann, ist hier nicht vom Geist die Rede; sowohl die ›Unter-
kräfte‹ als auch die ›Schutzkräfte‹ haben an der Physis teil und bilden gerade im Verbund
den ›Bau‹ des Körpers. – Entsprechendes dürfte für die geistige Natur des Menschen gelten,
auch wenn jene Teile von Schillers Dissertation nicht erhalten geblieben sind.

Schiller postuliert stattdessen: »Die Mittelkraft wohnt im Nerven. Denn wann ich diesen verletze, so ist das Band zwischen Welt und Seele dahin.«[145] Damit bewegt sich Schiller
auf der Höhe der zeitgenössischen medizinischen Forschung, die über das Nervensystem
an sich bestenfalls rudimentäre Kenntnisse besitzt und daher auf zahlreiche Spekulationen
angewiesen ist, wie Schillers lavierende Unbestimmtheit in Bezug auf die Frage, wie Nerven
beschaffen seien, zu erkennen gibt: »Ob aber dieser Nerve [sic!] eine elastische Saite sei und
durch Schwingungen wirke; oder ob er Kanal eines äußerst feinen geistigen Wesens sei, und
dies allein in ihm wirke; oder ob er ein Aggregat von Kügelchen sei, und ich weiß nicht wie?
wirke […].«[146] Hierin spricht sich nicht nur einmal mehr das Nicht-Wissen Schillers in Bezug auf dieses im Kern physiologische Problemfeld aus, sondern Schiller verwendet wiederum explizit die Vorstellung der Nerven als schwingende Saiten. Zugleich eröffnet diese
Unbestimmtheit eine relative Offenheit, die Schiller zu einem neuen Kompositum führt,
womit er fortan seine ›Mittelkraft‹ bezeichnen wolle: »Nervengeist«.[147] Semantisch ist dieser
neue Begriff deutlich avancierter als der vorige, da ›Nervengeist‹ auf morphologischer
Ebene bereits eine Verbindung von Physisch-Materiellem mit dem Psychischen bedeutet.
Somit stellt ›Nervengeist‹ auf der Wortebene dar, dass dieses Element teilhat an den beiden
Substanzen. Jedoch ist dieser Begriff nicht ursprünglich eine Wortschöpfung Schillers; er
übernimmt ihn von Haller.[148] Damit sehen wir hier eine weitere Schillersche Aneignung
eines Begriffes, welche ein Licht auf Schillers Sprachverständnis wirft. Gerade im Umfeld
des anthropologischen commercium-Problems ist seine Erkenntnis sprechend, wie gelungen die morphologische Verbindung des philosophisch-semantisch Unvereinbaren ist. Mit
diesem Begriff geht eine gleichsam metaphorische Ebene einher, indem das Wort selbst zur
Sache wird, oder vielmehr zum tertium comparationis; es stellt die Vermittlung, das fehlende Bindeglied zwischen den beiden Naturen dar – und ist gleichzeitig vage genug, um
der Spekulation genügend Raum zu geben. Gerade darin liegt eine der großen Stärken von
Schillers Umgang mit der Sprache: Ihr trotz aller behaupteter Klarheit und Strenge Potentiale zu öffnen, um sich auf diese Weise noch die Bedeutungshöfe dienstbar zu machen, wie
man nicht zuletzt an seinem ›unbestimmten‹ Umgang mit dem Begriff ›Stimmung‹ erkennen kann. Hinzu tritt bei ihm das Vermögen zu erkennen, wenn jemand anderem Ähnli-
ches gelungen ist wie in diesem Fall Haller.

Der Einführung des ›Nervengeistes‹ schließt sich faktisch eine Theorie der Sinne und
damit der Sinnlichkeit an, welche Schiller mit einer eher konventionellen Hierarchie der

---

[144] Ebd. S. 254.
[145] Ebd. S. 255.
[146] Ebd. Vgl. zudem ebd. Hier: Kommentar. S. 1175. Anmerkung zu S. 253.
[147] Ebd. S. 256. Vgl. ebd.
[148] Vgl. ebd. Hier: Kommentar. S. 1175. Anmerkung zu S. 253.

Sinne verbindet, beginnend mit dem Sehen als dem am höchsten stehenden Vermögen bis hinab zum Tastsinn.[149] Diese Theorie der Sinnlichkeit kulminiert ihrerseits in Schillers Erwägung von ›materiellen Ideen‹. Diese Vorstellung meint nichts anderes, als dass Ideen und ebenso Sinneseindrücke wirkliche Spuren hinterlassen, Ein-Drücke sozusagen.[150] Dementsprechend dienen die Sinne, hier »fünf Organe«[151] genannt, als Einfallstor für die Welt, wonach sich diese der menschlichen Innenwelt einpräge; eine Formulierung, die vor dem zeitgenössischen Theorienhintergrund wörtlich zu nehmen ist. – Nicht umsonst mag man an die antike Vorstellung der ›tabula rasa‹ denken, als die der Mensch in die Welt tritt und in der sich die Erfahrungen, die von außen kommen, sowie die Gedanken, die im Inneren entstehen, materialiter einspeichern.[152] Gleichwohl diskutiert Schiller im Anschluss an diese Einführung anscheinend deshalb drei Theorien zu den materiellen Ideen,[153] um sie im Folgeparagraphen zurückweisen zu können. Darin prüft Schiller die Theorien mithilfe der Assoziationen als einem Grenzfall der Affektibilität des Menschen durch die Umwelt beziehungsweise durch seinen eigenen Sinnesapparat.

Die erste der verworfenen Theorien ist die der »Saitenschwingungen«,[154] was insofern frappierend ist, als bis in die heutige Umgangssprache hinein die ›mitschwingende Saite‹ ein beliebtes Bild für Assoziationen darstellt. Schiller dagegen schließt nicht zu Unrecht, dass es sich vielmehr um »ein Echo der nämlichen Idee«[155] handle, also eine Saite im Menschen zum Schwingen bringe, die gerade nichts Neues entstehen lasse sondern einen bloßen Widerhall dessen, was von außen an den Menschen herantrete.[156] Vergleichbar verfährt Schiller mit den beiden anderen Theorien,[157] ohne letztlich Assoziationen erklären zu können. Damit wiederholt er seine Herangehensweise, die er bereits zu der von ihm postulierten ›Mittelkraft‹ gewählt hat; er konstatiert das Vorhandensein von Assoziationen, er kann sie nicht erklären, aber er verwirft die vorliegenden Theorien, ohne sich bemüßigt zu fühlen, eine eigene, neue zu entwickeln.[158] Gerade an diesem ›jugendlichen‹ Gebaren Schillers kann man seine nachmalige Reifung zu einem ernstzunehmenden Denker erkennen, da der spätere Schiller sich nicht mehr mit einem solchen Verzicht auf eine eigene Theorie oder wenigstens einen eigenen Gedanken zufriedengibt.

Kurz bevor die uns vorliegende Abschrift abbricht, verschiebt Schiller seinen Fokus. Die bisher entworfene Vorstellung von Assoziationen sei ihm zu ›mechanistisch‹, mithin zu physisch gedacht, weswegen er seine Betrachtungsweise diametral umkehrt, damit nicht die »Freiheit« gefährlich eingeschränkt werde.[159] An dieser Stelle muss jeder Leser aufmerken, besonders derjenige, der die späteren Schriften kennt: Die Freiheit ist, so Schiller in der *Philosophie der Physiologie*, an bestimmte Seelenvermögen gebunden, welche ebenso an den

---

[149] Vgl. ebd. S. 256-258.
[150] Vgl. ebd. § 8. S. 258-262.
[151] Ebd. S. 258.
[152] Vgl. ebd. bes. S. 258f.
[153] Vgl. ebd. S. 260-262.
[154] Ebd. S. 263.
[155] Ebd. S. 264.
[156] Vgl. ebd. S. 263f.
[157] Vgl. ebd. S. 264f.
[158] Vgl. ebd. S. 265.
[159] Vgl. ebd. S. 265. Zit. ebd.

Assoziationen teilhaben wie die Physis. Die Fertigkeit, auf die es Schiller hier ankommt, ist die »Aufmerksamkeit«,[160] schulphilosophisch die ›attentio‹.[161] Dank dieses Vermögens gewinnt das Denken deshalb Freiheit, da nicht alles, was auf die Sinnesnatur des Menschen eindringt, als gleichbedeutend angesehen wird, sondern durch die genannte Aufmerksamkeit gesteuert wahrgenommen, gleichsam selektiert wird.[162] Dadurch nimmt Schiller in diesem zehnten Paragraphen seiner Dissertation einen Gedanken auf, den er spätestens zwei Jahre zuvor durch seinen Philosophieprofessor Abel kennengelernt hat, der 1777 eine Rede des Titels *Seelenstärke ist Herrschaft über sich selbst* vor der versammelten Karlsschule gehalten hat. Abel definiert darin die »Seelenstaerke« als

> eine ungewoehnliche Faehigkeit sich zu denjenigen Ideen Empfindungen und Neigungen, zu derjenigen Auffassung, Erhoehung, Anhaltung kurz demjenigen Grad und Art derselben zu bestimmen, die man vor die Beste haelt, ohne von der ueberwiegenden Lebhaftigkeit und Reiz anderer, oder ihrer eignen Mattigkeit abgezogen zu werden oder diejenige zu entfernen, die man vor minder gut haelt, ohne von ihrer Lebhaftigkeit und dem Gefuehl des Vergnuegens, das sie jezt geben, ueberwaeltiget zu werden.[163]

Hintergrund für den hier angewendeten Wolffschen Aufmerksamkeitstopos ist, dass ein ausschließlich mechanistisch gedachtes System im Menschen selbigen in die vollständige Determiniertheit überführen würde. Die denkbare Möglichkeit jedoch, dass »die Seele der durch die Sinnesorgane dargebotene[n] Reizflut nicht passiv ausgeliefert ist, sondern diese vielmehr in gewissem Maße sogar steuern kann«, gilt als ein »Schlüsselindiz dafür, daß es so etwas wie geistige Selbstbestimmung geben kann. Das Vermögen der Aufmerksamkeit wird so zur psychologischen Grundlage des Freiheitspostulats, zur empirischen Bedingung der Möglichkeit moralischer Autonomie.«[164] Ist ein Subjekt mittels der Aufmerksamkeit in der Lage, zwar nicht die Reize selbst, so doch die eigene Reaktion darauf zu steuern, ist das die Basis für jenen zweiten Zweig der Ästhetik des 18. Jahrhunderts, der unter dem Begriff des ›Erhabenen‹ gerade bei Schiller einige Wirkmacht entfaltet. Dadurch werden zugleich diejenigen Freiheitspotentiale sichtbar, um die es Schiller später vor allen Dingen gehen wird. Mit dem so beschriebenen Mechanismus eröffnet sich dem Subjekt die Freiheit, auf andrängende Reize zu reagieren oder gerade nicht, und ›über den Dingen zu stehen‹, sich also expressis verbis über die Angelegenheiten der Sinneswelt zu erheben.

Abels Menschenkenntnis ist daran erkennbar, dass er feststellt: »Oft hat die Natur uns die Kraft versagt eine Leidenschaft ganz zu ersticken, aber mit ungebrochnem Muth steht noch der Weiße [sic!] um durch eben diese Mittel sie wenigstens niederzudruecken oder eine andere ueber sie zu erheben.«[165] Die besagten »Mittel« sind Auswahl derjenigen Ideen, denen der Mensch anhängen möchte, sowie die willentliche Verstärkung derjenigen See-

---

[160] Ebd. S. 266.
[161] Vgl. ebd. Hier: Kommentar. S. 1176. Anmerkung zu S. 266. Vgl. ebenso: Schiller: Philosophie der Physiologie. FA 8. Hier: Kommentar. S. 1156. Anmerkung zu S. 55.
[162] Vgl. Schiller: Philosophie der Physiologie. HA V. S. 266f.
[163] Abel, Jacob Friedrich: Rede [Seelenstärke ist Herrschaft über sich selbst]. 1777. In: Abel/Riedel: Quellenedition. S. 219-236. Hier: S. 225. (Künftig zitiert als: Abel: Rede. In: Abel/Riedel: Quellenedition.)
[164] Ebd. Hier: Kommentar. S. 573.
[165] Ebd. S. 230f.

lenkräfte, die für ihn förderlich sind, beziehungsweise die Abschwächung oder das Unterdrücken derjenigen, die ihm im Wege stehen.[166] Darin steckt sehr viel anthropologisches Denken, denn Abel sieht den Menschen wie er ist: Er kommt nicht los von seiner physischen Seite, er ist und bleibt ein sinnliches Wesen; zugleich aber hat er die Macht, darüber zu bestimmen, was seiner Natur – zu welcher auch der Geist gehört – dienlich ist. Aus diesem Grund fehlt Abel jener Rigorismus, der apodiktisch fordert, ein starker Geist müsse alle negativen Leidenschaften vollständig ausmerzen.

Ein weiterer Aspekt der abelschen Rede ist es, der nicht nur in dieser ersten Dissertation Schillers zumindest unterschwellig aufscheint, sondern besonders in seinen späteren ästhetischen Schriften, speziell der *Ästhetischen Erziehung*, zum Tragen kommt: Abel setzt seinem starken Geist ein Ziel, nämlich in Handlung überzugehen. »Aber in ihrem hoechsten Glanze bricht die starke Seele hervor wann sie sich zu Handlungen, wann sie zu Großthaten sich erhebt.«[167] So wie Abel sagt, dass der starke Geist Mittel kenne, negative Ideen und Reize wenigstens niederzukämpfen, selbst wenn sie nicht vollständig zu vernichten seien, um dann später, nachdem der Mensch sich auf diese Weise hochgestimmt habe, in Handlung überzugehen, so wird später Schiller den ›ästhetischen Zustand‹[168] dahingehend definieren, dass dieser als Grundlage für die Bestimmung des Menschen dienen solle. Beide verbinden also mit der Seelenstärke zugleich ein Tätigwerden, um der Größe des Menschen Gestalt zu geben. Damit sehen wir zugleich in jenem zehnten Paragraphen aus Schillers *Philosophie der Physiologie* einen neuralgischen Punkt des Übergangs. Der Schüler übernimmt zum ersten Mal Gedanken seines Lehrers Abel, wie sie dieser in seinem Unterricht vermittelt hat und sie in einer Rede vor dem Auditorium der Karlsschule zu Gehör bringt; dieser Schüler wird sich zudem noch etliche Jahre später darauf beziehen, wenn auch die Quelle zwischenzeitlich verschattet ist, da nach Schillers Kantlektüre die Mehrheit seines Publikums und seiner Leser bis heute davon ausgehen, die ästhetische Philosophie der 1790er Jahre sei vor allen Dingen eine Auseinandersetzung mit dem Königsberger Transzendentalphilosophen.

2.1.2.2 *Versuch über den Zusammenhang der tierischen Natur des Menschen mit seiner geistigen*

Die ein Jahr später, 1780, verfasste dritte Dissertation mit dem Titel *Versuch über den Zusammenhang der tierischen Natur des Menschen mit seiner geistigen* zeigt, dass Schiller in dem einen Jahr als Autor tatsächlich gereift ist. Trotz der Ähnlichkeit des Themas, unzweifelhaft als Bearbeitung des anthropologischen commercium-Problems erkennbar, ist Schiller dieses Mal die Arbeit strukturell anders angegangen. Er hat diese Dissertation gleichsam vom Kopf auf die Füße gestellt, indem er von vornherein nicht mehr über die ›göttliche Bestimmung des Menschen‹ spekuliert, sondern stattdessen ein von Beispielen gesättigtes, empirisch grundiertes Nachdenken über die wechselseitige Beeinflussung von Psyche und

---

[166]   Vgl. ebd. S. 226-230.
[167]   Ebd. S. 232.
[168]   Vgl. Schiller: Ästhetische Erziehung. In: HA V. Hier: S. 633. 20. Brief.

Physis wählt, zugleich mit einem ›realistischen Blick‹[169] auf die Möglichkeiten des Menschen, im Versuch, weder den Körper noch den Geist überzubewerten, sondern sie zu ihrem je eigenen Recht kommen zu lassen.[170]

Freilich gibt es seitens der Gutachter auch in diesem Jahr Kritikpunkte, die äußerst beredt sind. In der Tat werfen diese Schiller vor, ›poetische Ausdrücke‹ verwendet zu haben und sich einem ›Überschuss an Einbildungskraft‹ hinzugeben.[171] Diese Vorwürfe sind wenig überraschend, da zeitgleich zur Abfassung der zweiten und dritten Dissertation Schiller seine Debüttragödie *Die Räuber* fertiggestellt hat;[172] es existieren daher Wechselwirkungen zwischen dem Dramentext, dem man anthropologische Elemente ablesen kann, und der philosophisch-anthropologischen Dissertation, bei deren Abfassung der Eleve Schiller den Dichter Schiller offenkundig nicht vollständig unterdrückt hat, zumal er sich im Paragraph 15 selbst zitiert unter Nennung eines fingierten Autorennamens.[173] Womöglich aber will der Abschlusskandidat den Poeten nicht gänzlich unterdrücken, denn immerhin möchte Schiller eine spezifische Wirkung erzielen, – endlich – den Abschluss an der Karlsschule erreichen. Daher setzt Schiller hier ein Verfahren ein, dessen er sich später in seinen ästhetischen Schriften erneut bedienen wird: ein eher bildliches Philosophieren, das sich zusätzlich sämtlicher Möglichkeiten der Sprache höchst bewusst ist. Im Zusammenhang mit dieser Abschlussarbeit mag man daher vielleicht in einem engeren Wortsinn von einem ›poetischen Philosophieren‹ sprechen. Diese Art des ästhetischen Philosophierens – eben nicht nur des Philosophierens in der Ästhetik –, welche sich Schiller in dieser letzten Dissertation erstmals zu eigen macht, wird in den 1790er Jahren zum Streitpunkt zwischen ihm und Johann Gottlieb Fichte werden, dem dieses poetische Sprechen in der Philosophie zu weit geht; ich werde auf diesen Punkt gesondert zu sprechen kommen.[174] Damit kommt der dritten Dissertation die Bedeutung zu, erstmals die spezifische Form des Schillerschen Philosophierens vorzuführen, ein exoterisches Nachdenken also, das weniger Interesse an den kon-

---

[169] Vgl. Schiller: Versuch über den Zusammenhang. HA V. Hier: Kommentar. S. 1178. Anmerkung zu S. 290.

[170] Vgl. Schiller: Versuch über den Zusammenhang. FA 8. Hier: Kommentar. S. 1219.

[171] Vgl. Schiller, Friedrich: De discrimine febrium inflammatoriarum et putridarum. In: Schillers Werke. Nationalausgabe. Begründet v. Julius Petersen, fortgeführt v. Lieselotte Blumenthal u. Benno v. Wiese. Hrsg. im Auftrag der Stiftung Weimarer Klassik und des Schiller-Nationalmuseums Marbach v. Norbert Oellers. Weimar 1943ff. Bd. 22. Vermischte Schriften. Hrsg. v. Herbert Meyer. Weimar 1958. Hier: Kommentar. S. 354f. Vgl. ebenso: Schiller: Versuch über den Zusammenhang. FA 8. Hier: Kommentar. S. 1218f.

[172] Vgl. Schiller, Friedrich: Die Räuber. In: Ders.: Sämtliche Werke in 5 Bänden. Auf der Grundlage der Textedition von Herbert G. Göpfert hrsg. v. Peter-André Alt, Albert Meier, Wolfgang Riedel. München 2004. Bd. I. Gedichte. Dramen 1. Hrsg. v. Albert Meier. München 2004 (= HA I). S. 481-638. Hier: Kommentar. S. 955. Vgl. hierzu auch: Riedel, Wolfgang: Die Aufklärung und das Unbewußte. Die Inversionen des Franz Moor. In: Jahrbuch der Deutschen Schillergesellschaft 37 (1993). S. 198-220. – In aktualisierter Fassung erneut gedruckt in: Von Schillers *Räubern* zu Shelleys *Frankenstein*. Wissenschaft und Literatur im Dialog um 1800. Hrsg. v. Dietrich von Engelhardt, Hans Wißkirchen. Stuttgart, New York 2006. S. 19-40.

[173] Vgl. Schiller: Versuch über den Zusammenhang. HA V. S. 309f. Vgl. ebd. Hier: Kommentar. S. 1179, Anm. zu S. 309. Vgl. zudem Schiller: Versuch über den Zusammenhang. FA 8. Hier Kommentar. S. 1227. Anmerkung zu S. 145,30.

[174] Vgl. unten Kapitel 3 dieser Arbeit. Vgl. ebenso: Bräutigam, Bernd: Szientifische, populäre und ästhetische Diktion. Schillers Überlegungen zum Verhältnis von »Begriff« und »Bild« in theoretischer Prosa. In: Offene Formen. Beiträge zur Literatur, Philosophie und Wissenschaft im 18. Jahrhundert. Hrsg. v. Bernd Bräutigam, Burghard Damerau. Frankfurt a.M., Berlin, Bern u.a. 1997. (= Berliner Beiträge zur neueren deutschen Literaturgeschichte. Bd. 22). S. 92-117. Hier besonders: S. 96ff.

ventionellen Grenzen des Sprachgebrauchs eines Fachphilosophen hat, als vielmehr das Eigentümliche des poetischen Sprechens für sich nutzbar zu machen sucht – auch um die Gefahr, dass der Leser womöglich etwas missversteht, weil nicht auf nur eine einzige und dezidierte Bedeutung eines Wortes Bezug genommen wird.

Die veränderte Konzeption des *Versuchs* spricht Schiller bereits im ersten und einleitenden Paragraphen an. Weder sei es zielführend, den Geist überzubetonen, wie dies der »Stoizismus« praktiziere, noch desgleichen den Körper, wie in der »Philosophie des Epikurus«.[175] Er spricht in dem Zusammenhang gar von »allzu fanatischem Eifer« und einem »wirkliche[n] Extremum«, »das den einen Teil des Menschen allzu enthusiastisch herabwürdigt«,[176] allein um das jeweils Andere gleichermaßen ›enthusiastisch‹ hervorzuheben. Aus diesem Grund beruft er sich auf die Balance der beiden Naturen des Menschen als philosophisches Ziel dieser Arbeit: »Es ist demnach hier, wie überall, am ratsamsten, das Gleichgewicht zwischen beiden Lehrmeinungen zu halten, um die Mittellinie der Wahrheit desto gewisser zu treffen.«[177] Dieses Gleichgewicht bezieht Schiller auf die »Evolution des einzelnen Menschen und des gesamten Geschlechts«,[178] unter einem ›historischen‹ sowie ›philosophischen‹[179] Blickwinkel. An diesen wenigen Worten der Einleitung lässt sich sehen, dass Schiller die herausfordernde Attitüde des ›Gleich-Gültigen‹ aus der *Philosophie der Physiologie* aufgegeben hat und den grundsätzlich selben Diskurs der ersten Dissertation versachlicht. Er spricht nicht mehr despektierlich über die von ihm aufgerufenen Lehrmeinungen, er wägt sie nun ab, um sie auf die onto- sowie phylogenetische Geschichte des Menschen anzuwenden und zu sehen, in welchen Punkten sie auf ihre jeweilige Art fehlgehen und worin sie andererseits richtig liegen. Damit wird das ›Gleichgewicht‹ nicht nur zum Thema dieser Arbeit, es findet sich auch in der Struktur, im Maßvollen von Schillers Ansatz.

Während der erste Paragraph die Abwägung der philosophischen Ansätze besorgt und die individuelle sowie überindividuelle Betrachtung einführt, die man zugleich als einen ersten historisierenden Ansatz in Schillers öffentlichem Denken sehen muss, betont der zweite die unauflösliche Einheit von Körper und Geist beziehungsweise Seele – und das aus dem Blickwinkel des Körpers. Schiller spricht hier von den drei ›Grundorganismen‹,[180] wovon ersterer die »Seelenwirkungen« im engeren Sinn sind, die ihrerseits an den Körper gebunden sind: »Aber die Tätigkeit der menschlichen Seele ist – aus einer Notwendigkeit, die ich noch nicht erkenne, und auf eine Art, die ich noch nicht begreife – an die Tätigkeit der Materie gebunden.«[181] Die hier erfolgte Benennung Schillers, was er nicht wisse, ist, wie gesagt, wesentlich dezenter und gemäßigter als in seiner ersten Dissertation, da es keinen Zusatz gibt, dass es ihn zugleich auch nicht interessiere. Stattdessen spricht er gemessenen Tones von der »Notwendigkeit«, dass die »Veränderungen in der Körperwelt« über eine »eigene Klasse mittlerer organischer Kräfte, die *Sinne*«,[182] mit der Seele in Korrespondenz treten. Zugleich tritt die gegenseitige Bedingtheit von Seele und Körper dadurch in die Le-

---

[175]   Beide Zitate: Schiller: Versuch über den Zusammenhang. HA V. S. 291.
[176]   Beide Zitate: Ebd. S. 290.
[177]   Ebd.
[178]   Ebd.
[179]   Vgl. ebd.
[180]   Vgl. ebd. S. 291.
[181]   Ebd. S. 291.
[182]   Ebd.

benswirklichkeit des Menschen, dass die Seele zwar »Dauer und Bestandheit in sich selber hat«,[183] dass dieses jedoch für die Materie, also das Physische, nicht gelte und sie daher mithilfe der »Ernährung« individuell erhalten werden muss.[184] Entsprechend des ersten Paragraphs weitet Schiller im Anschluss daran seinen Erklärungshorizont deshalb aus auf die historische Genealogie des gesamten Menschengeschlechts – im Versuch, keinen Konflikt mit der Theologie hervorzurufen: »Darum ward es notwendig, daß neue Menschen an die Stelle der weggeschiedenen alten treten und das Leben durch ununterbrochene Succession erhalten würde. Aber *geschaffen* wird nichts mehr, und was nun Neues wird, wird es nur durch Entwicklung.«[185] Elegant umschifft Schiller hier Fragen zur Schöpfung in der Theologie, indem er eine ursprüngliche, und damit göttliche, Schöpfung nicht in Frage stellt, gleichzeitig aber betont, dass es seither nurmehr »Entwicklung« gebe. Eine Entwicklung übrigens, die man nicht mit ›Evolution‹ in darwinscher Prägung ex ante verwechseln darf, da die Entwicklung, an die Schiller denkt, eine ausschließlich menschliche ist; ein Mensch, der sich durch die Vereinigung mit einem anderen entwickelt,[186] gleichsam eine Entwicklung der Spezies aus sich selbst heraus, ohne Berücksichtigung der umgebenden Welt. Es geht Schiller aus dem Blickwinkel des Mediziners allein um die phylogenetische Geschichte des Menschen. Bedeutsam ist dieser zweite Paragraph dennoch aus dem Grund, dass hier zum ersten Mal die Geschichte in Schillers Denken aufkeimt, einige Zeit bevor sie in der gleichsam antiken Doppelbedeutung von ›historia‹ als *die* Geschichte und *eine* Geschichte ihre Potentiale entfalten kann; immerhin ist Schiller nicht nur Historiker, der eine *Geschichte des Dreißigjährigen Krieges* schreibt,[187] sondern auch, wenige Jahre später, ein Dramatiker, der eine dreiteilige *Wallenstein*-Tragödie verfasst.[188] Überdies verraten bereits seine ›Jugenddramen‹, sowohl *Die Verschwörung des Fiesko zu Genua*[189] als auch *Don Carlos*,[190] ein geradezu unbändiges Interesse an der Geschichte – wie dieses in der späteren Dramatik der klassizistischen Periode wiederkehren wird, und nicht nur in der Tragödie um die geschichtlich verbürgte Person Wallenstein. Man muss wohl sogar sagen, dass Schillers Interesse an der Geschichte neben der Anthropologie die zweite verbindende Klammer in seinem Schaffen darstellt. Wie eben gesehen, beginnt hier ein Strang in Schillers Werk, der sich gerade nicht nur in den Dramen, die sich für eine Bearbeitung historischer Stoffe für ein großes Publikum gut eignen, und den eigentlichen historischen Schriften widerspiegelt, sondern ebenfalls in den philosophisch-ästhetischen Schriften, man denke nur an *Über die*

---

[183] Ebd. S. 292.

[184] Vgl. ebd. Zit. ebd.

[185] Ebd.

[186] Vgl. ebd.

[187] Schiller, Friedrich: Geschichte des Dreißigjährigen Krieges. In: Ders.: Sämtliche Werke in 5 Bänden. Auf der Grundlage der Textedition von Herbert G. Göpfert hrsg. v. Peter-André Alt, Albert Meier, Wolfgang Riedel. München 2004. Bd. IV. Historische Schriften. Hrsg. v. Peter-André Alt. München 2004 (= HA IV). S. 363-745.

[188] Schiller, Friedrich: Wallenstein. In: Ders.: Sämtliche Werke in 5 Bänden. Auf der Grundlage der Textedition von Herbert G. Göpfert hrsg. v. Peter-André Alt, Albert Meier, Wolfgang Riedel. München 2004. Bd. II. Dramen 2. Hrsg. v. Peter-André Alt. München 2004. (= HA II). S. 269-547.

[189] Schiller, Friedrich: Die Verschwörung des Fiesko zu Genua. In: HA I. S. 639-754.

[190] Schiller, Friedrich: Don Carlos. In: HA II. S. 7-267.

ästhetische Erziehung des Menschen in einer Reihe von Briefen[191] und *Über naive und sentimentalische Dichtung*.[192]

Im fünften Paragraphen zum Thema ›tierische Empfindungen‹[193] wiederholt Schiller
seine Gedanken zur »Aufmerksamkeit«,[194] auf die er kurz vor dem Abbruch der Abschrift
der *Philosophie der Physiologie* zu sprechen gekommen ist. Ebenso betont er einmal mehr
die ›Notwendigkeiten‹, denen der Mensch aufgrund seiner körperlichen Verfasstheit unterworfen ist, indem das »Gesetz des Mechanismus« physische Triebe und Bedürfnisse über
die geistigen zu stellen vermag.[195] Dieser Tatsache als solcher kann der Mensch nicht ent-
fliehen, er ist seinem Körper ausgeliefert; dennoch ermöglicht in diesem Fall eine »entge-
gengesetzte Richtung der Aufmerksamkeit«, den physischen Trieb »um vieles [zu] schwächen«.[196] Dieser Gedanke führt, wie gesagt, in direkter Linie zu Schillers Philosophie über
das Erhabene, denn die Aufmerksamkeit vermittelt dem Menschen eine Art geistiger Unabhängigkeit als Rüstzeug gegen die widrigen Empfindungen, denen er zeitlebens ausgesetzt
ist.[197] Gleichzeitig ist hier die Bezugnahme auf die ›Rede über die Seelenstärke‹ seines Phi-
losophieprofessors Abel wesentlich deutlicher als noch in der ersten Dissertation. Schiller
beschreibt das Vermögen der Aufmerksamkeit exemplarisch:

> Der hartnäckigste Stoiker, der am Steinschmerz darniederliegt, wird sich niemalen
> rühmen können, keinen Schmerz empfunden zu haben, aber er wird, in Betrachtun-
> gen über seine Endursachen verloren, die Empfindungskraft teilen, und das überwie-
> gende Vergnügen der großen Vollkommenheit, die auch den Schmerz der allgemei-
> nen Glückseligkeit unterordnet, wird über die Unlust siegen.[198]

Es ist bezeichnend für das Verfahren Schillers, sich fremder Gedanken zu bedienen, diese
aber zugleich in etwas Eigenes zu verwandeln. Er bezieht sich erkennbar auf diejenige Stelle
in Abels Rede, in der dieser davon spricht, dass es auch dem ›Weisen‹ nicht gelingen werde,
Leidenschaften vollständig zu unterdrücken, dass es ihm jedoch gelingen kann, »sie wenigstens niederzudruecken oder eine andere ueber sie zu erheben.«[199] Diese Menschenkenntnis,
von der ich weiter oben bereits gesprochen habe, die aus den Worten Abels zu erkennen ist,
setzt Schiller in Paragraph 5 expressis verbis am Beispiel eines ›hartnäckigen Stoikers‹ um,
eines ›Weisen‹ also, dem er in Paragraph 1 vorgeworfen hat, den Geist überzubetonen. Zudem hat er gerade an der Stelle die abstrakt gehaltene ›Leidenschaft‹ seines Professors in
eine medizinische Konkretion überführt, indem er ganz spezifisch von »Steinschmerz«
spricht – wie man es von einem Studenten der Medizin erwarten darf. Auf diese Weise zeigt
Schiller, ohne im engeren Sinn die philosophisch-abstrakte Stoßrichtung seiner dritten Dissertation zu verlassen, dass er in der Lage ist, das vormals Gelernte aufzunehmen und, da es

---

[191]   Schiller: Ästhetische Erziehung. HA V. S. S. 570-669.
[192]   Schiller, Friedrich: Über naive und sentimentalische Dichtung. In: HA V. S. 694-780.
[193]   Vgl. Schiller: Versuch über den Zusammenhang. HA V. S. 294-297. Für den Begriff bes. S. 294.
[194]   Ebd. S. 295.
[195]   Vgl. ebd. Zit. ebd.
[196]   Ebd.
[197]   Vgl. Schiller: Versuch über den Zusammenhang. FA 8. Hier: Kommentar. S. 1224. Anmerkung zu S. 129,24f.
[198]   Schiller: Versuch über den Zusammenhang. HA V. S. 295f.
[199]   Abel: Rede [Seelenstärke]. In: Abel/Riedel: Quellenedition. S. 231. Vgl. ebd. S. 225, 230f.

sich seitens Abels um einen philosophischen Topos handelt, es auf seine Fachrichtung zu übertragen.

Schiller führt andere Beispiele ins Feld, wobei es nicht wundert, gerade angesichts der späteren Schriften, dass diese von einem aus der Mythologie angeführt werden. Schiller stellt immer wieder gerne Bezüge zu dieser her, ganz als wolle er seine ›Buchgelehrsamkeit‹ demonstrieren, wenn er einen Gedankengang illustriert.[200] Die Beispielreihe, die Schiller zur Verdeutlichung anführt, kulminiert im berühmten Hallerzitat vom Menschen als »unselige[m] Mittelding von Vieh und Engel«,[201] welches Schiller keineswegs pejorativ meint; im Gegenteil, für ihn ist es positiv, dass sich beide Naturen des Menschen wechselseitig in Erinnerung rufen und keine allein die Herrschaft für sich beanspruchen kann.[202] Verstärkend wirkt zudem, dass er am Ende dieses Paragraphen festhält, dass das »System tierischer Empfindungen und Bewegungen« der »Grund« sei, »auf dem die Beschaffenheit der Seelenwerkzeuge beruht« und damit die »Seelentätigkeit selbst«.[203] Mit anderen Worten: Ohne (tierischen) Körper ist auch keine Seele möglich; letztlich kann es mit der ›Unseligkeit‹ des genannten Mitteldings nicht sehr weit her sein.

Er führt diesen Gedanken in den Paragraphen sieben bis zehn näher aus, ein Abschnitt, mit dem der zweite Teil von Schillers Dissertation beginnt, der bis zum Schluss der Arbeit reicht und welcher mit ›Philosophischer Zusammenhang‹ überschrieben ist.[204] In diesen vier Paragraphen beschreibt Schiller die Entwicklung basaler Seelenvorgänge auf der Grundlage von Lust-Unlust-Empfindungen. In einem Gedankenexperiment trennt Schiller gar Körper und Geist insoweit voneinander, dass nurmehr sinnliche Eindrücke und umgekehrt Handlungsanweisungen vom Geist an den Körper möglich sind. Im Ergebnis, so führt er aus, entwickeln sich sämtliche geistigen Fähigkeiten aufgrund dessen, was dem Körper ein Wohlgefühl oder, im Gegenteil, Schmerz bereitet: »[...] so hilft tierische Empfindung das innere Uhrwerk des Geists, wenn ich so sagen darf, in den Gang bringen.«[205] Interessant ist, dass Schiller das mechanische Modell des Körpers analog auf den Geist anwendet, wenngleich vorsichtig. Vergleichbar bemerkenswert ist, dass Schiller im zehnten Paragraphen eine ›Geschichte des Individuums‹,[206] also eine ontogenetische Entwicklung, näher beleuchtet. Mit Blick auf Schillers typische historische Argumentationsfigur, einen Dreischritt von Vergangenheit, Gegenwart und zu erreichender, idealisierter Zukunft, verwundert nicht das dreistufige Modell, welches hier angewendet wird: Kind – Knabe – Jüngling und

---

[200]   Vgl. Schiller: Versuch über den Zusammenhang. HA V. S. 296. Vgl. ebenso den Kommentar. S 1178. Anm. zu S. 296. Vgl. zudem: Schiller: Versuch über den Zusammenhang. FA 8. Hier: Kommentar. S. 1224. Anm. zu S. 129,33. Siehe auch, wie Werner Frick betont, dass es besonders die literarischen Vorlagen seien, die Schiller reizen – mit einer Betonung der römischen Antike in der Jugend: Frick, Werner: Schiller und die Antike. In: Schiller-Handbuch. Hrsg. v. Helmut Koopmann. Stuttgart 1998. S. 91-116. Hier bes. S. 91-95.

[201]   Schiller: Versuch über den Zusammenhang. HA V. S. 296.

[202]   Vgl. ebd. Hier: Kommentar. S. 1178. Vgl. ebenso: Schiller: Versuch über den Zusammenhang. FA 8. Hier Kommentar: S. 1224f. Anm. zu S. 130,30.

[203]   Schiller: Versuch über den Zusammenhang. HA V. S. 297.

[204]   Vgl. ebd. S. 298.

[205]   Ebd. S. 299. Vgl. ebd. S. 298f.

[206]   Vgl. ebd. S. 299.

Mann,[207] wobei Schiller hier die beiden letzten in einem Punkt vereinigen muss, um die Trias beizubehalten.

Dieser eben noch ontogenetisch geführte Nachweis wird, ganz in Beziehung mit den einleitenden Paragraphen nun auf die Phylogenetik erweitert, also der ›Geschichte des Menschengeschlechts‹.[208] Schiller greift aus auf die Geschichte vom Anbeginn des Menschen bis zu seiner Gegenwart – und postuliert damit eine stete Bezugnahme des Individuums auf die Art und umgekehrt. Eine solche Verschränkung findet sich nicht zuletzt in den Briefen 3 bis 6 der *Ästhetischen Erziehung*, worin er zunächst eine enge Verbundenheit des Menschen mit sich und den anderen aufzeigt, wie diese aber wegen des anhaltenden Fortschritts immer stärker zerfällt und letztlich in die »Einseitigkeit«[209] mündet. In dieser Dissertation sind solche differenzierten Gedanken noch nicht zu finden; stattdessen geht Schiller in dem Moment, in dem er eine gewisse Verfeinerung des Menschen über das bloße Naturwesen hinaus anerkennt, von der ›Erfindung‹ der Grundzüge dessen aus, was seine Gegenwart auszeichnet.[210] Dieses ›Erfinden‹ denkt Schiller allerdings noch sehr nah an der Natur; umso auffälliger, dass in dieser Reihung zuletzt gar »Götter«[211] auftreten. Der Plural legt nahe, dass er die antiken polytheistischen Systeme im Blick hat, da es nur wenige Denker in dieser Zeit gibt, die den Weg konsequent bis zum atheistischen Ende gehen. Und doch gilt: Wenn man ›Götter‹ in eine solche Stufenfolge hineindenkt, ist es nicht mehr weit bis zu jenen kritischen Ansichten, wie sie in Schillers eigenem Gedicht *Die Götter Griechenlandes* sichtbar werden,[212] besonders in der ersten Fassung, der man eine »anti-christliche Tendenz« vorgeworfen hat.[213] Schließlich führt es zu einer Relativierung ›der Götter‹, oder allgemeiner: der Gottesvorstellungen, wenn man diese historisiert.

In diesem frühen Stadium zeigen sich andere Schwerpunkte in Schillers historischem Denken, die späterhin vor allem durch die Französische Revolution eine nachhaltige Veränderung erfahren. Hier im elften Paragraphen sieht Schiller die gesamte Menschheitsgeschichte im Licht eines ausschließlich optimistischen Forstschrittglaubens, nach dem selbst »Übermaß« und »Mißbrauch«[214] die Bedingungen des Menschen im Ganzen zum Positiven befördert haben.[215] Dementsprechend sieht er den Menschen als das »größte Meisterstück der Natur«;[216] vorbei ist also die ›göttliche Bestimmung‹ des Menschen aus der *Philosophie der Physiologie*, aber es fehlt noch ein Schritt hin zu einer kritischeren Geschichtsbetrachtung. Bis einschließlich Schillers Antrittsvorlesung *Was heißt und zu welchem Ende studiert man Universalgeschichte?*, gehalten im Mai des Revolutionsjahres 1789, zeigt sich demge-

---

[207] Vgl. ebd. S. 299-301.
[208] Vgl. ebd. § 11. S. 303-306. Für den Begriff: Vgl. ebd. S. 303.
[209] Schiller: Ästhetische Erziehung. HA V. 6. Brief. S. 587. Vgl. ebenso S. 573-588.
[210] Vgl. Schiller: Versuch über den Zusammenhang. In: HA V. S. 303.
[211] Ebd. S. 304.
[212] Vgl. Schiller: Die Götter Griechenlandes. In: HA I. S. 163-169 (1. Fassung), S. 169-173 (2. Fassung).
[213] Vgl. ebd. Hier: Kommentar. S. 886. Anm. zu S. 169.
[214] Vgl. Schiller: Versuch über den Zusammenhang. HA V. S. 305.
[215] Vgl. ebd. Vgl. zudem Schiller: Versuch über den Zusammenhang. FA 8. Hier: Kommentar. S. 1225. Anm. zu S. 136,13.
[216] Schiller: Versuch über den Zusammenhang. HA V. S. 305.

genüber reichlich Optimismus.[217] Auf der anderen Seite legt der allerletzte Halbsatz dieses Paragraph 11, »*Sinnlichkeit ist die erste Leiter zur Vollkommenheit*«,[218] einen Hinweis auf die Stufenleiter aller Wesen aus, der sogenannten ›Chain of Being‹ – mit einer markanten Änderung. Ursprünglich wird diese Stufenleiter statisch gesehen, die jedem Wesen seinen ihm zukommenden Platz in der so gedachten Hierarchie der Wesen unverrückbar zuweist. Bei Schiller wird diese Vorstellung dynamisch, indem das Tierisch-Sinnliche zur Grundlage aller weiteren, besonders geistigen, Entwicklung wird.[219] Damit reiht sich Schiller ein in eine Bewegung innerhalb des 18. Jahrhunderts, die die Naturgeschichte fluider auffasst und zugleich verzeitlicht, so dass das historische Denken die Kategorie eines einmaligen Schöpfungsaktes hinter sich lässt.

Zudem ist der Künstler auf dieser frühen Stufe jemand, der ›seine Werke der Natur ablernt‹,[220] der also eine mimetische Kunst betreibt. In dem Zusammenhang findet sich ein sehr früher Hinweis auf die Klimatheorie, in der Karlsschule bekannt durch Winckelmann und Dubos, wenn Schiller sagt: »Und der Geist verfeinert sich mit dem feinern Klima.«[221] Die Klimatheorie nimmt wiederholt Raum ein in den Abschlussprüfungen, die Abel seinen Studenten auferlegt, zuerst bereits im Jahr 1776, in dem Schiller bekanntlich Respondent der *Theses Philosophicae* ist, jedoch nicht in diesen, sondern in der *Dissertatio de origine characteris animi*.[222] Gerade in dieser Schrift, die in den Paragraphen 17 bis 23 die Klimatheorie weitläufig abhandelt, ist charakteristisch, dass Abel der Klimatheorie eine Milieutheorie beigesellt, welche erstere kritisch hinterfragt,[223] und somit zu einer Art Korrektiv wird, analog zu den beiden Naturen des Menschen, die hier gleichsam als die beiden Sphären der Beeinflussbarkeit des Menschen genannt werden. Abel geht von einem weitgefassten Klimabegriff aus, der »alles« »umfaßt«, »was aufgrund der geographischen Verhältnisse auf unseren Körper einwirkt«.[224] Er grenzt das förderliche Klima als dasjenige ein, welches gemäßigt ist, da weder ein zu heißes noch ein zu kaltes den geistigen Fähigkeiten des Menschen besonders günstig seien.[225] Abel sagt: »Je mehr sich das kalte oder heiße Klima den mittleren Zonen nähert, desto besser kann sich der Charakter entwickeln.«[226] Darin schwingt ein impliziter Hinweis auf die anthropologische Vorstellung mit, dass es des Ausgleichs, der Harmonie oder eben der Vermittlung bedarf, um zum ›Ganzen Menschen‹ zu werden, so dass es einsichtig ist, gleiches auch für das Klima selbst gelten zu lassen, welches einen merklichen Einfluss auf die menschliche Entwicklung habe. 1777 wird Abel dieses

---

[217] Vgl. Schiller, Friedrich: Was heißt und zu welchem Ende studiert man Universalgeschichte? In: HA IV. S. 749-767. Hier: Kommentar. S. 1056.

[218] Schiller: Versuch über den Zusammenhang. HA V. S. 306.

[219] Vgl. Schiller: Versuch über den Zusammenhang. FA 8. Hier: Kommentar. S. 1226. Anm. zu S. 141,14, sowie S. 1163, Anm. zu S. 75,26ff.

[220] Vgl. Schiller: Versuch über den Zusammenhang. HA V. S. 304.

[221] Ebd.

[222] Vgl. Abel, Jacob Friedrich: Dissertatio de origine characteris animi. 1776. In: Abel/Riedel: Quellenedition. S. 140-179. Diese eigentlich Lateinisch verfasste Prüfungsdissertation hat Wolfgang Riedel in seinem Kommentar übersetzt: Ebd. S. 529-546.

[223] Vgl. ebd. §§ 31-36.

[224] Ebd. § 17. S. 536. Lateinisch S. 156.

[225] Vgl. ebd. §§ 19f. S. 536f.

[226] Ebd. § 21. S. 537. Lateinisch S. 158.

Thema nochmals streifen in seinen *Aesthetischen Säzen*;[227] Schiller ist hier, wie bereits im Jahr zuvor als Respondent verzeichnet.[228]

Somit hat sich Schiller in zwei aufeinanderfolgenden Jahren mit der Klimatheorie, wie sie Abel in seinem Unterricht vermittelt, auseinandersetzen müssen. In seiner dritten Dissertation haben wir zumindest einen Hinweis auf eine Beschäftigung damit, da er sie nochmals im 19. Paragraphen aufgreifen wird, worin er beschreibt, dass der Geist den ›Stimmungen‹ des Körpers folge.[229] An dieser zweiten Stelle spiegelt Schiller das schöne Griechenland, in dem Literatur und Kunst gewissermaßen ›genial‹ geblüht haben, in einem kalten und nebligen Norden, das »ewig niemals ein Genie gebiert.«[230] Hierin lässt sich ein konkreter Zusammenhang mit der ersten größeren Schrift Schillers erkennen, die sich mit der bildenden Kunst befasst, dem *Brief eines reisenden Dänen*, auch wenn ich in der nachmaligen Verwendung eine spezifisch schillersche Neu-Kontextualisierung sehe. Beeinflusst von Abel, der die Klimatheorie mit der Milieutheorie ergänzt, schlägt Schiller in seiner Dissertation ebenfalls kritische Töne an: »Ich will nicht behaupten, daß das Klima die einzige Quelle des Charakters sei, aber gewiß muß, um ein Volk aufzuklären, eine Hauptrücksicht dahin genommen werden, seinen Himmel zu verfeinern.«[231] Diese Formulierung ist eigenwillig, denn wenn man den Himmel eines Volkes verfeinern müsse, um es aufzuklären, möchte das etwa heißen, dass jenes umziehen müsse? Unter der Hand spricht Schiller hier geradezu von einer ›Völkerwanderung‹, da seine Zeitgenossen keine Möglichkeit gehabt haben, ihren Himmel zu verändern – außer er, als Individuum, wäre umgezogen. Im Prinzip wäre damit lediglich eine individuelle Lösung eines solchen Problems möglich, wie sie die Künstler der Zeit vielfältig wahrgenommen haben, indem sie zumindest nach Rom, gleichsam den Quellen der Kunst, gereist sind, da Griechenland selbst blockiert gewesen ist aufgrund der osmanischen Besatzung.

Dass Schiller in diesem Paragraph 19 davon spricht, das Klima sei nicht die ›einzige‹ Quelle des Charakters, markiert in Schillers Bildungshorizont eine Abkehr von Winckelmanns apodiktischer Haltung, wie dieser sie bereits zu Beginn seiner *Gedancken über die Nachahmung der Griechischen Wercke in der Mahlerey und Bildhauer-Kunst* ausspricht.[232] Gerade im vorgängigen Unterricht Abels und dessen Ergänzung der Klimatheorie durch die Milieutheorie kann man dafür die Basis erkennen. Gleichzeitig zeigt sich darin, wie schnell, binnen weniger als 25 Jahren, die Ästhetik gerade über diesen Punkt der Winckelmannschen Kunsttheorie hinweggegangen ist.

In den Paragraphen 12 und 18 stellt Schiller zwei Gesetze auf, die noch einmal die anthropologische Verbindung von Körper und Geist postulieren, hier allerdings ins Medizinische gewendet; heute würden wir von Psychosomatik sprechen. Dabei blickt Schiller wechselweise vom Körper auf den Geist und umgekehrt. Wie nicht anders zu erwarten, heißt es

---

[227] Abel, Jacob Friedrich: Aesthetische Säze. 1777. In: Abel/Riedel: Quellenedition. S. 35-43.
[228] Vgl. ebd. S. 38.
[229] Vgl. Schiller: Versuch über den Zusammenhang. S. 313.
[230] Ebd. Vgl. ebd.
[231] Ebd.
[232] Winckelmann, Johann Joachim: Gedancken über die Nachahmung der Griechischen Wercke in der Mahlerey und Bildhauer-Kunst. In: Frühklassizismus. Position und Opposition: Winckelmann, Mengs, Heinse. Hrsg. v. Helmut Pfotenhauer, Markus Bernauer, Norbert Miller unter Mitarbeit v. Thomas Franke. Frankfurt a.M. 1995. (= Bibliothek der Kunstliteratur. Bd. 2). S. 11-50. Hier: S. 11.

in Paragraph zwölf, ausgehend von der Physis: »*Die Tätigkeiten des Körpers entsprechen den Tätigkeiten des Geistes; d. h. jede Überspannung von Geistestätigkeit hat jederzeit eine Überspannung gewisser körperlicher Aktionen zur Folge, [...].*«[233] Umgekehrt gelte das gleiche: »*Trägheit der Seele macht die körperliche Bewegung träg, Nichttätigkeit der Seele hebt sie gar auf.*«[234] Die folgenden Paragraphen 13 bis 15 dienen Schiller einmal mehr dazu, mit Beispielen zu erläutern, was er postuliert hat. Gerade im 13. Paragraphen bemüht sich Schiller, exemplarisch Krankengeschichten anzuführen, in denen sich angenehme Empfindungen positiv auf den körperlichen Zustand auswirken, wie die eines Heimwehkranken, dem man ohne eigentliche Therapie helfen könne, indem man ihn nur nach Hause bringe;[235] Pararaph 14 kehrt die Blickrichtung um, indem Schiller davon spricht, wie sich unangenehme Empfindungen ebenso negativ auf den Körper auswirken.[236] Von besonderer Bedeutung ist in diesem Fall der Paragraph 16, da Schiller, ganz auf den Ausgleich bedacht, von der negativen Seite des Positiven spricht; unter dem Titel »*Ausnahmen*«[237] verdeutlicht er, dass auch ein Übermaß an angenehmen Empfindungen negative Folgen zeitigen könne.[238] Man sieht, dass Schiller um Ausgleich bemüht ist, wenngleich er in dieser frühen Schrift noch allzu sehr dem antagonistischen Prinzip der ›negativen‹ und ›positiven‹ Empfindungen verhaftet ist, ohne im Eigentlichen zu einem, selbst nur postulierten, Dritten zu kommen.

Im zweiten Gesetz des Paragraphen 18 geht es Schiller um die ›freie Tätigkeit der Organe‹ von »gemischten Naturen«, der ein »freier Fluß der Empfindungen und Ideen« folge; und »daß mit der Zerrüttung derselbigen auch eine Zerrüttung des Denkens und Empfindens« verbunden sei.[239] Freilich ist zu dem Zeitpunkt nicht dieselbe Freiheit gemeint, von der Schiller später in den ästhetischen Schriften spricht; die ›freie Tätigkeit der Organe‹ muss man als ein ungehindertes Tätigwerden derselben ansehen. Schiller exemplifiziert im unmittelbaren Anschluss an dieses ›Gesetz‹ dasselbe mit zwei »gleichgestimmten Saiteninstrumenten«,[240] wiederum das gleiche Beispiel wie bereits in der *Philosophie der Physiologie* – jetzt allerdings positiv gewendet. Denn das, was zuvor ein bloßes ›Echo‹ war, ein rein mechanisch gedachter Mitklang, ist nun das Ergebnis einer ›Gleich-Stimmung‹. In diesem Begriff schwingt nicht nur eine vorgängige oder untergründige Harmonisierung mit, sondern auch eine vorausgegangene Aktivität; das Partizip ›gleichgestimmt‹ legt eine abgeschlossene Handlung zugrunde. Daher ist an Schillers Entwicklungsbegriff beziehungsweise -geschichte des Individuums aus dem Paragraph zehn[241] zu denken: Wenn beim Erwachsenen Körper und Geist ein harmonisiertes System sind, existiert eben gerade eine Vorgeschichte der gegenseitigen Entwicklung, des ›aneinander Gewöhnens‹ – mithin eine ›Einstimmung‹ aufeinander. Es wundert also nicht, dass sich Schiller so ausgiebig im Wortfeld der ›Stimmung‹ bedient, wenn er in der *Ästhetischen Erziehung* vom Ausgleich der zwei gegenläufigen Triebe spricht, um sich gegenseitig im Spieltrieb aufzuheben.

---

[233] Schiller: Versuch über den Zusammenhang. HA V. S. 306. Hervorhebung i. Orig.
[234] Ebd. Hervorhebung i. Orig.
[235] Vgl. ebd. S. 306-308.
[236] Vgl. ebd. S. 308.
[237] Vgl. ebd. S. 310. Hervorhebung i. Orig.
[238] Vgl. ebd. S. 310f.
[239] Vgl. ebd. S. 312. Zit. ebd.
[240] Ebd. S. 312.
[241] Vgl. ebd. S. 299-301.

Resümierend kann ich also sagen, dass Schillers zwei philosophisch-anthropologische Dissertationen der Karlsschulzeit ein beredtes Zeugnis davon ablegen, dass Schiller nicht nur ein aufmerksamer Student seines Professors Abel gewesen ist, sondern auch, dass sich in diesen beiden Schriften erstmals die Grundzüge desjenigen Denkens auskristallisieren, das ihn ein Leben lang begleiten wird. Insofern haben die eingangs zitierten Bemerkungen Goethes und Wilhelm von Humboldts, die ex post erfolgt sind, jede Berechtigung auf ihrer Seite. Schiller hat bereits als junger Mensch im Philosophieunterricht Abels sehr viel aufgenommen, hat es, besonders ersichtlich in der dritten Dissertation, mit medizinischen Kenntnissen amalgamiert und wird diese Vorstellungen fortan mit sich führen, wie die späteren Schriften zeigen. Zugleich kann man tatsächlich einen Reifungsprozess im Schreiben Schillers sehen, wenn man die erste mit der dritten Dissertation vergleicht. Es ist schlicht auffällig, dass Schiller zuletzt nicht mehr explizit von einer ›Mittelkraft‹ oder einem ›Nervengeist‹ spricht, die Körper und Geist des Menschen zusammenbinden sollen. Stattdessen ist die zweite Schrift in ihrem gesamten Umfang getragen von einer grundsätzlichen Haltung des Ausgleichs und der Harmonisierung, die Schiller mit einer weitaus gründlicheren Vermischung anthropologischer Philosopheme mit medizinischen Überlegungen und Fallbeispielen zu erreichen sucht, als das zuvor der Fall gewesen ist. Zugleich erkennt Schiller im Verlauf dieses einen Jahres, in dem er auf die Wiederholung seines Abschlusses warten muss, die Kraft poetischen Sprechens für sich, was sich nicht allein darin äußert, dass er sich selbst und sein Debütdrama zitiert, sondern dass er zugleich poetische Verfahren wie eine bildhafte Sprache für sich entdeckt – etwas, das bei ihm fortan in jedem seiner Betätigungsfelder zu beobachten sein wird.

2.2 Schillers und Lessings reziprokes Verhältnis

Gotthold Ephraim Lessing zu den ›Mustern‹ oder ›Vorläufern‹ Schillers zu zählen, entbehrt nicht einer gewissen Schwierigkeit. Weitaus mehr jedenfalls, als dies bei Jacob Friedrich Abel, Immanuel Kant oder auch, wenigstens teilweise, Johann Joachim Winckelmann ersichtlich ist.

Bekanntlich beginnt Schiller die Reihe seiner ästhetischen Schriften nach der Lektüre der kantischen *Kritik der Urteilskraft*, wie er seinem Briefpartner Gottfried Körner im ersten der sogenannten *Kallias*-Briefe indirekt und bezugnehmend mitteilt,[242] und wovon bereits seine Vorlesung zur Ästhetik des Wintersemesters 1792/93 Zeugnis ablegt, wie die erhaltene Mitschrift des Studenten Michaelis belegt.[243] Mithin sind die Spuren, die Schillers Rezeption der kantischen Ästhetik hinterlassen hat, eminent sichtbar und verweisen über die bloße

---

[242] Vgl. Schiller, Friedrich: [Kallias oder Über die Schönheit] Briefe an Gottfried Körner. In: Ders.: Sämtliche Werke in 5 Bänden. Auf der Grundlage der Textedition von Herbert G. Göpfert hrsg. v. Peter-André Alt, Albert Meier und Wolfgang Riedel. München 2004. Bd. V. Erzählungen. Theoretische Schriften. Hrsg. v. Wolfgang Riedel. München ²2008. (= HA V). S. 394-433. Hier: Brief vom 25.1.1793. S. 394f. Hier: S. 395. (Künftig zitiert als: Schiller: Kallias-Briefe. HA V).

[243] Vgl. Schiller, Friedrich: [Aus einer Nachschrift der ästhetischen Vorlesung]. In: HA V. S. 1021-1041. Vgl. hier ebenso den Kommentar: Ebd. S. 1308f. Besonders S. 1308. Vgl. zudem die ersten vier Unterpunkte des 6. Kapitels in Alts Schillermonographie: Alt, Peter-André: Schiller. Leben – Werk – Zeit. Eine Biographie. 2 Bde. München 2000. Hier: Bd. 2. S. 27ff.

intertextuelle Verwobenheit hinaus auf die ästhetische Programmatik Schillers sowie seine antithetische beziehungsweise dichotomische Argumentationsweise.[244]

Die Verbindungen zu Winckelmann liegen ebenso auf der Hand: Immer dann, wenn Schiller in seinen ästhetischen Schriften auf bildende Kunst zu sprechen kommt – besonders auffällig in einem Text wie dem *Brief eines reisenden Dänen*, bei welchem man grundsätzlich, aber eben gerade nicht ausschließlich, von Winckelmannepigonalität sprechen kann –, scheint er dies gleichsam mit der *Geschichte der Kunst des Altertums* von Winckelmann »in der Hand« zu tun, wie bereits sehr zutreffend festgestellt worden ist.[245] Jedoch führen die Spuren weiter zurück, nämlich in die Karlsschulzeit, da bereits zu den *Aesthetischen Säzen* von 1777, innerhalb derer der XXXVII. Satz explizit Bezug auf Winckelmann nimmt,[246] unter den Respondenten »Johann Christ. Friedrich Schiller, von Marpach, der Arzney=Wissenschaft Beflissener«[247] verzeichnet wird. Damit lässt sich expressis verbis sagen, dass Schiller bereits während seiner Ausbildung zum ›philosophischen Arzt‹ mit dem Werk des Antiquars und Kunstbeschreibers zumindest weitläufig bekannt geworden ist.

Lessing findet sich nicht als Quellenautor für eine solche öffentliche Disputation, wie eben bei Winckelmann gesehen; gleichfalls nicht für eine Dissertation oder eine sonstige öffentliche Rede. Zwar ist es nicht vorstellbar, dass Schiller Lessings Schrift *Laokoon: oder über die Grenzen der Malerei und Poesie* nicht gelesen hat, zumal sie einschlägig für ein Vorlesungsprojekt über die Ästhetik und die Kunst ist, jedoch kommt Monika Fick im Lessing-Handbuch zu dem Schluss, wenn sie die Rezeption von Lessings *Laokoon* nachzeichnet, dass Schiller sich »eher an Winckelmann als an Lessing«[248] orientiert habe. Bekannt ist lediglich, dass Schiller erst Anfang des Jahres 1793, zu einem Zeitpunkt mithin, als die Vorlesung des Wintersemester beinahe abgeschlossen gewesen sein muss, sich ein eigenes Exemplar des Lessingschen *Laokoon* bestellt hat.[249] Wo also liegt die Verbindung zwischen Lessing und Schiller? Ich sehe hier mehrere Verbindungspunkte, welche zum Teil eher sublim bleiben.

Erstens wird Lessing zwar nicht als Quelle genannt, jedoch nimmt Abel in besagten *Aesthetischen Säzen* Bezug auf den *Laokoon* Lessings. Einen diesbezüglichen Höhepunkt stellen die Sätze 23 bis 25 dar, in denen Abels Zustimmung für Lessings neuartige Medientheorie deutlich wird. Zunächst heißt es in Satz 23: »Der Saz des Spence, daß Poesie und Mahlerey immer Hand in Hand gehen, ist falsch.«[250] Auch Lessing wendet sich in seiner Schrift gegen

[244] Vgl. das Kapitel 2.3 dieser Arbeit.

[245] Vgl. Schiller, Friedrich: Brief eines reisenden Dänen. Der Antikensaal zu Mannheim. In: HA V. S. 879-884. Hier: Kommentar. S. 1281-1283. Hier: S. 1281. Vgl. auch das Kapitel 4.1 dieser Arbeit.

[246] Vgl. Abel, Jacob Friedrich: Aesthetische Säze. In: Ders.: Eine Quellenedition zum Philosophieunterricht an der Stuttgarter Karlsschule (1773-1782). Mit Einleitung, Übersetzung, Kommentar und Bibliographie hrsg. v. Wolfgang Riedel. Würzburg 1995. S. 37-43. Hier: S. 43. (Künftig zitiert als: Abel: Aesthetische Säze. In: Abel/Riedel: Quellenedition.)

[247] Ebd. S. 38.

[248] Fick, Monika: Lessing-Handbuch. Leben – Werk – Wirkung. 3., neu bearbeitete u. erweiterte Auflage. Stuttgart, Weimar 2010. S. 287.

[249] Vgl. Robert, Jörg: Vor der Klassik. Die Ästhetik Schillers zwischen Karlsschule und Kant-Rezeption. Berlin, Boston 2011. (= Quellen und Forschungen zur Literatur- und Kulturgeschichte. Bd. 72). Hier: S. 354f. Anmerkung 11.

[250] Abel: Aesthetische Säze. In: Abel/Riedel: Quellenedition. S. 41.

Spence, der das horazische ›ut pictura poesis‹-Gebot[251] sehr wörtlich aufgefasst wissen möchte.[252] Abels Ausführungen kulminieren jedoch im 25. Satz: »Daher ist der Laokoon des Künstlers ganz anders, als [sic!] der Laokoon des Virgils.«[253]

Da Schiller in diesem Jahr als Verteidiger der Thesen auftritt, ist naheliegend, dass Abel Lessings Antwort auf Winckelmann im Unterricht behandelt haben muss, so dass sich Schiller zumindest auszugsweise mit diesem Text befasst. Somit lernt er nicht nur die Mediendifferenz kennen, diese wird auch ganz am Rande in die *Kallias*-Briefe eindringen in seine Überlegungen zu ›Stoff‹ und ›Form‹ anhand, wie könnte es anders sein, Schauspielern im Theater, eine der anderen künstlerischen Formen, in denen er sich betätigt.[254]

Zweitens rezipiert Schiller Lessings Aufsatz *Die Erziehung des Menschengeschlechts*, was sich einerseits in Schillers historiographischer Schrift zu Moses[255] niederschlägt, andererseits aber, schon am gemeinsamen Titelbestandteil ›Erziehung‹ erkenntlich, noch sehr viel stärker in der Ideengrundlage zu *Über die ästhetische Erziehung des Menschen in einer Reihe von Briefen*.[256]

Drittens aber, und darauf kommt es am meisten an, existiert die Verbindung als eine Analogie und deren gleichzeitiger Reziprozität, sowohl zwischen den beiden Autoren und ihren Interessen als auch zwischen den Werken beider – wenn man nicht den simplen Umstand, dass in beider Schriften zu ästhetischen Gegenständen die Laokoongruppe eine zentrale Rolle spielt, als größte Gemeinsamkeit heranziehen mag. Gleichwohl gibt es einen zentralen Punkt, in dem Schiller von dem abweicht, worin Lessing ihm vorangegangen ist und weswegen er sich »eher an Winckelmann als an Lessing«[257] orientiert hat; ich werde darauf zurückkommen.

Eine solche Analogie liegt darin, dass beide in der Tradition der philosophischen Eklektik der Aufklärung sowie der Suche nach einer Synthese von Sinnlichkeit und Vernunft stehen.[258]

---

[251]   Vgl. Horaz [= Quintus Horatius Flaccus]: Ars Poetica. Die Dichtkunst. [= Epistula ad Pisones de arte poetica.] Lateinisch/Deutsch. Übersetzt u. mit einem Nachwort hrsg. v. Eckart Schäfer. Bibliographisch ergänzte Ausgabe. Stuttgart 2011. V. 361. S. 26. Die Übersetzung (»Eine Dichtung ist wie ein Gemälde: […].«): S. 27. (Künftig zitiert als: Horaz: Ars Poetica.)

[252]   Vgl. Abel: Aesthetische Säze. In: Abel/Riedel: Quellenedition. Hier: Kommentar. S. 476. Vgl. zudem: Lessing, Gotthold Ephraim: Laokoon: oder über die Grenzen der Malerei und Poesie. In: Ders.: Werke und Briefe in zwölf Bänden. Hrsg. v. Wilfried Barner u.a. Frankfurt a.M. 1985ff. Bd. 5/2. Laokoon. Briefe, antiquarischen Inhalts. Werke 1766-1769. Hrsg. v. Wilfried Barner. Frankfurt a.M. 1990. (= B 5/2). S. 11-206. Hier: Kapitel VII. S. 67-78. (Künftig zitiert als: Lessing: Laokoon. B 5/2). Vgl. ebenfalls: Schmitt, Jochen: Die Geschichte des Genie-Gedankens in der deutschen Literatur, Philosophie und Politik 1750-1945. Bd. 1. Von der Aufklärung bis zum Idealismus. Darmstadt ²1988. Besonders S. 74-78.

[253]   Abel: Aesthetische Säze. In: Abel: Abel/Riedel: Quellenedition. S. 41.

[254]   Vgl. Schiller: Kallias-Briefe. HA V. S. 426-431. Brief vom 28.2.1793.

[255]   Vgl. Schiller, Friedrich: Die Sendung Moses. In: Ders.: Sämtliche Werke in 5 Bänden. Auf der Grundlage der Textedition von Herbert G. Göpfert hrsg. v. Peter-André Alt, Albert Meier, Wolfgang Riedel. München 2004. Bd. IV. Historische Schriften. Hrsg. v. Peter-André Alt. München 2004 (= HA IV). S. 783-804.

[256]   Vgl. Robert, Jörg: Die Sendung Moses. Ägyptische und ästhetische Erziehung bei Lessing, Reinhold, Schiller. In: Würzburger Schiller-Vorträge 2009. Hrsg. v. Wolfgang Riedel. Würzburg 2011. S. 109-174. Hier: S. 128ff.

[257]   Fick: Lessing-Handbuch. S. 287.

[258]   Vgl. Ebd. S. 27. Mit Blick auf Schiller vgl. Abel/Riedel: Quellenedition. Hier: Kommentar. S. 411-415.

»Selbstdenken«[259] heißt die Devise, oder wie »ein Jahrhundert lang« der »Wahlspruch« der ›deutschen Aufklärung‹ lautet: »›sapere aude‹«.[260] Konsequent umgesetzt bedeutet dies, dass der philosophierende Geist sich nicht an eine einzelne Lehrmeinung bindet, sondern in »der Multiplizierung der Autorität« einen »Spielraum der Selbstbestimmung«[261] gewinnt. Er durchdenkt nicht allein einen Standpunkt und versucht, sich einem philosophischen Problem aus dieser einen Perspektive zu nähern; er durchdenkt stattdessen mehrere Standpunkte verschiedener Autoren, entwickelt dadurch idealerweise einen eigenen und kann sich somit einem philosophischen Problem multiperspektivisch nähern. Eine individuelle Betrachtungsweise auszubilden bedeutet in jedem Fall, eine Auswahl zu treffen; eine Auswahl dahingehend, welcher Fremdmeinungen man sich für die Entwicklung der subjektiven Position bedienen könne und welche zu verwerfen seien. Indem eine solche getroffen wird, wird diese begründet und wirkt gegen den möglichen Vorwurf der Beliebigkeit, den man für dieses selektive Verfahren vor allem seitens der »in der Renaissance wiederbelebten philosophischen Schulen«[262] erheben könnte. Daher lässt sich gleichrangig von der ›philosophia eclectica‹ oder der ›philosophia electiva‹[263] sprechen.

Diese Praxis des Auswählens führt nicht allein zu Schiller, dem berühmtesten Schüler Abels, der in der Karlsschule diese Form des Philosophierens lehrt, sondern ebenso in das Zentrum von Lessings *Laokoon*. In der Vorrede heißt es zur Entstehung der »Aufsätze«: »Sie sind zufälliger Weise entstanden, und mehr nach der Folge meiner Lectüre, als durch die methodische Entwickelung allgemeiner Grundsätze angewachsen.«[264] Lessing stellt damit heraus, dass es sich bei seiner Schrift um ein Textkonvolut handelt, gleich einer losen Sammlung von Notizen, deren Zusammenhang mehr von außen hergestellt wird als durch eine innere Logik. Damit entspricht diese Schrift äußerlich, zumindest in den Worten des Autors, der Ungeordnetheit der Gedanken, wie sie sich ergeben haben durch die eklektische Lektüre. Lessings *Laokoon* folgt einer Auswahl von Texten, deren Aussage Lessing zustimmt oder, mehrenteils, kritisiert. Von einem Konvolut kann man allein deshalb sprechen, da Lessing den ersten Teil des *Laokoon* – ein zweiter ist allerdings nie erschienen[265] – als »mehr unordentliche Collectanea zu einem Buche, als ein Buch«[266] beschreibt. Wenn man diese Kollektaneensammlung somit als ein Fragment oder wenigstens fragmentarisches Werk ansieht, wird man wiederum bei Schiller fündig. Das früheste Projekt Schillers, sich eigenständig mit dem Schönen auseinanderzusetzen, ist das der *Kallias*-Briefe. Hierbei handelt es sich bekanntlich um die Sammlung der Gedanken für eine geplante Schrift über das Schöne, welche Schiller im Briefwechsel mit seinem Dresdner Freund und Gönner Gottfried Körner zu entwickeln sucht. Jedoch bricht Schiller dieses Vorhaben unvollendet ab, um sich den dann folgenden ästhetischen Schriften zuzuwenden; zu nennen wären die Briefe an den Prinzen von Augustenburg und *Über Anmut und Würde*, welche noch Restbestandteile des privaten brieflichen Nachdenkens über das Schöne enthalten. Das Vergleichbare von Les-

---

[259] Abel/Riedel: Quellenedition. Hier: Kommentar. S. 411.
[260] Ebd. S. 412. Vgl. ebd.
[261] Ebd. S. 414.
[262] Ebd. S. 412.
[263] Vgl. ebd.
[264] Lessing: Laokoon. B 5/2. S. 15.
[265] Vgl. ebd. Hier: Kommentar. S. 627.
[266] Ebd. S. 15.

sings *Laokoon* und Schillers *Kallias* liegt also zum einen in dem Umstand, dass beide Schriften Fragment geblieben sind. Zum anderen jedoch, dass beide Schriften aus einem Moment des Widerstands entwickelt sind.

Schiller beginnt mit dem Nachdenken über das Schöne, da er sich darüber verwundert zeigt, dass Kant in seiner *Kritik der Urteilskraft* die menschliche Schönheit nicht unter der freien Schönheit, der »pulchritudo vaga«,[267] subsumiert, sondern unter der anhängenden Schönheit, der »pulchritudo adhaerens«.[268] Das Skandalon scheint für Schiller darin zu liegen, dass Kant bestimmt, die »Schönheit eines Menschen« setze »einen Begriff vom Zwecke voraus, welcher bestimmt, was das Ding sein soll, mithin einen Begriff seiner Vollkommenheit«.[269] Daher versucht sich Schiller daran, einen objektiven Grund für das Schöne zu postulieren – und scheitert bereits in diesem ersten Anlauf.[270]

Für Lessing wiederum ist einer der Ausgangspunkte seiner Betrachtungen – neben den Zuordnungen ›Raumkunst‹ und ›Zeitkunst‹ zu bildender Kunst und Literatur, wovon bereits die ersten Paralipomena sprechen[271] – die Laokoonbeschreibung in Winckelmanns *Gedancken*, wie er bereits in der Vorrede zu erkennen gibt.[272] Das Skandalon für Lessing liegt in der Begründung, weshalb Laokoon nicht schreie. Das erste Kapitel seines *Laokoon* beginnt mit einem längeren Zitat Winckelmanns, worin diese berühmte Laokoonbeschreibung eingebettet ist.[273] Bis zu einem gewissen Grad kommt Lessing Winckelmann entgegen: »Die Bemerkung, welche hier zum Grunde liegt, daß der Schmerz sich in dem Gesichte des Laokoon mit derjenigen Wut nicht zeige, welche man bei der Heftigkeit desselben vermuten sollte, ist vollkommen richtig.«[274] Man darf also festhalten, dass die sogenannte ›Laokoon-Debatte‹ in diesem frühen Stadium offenkundig nicht um die Frage kreist, ob Laokoon schreie oder nicht; Lessing stimmt mit Winckelmann »vollkommen« darin überein, dass er nicht schreie. Lessing geht es vielmehr darum, vernünftig zu begründen, weshalb der Laokoon der Gruppe nicht schreit. Es ist die ethisch-moralische Überformung – oder vielleicht Überforderung – der Statuengruppe, mit der Lessing nicht einverstanden ist.

Aus diesem Grund argumentiert er mit einer Reihe von antiken Texten, wohlgemerkt: Texte, dafür, dass der antike Held geschrien habe, wenn ihm ein heftiger körperlicher Schmerz beigebracht worden ist; insbesondere die von Winckelmann selbst ins Spiel gebrachten Autoren Vergil und Sophokles werden hiernach befragt.[275] Allem voran das Beispiel des Philoktet bei Sophokles ist Lessing ein Innehalten wert, denn dieser schreie und ›winsle‹[276] während des gesamten dritten Aktes;[277] Homer lasse sogar Götter schreien,

---

[267] Kant, Immanuel: Werkausgabe. Hrsg. v. Wilhelm Weischedel. Bd. X: Kritik der Urteilskraft. Hrsg. v. Wilhelm Weischedel. Frankfurt a.M. [17]2004. Hier: § 16. S. 146.

[268] Ebd.

[269] Ebd. S. 147. Vgl. zudem: Pfotenhauer, Helmut: Rückwärtsgewandte Moderne. Der Klassizismus in den ästhetischen Schriften Schillers. In: Würzburger Schiller-Vorträge 2005. Hrsg. v. Jörg Robert. Würzburg 2007. S. 73-91. Hier: S. 79f.

[270] Vgl. Schiller: Kallias-Briefe. HA V. S. 394-433.

[271] Vgl. Lessing: Laokoon. B 5/2. S. 638.

[272] Vgl. ebd. S. 15.

[273] Vgl. ebd. S. 17f.

[274] Ebd. S. 18.

[275] Vgl. ebd. S. 18-22.

[276] Vgl. ebd. S. 19.

[277] Vgl. ebd. S. 18f.

namentlich erwähnt Lessing den Kriegsgott Mars sowie die »geritzte Venus«, »nicht um sie durch dieses Geschrei als die weichliche Göttin der Wollust zu schildern, vielmehr um der leidenden Natur ihr Recht zu geben.«[278] Darin spricht sich der Dramatiker Lessing aus, welcher die aristotelische Maxime der Nachahmung, der Mimesis, höchst ernst nimmt:[279] »Schreien ist der natürliche Ausdruck des körperlichen Schmerzes.«[280] Implizit wird bereits an dieser Stelle klar, dass für Lessing Natürlichkeit beziehungsweise die Nachahmung der Natur, oder zumindest der Schein von Natürlichkeit, zu einem zentralen Kriterium in der Kunst wird, sei es Literatur, seien es bildende Künste. Da sowohl die Helden der alten Griechen als auch deren Götter sowohl schreien als auch eine große Seele haben, müsse es einen anderen Grund dafür geben, dass der Laokoon des Bildhauers im Gegensatz zu dem des Autors nicht schreie.[281]

Diesen Grund identifiziert Lessing mit Blick auf die bildenden Künstler der Antike darin, dass jenen »die Schönheit das höchste Gesetz«[282] gewesen sei.[283] Deshalb sei es für die antiken Künstler üblich gewesen, extreme Leidenschaften im dargestellten Ausdruck abzumildern, da diese sich sonst »in dem Gesichte durch die häßlichsten Verzerrungen« geäußert hätten.[284] Lessing spricht davon, dass die Kunst eine ›Gradation des Schönen‹ besitze und diese gegebenenfalls anwende, wenn das Dargestellte drohe, zu hässlich zu erscheinen – zugleich aber, ex negativo betrachtet, eröffnet Lessing damit ebenfalls eine ›Gradation des Hässlichen‹, ja des Extremen; ein Umstand, welcher Schillers Lesern zu Beginn der Abhandlung *Über Anmut und Würde* wiederbegegnet ebenso wie den Lesern Heinrich von Kleists, der in seinen Werken nicht selten das Extrem menschlichen Handelns und Seins darstellt. Lessing aber sucht den spezifischen Anwendungsfall:

> Und dieses nun auf den Laokoon angewendet, so ist die Ursache klar, die ich suche. Der Meister arbeitete auf die höchste Schönheit, unter den angenommenen Umständen des körperlichen Schmerzes. […] Er mußte ihn also herab setzen; er mußte Schreien in Seufzen mildern; nicht weil das Schreien eine unedle Seele verrät, sondern weil es das Gesicht auf eine ekelhafte Weise verstellet.[285]

Der erste Teil der Lessingschen Begründung verzichtet bereits auf den Rückgriff auf moralphilosophische Erwägungen. Stattdessen begründet Lessing ästhetisch; das Hässliche ist die Kehrseite des Schönen und auch wenn das Schöne gesucht wird, mag es einen begrenzten

---

278 Ebd. S. 19. Vgl. ebd.
279 Vgl. Aristoteles: Die Poetik. Griechisch/Deutsch. Übers. u. hrsg. v. Manfred Fuhrmann. Stuttgart 2001. Hier besonders: 1448a, 1448b. S. 6ff. (Für die deutsche Übersetzung jeweils jede zweite Seite. Vgl. ebd. S. 7ff.) (Künftig zitiert als: Aristoteles: Die Poetik). Vgl. hierzu: Erhart, Walter: Art. ›Mimesis₂‹. In: Reallexikon der deutschen Literaturwissenschaft. Bd. II. H-O. Gemeinsam mit Georg Braungart, Klaus Grubmüller, Jan-Dirk Müller, Friedrich Vollhardt u. Klaus Weimar hrsg. v. Harald Fricke. Berlin, New York 2007. [= Broschierte Sonderausgabe]. S. 595-600. Hier besonders: S. 595-597. (Künftig zitiert als: RLL. Bd. II). Vgl. zudem: Petersen, Jürgen H.: Mimesis – Imitatio – Nachahmung. Eine Geschichte der europäischen Poetik. München 2000. Hier besonders: S. 37-52; 187ff.
280 Lessing: Laokoon. B 5/2. S. 19.
281 Vgl. ebd. S. 19-22.
282 Ebd. S. 26.
283 Vgl. ebd. S. 22-26.
284 Ebd. S. 26. Vgl. ebd.
285 Ebd. S. 29.

Raum geben für die Darstellung des Hässlichen, aufgehoben im Kunstschönen,[286] wenngleich nicht zwangsläufig in einem auf Dauer gestellten bildenden Kunstwerk. In einem solchen dauerhaften Kunstgegenstand nämlich müsse die Wirkung eines schreienden Menschen verheerend sein; es sei nun »eine häßliche, eine abscheuliche Bildung geworden, von der man gern sein Gesicht verwendet, weil der Anblick des Schmerzes Unlust erregt, ohne daß die Schönheit des leidenden Gegenstandes diese Unlust in das süße Gefühl des Mitleidens verwandeln kann.«[287] Lessing stellt hierin auf die Wirkung des Kunstwerks beim Rezipienten ab, implizit bereits mit dem Gedanken spielend, dass es sich bei der Dauerhaftigkeit des Gegenstandes um ›Raumkunst‹ handle, der das Transitorische real fehle, was gerade der Literatur als einem geordneten Nacheinander eigne. Was also in einem Moment der hässlichen Verzerrung in der Kunst dargestellt werde, bleibe hässlich, ohne dass sich daran in irgendeiner Weise etwas ändern könne. Zugleich bezeichnet Lessing ein solches Kunstwerk als ›Unlust erregend‹ und arbeitet daher mit den typischen Begriffen der zeitgenössischen Ästhetik, welche Jahre später in Kants *Kritik der Urteilskraft* ebenso auftreten, die Schiller wesentlich ausführlicher zur Kenntnis nehmen wird als Lessings *Laokoon*.

Zugleich ist es beachtenswert, dass Lessing ausgerechnet in dem Kapitel, welches der möglichen Darstellbarkeit des Hässlichen gewidmet ist, seine Theorie des fruchtbaren oder ›prägnanten‹ Augenblicks ausführt, mithin ein produktionsästhetisches Dilemma anspricht: das der Wahl des dargestellten Moments in der bildenden Kunst. »Dasjenige aber nur allein ist fruchtbar, was der Einbildungskraft freies Spiel läßt. Je mehr wir sehen, desto mehr müssen wir hinzu denken können. Je mehr wir darzu denken, desto mehr müssen wir zu sehen glauben.«[288] Für ein solches freies Spiel der Einbildungskraft – übrigens auch hier ein eindrückliches Erscheinen des ›Spiel‹-Begriffs, welcher anscheinend bereits vor der kantischen *Kritik der Urteilskraft* derart virulent gewesen ist, dass es nicht Wunder nimmt, dass alle maßgeblichen Ästhetiken der Zeit darauf Bezug nehmen; und damit auch Kant, dessen dritte Kritik einmal mehr als ein Sammelbecken von durchaus populär zu nennenden Philosophemen erscheint – sei nichts weniger geeignet als der ›Höhepunkt‹ einer Handlung, in welchem diese eine Art Abschluss erfährt:

> Wenn Laokoon also seufzet, so kann ihn die Einbildungskraft schreien hören; wenn
> er aber schreiet, so kann sie von dieser Vorstellung weder eine Stufe höher, noch eine
> Stufe tiefer steigen, ohne ihn in einem leidlichern, folglich uninteressantern Zustande
> zu erblicken. Sie hört ihn erst ächzen, oder sie sieht ihn schon tot.[289]

Damit kommt nach Lessing der Wahl des dargestellten Moments eminente Bedeutung zu; mindestens ebenso sehr wie der Darstellung selbst, welche, wie gesagt, unter dem ›Gesetz der Schönheit‹ stehe. – Diese Ausführungen sind auf frappierende Weise zentralen Positionen des sogenannten ›poetischen Realismus‹ vorausgehend, wie sie Theodor Fontane in seinem berühmten Aufsatz *Unsere lyrische und epische Poesie seit 1848* von 1853 postuliert.[290]

---

[286] Vgl. ebd. S. 31. Vgl. zudem das gesamte III. Kapitel. Ebd. S. 31-34.

[287] Ebd. S. 29.

[288] Ebd. S. 32.

[289] Ebd. S. 32.

[290] Fontane, Theodor: Unsere lyrische und epische Poesie seit 1848. In: Ders.: Sämtliche Werke. Bd. XXI/1. Literarische Essays und Studien. Erster Teil. Hrsg. v. Kurt Schreinert. München 1963. S. 7-33. Hier besonders die theoretischen Überlegungen: S. 7-16.

– Zugleich müsse bei der Wahl des dargestellten Augenblicks auch das Transitorische, also das Durchgängige der Handlung, Beachtung finden: »Erhält dieser einzige Augenblick durch die Kunst eine unveränderliche Dauer: so muß er nichts ausdrücken, was sich nicht anders als transitorisch denken läßt.«[291] Er meint damit, dass die Darstellung etwas betreffen müsse, was »nur einen Augenblick«[292] vorhanden sei, da sie sonst »durch die Verlängerung der Kunst ein so widernatürliches Ansehen«[293] gewinne, dass sich jede neuerliche Betrachtung in ihrer Wirkung abschwäche. Auf den Laokoon angewendet folgt daraus eine psychologisch-ästhetische Begründung: Kein Mensch schreie angesichts eines akuten Schmerzes ewig, so dass es für den Betrachter der Plastik höchst fatal sei, wäre Laokoon ausgerechnet im Moment des Schreiens gebannt; wie schnell würde dadurch jedes Mitleid des Kunstfreundes erlöschen.[294]

Im zweiten Teil seiner Begründung, weshalb Laokoon nicht schreie, erkennt Lessing das Material an, in dem die spezifischen Künste arbeiten: »Die bloße weite Öffnung des Mundes, – bei Seite gesetzt, wie gewaltsam und ekel auch die übrigen Teile des Gesichts dadurch verzerrt und verschoben werden, – ist in der Malerei ein Fleck und in der Bildhauerei eine Vertiefung, welche die widrigste Wirkung von der Welt tut.«[295] Diese Bemerkung, relativ zu Beginn des *Laokoon*, ist der Kern der Mediendifferenzierung, für die diese Schrift Lessings bekannt geworden ist und welche die bis heute anhaltende Rezeption hervorgerufen hat. Gerade indem man die bildende Kunst mit der Literatur kontrastiert, wird ersichtlich, dass dasselbe Sujet verschieden dargestellt werden muss, wenn sich unterschiedliche Künste seiner annehmen, was zur Folge hat, dass mit diesen Ausführungen das seit Jahrhunderten beachtete ›ut pictura poesis‹-Gebot[296] nachdrücklich verworfen wird. Bildende Kunst und Literatur sind eben nicht gleich, wie die Lessingsche Differenzierung in ›Raumkunst‹ für die Malerei und Bildhauerei und ›Zeitkunst‹ für die Literatur nahelegt.[297]

Lessing bewegt sich damit auf einem Gebiet, auf das Schiller ihm nicht folgen will oder kann: Das Begründen der Beschaffenheit eines Kunstwerkes aus der Eigenlogik der Kunst selbst. Lessing sagt nichts anderes, als dass Laokoon deshalb nicht schreie, weil die Öffnung eines schreienden Mundes in einer Marmorplastik schlichtweg ein Loch sei. Zwar sind alle diese Überlegungen Lessings ausschließlich theoretisch und ohne Anschauung des Originalkunstwerks entstanden, wie dies Winckelmann in seiner Reaktion auf diese Schrift bemängelt.[298] Dessen ungeachtet nimmt Lessing in jedem Kapitel seines Textes die Kunst als solche ernst; man muss vielmehr sagen: Die Künste. Es ist so, dass jede Argumentation Lessings bemüht ist, die verschiedenen Kunstformen, literarische und bildende, in ihrer jeweiligen Eigengesetzlichkeit zu verstehen und aus diesen heraus zu begründen. Dieses wird sich als der zentrale Differenzpunkt zwischen Lessing und Schiller herausstellen: Schiller betrachtet die Kunstwerke nicht als solche; weder interessieren ihn die Darstellung noch die Wahl der Form, er ist allein am Dargestellten und daran interessiert, wie sich dieses inter-

---

[291] Lessing: Laokoon. B 5/2. S. 32
[292] Ebd.
[293] Ebd. Vgl. ebd.
[294] Vgl. ebd. S. 33.
[295] Ebd. S. 29.
[296] Vgl. Horaz: Ars Poetica. V. 361. S. 26. Die deutsche Übersetzung: S. 27.
[297] Vgl. Lessing: Laokoon. B 5/2. S. 116f.
[298] Vgl. ebd. Hier: Kommentar. S. 652.

pretieren ließe. Während also Lessing versucht, die Potentiale der jeweiligen Kunstformen freizulegen, funktioniert die bildende Kunst bei Schiller ausschließlich durch deren Depotenzierung.

Bemerkenswert ist, dass Lessing von »Handlungen«[299] spricht, wenn er das Darzustellende der Literatur charakterisiert. Damit greift er eine zentrale Kategorie aus der Dramentheorie Aristoteles' auf und wendet sie gleichermaßen auf die gesamte Literatur als jener Kunst an, die vor allem ein solches erzählerisches ›Nacheinander‹ forme, wenngleich er trotzdem zwischen der erzählenden Literatur und dem Drama als Bühnengeschehen differenziert, da es einen Unterschied darstelle, ob man von einer Handlung lese oder sie durch Schauspieler verkörpert auf der Bühne sehe[300] – wobei nicht vergessen sein soll, dass Lessing nach dem *Laokoon* ebenfalls noch einmal dramatisch tätig sein wird und *Minna von Barnhelm* und den *Nathan* verfasst. Hier deutet sich eine weitere Querverbindung zu Schiller an, der dem Wesen seines Schreibens nach ein ›theatralischer‹ Autor und Dramatiker gewesen ist. Dieses ist bereits von Zeitgenossen festgestellt worden, insbesondere von Schillers langjährigem Briefpartner Wilhelm von Humboldt, der über Schiller sagt: »Seine [Schillers; F.H.] Bestimmung aber war offenbar die dramatische Dichtung. Die Schärfe der Einbildungskraft, die Alles auf einen Punkt hinführt, die Fähigkeit, auf einen gewaltigen Effect hinzuarbeiten, die höchste Spannung in der Wirklichkeit hervorzubringen, und die erhabenste Lösung in der Idee daran zu knüpfen, […].«[301] Im Dramatiker muss sich also ein hoher produktionsbedingter Formwille und zugleich eine ebenso hohe Wirkungsabsicht verbinden. Es geht nicht darum, eine beliebige Handlung nachzuahmen, sondern eine bestimmte und diese auch auf eine bestimmte Weise. Zu sehen ist dies nicht allein am offenkundigen Faktum, dass die ersten bedeutenden Werke Schillers, die eine entsprechende öffentliche Wahrnehmung erfahren haben, sowie die Arbeiten der letzten, der Weimarer Jahre im Besonderen, Dramen gewesen sind. Es liegt vielmehr bereits an dem Interesse Schillers für ›große Männer‹ – und bisweilen Frauen – der Geschichte, welches man in der historischen Phase seines Schaffens erkennen kann, und der damit einhergehenden Darstellung des Allgemeinen anhand des Besonderen, der Zuspitzung auf Personen: Man betrachte nur das Inhaltsverzeichnis der *Geschichte des Abfalls der vereinigten Niederlande von der spanischen Regierung*, *Die Sendung Moses* oder *Die Gesetzgebung des Lykurgus und Solon*.[302] Immer sind es die individuellen Charaktere, die ›Geschichte machen‹, durchaus in dem Sinn, dass sie diese formen, verändern und damit gleichsam herstellen. Gleichermaßen ließe sich dieses Zuspitzen auf Einzelpersonen lesen als eine Umsetzung dessen, was Lessing mit dem Begriff der ›Prägnanz‹ beschreibt – jedoch mit Blick auf die Malerei: »Die Malerei kann in ihren coexistierenden Compositionen nur einen einzigen Augenblick der Handlung nutzen, und muß daher den prägnantesten wählen, aus welchem das Vorhergehende und Folgende am begreiflichsten wird.«[303] In eben diesem Sinne ist der dramatische Autor

---

[299] Ebd. S. 116.
[300] Vgl. ebd. S. 36f.
[301] Humboldt, Wilhelm von: Über Schiller und den Gang seiner Geistesentwicklung. In: Ders.: Werke in fünf Bänden. Hrsg. v. Andreas Flitner, Klaus Giel. Darmstadt 1960ff. Bd. 2. Schriften zur Altertumskunde und Ästhetik. Die Vasken. Hrsg. v. Andreas Flitner, Klaus Giel. Darmstadt 1961. (= HS II). S. 357–394. Hier: S. 391.
[302] Alle diese Texte finden sich in: Schiller, Friedrich: HA IV.
[303] Lessing: Laokoon. B 5/2. S. 117.

genötigt, das, was er zeigen will, an einem prägnanten Charakter darzustellen, oder, nach dem Beispiel der Parallelbiographien Plutarchs, zwei prägnante Charaktere zu kontrastieren, wie geschehen beispielsweise in *Die Räuber*[304] oder in *Maria Stuart*.[305] Dieses Gespür für Prägnanz scheint sowohl eine Nachwirkung als auch ein Verweis auf die Zukunft des dramatischen Schreibens Schillers zu sein.

Zu bedenken ist, dass diese Prägnanz in ebendem Kapitel genannt wird, in dem Lessing seine Gedanken zu Raum- und Zeitkunst auf der Grundlage einer Zeichentheorie ausführt; einer Zeichentheorie, die vor allem auf dem Prinzip der Analogie basiert. Denn »wenn unstreitig die Zeichen ein bequemes Verhältnis zu dem Bezeichneten haben müssen: So können neben einander geordnete Zeichen, auch nur Gegenstände, die neben einander, oder deren Teile neben einander existieren, auf einander folgende Zeichen aber, auch nur Gegenstände ausdrücken, die auf einander, oder deren Teile auf einander folgen.«[306] Es ist ersichtlich, dass Lessing hier vor allem die ›künstlerischen Zeichen‹ meint; anders gesagt: Es geht ihm um das Verhältnis des Materials einer Kunst zu ihrem Gegenstand. Dabei gilt: »Gegenstände, die neben einander oder deren Teile neben einander existieren, heißen Körper.« Im Gegensatz dazu sind »Gegenstände, die auf einander, oder deren Teile auf einander folgen,« »überhaupt Handlungen.«[307] Dabei seien Körper die genuinen Gegenstände der Malerei, Handlungen hingegen die der Poesie; um dieses aber noch ein wenig zu verkomplizieren – und gleichzeitig realistischer zu gestalten – betont Lessing, dass Körper auch der Zeit unterliegen, indem sie sich beständig verändern könnten, während Handlungen an Wesen, sprich: Körper, gebunden seien.[308] Daher sei es für die Malerei (und Bildhauerkunst) geboten, nach dem prägnanten Augenblick zu gestalten, wie es für die Literatur notwendig sei, »in ihren fortschreitenden Nachahmungen nur eine einzige Eigenschaft der Körper« zu »nutzen« und »daher diejenige wählen« zu müssen, »welche das sinnlichste Bild des Körpers von der Seite erwecket, von welcher sie ihn braucht.«[309] Gerade in dieser wechselseitigen Verschränkung verdeutlicht Lessing die jeweilige Eigenleistung jeder Kunst. Indem nämlich sich solche Verbindungen zeigen, dass also Körper eine zeitliche Dimension haben wie auf der anderen Seite Handlungen an räumliche Körper gebunden sind, ist es umso klarer, dass die unterschiedlichen Künste denselben Stoff jeweils eigen darstellen müssen und nicht die eine blind von der anderen kopieren könne, auch wenn es Wechselbeziehungen gibt. So sei immer wieder Homer Ideenlieferant für Bildgegenstände, wie Lessing in aller Ausführlichkeit darlegt.[310]

Dieser Beschreibung der Malerei und Poesie auf Grundlage einer analogischen Zeichentheorie folgt eine Antwort auf den antizipierten Einwand, dass die »Zeichen der Poesie« zugleich »willkürlich« seien und daher auch fähig, »Körper, so wie sie im Raume existieren,

---

[304] Vgl. Schiller, Friedrich: Sämtliche Werke in 5 Bänden. (= HA). Bd. I. Gedichte. Dramen 1. Hrsg. v. Albert Meier. München 2004. S. 481-638.

[305] Vgl. Schiller, Friedrich: Sämtliche Werke in 5 Bänden. (= HA). Bd. II. Dramen 2. Hrsg. v. Peter-André Alt. München 2004. S. 549-686.

[306] Lessing: Laokoon. B 5/2. S. 116.

[307] Ebd.

[308] Vgl. ebd. S. 116f.

[309] Ebd. S. 117.

[310] Vgl. ebd. S. 117-123. Vgl. auch die vorigen Kapitel, in denen vom Grafen Caylus kritisch die Rede ist. Ebd. S. 94ff.

auszudrücken.«[311] Dieser Willkürlichkeit des Zeichens, also der bewussten Zugewiesenheit
desselben, gibt Lessing insofern recht, als er betont, dass es schlicht »eine Eigenschaft der
Rede und ihrer Zeichen überhaupt«[312] sei, dass die Dichtung Teile eines Körpers nacheinander auftreten lasse beziehungsweise lassen müsse. Es sei aber im Vermögen des Poeten,
die Gegenstände nicht allein zu schildern, sondern im Leser so ›lebhafte und sinnliche Eindrücke‹[313] zu erwecken, dass diese sozusagen verlebendigt werden und man die abstrakten
Worte darüber vergesse.[314]

Nachdem Lessing bereits eine Zeichentheorie abgehandelt hat, gefolgt von Überlegungen zum willkürlichen Zeichen, schließt er einige Gedanken zu einer Wahrnehmungstheo-
rie an, die dezidiert vom Sinnlichen ausgeht, indem er die Funktionsweise der Einbildungskraft aufzeigt: »Wie gelangen wir zu einer deutlichen Vorstellung eines Dinges im Raume?
Erst betrachten wir die Teile desselben einzeln, hierauf die Verbindung dieser Teile, und
endlich das Ganze.«[315] Dieser Vorgang geschehe allerdings so zügig, dass wir die einzelnen
Schritte nicht mehr gesondert wahrnehmen, was allein deshalb nötig sei, damit wir uns
schnell einen ›Begriff des Ganzen‹ machen können.[316] Diese Beschreibung findet sich nicht
zuletzt inhaltlich gleichlautend in den Ausführungen Kants, wie sie in der Einleitung in die
Kritik der Urteilskraft zu finden sind. Lessing benennt aber auch hier die Differenz, die sich
ergibt, wenn man dieses Verfahren im Hinblick auf die unterschiedlichen Künste anwendet.
Sofern man nämlich einen Körper im Raum betrachtet, dann bestehe für das Auge die stän-
dige Möglichkeit, immer wieder aufs Neue den Blick darüberglaiten zu lassen.[317] Wenn man
die Sukzession der Teile hingegen lese, brauche man ein gutes Gedächtnis, um am Ende
einer beschreibenden Aufzählung sich noch des Anfangs zu entsinnen.[318] Es ist evident, dass
es Lessing vor allem auf den Eindruck, die Illusion der Ganzheit ankommt.[319] Daher schlussfolgert er, dass die ›Rede als Mittel der Poesie‹ den Schein der Ganzheit nicht herstellen
könne, »weil dergleichen wörtlichen Schilderungen der Körper das Täuschende gebricht,
worauf die Poesie vornehmlich gehet; und dieses Täuschende, sage ich, muß ihnen [den
willkürlichen Zeichen; F.H.] darum gebrechen, weil das Coexistierende des Körpers mit
dem Consekutiven der Rede dabei in Collision kömmt, [...].«[320] – Es ist also das übermäßige
Schildern in der Poesie, welches Lessing hier, Hand in Hand mit Alexander Pope, ablehnt.[321]

Ich habe dieses Letzte so deutlich ausgeführt, da hierin verschiedene Anknüpfungspunkte
liegen. Vor allem sehe ich Hinweise darauf, dass Goethe explizit diese Vorstellung von der
Ganzheit des Kunstwerks in seiner eigenen Laokoonbeschreibung aufzeigt, beziehungsweise mehrfach auf eine Teil-Ganzes-Relation abstellt. Wesentlicher ist jedoch, dass Lessing

---

311   Ebd. S. 123. Vgl. ebd.
312   Ebd.
313   Vgl. ebd. S. 124.
314   Vgl. ebd. S. 123f.
315   Ebd. S. 124.
316   Vgl. ebd.
317   Vgl. ebd.
318   Vgl. ebd. S. 125f.
319   Vgl. ebd. S. 124ff.
320   Ebd. S. 127.
321   Vgl. ebd. S. 127-129.

in diesen Gedanken das Kunstwerk in seiner je eigenen Art stärkt; das heißt, sowohl das Gemälde sowie die Plastik, als auch die Poesie, welche er im Gegensatz zur ›Prosa‹ höher schätzt,[322] werden erläutert in ihren eigenen Gesetzmäßigkeiten. Jede Kunstform hat eigene Stärken und Schwächen und es sei am Künstler, sich dieser bewusst zu sein.

Damit komme ich aber auch zu jenem trennenden Punkt oder vielmehr dem reziproken Ansatz, von dem ich oben gesprochen habe. Es handelt sich dabei um die ethisch-moralische Formung, die mit dem Umgang mit bildender Kunst intendiert wird: Bei Winckelmann weist die »edle Einfalt« und die »stille Größe«, welche sich »so wohl in der Stellung als im Ausdruck« Laokoons zeigen, auf nichts anderes hin als »eine grosse und gesetzte Seele.«[323] – Bemerkenswerterweise findet sich diese berühmtgewordene Formulierung in demjenigen Absatz, der der ebenso berühmtgewordenen Beschreibung der Laokoongruppe voransteht. Die ›Seele‹, die sich in den Plastiken der Griechen zeige, ist ein zentraler Bestandteil der Laokoonbeschreibung, die folgendermaßen beginnt: »Diese Seele schildert sich in dem Gesicht des Laocoons, und nicht in dem Gesicht allein, bey dem heftigsten Leiden.«[324] Sie ist es, die verhindert, dass Laokoon ein »schreckliches Geschrey« »erhebet«, und dafür sorgt, dass er »vielmehr ein ängstliches und beklemmtes Seufzen«[325] von sich gebe; noch ist die Seele dabei ganz in und bei der Figur. Zum Ende dieser Beschreibung erfolgt jedoch der Umschlag, die Übertragung dieser Seelenkonstitution auf den Betrachter des Kunstwerks, indem Winckelmann behauptet, dass ›wir‹ wegen des bloßen Anschauens ebenso empfinden wollen:

> Der Schmertz des Cörpers und die Grösse der Seele sind durch den gantzen Bau der Figur mit gleicher Stärcke ausgetheilet, und gleichsam abgewogen. Laocoon leidet, aber er leidet wie des Sophocles Philoctetes: sein Elend gehet uns bis an die Seele; aber wir wünschten, wie dieser grosse Mann, das Elend ertragen zu können.[326]

›Unsere Seele‹ ist es nun, um die es geht – und darin spricht sich der stoizistische Ansatz, oder der der ›Seelenstärke‹, um in der Terminologie der Zeit zu bleiben, den Winckelmann mit dieser Beschreibung zu verfolgen scheint, am deutlichsten aus. Gerade hierin wird Schiller Winckelmann folgen – nicht Lessing –, nachdem er bereits in der Karlsschule in Abels Philosophieunterricht einiges zu diesem Thema gehört hat, da es sich um denjenigen Weg handelt, der zum ›Erhabenen‹ führen wird.[327] Wir Betrachter sollen uns die Statue und die in ihr dargestellte Erhebung über die niedere Sinnesnatur insofern zum Vorbild nehmen, als wir uns bei uns selbst widerfahrendem Unglück ebenfalls erhaben über unser Schicksal zeigen sollen. Dass es hierbei um ein didaktisches Programm geht, erkennt man an dem von

---

[322] Vgl. ebd.

[323] Winckelmann, Johann Joachim: Gedancken über die Nachahmung der Griechischen Wercke in der Mahlerey und Bildhauer-Kunst. In: Frühklassizismus. Position und Opposition: Winckelmann, Mengs, Heinse. Hrsg. v. Helmut Pfotenhauer, Markus Bernauer, Norbert Miller unter Mitarbeit v. Thomas Franke. Frankfurt a.M. 1995. (= Bibliothek der Kunstliteratur. Bd. 2). S. 11-50. Hier: S. 30.

[324] Ebd.

[325] Ebd. S. 31.

[326] Ebd.

[327] Vgl. Abel: Rede [Seelenstärke ist Herrschaft über sich selbst]. In: Abel/Riedel: Quellenedition. S. 219-236. Besonders S. 225ff. Vgl. ebenso den zugehörigen Kommentar. S. 572f. Vgl. zudem ebd. Hier: Einleitender Kommentar. S. 438-440. Vgl. zudem Kapitel 2.1.1 dieser Arbeit.

Winckelmann verwendeten Konjunktiv ›wünschten‹: Weil das Leiden Laokoons uns, den Betrachtern der Gruppe, »bis an die Seele« »gehet«, weil es uns angeht und affiziert, »wünschten« wir, »das Elend«, gemeint ist anscheinend unser eigenes, »ertragen zu können.« Jedoch ertragen wir es offenbar nicht, sonst wünschten wir es uns nicht bloß. Aber uns bleibt die Möglichkeit, uns mithilfe der Kunst passiv auf zukünftige Schicksalsschläge vorzubereiten, unsere Seelenstärke zu vervollkommnen. Damit gehört dieses Programm ganz exemplarisch in den Zusammenhang der Perfektibilität des Menschen, die die Aufklärung auf unterschiedlichem Weg zu erreichen sucht. Winckelmann propagiert den Kunstgenuss als eine geeignete Form, nicht zuletzt wohl im Gedenken der Anverwandlung jener horazischen Formel ›aut prodesse aut delectare‹ aus der *Ars Poetica*, gewendet in die bis heute übliche Formel ›prodesse *et* delectare‹:[328] Horaz spricht hier zunächst von einem ›entweder – oder‹, entweder nütze die Poesie oder sie erfreue. Die Gleichzeitigkeit von Nutzen und Amüsement, das »simul«[329] erscheint bei ihm als eigene, als besondere dritte Form der Poesie. Bis in die Spätaufklärung hat sich dieses ›Zugleich‹ jedoch bereits verselbständigt, wie man an der Umwandlung dieses so geläufigen Zitats erkennen kann, indem aus dem ursprünglich vorgängigen ›entweder – oder‹ ein entschiedenes ›und‹ geworden ist; die Poesie – und übertragen auf die bildende Kunst, vermittelt durch das lange Zeit ebenso geltende ›ut pictura poesis‹-Gebot[330] – diene vorrangig als nützliches Lehrinstrument sowie der geistvollen Unterhaltung. Dabei ist an dieser Stelle ebenfalls festzuhalten, dass sich in Winckelmann sowohl der Kunstbeschreiber als auch der Poet, der in einer seinerzeit sehr beachteten Sprache über Kunstwerke schreibt, in Personalunion trifft. Daher gilt für ihn: Zum legitimen Kunstgenuss – mitunter ist kaum mehr Emphase bei der Betrachtung und Wucht in der Beschreibung von Kunstwerken vorstellbar, als es Winckelmann zeigt –, dem ›delectare‹, gehört das Mehr, das Nützliche in Form einer Übung in die Erhebung über das Betroffensein vom Elend, von Krankheit, Unglück und Tod. Man könnte dies auch in der schillerschen Terminologie aus der *Ästhetischen Erziehung* beschreiben: Man müsse durch das Reich der Schönheit gehen, um sich selbst vervollkommnen zu können.

Schiller dagegen greift in allen seinen Schriften über das Erhabene (*Vom Erhabenen*,[331] *Über das Pathetische*,[332] *Über das Erhabene*[333]) und nicht zuletzt in seinen Schriften über die dramatische Kunst (*Über den Grund des Vergnügens an tragischen Gegenständen*,[334] *Über die tragische Kunst*[335]) auf das gleiche didaktische Muster zurück, worin man in aller Deutlichkeit erkennen kann, in welch unauflöslich engem Verhältnis das Nachdenken über das Erhabene und die schriftstellerische Praxis des Bühnenautors bei Schiller zueinander stehen.[336] Nicht umsonst finden sich die beiden letztgenannten Aufsätze Schillers in der Ausgabe der Theoretischen Schriften in derselben Rubrik, nämlich den ›Ästhetischen Abhand-

---

[328] Vgl. Horaz: Ars Poetica. V. 333. S. 24. Die deutsche Übersetzung: S. 25.

[329] Ebd. V. 334. S. 24. Die Übersetzung, »zugleich«: S. 25.

[330] Vgl. ebd. V. 361. S. 26. Die deutsche Übersetzung: S. 27.

[331] Schiller, Friedrich: Vom Erhabenen. In: HA V. S. 489-512.

[332] Schiller, Friedrich: Über das Pathetische. In: HA V. S. 512-537.

[333] Schiller, Friedrich: Über das Erhabene. In: HA V. S. 792-808.

[334] Schiller, Friedrich: Über den Grund des Vergnügens an tragischen Gegenständen. In: HA V. S. 358-372.

[335] Schiller, Friedrich: Über die tragische Kunst. In: HA V. S. 372-393.

[336] Vgl. Berghahn, Klaus L.: »Das Pathetischerhabene« – Schillers Dramentheorie. In: Ders.: Schiller. Ansichten eines Idealisten. Frankfurt a.M. 1986. S. 27-58. Hier besonders S. 27-32.

lungen‹, nicht bei den Schriften zu ›Drama und Theater‹;[337] genaugenommen eröffnen die beiden Texte über das Tragische die ästhetischen Abhandlungen, wie auf der anderen Seite *Über das Erhabene* gleichsam den Schlussstein derselben darstellt. Dieser Umstand ist eben nicht der Willkür des Herausgebers geschuldet, sondern liegt am engen inneren Konnex der schillerschen Texte.

Am prägnantesten geschieht diese Anleitung zur Erhebung vielleicht in *Über das Erhabene*, wenn Schiller sagt: »Das Pathetische, kann man daher sagen, ist eine Inokulation des unvermeidlichen Schicksals, wodurch es seiner Bösartigkeit beraubt, und der Angriff desselben auf die starke Seite des Menschen hingeleitet wird.«[338] Didaktisch nenne ich dieses Modell allein schon deshalb, weil damit, vergleichbar der *Ästhetischen Erziehung*, ein Auftrag an den Leser der Schriften wie an den Zuschauer der Tragödie weitergereicht wird: sich danach zu richte, führe zu einer steten Vervollkommnung. Die Inokulation, also die Einimpfung,[339] diene dazu, einem akuten Schmerz, welcher vom Außen der Welt auf einen eindringe, die Spitze zu nehmen und somit die gewünschte Affektkontrolle im Betrachter zu gewährleisten. Wie gesagt, Schillers Beschäftigung mit dem Erhabenen eignen von Anfang an Züge des Dramentheoretischen und sind nicht erst ein nachträgliches Umschwenken; letztlich ist es so, dass Schiller vom Ende seiner Karlsschulzeit her als Dramatiker aufgetreten ist und nach Zwischenstationen als Historiker und Philosoph zum Drama zurückkehrt. Somit ist es nur konsequent, dass Schiller unmittelbar nach der Beschäftigung mit *Über das Erhabene*, dem bereits die pessimistischere Sicht auf die Weltgeschichte anzusehen ist – und damit die Abkehr vom allzu reinen Optimismus der Antrittsvorlesung *Was heißt und zu welchem Ende studiert man Universalgeschichte?*[340] –, zurückkehren wird zur Tragödie als derjenigen theatralischen Form, in der das Wirken der Geschichte als äußerer Macht ebenso wie die Selbstbehauptung des Menschen darstellbar ist. Dieses Zurückkehren zur Theaterbühne geschieht überdies mit Wallenstein als Beispiel eines ›großen Mannes‹ des Dreißigjährigen Krieges, womit Schiller seine dramatische Arbeit an die frühere Epoche seines historischen Schaffens zurückbindet sowie an die ästhetischen Überlegungen, welche ebenfalls nicht wenige geschichtsphilosophische Implikationen beinhalten.[341]

Gleichzeitig weist eine weitere Konzeption, auch an Schiller vorbei, zurück auf das älteste poetologische Nachdenken über die Tragödie und vor allem auf dessen Quellen; ich meine hier die Katharsis, jene ›Reinigung‹ von oder durch – die Frage nach dem *genitivus subjectivus* oder *genititivus objectivus* bleibt unbeantwortet – »Jammer und Schaudern«.[342] Zwar ist diese gedacht als hervorzurufende Wirkung beim Zuschauer; jedoch führt sie der

---

[337] Vgl. Schiller: HA V. Hier: Inhaltsverzeichnis. S. 1367f.

[338] Schiller: Über das Erhabene. In: HA V. S. 805f. Ebenso: Schiller, Friedrich: Über das Erhabene. In: Ders.: Werke und Briefe in zwölf Bänden. Hrsg. v. Otto Dann u.a. Frankfurt a.M. 1988ff. Bd. 8. Theoretische Schriften. Hrsg. v. Rolf-Peter Janz. Frankfurt a.M. 1992 (= FA 8). S. 822-840. Hier: S. 837.

[339] Vgl. ebd. HA V. Hier: Kommentar. S. 1264. Vgl. ebd. S. 1261f. Vgl. ebenso ebd. FA 8. Hier: Kommentar. S. 1452.

[340] Schiller, Friedrich: Was heißt und zu welchem Ende studiert man Universalgeschichte? In: HA IV. S. 749-767.

[341] Vgl. Schiller: Über das Erhabene. In: HA V. Hier: Kommentar. S. 1262. Vgl. hier auch die ersten Briefe der *Ästhetischen Erziehung*, in denen die Historizität sowie die Entwicklung der Gesellschaft und zugleich des Individuums breiten Raum einnehmen.

[342] Aristoteles: Die Poetik. Hier: 1449b. S. 18. Zitat in der deutschen Übersetzung: S. 19. Vgl. Zelle, Carsten: Art. ›Katharsis‹. In: RLL. Bd. II. S. 249-252.

Protagonist der Tragödie exemplarisch vor Augen. Der klassischste, wenn man ihn so nennen möchte, der antiken Tragödienprotagonisten, Ödipus im gleichnamigen Stück von Sophokles,[343] entspricht dem Muster des erhabenen Helden; im Moment der Anagnorisis,[344] in welchem er seine schuldlose Schuldigkeit an der Tötung des Vaters und dem Inzest mit der Mutter erkennt – es ist von einer »Wiedererkennung«[345] die Rede –, nimmt er diese an und blendet sich als äußeres Zeichen seines Falls und seiner Verstrickung in diesen schicksalhaften, vom Orakel antizipierten Vorgang. Das Wesentliche ist freilich die freie und selbstbestimmte Akzeptanz dessen, was die Götter ihm als Weg vorgezeichnet haben, ohne dass er sich sinnlos gegen sein ohnehin schon beschlossenes Schicksal auflehnen würde. Der Zuschauer wohnt demnach einem Bühnengeschehen bei, in dessen Verlauf der Protagonist einerseits den tiefen Fall vom König zum geblendeten Bettler durchläuft. Andererseits aber wird ihm ein Exempel vor Augen gestellt, das sich nicht gegen die im Stück offenbarten Tatsachen stellt, die es zu verantworten hat, ohne jedoch im eigentlichen Sinn schuldhaft gehandelt zu haben, das zugleich sich im Akt dieses Annehmens des eigenen Schicksals als zutiefst frei zeigt. – Zugegeben, diese antike Vorstellung der ›schuldlosen Schuldigkeit‹ ist unvereinbar mit der Welt und den Vorstellungen des 18. Jahrhunderts, da es den Glauben an das Schicksal voraussetzt, welches den Menschen, aber auch den antiken Göttern, übergeordnet ist. Dies gilt allerdings nicht für den Aspekt der Freiheit, der sich in *Ödipus* ausspricht: Wenn es keine Freiheit über dieses hinaus gibt, da das Schicksal von vornherein feststeht, so besteht sie darin, sich der Welt zu stellen, wie sie an einen herantritt.

Gerade dieses führt zurück zum schillerschen *Über das Erhabene*. Es ist ausgerechnet ein Zitat aus einem Lessingdrama, womit dieser zwar kürzere, dafür nicht wenig radikale Aufsatz anhebt: »›Kein Mensch muß müssen‹, sagt der Jude Nathan zum Derwisch, und dieses Wort ist in einem weiteren Umfange wahr, als man demselben vielleicht einräumen möchte.«[346] Der Mensch müsse nicht müssen, da er ›will‹; der »Wille ist der Geschlechtscharakter des Menschen«.[347] Es gebe lediglich eine einzige, ultimative Form der Gewalt, die dem Menschen etwas antun könne: der »Tod«.[348] Da gegen den Tod jedoch keine noch so große physische Gegengewalt helfe, bleibe dem Menschen nichts anderes übrig, als sich ›idealistisch‹ zu verhalten, indem er aus der Natur heraustrete und diese letzte Gewalt ›dem Begriff nach vernichte‹:[349] »Eine Gewalt dem Begriffe nach vernichten, heißt aber nichts anders, als sich derselben freiwillig unterwerfen.«[350] »Wohl ihm [dem Menschen; F.H.] also, wenn er gelernt hat, zu ertragen, was er nicht ändern kann, und preiszugeben

---

[343]　Sophokles: König Ödipus. Übersetzt v. Kurt Steinmann. Hrsg. v. Mario Leis. Stuttgart 2015. (= Reclam XL. Text und Kontext. Nr. 19236)

[344]　Vgl. Aristoteles: Die Poetik. Hier: 1452a und folgende Abschnitte. S. 32ff. Vgl. hierzu auch: Albert, Claudia: Art. ›Peripetie‹. In: Reallexikon der deutschen Literaturwissenschaft. Bd. III. P-Z. Gemeinsam mit Georg Braungart, Harald Fricke, Klaus Grubmüller, Friedrich Vollhardt u. Klaus Weimar hrsg. v. Jan-Dirk Müller. Berlin, New York 2007. [= Broschierte Sonderausgabe.] S. 48f.

[345]　Aristoteles: Die Poetik. S. 34. Für die deutsche Übersetzung: S. 35. »Wiedererkennung« als wörtliche Übersetzung des Begriffs ›Anagnorisis‹.

[346]　Schiller: Über das Erhabene. In: HA V. S. 792.

[347]　Ebd. Vgl. ebd.

[348]　Ebd. S. 793.

[349]　Vgl. ebd. S. 793f.

[350]　Ebd. S. 794.

mit Würde, was er nicht retten kann!«[351] Hier aber tritt die Tragödie mit ihrem »künstli-che[n] Unglück des Pathetischen« auf den Plan, da der Zuschauer im Publikum eines Theaters »in voller Rüstung« sitze – also gerade keinem akuten und »wahre[n] Unglück« ausgesetzt ist –, »und weil es bloß eingebildet ist, so gewinnt das selbständige Prinzipium in unserm Gemüte Raum, seine absolute Independenz zu behaupten.«[352] Zugleich zeigt sich, bis in die Ebene der Formulierung hinein, wie sehr Schiller auf diesem Gedanken der Unabhängigkeit des Menschen von der Natur, als Schicksal oder Macht, insistiert. Denn in der früheren Schrift, *Über das Pathetische*, findet sich eine Passage, in der Schiller nicht allein den besonderen Wert der Tragödie herausstellt, sondern auch jenen Gedanken verwendet: »Der letzte Zweck der Kunst ist die Darstellung des Übersinnlichen, und die tragische Kunst insbesondere bewerkstelligt dieses dadurch, daß sie uns die moralische Independenz von Naturgesetzen im Zustand des Affekts versinnlicht.«[353] Es geht Schiller hier also um die Versinnlichung, das ›Vor das Auge stellen‹, der hier so genannten moralischen Independenz. Gerade, wenn man ›Moral‹ als eine Ethik der Affektkontrolle auffasst, zeigt sich diese im Beispiel des antiken, aber auch klassizistischen Tragödienhelden: Er gibt sich diesem ›Zustand des Affekts‹ nicht hin, sondern trotzt ihm die eigene Freiheit ab. Damit leistet er gleichzeitig etwas für den Zuschauer, denn erst mit der ›Impfung‹, der Inokulation, vermittelt durch das Ansehen von Tragödien, werde eine entsprechende Haltung eingeübt. Eine Haltung, wie sie bereits der antike Ödipus im Stück von Sophokles an den Tag legt, indem er klaglos sein Schicksal annimmt, wie es Schiller hier fordert; Ödipus hat »gelernt, zu ertragen, was er nicht ändern kann, und preiszugeben mit Würde, was er nicht retten kann!« Auf diesem Wege lässt sich eine Verbindung herstellen von den ältesten Zeugnissen der Tragödiendichtung bis zu Schillers Nachdenken über das Erhabene, da er explizit von einer ›ästhetischen Erziehung‹[354] im Zusammenhang mit der Beschäftigung mit Geschichte und Tragödie spricht.

In diesem Sinne ist der Laokoon in der Deutung Winckelmanns aber ebenfalls ein versinnlichtes Muster der Affektkontrolle, indem er im Moment seines schmerzhaften, vom Schlangenbiss induzierten Sterbens nicht schreie, sondern lediglich seufze. Laokoon gibt sich diesem Schmerz, dem nahenden Tod nicht hin, auch wenn er ihm gewiss sein muss. Stattdessen zeige er, nach Winckelmann, seine große Seele dadurch, dass er nur seufze, auch wenn er, wörtlich gesprochen, mit dem Tod in Gestalt der Schlangen ringt. Laokoon wird damit zu einem tragischen Helden, selbst wenn in der Plastik keine Handlung zu sehen ist – es handelt sich schließlich, in der Sprache der gegenwärtigen Filmsprache, um ein ›Still‹, also ein Einzelbild – wie in der Tragödie auf der Bühne; aber gerade diese Figuration ist die steingewordene Independenz von der Natur und ihren Anwürfen auf die Freiheit des Menschen. An den Beispielen, die die Kunst bereitstellt oder mit denen man auf den Bühnen mitleiden kann, vermöge sich der Betrachter oder Zuschauer für sein eigenes Leben zu rüsten, um imstande zu sein, »das wirkliche Leiden in eine erhabene Rührung aufzulösen«,[355] wenn es ihn selbst im eigenen Leben trifft.

---

[351] Ebd. S. 805.
[352] Ebd.
[353] Schiller: Über das Pathetische. In: HA V. S. 512.
[354] Vgl. Schiller: Über das Erhabene. In: HA V. S. 806f.
[355] Ebd. S. 805. Vgl. ebd. S. 805f.

Hier ist der Scheideweg zwischen Lessing und Schiller eröffnet. Auf der einen Seite der ältere Lessing, der streng in der Logik seiner Zeichen- und Medientheorie ante litteram argumentiert,[356] um das Kunstwerk in seiner Eigengesetzlichkeit zu retten vor moralphilosophischen Übergriffen und entsprechenden ethischen Aus- und Umdeutungen. Auf der anderen Seite der jüngere Schiller, der vielfach auf den Schriften des Älteren aufbaut, daran partizipiert, da die Inokulationsthese ohne die wesentlich basaleren gemischten Charaktere Lessings oder der Mitleidsethik, der Modernisierung der aristotelischen Katharsis, schlicht nicht denkbar wäre, aber an dieser entscheidenden Stelle hinter Lessing zurückgeht auf die Winckelmannsche Position, die *Laokoon: oder über die Grenzen der Malerei und Poesie* für obsolet erklärt. Dies erklärt sich nicht zuletzt damit, dass Lessing in dieser Schrift nichts weniger unternimmt, als das Kunstwerk ernstzunehmen und eine Erklärung seiner Beschaffenheit aus eigenen Gesetzen herzuleiten. Wie aber zu zeigen sein wird,[357] ist es gerade das Kunstwerk als Kunstwerk, dessen physische Entität, welche Schiller mit ausgesuchtem Desinteresse behandeln wird. Wie Schiller späterhin mehrfach in Briefen bekannt hat, ist er kein Augenmensch – wie Goethe, möchte man an dieser Stelle hinzufügen – und daher an der bildenden Kunst, die bei so vielen Klassizisten im höchsten Rang steht, nicht interessiert. Jedenfalls dann nicht, wenn es lediglich um das Kunstwerk geht. Sofern ein Kunstwerk jedoch interpretatorische Spielräume bietet, wenn es sich in der Deutung Themenfeldern öffnet, für die wiederum Schiller empfänglich ist, weil sie ihn bereits seit Jahren gedanklich umtreiben, finden sie Eingang in sein Denken und Schreiben. Es ist daher kein Wunder, dass Schiller in seinen ästhetischen Schriften auf Werke der bildenden Kunst zu sprechen kommt – und nicht allein auf die Laokoongruppe –; aber ebenso ist es kein Wunder, dass Schiller dies auf eine spezifisch andere Art und Weise tut als andere Klassizisten.

2.3 Schillers Kantrezeption

Schiller liest Kants *Kritik der Urteilskraft*, danach beginnt er, sich explizit mit der philosophischen Ästhetik zu befassen. So weit so bekannt. Die dritte Kritik des Königsberger Philosophen ist die erste, die Schiller liest und von der aus er sich im Anschluss ›rückwärts‹ rezipierend durch die weiteren Kritiken bewegt.[358] Die Rezeption setzt im Frühjahr 1791 ein[359] und geht einher mit einer schweren Erkrankung, besonders der Lunge, womöglich bedingt durch die Jahre zuvor erlittene Malariaerkrankung. Eine Erkrankung nebenbei bemerkt, die sich zur chronischen auswächst, so dass sie ihn, einmal mehr, einmal weniger stark betreffend, bis zu seinem Tod begleiten wird – daher kann man festhalten, dass Schillers Ästhetik sub specie mortalitatis, »buchstäblich am Rande des Grabes entstanden« ist.[360]

---

[356] Vgl. Alt, Peter-André: Aufklärung. Lehrbuch Germanistik. Stuttgart, Weimar ²2001. S. 106ff. Vgl. insgesamt zu Lessing: Ebd. S. 102-115.

[357] Vgl. Kapitel 4.1, 4.2 und 4.3 dieser Arbeit.

[358] Vgl. Feger, Hans: Durch Schönheit zur Freiheit der Existenz – Wie Schiller Kant liest. In: Monatshefte 97 (2005), 3. Heft. S. 439-449. Hier: S. 439. (Künftig zitiert als: Feger: Durch Schönheit.)

[359] Vgl. ebd.

[360] Vgl. Alt, Peter-André: Schiller. Leben – Werk – Zeit. Eine Biographie. 2 Bde. München 2000. Hier: Bd. 2. S. 48ff. Zit. S. 17. (Künftig zitiert als: Alt: Schiller.)

Das heißt, dass neben dem ohnehin offenbaren Interesse am Tragischen – ausgedrückt in den frühen Dramen und ersten theoretischen Erörterungen, ich denke hier an den soge-nannten *Schaubühnen*-Aufsatz[361] – sich Schillers Nachdenken über das Erhabene beeinflus-sen lassen wird von Kants Ausführungen zu demselben. Schiller wird daraus jedoch seine eigene Konzeption des Tragischen entwickeln, nicht zuletzt unter Einbeziehung des stoisch geprägten Prinzips der ›Seelenstärke‹.[362]

Gerne wird behauptet, dass Schillers Nachdenken über ästhetische Fragen überhaupt erst mit der Lektüre der kantischen Kritiken begonnen habe[363] – vielmehr scheint es richtig, dass Schiller sein Nachdenken im Zuge dieser Lektüren systematisiert hat. Es sollte nicht vergessen werden, dass Schiller bereits an der Stuttgarter Karlsschule eine gründliche phi-losophische Ausbildung erhalten hat;[364] allerdings ›nur‹ in der »seichten Popularphiloso-phie«,[365] als welche man sie ausschließlich dann bezeichnen kann, wenn man die Schulphi-losophie und dann wieder Kant als die Höhepunkte der Philosophie des 18. Jahrhunderts ansieht und dabei verkennt, dass selbst Kant Aspekte der Popularphilosophie in seine eigene Transzendentalphilosophie aufnimmt.[366] Dabei ist es gerade die Popularphilosophie, wel-che die rationalistische Philosophie in der Nachfolge von Leibniz und Christian Wolff ab-löst, indem sie den Eigenwert des Körpers anerkennt. Mit anderen Worten: weil sie den Körper als das Andere des Geistes hinzudenkt, wird das aus der Frühaufklärung stammende Verstandesprimat beseitigt zugunsten des ›Ganzen Menschen‹. Damit wird die regelmäßig negative gesehene Popularphilosophie zu einem Zwischenglied, welches die transzenden-tale Wende möglich macht, die Kant letztlich fragen lassen wird, was die Bedingung für Erkenntnis sein könne.

In dieser Tradition steht Schiller seit seiner Ausbildung an der Karlsschule: Die philo-sophische Vereinigung von Leib und Seele – und der Frage danach, was beides zusammen-halte. Daher erfolgt die Kritik an Kants Ästhetik aus dem Geist der Popularphilosophie,

---

[361] Schiller, Friedrich: Was kann eine gute stehende Schaubühne eigentlich wirken? In: Ders.: Sämtliche Werke in 5 Bänden. Auf der Grundlage der Textedition von Herbert G. Göpfert hrsg. v. Peter-André Alt, Albert Meier und Wolfgang Riedel. München 2004. Bd. V. Erzählungen. Theoretische Schriften. Hrsg. v. Wolfgang Riedel. München ²2008. (= HA V) S. 818-831.

[362] Vgl. hier die, oberflächlich gesehen, disparaten Texte: Schiller, Friedrich: Über den Grund des Vergnügens an tragischen Gegenständen; Über die tragische Kunst; Über das Erhabene. In: HA V. S. 358-372; 372-393; 792-808. Vgl. auch die zugehörigen Kommentare.

[363] Vgl. zum Beispiel jüngst: Loth, Robert: Das Problem der Freiheit. Über die Schönheit in Schillers *Kallias*-Briefen. In: Jahrbuch der Deutschen Schillergesellschaft 60 (2016). S. 189-215. (Künftig zitiert als: Loth: Pro-blem der Freiheit.)

[364] Vgl. Kapitel 2.1 dieser Arbeit.

[365] Feger: Durch Schönheit. S. 439.

[366] Vgl. Abel, Jacob Friedrich: Eine Quellenedition zum Philosophieunterricht an der Stuttgarter Karlsschule (1773-1782). Mit Einleitung, Übersetzung, Kommentar und Bibliographie hrsg. v. Wolfgang Riedel. Würz-burg 1995. (Künftig zitiert als: Abel/Riedel: Quellenedition.) Hier beispielsweise den einleitenden Kommentar: S. 447, worin Riedel beschreibt, dass die ›ästhetische Distanz‹ aus dem Werk Friedrich Just Riedls und Johann Georg Sulzers in Kants ›interesselosem Wohlgefallen‹ aufgegangen sei. Kant selbst wird sich wiederum lobend über Schillers *Über Anmut und Würde* äußern, ein Werk, das andere Fachphilosophen ebenfalls eher der ›seichten Popularphilosophie‹ zurechnen würden. Vgl. Schiller, Friedrich: Über Anmut und Würde. In: HA V. Hier: Kommentar: S. 1204-1206. (Künftig zitiert als: Schiller: Anmut und Würde.)

genauer gesagt aus der Leitdisziplin derselben, der Anthropologie.[367] Wie oben bereits gesagt,[368] wird die Anthropologie als die spezifische Form der Popularphilosophie, mit welcher Schiller in seiner Jugend zu tun hat, zum zentralen Paradigma, das sein Denken in allen Teilbereichen strukturiert. Bereits in seinen beiden philosophischen Dissertationen transformiert er das Erlernte in Eigenes; dieses dort Anverwandelte wird uns in allen Schillerschen Werken, die nachfolgen, wiederbegegnen, seien es Dramen, seien es historiographische, seien es die philosophisch-ästhetischen Schriften. Das Kernthema der Anthropologie ist das der Vereinigung, im speziellen Fall die Vereinigung von Leib und Geist des Menschen. Aus dem Problemfall des ›commercium mentis et corporis‹, also des Zusammenhangs der beiden Naturen des Menschen, wird bei Schiller das Interesse an der Harmonie beziehungsweise am Harmonischen. Nicht der schroffe Gegensatz zweier Antagonismen ist sein Erkenntnisziel, sondern die Überwindung des Gegensätzlichen in einem Dritten.

Diese anthropologische Denktradition ist für Schiller jedenfalls wesentlich grundlegender als die ›neue‹ Transzendentalphilosophie Kants. Sicher wird man nicht bestreiten können, dass Kant für manchen Gedanken gleichsam der Katalysator gewesen ist, aber die basalen Ansichten, die sich in den ästhetischen Schriften aussprechen, liegen bereits in Schiller, als er auf die *Kritik der Urteilskraft* stößt. Dies haben wiederum die Zeitgenossen festgestellt, indem Wilhelm von Humboldt sagt, dass Schiller, wenn er auf einen »grossen Geiste neben sich« getroffen sei, sich nicht in dessen Sphäre hinüberziehen habe lassen, sondern »in dem eignen, selbstgeschaffnen [Kreis; F.H.] durch einen solchen Einfluss auf das mächtigste angeregt«[369] worden sei.

> So nun stand Schiller auch Kant gegenüber. Er nahm nicht von ihm; von den, in *Anmuth und Würde* und den *ästhetischen Briefen* durchgeführten Ideen ruhen die Keime schon in dem, was er vor der Bekanntschaft mit Kantischer Philosophie schrieb, sie stellen auch nur die innere, ursprüngliche Anlage seines Geistes dar.[370]

Die Kritik an Kant entzündet sich zunächst daran, wie dies der erste der sogenannten *Kallias*-Briefe besagt,[371] dass Kant keinen objektiven Grund für das Schöne annehme, sondern es ausschließlich subjektiv begründe. Das ist, wenn wir Schillers dualistischen Denkstil zugrundelegen, zu einseitig gedacht. Daher beginnt Schillers Ästhetik mit der – vergeblichen – Suche nach einem objektiven Grund; vergeblich deshalb, da auch er, wie er sagt, »ohne

---

367   Vgl. Riedel, Wolfgang: Schiller und die popularphilosophische Tradition. In: Schiller-Handbuch. Hrsg. v. Helmut Koopmann. Stuttgart 1998. S. 155-166. Hier: 163ff. Vgl. auch: Koukou, Kalliope: Schillers Kant-Kritik in seiner Schrift *Über Anmut und Würde*. In: Schiller im philosophischen Kontext. Hrsg. v. Cordula Burtscher, Markus Hien. Würzburg 2011. S. 40-49. Vgl. auch: Ewers, Hans-Heino: Die schöne Individualität. Zur Genesis des bürgerlichen Kunstideals. Stuttgart 1978. Hier besonders: S. 24f. Vgl. auch: Meier, Lars: Kantische Grundsätze? Schillers Selbstinszenierung als Kant-Nachfolger in seinen Briefen *Ueber die ästhetische Erziehung des Menschen*. In: Schiller im philosophischen Kontext. Hrsg. v. Cordula Burtscher, Markus Hien. Würzburg 2011. S. 50-63.

368   Vgl. Kapitel 2.1 dieser Arbeit.

369   Humboldt, Wilhelm von: Über Schiller und den Gang seiner Geistesentwicklung. In: Ders.: Werke in fünf Bänden. Hrsg. v. Andreas Flitner, Klaus Giel. Darmstadt 1960ff. Bd. 2. Schriften zur Altertumskunde und Ästhetik. Die Vasken. Hrsg. v. Andreas Flitner, Klaus Giel. Darmstadt 1961. (= HS II). S. 357-394. Hier: S. 379.

370   Ebd.

371   Vgl. Schiller, Friedrich: [Kallias oder über die Schönheit] Briefe an Gottfried Körner. In: HA V. S. 394-433. Hier: Brief v. 25.1.1793. S. 394f. Vgl. ebd. (Künftig zitiert als: Schiller: Kallias-Briefe. HA V.)

das Zeugnis der Erfahrung nicht« auskomme.[372] Man kann sich demnach unter Umständen
die Frage stellen, ob es sich um ein ›Scheitern‹ seitens Schiller handelt, wenn es ihm nicht
recht gelingen will, einen solchen objektiven Grund zu finden.[373] Es ist jedenfalls auffällig,
wie sehr Schiller im Verlauf dieser wenigen Briefe das ursprüngliche Vorhaben fallenlässt,
um rasch selbst einem subjektiven Ansatz zu folgen, nach dem die Schönheit im Auge des
Betrachters liege; allerdings konkret, denn das Auge projiziert die subjektiv erfahrene Freiheit des Individuums auf das betrachtete Objekt: »Eine[] Schönheit also, deren Prinzip nicht
in der objektiven Beschaffenheit ihrer Gegenstände, sondern im Moment des Sich-Selbst-
Sehens des Menschen auszumachen wäre.«[374]

Es ist mir nun allerdings nicht daran gelegen, den zahlreichen Untersuchungen darüber,
inwieweit Schillers Ästhetik kantische Positionen übernimmt oder, bedingt durch behaup-
tetes oder reales Unverständnis, falsch anwendet, eine weitere hinzuzufügen. Mir geht es
darum, dass gerade die schillersche Anwendung verschiedener Formulierungen eine deutliche strukturelle Ähnlichkeit mit kantischen Formulierungen aufweist und man so sehen
kann, wie Schillers eklektisches Verfahren der Anverwandlung arbeitet. Freilich übernimmt
er bestimmte kantische Aspekte, jedoch macht er daraus etwas Eigenes; er übernimmt nicht
einfach nur, er dreht und wendet das zu Übernehmende solange hin und her,[375] bis es sich
in die eigene Konzeption schickt. Daher werde ich anhand zweier ausgewählter Aspekte
diese anverwandelnde Analogie aufzeigen, um damit zu belegen, dass man gerade in den
frühen ästhetischen Schriften – ich meine hier die *Kallias*-Briefe, *Über Anmut und Würde*
sowie die *Briefe über die ästhetische Erziehung* – Kant in Schillers Worten finden kann, nicht
epigonalisiert, sondern das Neue, das diese Philosophie bietet, mit dem Alten, das Schiller
aus der Popularphilosophie mitgebracht hat, amalgamiert.

2.3.1 Kants ›formale Zweckmäßigkeit‹ und Schillers ›Freiheit in der Er-
scheinung‹

Es existieren gewisse strukturelle Ähnlichkeiten zwischen der kantischen Definition der
Schönheit als »Form der Zweckmäßigkeit eines Gegenstandes, sofern sie, ohne Vorstellung eines Zwecks, an ihm wahrgenommen wird«[376] und dem berühmten Diktum

---

[372] Ebd. S. 394. Vgl. ebd.

[373] Vgl. Büssgen, Antje: Abbruch – Fragment – Scheitern? Schillers »erster Versuch« über eine ästhetische Konstitution des Menschen. In: »Ein Aggregat von Bruchstücken«. Fragment und Fragmentarismus im Werk
Friedrich Schillers. Hrsg. v. Jörg Robert. Würzburg 2013. S. 183-215.

[374] Loth: Problem der Freiheit. S. 200. Vgl. ebd. 198ff. Vgl. daneben: Müller Niebala, Daniel: Die »Gewalt« der
»Vergleichung«. Zur Freiheit in Schillers Kant-Lektüre. In: Jahrbuch der Deutschen Schillergesellschaft 43
(1999). S. 222-240.

[375] Vgl. Goethe, Johann Wolfgang: Sämtliche Werke nach Epochen seines Schaffens. Münchner Ausgabe. Hrsg.
v. Karl Richter u.a. München 1985ff. Bd. 19. Johann Peter Eckermann: Gespräche mit Goethe in den letzten
Jahren seines Lebens. Hrsg. v. Heinz Schlaffer. München 1986. (= MA 19.) Hier S. 130.

[376] Kant, Immanuel: Werkausgabe. Hrsg. v. Wilhelm Weischedel. Bd. X. Kritik der Urteilskraft. Hrsg. v. Wilhelm
Weischedel. Frankfurt a.M. [17]2004. (= stw. Bd. 57). Hier: § 17. S. 155. Sperrungen in den Kant-Zitaten ent-
stammen immer dem Original. (Künftig zitiert als: Kant: KdU.)

Schillers: »Schönheit ist also nichts anders als Freiheit in der Erscheinung.«[377] Dafür nähere ich mich zunächst Kants Schönheitsbegriff im Kontext, bevor ich Schillers Anverwandlung betrachte. Zunächst jedoch sollen einige notwendige Begriffe aus der *Kritik der Urteilskraft* geklärt werden.

In deren erster Einleitung beschreibt Kant in den Kapiteln II und III sowohl die »obern Erkenntnisvermögen«[378] als auch die »Vermögen des menschlichen Gemüts«.[379] – Zu betonen ist ›erste Einleitung‹, da es sich hierbei um die nicht veröffentlichte, chronologisch aber tatsächlich erste Einleitung in die dritte Kritik handelt.[380] Ich verwende sie nicht nur deshalb lieber wegen ihrer ›faßlichere[n] und gelungenere[n] Erklärungen«[381] im Gegensatz zu denjenigen der »kondensierteren und schwerer verständlichen zweiten«,[382] vielmehr denke ich auch an die Koinzidenz der nicht erfolgten Veröffentlichung sowohl dieser Einleitung als auch der *Kallias*-Briefe. Zwar ist hierdurch auszuschließen, dass Schiller betreffenden Text hat kennen können, aber inhaltlich sind beide Fassungen identisch.[383] – Die oberen Erkenntnisvermögen, oder auch ›Denkungsvermögen‹[384] teilen sich in drei auf,

> nämlich erstlich in das Vermögen der Erkenntnis des A l l g e m e i n e n (der Regeln), den V e r s t a n d, zweitens das Vermögen der S u b s u m t i o n des B e s o n d e r e n unter das Allgemeine, die U r t e i l s k r a f t, und drittens das Vermögen der B e - s t i m m u n g des Besondern durch das Allgemeine (der Ableitung von Prinzipien), d. i. die V e r n u n f t.[385]

Hierbei sind zwei Dinge bemerkenswert: Zum einen, dass Kant von einer ›Mittlerfunktion‹ zwischen Verstand und Vernunft spricht, die der Urteilskraft zukomme.[386] Zum anderen, dass es nur einen Begriff geben kann, der originär der Urteilskraft entspringen dürfe, nämlich der »einer Zweckmäßigkeit der Natur zum Behuf unseres Vermögens […], sie zu erkennen«,[387] beziehungsweise, wenn man sie besonders spezifiziert, »eine formale Zweckmäßigkeit der Natur«.[388] Daher spricht er gegen Ende des Kapitels bereits von der »Natur als Kunst« oder der »Technik der Natur«,[389] die im Zusammenhang mit der Zweckmäßigkeit direkt vorverweist auf die Bestimmungen, die Kant erst später in der Analytik des Schönen darlegen wird und die sich in Schillers Ausführungen der *Kallias*-Briefe wiederfinden.

Im daran anschließenden Kapitel werden von Kant die Gemütskräfte unterschieden, ebenfalls in einer Dreiteilung:

---

[377]   Schiller: Kallias-Briefe. HA V. Hier: Brief v. 8.2.1793. S. 400.

[378]   Kant: KdU. S. 15-18. Hier: S. 15.

[379]   Ebd. S. 18-21. Hier: S. 18.

[380]   Kant, Immanuel: Kritik der Urteilskraft. Werke III. Hrsg. v. Manfred Frank, Veronique Zanetti. Frankfurt a.M. 1996. (= Bibliothek deutscher Klassiker. Bd. 135). Hier: Kommentar. S. 1161. (Künftig zitiert als: Kant: KdU. FA.)

[381]   Ebd. S. 1164.

[382]   Ebd. S. 1164f.

[383]   Vgl. ebd. S. 1164.

[384]   Vgl. Kant: KdU. S. 15.

[385]   Ebd. S. 15.

[386]   Vgl. ebd.

[387]   Ebd. S. 16.

[388]   Ebd. S. 17.

[389]   Ebd. S. 17.

> Wir können alle Vermögen des menschlichen Gemüts ohne Ausnahme auf die drei
> zurückführen: das Erkenntnisvermögen, das Gefühl der Lust und der
> Unlust und das Begehrungsvermögen.[390]

Im weiteren Verlauf werden beide Vermögen, das der Erkenntnis und das des Gemüts, parallel gesetzt, so dass das ›Gefühl der Lust und Unlust‹ ein genauso mittleres Vermögen sei wie die Urteilskraft.[391] Das wesentlichere ist gleichwohl, dass sich sowohl Verstand und Erkenntnisvermögen als auch Vernunft und Begehrungsvermögen auf das Objekt beziehen, während sich Urteilskraft und das Gefühl der Lust und Unlust sich lediglich auf das Subjekt beziehen.[392] Mit anderen Worten: Bereits hier, im Eingang der ersten Einleitung wird die Ästhetik als eine rein subjektive vorbereitet.

Kant differenziert die Urteilskraft weiter, je nach ihrer Handlungsweise, die sich im übrigen aus der Erfahrung speise. Dabei ist ›Erfahrung‹ aufzufassen als »ein System möglicher empirische[r] Erkenntnisse«:[393]

> Denn diese [die Urteilskraft; F.H.] ist nicht bloß ein Vermögen, das Besondere unter
> dem Allgemeinen (dessen Begriff gegeben ist) zu subsumieren, sondern auch umge-
> kehrt, zu dem Besonderen das Allgemeine zu finden.[394]

Mithin wird der Urteilskraft einerseits ein deduktiv-subsumtives Vermögen zugewiesen, Kant spricht dann von der ›bestimmenden‹ Urteilskraft, andererseits ein induktiv-empirisches Vermögen, dann handle es sich um die ›reflektierende‹ Urteilskraft.[395] Kant wird sich vor allem mit der reflektierenden Urteilskraft auseinandersetzen, denn darin sieht er sowohl die Naturteleologie als auch die Ästhetik, als ein Analogon der Naturzwecke, aufgehoben.[396] Diese Analogie wiederum wird im reflektierenden Betrachtersubjekt geleistet, indem dieses eine gegebene Vorstellung mit anderen oder mit seinem Erkenntnisvermögen vergleicht,[397] wobei eine Zweckmäßigkeit der Natur vorausgesetzt wird, »indem der Zweck gar nicht im Objekt, sondern lediglich im Subjekt und zwar dessen bloßem Vermögen zu reflektieren gesetzt wird.«[398] Dies geschieht deshalb, »weil sich die Urteilskraft selbst a priori die Technik der Natur zum Prinzip ihrer Reflektion« »macht«,[399] wobei hier unter der ›Technik der Natur‹ der ›Bau‹, ihr phänomenologisches Arrangement gleichsam, gemeint ist. Ihr Bau allerdings, der, und darauf verweist der Begriff ›Technik‹, als ein nicht zufälliger, sondern sinnhafter gedacht wird. Man kann in dieser Begriffsverwendung sehr deutlich den Über-

---

[390] Ebd. S. 18.
[391] Vgl. ebd. S. 20.
[392] Vgl. ebd. S. 20f.
[393] Ebd. S. 21; vgl. ebd. S. 21f.
[394] Ebd. S. 22.
[395] Vgl. Grondin, Jean: Kant zur Einführung. Hamburg ³2004. S. 120f. (Künftig zitiert als: Grondin: Kant.) Vgl. insgesamt das IV. Kapitel der ersten Einleitung: Kant: KdU. S. 21-23. Daneben: ebd. S. 24.
[396] Vgl. Grondin: Kant. S. 121.
[397] Vgl. Kant: KdU. S. 24.
[398] Ebd. S. 29.
[399] Ebd. S. 26.

gang vom mechanischen zum biologischen Denken sehen, den Kant in seiner Formulierung von der ›Natur als sich selbst organisierendem System‹ festhält.[400]

Es bleibt jedoch zu fragen, welche Absicht Kant mit dieser dritten Kritik verfolgt. Warum beschäftigt sich ein Philosoph, der zuvor mit seiner *Kritik der reinen Vernunft* eine richtungweisende Schrift über die Erkenntnisfähigkeit des Menschen verfasst und damit für eine ›transzendentale Revolution‹ in der Philosophie gesorgt hat, die geradezu bestimmend geworden ist für die Philosophie des ausgehenden 18. Jahrhunderts (sowohl in annehmender als auch in ablehnender Haltung), und daneben mit seiner *Kritik der praktischen Vernunft* eine vergleichbare Schrift über die Sittlichkeit beziehungsweise »das Gesetz der F r e i h e i t «[401] vorgelegt hat, nunmehr mit der Urteilsfähigkeit und in der betreffenden Schrift in nicht unwesentlichem Umfang mit dem relativ neuen philosophischen Fach der Ästhetik?[402]

Der Schlüssel liegt sicherlich in Kants Beschreibung der Urteilskraft als Mittelglied zwischen der theoretischen und praktischen Vernunft. Dies wird schon ersichtlich aus dem Titel des III. Kapitels der (veröffentlichten) zweiten Einleitung: »Von der Kritik der Urteilskraft, als einem Verbindungsmittel der zwei Teile der Philosophie zu einem Ganzen«.[403] Mit dieser Mittlerrolle der Urteilskraft und dem Bestreben, zu einem ›Ganzen der Philosophie‹ zu gelangen (man könnte ebenso von einem Harmonisierungsbestreben sprechen), bewegt sich Kant in den bekannten Bahnen anthropologischen Denkens, wie sie schon der junge Schiller in seinen beiden philosophischen Dissertationen an der Karlsschule ausgedrückt hat; wörtlich am nächsten ist sicher der Begriff der »Mittelkraft«,[404] den Schiller in seiner ersten, nur fragmentarisch erhaltenen Abschlussschrift *Philosophie der Physiologie*, als seinen Versuch der Lösung des ›commercium‹-Problems vorschlägt und ausarbeitet.[405] Obgleich dieser erste Versuch wegen ›Unreife‹ abgelehnt worden ist,[406] wird dieser anthropologische Gedankengang auch seine dritte Dissertation, den *Versuch über den Zusammenhang der tierischen Natur des Menschen mit seiner geistigen*,[407] vollständig durchziehen. Zugleich wird dieses Harmonie- bzw. »Synthese«-Streben[408] von Kant aus, vermittelt durch die, aus Sicht Schillers, viel früheren Quellen der anthropologischen Studien an der Karlsschule, die ästhetischen Schriften grundieren und immer wieder an die Oberfläche treten.

---

[400] Vgl. Riedel, Wolfgang: Die anthropologische Wende. Schillers Modernität. In: Würzburger Schiller-Vorträge 2005. Hrsg. v. Jörg Robert. Würzburg 2007. S. 1-24. Hier: S. 5. (Künftig zitiert als: Riedel: Die anthropologische Wende.) Ein wenig überspitzt formuliert könnte man auch sagen, dass man an dieser Stelle bei Kant, ausgehend von der Selbstorganisation, von einer eigenständigen Fortentwicklung der Natur lesen kann. Zugleich kann dieses Denken letztlich als Voraussetzung für Darwin und seine Evolutionstheorie gesehen werden, indem die Anpassung als Selbstorganisation verstanden und zudem die geschichtliche Komponente als Entwicklung angesehen wird.

[401] Kant: KdU. Erste Einleitung. S. 15.

[402] Immerhin ist die Urschrift der philosophischen Ästhetik, Alexander Gottlieb Baumgartens *Aesthetica* von 1750-58, damals kaum 40 Jahre früher publiziert worden. Vgl. Schiller: Kallias-Briefe. HA V. Hier: Kommentar. S. 1201.

[403] Kant: KdU. S. 84.

[404] Schiller, Friedrich: Philosophie der Physiologie. In: HA V. 250-268. Hier: §§ 3f. S. 253-255.

[405] Vgl. ebd. Hier: Kommentar. S. 1174f.

[406] Vgl. ebd.

[407] Schiller, Friedrich: Versuch über den Zusammenhang der tierischen Natur des Menschen mit seiner geistigen. In: HA V. 287-324. Vgl. auch ebd. Hier: Kommentar. S. 1177-1181.

[408] Grondin: Kant. S. 118.

2.3.1.1 Kant und die Analyse des Schönen

Der philosophische Stil Kants agiert genau umgekehrt zum Schillerschen: Zu Beginn einer neuen Ausführung nennt Kant das Ergebnis in Form eines Postulats, um anschließend auf deduktivem Wege einen Beweis seiner Behauptung zu erbringen. Dadurch ergibt sich für Kants Durchführung in gewissem Sinne eine Redundanz was die Aussagen anbelangt, jedoch gleichzeitig eine ebensolche größere Nachdrücklichkeit.

> Um zu unterscheiden, ob etwas schön sei oder nicht, beziehen wir die Vorstellung nicht durch den Verstand auf das Objekt zum Erkenntnisse, sondern durch die Einbildungskraft (vielleicht mit dem Verstande verbunden) auf das Subjekt und das Gefühl der Lust oder Unlust desselben. Das Geschmacksurteil ist also kein Erkenntnisurteil, mithin nicht logisch, sondern ästhetisch, worunter man dasjenige versteht, dessen Bestimmungsgrund n i c h t a n d e r s a l s s u b j e k t i v sein kann.[409]

Kant geht sogleich in medias res, indem er alle für ihn wichtigen Bestimmungen des Schönen zusammenfasst: die Subjektbindung des Geschmacksurteils, das Ästhetische des Urteils über das Schöne, was heißt, dass es keine Erkenntnis erzeugen kann, da es auf Empfindungen gebaut ist. Zeittypisch ist es, dass Kant sich hier des seit Winckelmann viel bemühten Paradigmas des Geschmacks bedient. Es wird eingeführt als Synonym für das ästhetische Urteil, wobei Kant den Geschmack definiert als »das Vermögen der Beurteilung des Schönen«[410] und nicht sofort apodiktisch einen guten annimmt, wie dies Winckelmann in seinen *Gedancken* – im Gegensatz zu einem nicht-griechischen schlechten – getan hat.[411] Gleichwohl dient der Hinweis auf den Geschmack Kant offenbar dazu, die Subjektivität eines solchen Urteils hervorzuheben und zugleich vom objektiven naturteleologischen Urteil abzugrenzen.

Wichtiger werden Kant allerdings die beiden anderen, zuvor genannten Bestimmungen gewesen sein, das heißt der Verweis auf die Verbindung von Verstand und Einbildungskraft und auf das Gefühl der Lust und der Unlust. Relevant erscheinen sie insofern, als sie für die kantische Argumentation so bedeutsame Formulierungen wie die der »subjektive[n] Allgemeinheit«[412] – oder wie man vielleicht auch sagen könnte: Allgemeingültigkeit – nach sich ziehen. Denn so wie das Gefühl die subjektive Seite betrifft, können Verstand und Einbildungskraft die allgemeine bezeichnen, als Vermögen des Menschen, mithin aller Menschen. Zu erinnern ist, was Kant unter ›Verstand‹ und ›Einbildungskraft‹ versteht und wie sie mit der Urteilskraft zusammenhängen:

---

[409] Kant: KdU. § 1. S. 115.

[410] Ebd.

[411] Vgl. hier die – ebenfalls – einleitenden Sätze: »Der gute Geschmack, welcher sich mehr und mehr durch die Welt ausbreitet, hat sich angefangen zuerst unter dem Griechischen Himmel zu bilden.« In: Winckelmann, Johann Joachim: Gedancken über die Nachahmung der Griechischen Wercke in der Mahlerey und Bildhauer-Kunst. In: Frühklassizismus. Position und Opposition: Winckelmann, Mengs, Heinse. Hrsg. v. Helmut Pfotenhauer, Markus Bernauer, Norbert Miller unter Mitarbeit v. Thomas Franke. Frankfurt a.M. 1995. (= Bibliothek der Kunstliteratur. Bd. 2). S. 11-50. Hier: S. 13. (Künftig zitiert als: Winckelmann: Gedancken.)

[412] Kant: KdU. § 6. S. 125. Vgl. zum Thema ›Einbildungskraft‹ im Verhältnis Kant und Schiller: Feger, Hans: Die Macht der Einbildungskraft in der Ästhetik Kants und Schillers. Heidelberg 1995. (= Probleme der Dichtung. Bd. 25).

> Zu jedem empirischen Begriffe gehören nämlich drei Handlungen des selbsttätigen
> Erkenntnisvermögens: 1. die Auffassung (apprehensio) des Mannigfaltigen der
> Anschauung, 2. die Zusammenfassung, d. i. die synthetische Einheit des Be-
> wußtseins dieses Mannigfaltigen in dem Begriffe eines Objekts (apperceptio compre-
> hensiva), 3. die Darstellung (exhibitio) des diesem Begriff korrespondierenden
> Gegenstandes in der Anschauung. Zu der ersten Handlung wird Einbildungskraft,
> zur zweiten Verstand, zur dritten Urteilskraft erfordert, […].[413]

Man sieht hier die Funktionen, die jeweils zugeordnet werden: die Einbildungskraft sei für
die ›apprehensio‹ zuständig, man könnte vom Wortsinn ausgehend vom ›sich *ein* Bild Machen‹ sprechen beziehungsweise, wenn man an Lessings Konzept der ›Raumkunst‹[414] denkt,
vom gleichzeitigen Wahrnehmen aller äußerlichen Bestandteile und die räumliche Zuordnung der Objekte. Der Verstand hingegen weise diesem ›Bild‹, das sich die Einbildungskraft
›gemacht‹ hat, den entsprechenden Begriff zu. – Hieran wiederum lässt sich erkennen, dass
nach Kant der Verstand mit dem Sinnlichen Hand in Hand geht. – Da obige Stelle jedoch
zur Erläuterung der bestimmenden Urteilskraft gedient hat, verweise ich auf den deutlichen
Unterschied, der bei der reflektierenden Urteilskraft zum Tragen kommt: Hier spricht Kant
erstmals – implizit – vom Spielbegriff: Einbildungskraft und Verstand werden in ein ›Verhältnis‹ zueinander gesetzt, welches dauerhaft ist:

> Wenn denn die Form eines gegebenen Objekts in der empirischen Anschauung
> so beschaffen ist, daß die Auffassung des Mannigfaltigen desselben in der Einbil-
> dungskraft mit der Darstellung eines Begriffs des Verstandes (unbestimmt wel-
> ches Begriffs) übereinkommt, so stimmen in der bloßen Reflexion Verstand und Ein-
> bildungskraft wechselseitig zur Beförderung ihres Geschäfts zusammen, und der Ge-
> genstand wird als zweckmäßig, […], wahrgenommen, […].[415]

Sofern dieses zutrifft, handle es sich zudem um eine bloß subjektive Zweckmäßigkeit.[416] Die
Formulierung des ›wechselseitigen‹ ›Zusammenstimmens‹, das endlich in Paragraph 9 als
»freie[s] Spiel[] der Einbildungskraft und des Verstandes«[417] bezeichnet wird, deutet auf die
Dauerhaftigkeit des Vorganges hin, denn beim Wechselseitigen lässt sich gewissermaßen
eine hin und her verlaufende Bewegung oder eine Oszillation vorstellen, die deshalb als
nicht einzig und einmalig gedacht werden kann. Zugleich scheint sich die subjektive Allgemeinheit, die nach Kant auf einem »Gemeinsinn (sensus communis)«[418] basiere (denn nur
durch diesen lässt sich die Notwendigkeit für das Geschmacksurteil postulieren[419]), selbst
als ein solches Hin und Her der Meinungen auffassen, welches sich in eben diesem Gemeinsinn aufhebt beziehungsweise artikuliert. Denn der ›sensus communis‹ setzt einen kommunikativen Akt voraus oder, wenn man ihn prozessual denkt, stellt einen solchen dar; Kom-

---

413   Kant: KdU. Erste Einleitung. S. 33.
414   Vgl. Lessing, Gotthold Ephraim: Werke und Briefe in zwölf Bänden. Hrsg. v. Wilfried Barner u.a. Frankfurt
       a.M. 1985ff. Bd. 5/2. Laokoon. Briefe, antiquarischen Inhalts. Hrsg. v. Wilfried Barner. Frankfurt a.M. 1990.
       (= B 5/2). S. 116f.
415   Kant: KdU. S. 34. Vgl. 33f.
416   Vgl. ebd. S. 34.
417   Ebd. § 9. S. 132.
418   Ebd. § 20. S. 157.
419   Vgl. für die Ausführungen Kants zum Gemeinsinn §§ 19–21. Ebd. S. 156ff.

munikation selbst schließlich besitzt eine temporale Ausdehnung, so dass hier eine direkte Äquivalenz besteht.

Um wieder auf die Bestimmungen des Schönen bei Kant zurückzukommen: Kant geht das Problem des Schönen aus vier verschiedenen Perspektiven an. Er bestimmt das Schöne unter den Momenten der Qualität, der Quantität, der Relation der Zwecke und der Modalität des Wohlgefallens. Demgemäß erfolgen vier verschiedene Bestimmungen, die sich jedoch ergänzen und – letztlich – zusammenfassen lassen: Nach dem ersten Moment: »Geschmack ist das Beurteilungsvermögen eines Gegenstandes oder einer Vorstellungsart durch ein Wohlgefallen, oder Mißfallen, ohne alles Interesse. Der Gegenstand eines solchen Wohlgefallens heißt s c h ö n.«[420] Nach dem zweiten Moment: »Schön ist das, was ohne Begriff allgemein gefällt.«[421] Nach dem dritten Moment: »Schönheit ist Form der Zweckmäßigkeit eines Gegenstandes, sofern sie, ohne Vorstellung eines Zwecks, an ihm wahrgenommen wird.«[422] Und zuletzt nach dem vierten Moment: »Schön ist, was ohne Begriff als Gegenstand eines notwendigen Wohlgefallens erkannt wird.«[423] Man wird jedoch diese vier Gesichtspunkte auf zwei Hauptgesichtspunkte einschmelzen können: Einerseits ist die Bestimmung des ›interesselosen Wohlgefallens‹ von zentraler Bedeutung und andererseits die Bestimmung der ›formalen Zweckmäßigkeit ohne allen Zweck‹. Es gibt daher eine formale Ähnlichkeit zwischen der ›Begriffslosigkeit‹ und der ›zwecklosen Zweckmäßigkeit‹ wie auch die ›Notwendigkeit‹ mit der ›Allgemeinheit‹ des Wohlgefallens zusammenhängt.

Ein »Zweck« ist dabei, in den Worten Kants, »der Gegenstand eines Begriffs, sofern dieser als die Ursache von jenem (der reale Grund seiner Möglichkeit) angesehen wird«,[424] also die Grundursache eines Objektes, sofern man es als bloßen Begriff ansieht. Wie oben gesehen, ist aber gerade die Aufgabe des Verstandes die Begriffsfindung (›apperceptio comprehensiva‹) zu denjenigen Erscheinungen, die die Einbildungskraft in der Natur, vorsichtiger formuliert: der Realität, vorgefunden hat (›apprehensio‹). Das heißt, zuletzt lässt sich alles, was sinnlich wahrnehmbar ist (und genau dies ist die Bedeutung von *aisthesis*), auf einen Begriff bringen.

Die Zweckmäßigkeit hingegen ist »die Kausalität eines Begriffs in Ansehung seines Objekts«,[425] was Kant auch »forma finalis«[426] nennt. Somit trennt ein Kausalitätsgefüge den Zweck von der Zweckmäßigkeit. Wenn man allerdings die Wendung von der ›forma finalis‹ näher besieht, fällt auf, dass gerade durch den Ausdruck einer ›begrenzten Form‹ eine Oberflächenhaftung, wörtlich zu verstehen: ein theoretisierendes Haften an der Oberfläche eines Objektes, gegeben ist. Mithin handelt es sich, wenn Zweck und Zweckmäßigkeit zusammenkommen, um eine objektive Zweckmäßigkeit, also eine echte Naturteleologie. Daher ist es leicht einsehbar, dass die ästhetische Beurteilung eine zwecklose Zweckmäßig-

---

[420] Ebd. § 5. S. 124.
[421] Ebd. § 9. S. 134.
[422] Ebd. § 17. S. 155.
[423] Ebd. § 22. S. 160.
[424] Ebd. § 10. S. 134f.
[425] Ebd. S. 135.
[426] Ebd.

keit voraussetzt (besonders wenn es sich um ein Objekt der Kunst handelt, welches keinen echten ›Natur‹-zweck hat, sondern lediglich einen subjektiv vorgestellten):

> Zweckmäßig aber heißt ein Objekt, oder Gemütszustand, oder eine Handlung auch, wenn gleich ihre Möglichkeit die Vorstellung eines Zwecks nicht notwendig voraussetzt, bloß darum, weil ihre Möglichkeit von uns nur erklärt und begriffen werden kann, sofern wir eine Kausalität nach Zwecken, d. i. einen Willen, der sie nach der Vorstellung einer gewissen Regel so angeordnet hätte, zum Grund derselben annehmen. Die Zweckmäßigkeit kann also ohne Zweck sein, sofern wir die Ursachen dieser Form nicht in einem [sic!] Willen setzen, aber doch die Erklärung ihrer Möglichkeit, nur indem wir sie von einem Willen ableiten, uns begreiflich machen können.[427]

Diese Bestimmungen treffen gänzlich auf das Kunstwerk zu, wenn man sie, wie dies Kant generell in seiner *Kritik der Urteilskraft* tut, rezeptionsästhetisch herleitet.[428] Betrachtet man – um bei einem Beispiel Kants aus dem § 16 zu bleiben – eine gemalte Blume, so wird sie aussehen wie eine Blume, ohne jedoch deren Zweck zu beinhalten: Weder wird sie aus organischem Stoff sein, noch wird sie je wachsen oder knospen oder duften oder welchen (objektiven) Zwecks sonst eine natürlichen Blume sei. Jedoch – da die Analogie zur ›echten‹ Blume bestehen bleibt – wird man sie ansehen, als ob sie diese Zwecke alle besitze, als sei sie wie eine natürlich gewachsene Blume zu behandeln. Das heißt, dass dem Kunstwerk, dem nach dem Geschmacksurteil Schönen, eine als-ob-Beziehung zur Welt der Natur zukommt. Anders ausgedrückt meint die subjektiv festgestellte Zweckmäßigkeit ohne Zweck ein dem ästhetischen Urteil zukommendes Analogon der objektiven Zweckmäßigkeit, die innerhalb der Naturteleologie herrscht. Andererseits darf ein Geschmacksurteil auch auf keinem Zweck basieren, denn: »Aller Zweck, wenn er als Grund des Wohlgefallens angesehen wird, führt immer ein Interesse, als Bestimmungsgrund des Urteils über den Gegenstand der Lust, bei sich.«[429] Da aber, wie oben gesehen, bereits die Bestimmung nach dem ersten Moment das ›interesselose Wohlgefallen‹ ausdrückt,[430] entfällt alles Zweckhafte an einem ästhetischen Reflexionsurteil. Dabei gilt, dass ein subjektiver Zweck zu einem annehmlichen Ding, ein objektiver zu einem guten Ding führe,[431] also genau diejenigen Sphären, die die frühen Paragraphen der *Kritik* aus dem Bereich, für die das Wohlgefallen gelten solle, ausgenommen haben.[432] Gerade aufgrund der festgestellten als-ob-Beziehung formuliert Kant, dass »nichts anders als die subjektive Zweckmäßigkeit in der Vorstellung eines Gegenstandes, ohne allen [...] Zweck, folglich die bloße Form der Zweckmäßigkeit in der Vorstellung«[433] Grund für das Wohlgefallen, mithin für das Gefühl der Lust am vorgestellten Gegenstand, ist.

Kant postuliert somit den ›Schein‹, die »bloße Form«,[434] einer Zweckhaftigkeit, um auf einen Schillerschen Begriff vorzugreifen, als den Grund für das interesselose Wohlgefallen.

---

[427] Ebd.
[428] Vgl. Alt: Schiller. Bd. 2. S. 38.
[429] Kant: KdU. § 11. S. 136.
[430] Vgl. ebd. § 5. S. 124.
[431] Vgl. ebd. §. 11. S. 136.
[432] Vgl. ebd. bes. §§ 4f. S. 119ff.
[433] Ebd. § 11. S. 136.
[434] Ebd.

Man ist jedoch versucht, den Zweck des ›Kunst‹-Schönen gerade in der Zweckfreiheit zu suchen. Denn das im Wohlgefallen evozierte Gefühl der Lust hat noch eine weitere, wiederum zweckfreie, Aufgabe:

> Sie [gemeint ist das Gefühl der Lust; F.H.] hat aber doch Kausalität in sich, nämlich den Zustand der Vorstellung selbst und die Beschäftigung der Erkenntniskräfte ohne weitere Absicht zu erhalten. Wir weilen bei der Betrachtung des Schönen, weil diese Betrachtung sich selbst stärkt und reproduziert: […].[435]

Hier spielt Kant erneut auf den Gedanken der Dauer an, die mit dem Spiel der Erkenntniskräfte einhergeht. Nicht nur ist der Prozess des ästhetischen Urteilens ein zeitlich ausgedehnter, auch das Wohlgefallen ist ein zeitlich ausgedehntes, da der Mensch diesen »Gemütszustand«, wie es in den Ausführungen zum Gemeinsinn heißt, der »die Stimmung der Erkenntniskräfte zu einer Erkenntnis überhaupt« darstellt,[436] unbedingt erhalten will. Die im Zitat benannte Kausalität ist eine innere, die von Kant als eine »Belebung der Erkenntniskräfte« »des Subjekts«[437] aufgefasst wird. Wie weiter unten ausgeführt werden wird, besteht hier ein Zusammenhang mit dem sogenannten ›ästhetischen Zustand‹, den Schiller in seiner *Ästhetischen Erziehung* als Ziel des Spieltriebs im Ausgleich von Stoff- und Formtrieb und als Voraussetzung für eine Entfaltung aller Kräfte postuliert.

Um diese Zweckfreiheit – und nicht zuletzt die Freiheit des Spiels der Erkenntniskräfte – zu verdeutlichen, grenzt Kant die formale Zweckmäßigkeit nicht allein vom Angenehmen und vom Guten ab, er erklärt sie ferner für unabhängig von Reiz, Rührung und Vollkommenheit.[438] Dazwischen hat er einen Paragraphen eingeschoben, der mit »Erläuterung durch Beispiele«[439] überschrieben ist, der allerdings den Anschein erweckt, als sei er lediglich als Konzession an die Wünsche der Leser eingerückt, als sei dies der Versuch, dem Vorwurf, er habe eine Ästhetik ohne alle Beispiele verfasst, zuvorzukommen. Dieser Paragraph ist weder originell, noch wirkt er anders als einem Handbuch für den Zeitgeschmack entnommen. Einzig die Unterscheidung von ›Zierrat‹ und ›Schmuck‹ ist nennenswert.

Der Abschnitt über die Relation der Zwecke enthält jedoch einen weiteren Paragraph, der gerade für Schiller manche Herausforderung birgt. Gemeint ist der 16., der zwischen der freien und der nur anhängenden Schönheit differenziert:

> Es gibt zweierlei Arten von Schönheit: freie Schönheit (pulchritudo vaga), oder die bloß anhängende Schönheit (pulchritudo adhaerens). Die erstere setzt keinen Begriff von dem voraus, was der Gegenstand sein soll; die zweite setzt einen solchen und die Vollkommenheit des Gegenstandes nach demselben voraus.[440]

In diesen Zusammenhang gehört es, dass Kant die freie Schönheit bestimmt als zum Beispiel »Blumen«, »Zeichnungen à la grecque, das Laubwerk zu Einfassungen, oder auf Papiertapeten u.s.w.«,[441] wohingegen die Schönheit des Menschen lediglich eine anhängende

---

435 Ebd. § 12. S. 138.
436 Ebd. § 21. S. 157f.
437 Ebd. § 12. S. 138.
438 Vgl. ebd. §§13, 15. S. 138f. 142ff.
439 Ebd. § 14. S. 139ff. Hier S. 139.
440 Ebd. § 16. S. 146.
441 Ebd.

ist, zumal gleichgesetzt mit der eines Pferdes.[442] Gerade gegen diese Ausführungen muss sich ein anthropologisch vorgebildeter Denker wie Schiller verwahren, wenn Kant auch im Paragraph 17 von einem »Ideale der Schönheit«[443] spricht, die nur dem Menschen zukomme, da außer dem Menschen kein anderes Naturwesen »den Zweck seiner Existenz in sich selbst hat«, »der sich durch Vernunft seine Zwecke selbst bestimmen […] kann«.[444] Gleichzeitig erwächst ein Differenzpunkt für Schiller nicht nur aus der Zuordnung der menschlichen Schönheit zur adhärierenden, sondern vor allem daraus, dass er – wie in *Über Anmut und Würde* geschehen – die menschliche Schönheit ins Innere verlegt, man denke hier an die ›schöne Seele‹, diese vor allem aber mit dem Erhabenen als einem dem menschlichen Wesen natürlichen moralischen Korrektiv verbinden wird.

2.3.1.2 Schiller und das Schöne

An dieser Stelle müssen die Ausführungen Schillers über die besagte ›Freiheit in der Erscheinung‹[445] nachvollzogen werden, wie er sie in seinen Briefen an seinen langjährigen Freund Gottfried Körner gefasst hat. Insbesondere interessiert hier die Herleitung dieses Begriffs, um von dieser Standortbestimmung aus die Implikationen verfolgen zu können, die Schillers freie Verwendung kantischer Begriffe mit sich bringen.

Ursprünglich soll eine Buchveröffentlichung daraus hervorgehen, die Schiller jedoch kurze Zeit später schon wieder zurückstellen muss, einerseits wegen seiner Krankheitsschübe, andererseits weil andere Schriften, insbesondere *Über Anmut und Würde*, aber auch die Arbeit an den Briefen an den Augustenburger Mäzen, das Projekt unmittelbar ablösen werden.[446] Diese Briefbeilagen sind direkt hervorgegangen aus einer Vorlesung über Ästhetik, die Schiller im Wintersemester 1792/93 gehalten hat, die allerdings nur als Mitschrift eines Hörers vorliegt.[447] Diese *Kallias*-Briefe bilden, neben den Ausführungen in *Über Anmut und Würde*, ein zentrales Fundament des ›work in progress‹, als das man die Flut von ästhetischen Schriften bezeichnen kann, die in einem nur relativ kurzen Zeitraum entstanden und dabei von existentiellen Krisen begleitet sind. Vor allem *Über Anmut und Würde* sowie die *Augustenburger Briefe* und auch die nachmalig erweiterte Fassung für die Horen unter dem Titel *Über die ästhetische Erziehung des Menschen in einer Reihe von Briefen*, tragen am deutlichsten die Spuren der Kantlektüre in sich.

---

[442] Vgl. ebd. S. 147.

[443] Ebd. § 17. S. 149ff. Hier S. 149.

[444] Ebd. S. 151.

[445] Vgl. Schiller: Kallias-Briefe. HA V. S. 400. Brief v. 8.2.1793. Vgl. auch: Menges, Karl: Schönheit als Freiheit in der Erscheinung. Zur semiotischen Transformation des Autonomiegedankens in den ästhetischen Schriften Schillers. In: Friedrich Schiller. Kunst, Humanität und Politik in der späten Aufklärung. Ein Symposion. Hrsg. v. Wolfgang Wittkowski. Tübingen 1982. S. 181-199.Vgl. daneben: Huebner, Kathinka: Die Kallias-Briefe von Friedrich Schiller – eine Analyse des Kunstschönen. Eine Darstellung der Kunsttheorie Friedrich Schillers mit semiotischen Mitteln. In: Zeitschrift für Literaturwissenschaft und Linguistik 7 (1977). S. 173-187.

[446] Vgl. Schiller: Kallias-Briefe. HA V. Hier: Kommentar. S. 1200.

[447] Vgl. ebd. S. 1199. Daneben besagte Mitschrift: Schiller, Friedrich: [Aus einer Nachschrift der ästhetischen Vorlesung]. In: HA V. S. 1021-1041. (Künftig zitiert als: Schiller: Nachschrift. HA V.)

Wie gesagt, Schillers Denken ist von der Anthropologie geprägt, daher erhebt er den Einwand, ihm scheine, Kant verfehle den Begriff des Schönen ganz und gar:[448]

> Kant […] behauptet, etwas sonderbar, daß jede Schönheit, die unter dem Begriff eines Zweckes stehe, keine reine Schönheit sei: daß also eine Arabeske und was ihr ähnlich ist, als Schönheit betrachtet, reiner sei als die höchste Schönheit des Menschen.[449]

Daher erhebt er Körner gegenüber den Anspruch,

> einen Begriff des Schönen objektiv aufzustellen und ihn aus der Natur der Vernunft völlig a priori zu legitimieren, so daß die Erfahrung ihn zwar durchaus bestätigt, aber daß er diesen Ausspruch der Erfahrung zu seiner Gültigkeit gar nicht nötig hat […].[450]

Er verhehlt dabei allerdings auch nicht, dass dieser Versuch eine nicht unbeträchtliche Schwierigkeit besitze.[451] Er bezeichnet seinen Ansatz als eine »sinnlich objektiv[e]«[452] Möglichkeit der Bestimmung des Schönen, mithin ein ›doppelter Ansatz‹ (vergleichbar einer doppelten Ästhetik), der zwei unterschiedliche Kategorien, das Sinnliche und das Objektive, zusammenzubringen sucht, womöglich gar zusammenzwingt. Insofern ist die Problematik, dass Schiller unbedingt versucht, dem Kunstschönen einen objektiven Grund beizulegen, oder in es hineinzulegen, auch für den Leser seiner Ausführungen – sie wird sich in den veröffentlichten weiteren Schriften, besonders in *Über Anmut und Würde*, fortsetzen – die größte Schwierigkeit.[453] Ich komme weiter unten darauf zurück.

Der erste dieser Briefe endet mit einer Differenzierung, die nicht unwesentlich ist, insbesondere für die späteren Ausführungen in der *Ästhetischen Erziehung*: eine Unterscheidung von ›Stoff‹ und ›Form‹:

> Ich bin wenigstens überzeugt, daß die Schönheit nur die Form einer Form ist und daß das, was man ihren Stoff nennt, schlechterdings ein geformter Stoff sein muß. Die Vollkommenheit ist die Form eines Stoffes, die Schönheit hingegen ist die Form dieser Vollkommenheit; [sic!] die sich also gegen die Schönheit wie der Stoff zu der Form verhält.[454]

Schiller trifft also gleich im ersten der *Kallias*-Briefe folgenschwere Weichenstellungen, darin Kant und seinen Ausführungen in seinen ersten Sätzen nicht unähnlich, die den weiteren Verlauf seiner ästhetischen Schriften bestimmen werden. Denn nicht allein das unvollendet gebliebene Briefwerk ist davon betroffen, letzten Endes zehren alle anderen Schriften, die nach diesen verfasst werden, von den Entscheidungen, die er seinem Briefpartner Körner gegenüber plausibel zu machen versucht. Das heißt, erst als diese Stellen im Rahmen

---

[448] Vgl. Schiller: Kallias-Briefe. HA V. S. 395. Brief v. 25.1.1793.
[449] Ebd.
[450] Ebd. S. 394.
[451] Vgl. ebd.
[452] Ebd.
[453] Vgl. aber: Pfotenhauer, Helmut: Anthropologische Ästhetik und Kritik der ästhetischen Urteilskraft oder Herder, Schiller, die antike Plastik und Seitenblicke auf Kant. In: Ders.: Um 1800. Konfigurationen der Literatur, Kunstliteratur und Ästhetik. Tübingen 1991. S. 201-220.
[454] Schiller: Kallias-Briefe. HA V. S. 395. Brief v. 25.1.1793.

der Veröffentlichung der Schillerschen Briefe 1847 öffentlich wahrnehmbar geworden sind,[455] ist es – meines Erachtens – möglich, die Basis der Verarbeitung der kantischen Gedanken bei Schiller in ihrer Entstehung zu beobachten, diejenigen nämlich, die mit der ›Freiheit in der Erscheinung‹ zusammenhängen.

Gleich der zweite Brief vom 8. Februar 1793 setzt ein mit dem Begriff der ›Erscheinung‹, indem von der Natur »als Erscheinung«[456] die Rede ist. Dies ist nicht unwesentlich; Schiller führt den Begriff undefiniert ein und geht sogleich von einem Verständnis als – an dieser Stelle zumindest – Phänomenologie der Natur aus. Somit findet auch hier eine weitere Differenzierung gegenüber Kant statt: Während Kant von einer Naturbetrachtung (genauer: einer Naturteleologie) spricht, die sich auf das Anschauen der Kunstdinge ausweiten lasse, geht Schiller umgehend von einem Studium der Natur nicht als Natur sondern als Erscheinung aus. Man darf daher annehmen, dass Schiller von Kunstobjekten und deren Betrachtung spricht, die sich im konkreten Fall auch auf Naturdinge – als Repräsentation – ausweiten lässt.

Kurz darauf reicht er eine Erläuterung seiner Auffassung von ›Erscheinung‹ nach, indem er sie bezeichnet als innerhalb der Vorstellung abhängig von den »Formalbedingungen der Vorstellungskraft«,[457] denn diese Abhängigkeit erst mache sie zu ›Erscheinungen‹; aber dadurch, dass sie sich nach diesen Bedingungen der Vorstellungskraft richten, »müssen« die Erscheinungen »die Form von unserem Subjekt erhalten.«[458] Somit besteht bereits bald nach dem Beginn seines Briefprojekts die grundlegende Schwierigkeit, dass Schiller – entgegen seines Anfangsvorbehalts – den Erscheinungsbegriff definitorisch an das Subjekt bindet. Infolgedessen müsste man vermuten, dass also das Objektive des Kunstschönen nur und ausschließlich in der ›Freiheit‹ zu finden sei. Zu beachten bleibt allerdings, dass Schiller in den ersten beiden Briefen immer wieder zwischen den Begriffen des ›Naturdinges‹ und des ›Kunstdinges‹ laviert, wodurch nicht immer klar ist, ob er tatsächlich von der Kunst oder von der Natur spricht. Erst nach seiner Definition des Schönen am Ende des Briefes vom 8. Februar 1793, vereindeutigt Schiller, dass er von der Kunst spricht. Grundsätzlich sind gerade die ersten beiden Briefe sehr stark von der Diktion Kants beeinflusst. Überhaupt erweckt der Anfang der *Kallias*-Briefe den Eindruck, als sei sich Schiller seiner Terminologie noch nicht sicher. Doch gerade dies scheint Kennzeichen des ›work in progress‹: Nicht nur ist das Denken Schillers in jenen Jahren ständig produktiv und damit im Fluss, auch die Begriffsverwendung ist es.

Im weiteren Verlauf grenzt Schiller die ›Erscheinung‹ ab von den ›Begriffen‹, welche er als »mittelbare« »Vorstellungen« nach der Form der theoretischen Vernunft bezeichnet;[459] desgleichen mit der »Form« von »Handlungen« nach der praktischen Vernunft.[460] Sein Argument für diese Abgrenzung ist die – seiner Meinung nach – herrschende Unmöglichkeit der »Nachahmung der Vernunft«,[461] sei es die der theoretischen oder die der praktischen,

---

[455]   Vgl. Alt: Schiller. Bd. 2. S. 100.
[456]   Schiller: Kallias-Briefe. HA V. S. 395. Brief v. 8.2.1793.
[457]   Ebd. S. 396.
[458]   Ebd.
[459]   Ebd. S. 396.
[460]   Ebd. S. 397.
[461]   Ebd.

denn ein »Begriff« beziehungsweise eine »Willenshandlung« muss »wirklich vernunftmä-
ßig« beziehungsweise »wirklich frei«[462] sein.

Nachdem Schiller zwischen theoretischer und praktischer Vernunft unterschieden hat,
und zugleich über den Nachahmungsbegriff, der hier nicht in klassisch mimetischer Weise
zu verstehen ist, da nicht die Natur, sondern Willenshandlungen und Begriffe zur Nachahmung stehen, auf ein gewisses Analogieverhältnis hinaus will, kann er die zweite Komponente des Erscheinungsbegriffs, den Schein – neben der der Phänomenologie, des Erscheinens[463] – Körner gegenüber einführen, ausgehend von einem der theoretischen Vernunft
zugeordneten Beispiel als Erkenntnisgrund:[464]

> Ist aber die gegebene Vorstellung eine Anschauung, und soll die Vernunft dennoch
> eine Übereinstimmung derselben mit ihrer Form entdecken, so muß sie […] zu ih-
> rem eigenen Behuf der gegebenen Vorstellung einen Ursprung durch theoretische
> Vernunft *leihen*, um sie nach Vernunft beurteilen zu können. Sie legt daher aus eige-
> nem Mittel in den gegebenen Gegenstand einen Zweck hinein und entscheidet, ob er
> sich diesem Zwecke gemäß verhält.[465]

Wenn die Vernunft also solcherart gehandelt und dem zu beurteilenden Gegenstand Ver-
nunftzwecke ›geliehen‹ hat, so besitze als Ergebnis das Objekt einer logischen Beurteilung
»*Vernunftmäßigkeit*«, das einer »teleologischen« (und diesen Begriff verwendet Schiller hier
anscheinend analog zum kantischen Begriff eines ›reflektierenden Geschmacksurteils‹)
»*Vernunftähnlichkeit*«.[466]

Hier nun erlaubt sich Schiller einen ›Zwischenhöhepunkt‹ in seiner Argumentation, die
er zudem verstärkt durch die persönliche Anrede seines Briefpartners Körner:

> Ich vermute, Du wirst aufgucken, daß Du die Schönheit unter der Rubrik der theo-
> retischen Vernunft nicht findest und daß Dir ordentlich dafür bange wird. […]; und
> da sie doch zuverlässig in der *Familie der Vernunft* muß gesucht werden und es außer
> der theoretischen Vernunft keine andere als die praktische gibt, so werden wir sie
> wohl hier suchen müssen und auch finden.[467]

An dieser Stelle, an der die Anbindung des Schönen an die Moralethik, das Sittengesetz
erfolgt, tritt implizit der Freiheitsbegriff in Schillers Ausführungen, denn immerhin hat
Kant die Ethik, die er in seiner *Kritik der praktischen Vernunft* ausbreitet, als »Gesetz der
F r e i h e i t«[468] bezeichnet. Daher überträgt Schiller ein Prinzip aus Kants Naturteleologie auf
seinen Begriff des Schönen, der ihm die ›Freiheit‹ der Objekte verbürgt:[469] »Die Form

---

[462] Ebd.

[463] Vgl. Robert Jörg: *Schein und Erscheinung*: Kant-Revision und Semiotik des Schönen in Schillers Kallias-Briefen. In: Friedrich Schiller. Der unterschätzte Theoretiker. Hrsg. v. Georg Bollenbeck, Lothar Ehrlich. Köln,
Weimar, Wien 2007. S. 159-175. Hier S. 161. (Künftig zitiert als: Robert: Schein und Erscheinung.)

[464] Vgl. Schiller: Kallias-Briefe. HA V. S. 397. Brief v. 8.2.1793.

[465] Ebd. S. 398. Hervorhebung i. Orig. Alle weiteren Kursivierungen in Schillerzitaten stammen von diesem selbst.

[466] Ebd.

[467] Ebd.

[468] Kant: KdU. Erste Einleitung. S. 15.

[469] Vgl. Schiller: Kallias-Briefe. HA V. Hier: Kommentar. S. 1202.

der praktischen Vernunft annehmen oder nachahmen heißt also bloß: nicht von außen, sondern durch sich selbst bestimmt sein, autonomisch bestimmt sein oder so erscheinen.«[470]

Gerade der letzte Halbsatz »oder so erscheinen« dient Schiller dazu, die beiden Begriffe der ›Freiheit‹ und der ›Erscheinung‹ zusammenzubinden, und dies geschieht durch dasselbe Analogieverhältnis, das er weiter oben anhand der theoretischen Vernunft erläutert hat: Wenn »die praktische Vernunft ihre Form« auf einen Gegenstand »anwendet«, so »leiht« sie »dem Gegenstande [...] ein Vermögen, sich selbst zu bestimmen, einen Willen, und betrachtet ihn alsdann unter der Form dieses *seines* Willens«.[471]

Diese sämtlichen Voraussetzungen sind für Schiller nötig, um zu seinem – durchaus berühmten – Hauptsatz in der Bestimmung des Schönen zu gelangen. Er hat alle für ihn wichtigen Distinktionen getroffen, um im ersten Teil seiner Theorie die ihn künftig – auch über diese Briefe hinaus – leitende Feststellung zu treffen:

> Entdeckt nun die praktische Vernunft bei Betrachtung eines Naturwesens, daß es durch sich selbst bestimmt ist, so schreibt sie demselben [...] *Freiheitähnlichkeit* oder kurzweg *Freiheit* zu. Weil aber diese Freiheit dem Objekt von der Vernunft bloß ge-liehen wird, *da nichts frei sein kann als das Übersinnliche* und *Freiheit selbst nie als solche in die Sinne fallen kann* – kurz – da es hier bloß darauf ankommt, daß ein Gegenstand frei erscheine, nicht wirklich frei ist: so ist diese Analogie eines Gegen-standes mit der Form der praktischen Vernunft nicht Freiheit in der Tat, sondern bloß *Freiheit in der Erscheinung, Autonomie in der Erscheinung*.
> [...]
> Schönheit ist also nichts anders als Freiheit in der Erscheinung.[472]

Das Auffällige an dieser Stelle ist, dass Schiller hier wiederum dezidiert vom »Naturwesen« spricht: Mir scheint, dass er, wo er seine Theorie auf eine Definition hin engführt, sicher-heitshalber auf Kant zurückgreift, um nur nicht zu weit entfernt von diesem zu erscheinen. Schließlich ist sein Bestreben eine objektive Bestimmung des Schönen auf Kants eigenem Terrain.

Ganz allgemein ist in der Forschung wiederholt von der Kant-Revision seitens Schiller die Rede,[473] die ebenso regelmäßig als Fehlschlag aufgefasst wird – nicht zuletzt von philoso-phischer Warte aus.[474] Besieht man sich die obigen Ausführungen näher, so stellt man fest,

---

[470] Ebd. S. 398. Brief v. 8.2.1793.
[471] Ebd. S. 399.
[472] Ebd. S. 400.
[473] Vgl. z. B. schon den Titel von Roberts Aufsatz: *Schein und Erscheinung*: Kant-Revision und Semiotik des Schö-nen in Schillers Kallias-Briefen. Ebd. S. 159. Oder auch das Kapitel über diese Briefe in Alts Schiller-Mono-graphie: ›Freiheit in der Erscheinung‹. Kallias-Briefe (1793) und Kant Revision. Ebd. Bd. 2. S. 100.
[474] Vgl. hier eine Reihe älterer Beiträge, die dies immer wieder thematisieren: Düsing, Wolfgang: Ästhetische Form als Darstellung der Subjektivität. Zur Rezeption Kantischer Begriffe in Schillers Ästhetik. In: Friedrich Schiller. Zur Geschichtlichkeit seines Werkes. Hrsg. v. Klaus L. Berghahn. Kronberg i. Ts. 1975. S. 197-239. Vgl. auch: Strube, Werner: Schillers Kallias-Briefe oder über die Objektivität der Schönheit. In: Literaturwis-senschaftliches Jahrbuch 18 (1977). S. 115-131. Vgl. ebenso: Luserke, Matthias: Die Suche nach dem objektiven Begriff des Schönen. Von der Ästhetik Schillers zur Metaphysik des Schönen bei Schopenhauer. In: Zeitschrift für Germanistik 1 (1994). S. 24-34. Vgl. auch: Zelle, Carsten: Von der Ästhetik des Geschmacks zur Ästhetik des Schönen. In: Die Wende von der Aufklärung zur Romantik 1760-1820. Epoche im Überblick. Hrsg. v. Horst Albert Glaser, György Vayda. Amsterdam, Philadelphia 2001. S. 371-397. Bemerkenswert ist dagegen

dass wohl letzten Endes wahrhaftig von einem Misslingen des Versuchs gesprochen werden muss, das Schöne nicht sinnlich, sondern objektiv zu fassen, wie es der erste der *Kallias-Briefe* noch versprochen hat.[475] Denn das, was Schiller als vermeintlich Objektives aufruft – gegen Kant –, ist nichts anderes als die Anbindung des Schönen an die Moralität. Gleichwohl hat er in der den *Kallias*-Briefen vorausgehenden Vorlesung bereits erahnt, dass er zu keinem eindeutigen Ergebnis kommen werde: Immerhin konstatiert er dort, dass die »objektive Beschaffenheit der für schön gehaltenen Gegenstände« »untersucht und verglichen werden« müsse, nachdem er kritisiert hat, dass Kant allein auf das Gefühl der Lust abstelle.[476] Dieses Vorhaben wird umgehend in Zweifel gezogen, worauf Jörg Robert zu Recht hinweist:[477]

> Der Umstand, daß das Schöne bloß gefühlt, nicht eigentlich erkannt wird, macht die Ableitung der Schönheit aus Prinzipien a priori zweifelhaft. Es scheint, daß wir uns mit der pluralistischen Gültigkeit der Urteile über Schönheit begnügen müssen.[478]

An dieser Stelle lässt sich ebenfalls erkennen, dass er, zumindest implizit, den unterschiedlichen Ansatz von Kant und sich bemerkt hat: dass das Schöne gerade nicht »erkannt« werde. Denn bei allen Fragen danach, ob die Kant-Revision beziehungsweise die Objektivierung gescheitert sei oder nicht, ist es offenkundig, dass Kant einen erkenntnistheoretischen Ansatz verfolgt, Schiller hingegen, als der Praktiker, der ursprünglich aus der Lyrik- und Dramenproduktion kommt, einen praktischen, und nur zu Beginn den gleichen rezeptionsästhetischen Anlauf nimmt, der noch vor dem Ende der *Kallias*-Briefe in die Produktionsästhetik kippt.[479] Gerade weil Schiller pragmatisch denkt – insofern geht ein Vorwurf der ›Praxisferne‹ in seinen ästhetischen Schriften an dem, was Schiller tatsächlich tut, vorbei[480] –, und weil seine ästhetischen Schriften ohnedies von dramen-, vielmehr tragödientheoretischen Überlegungen gerahmt werden, ist es geradezu zwangsläufig, dass Schiller ins Produktionsästhetische übergeht.

Kant beginnt seine *Kritik der Urteilskraft* damit, dass er die Erkenntnisvermögen differenziert und der Urteilskraft dadurch den ihr zukommenden Platz anweist. Mithin ist diese dritte Kritik, ebenso wie die vorangegangenen, einzugliedern in die Systematik der Erkenntnislehre Kants, zumal das eigentliche Hauptaugenmerk des Autors auf der Naturteleologie liegt. Somit ist es kaum verwunderlich, dass Kant, ausgehend von der Frage, wie Schönheit

---

schon, wenn von produktiven Seiten des »kommenden Unterganges« die Rede ist: Vgl. Mein, Georg: Die Konzeption des Schönen. Der ästhetische Diskurs zwischen Aufklärung und Romantik: Kant – Moritz – Hölderlin – Schiller. Bielefeld 2000. S. 175f. Zitat: S. 176. Vgl. auch: Henrich, Dieter: Der Begriff der Schönheit in Schillers Ästhetik. In: Zeitschrift für philosophische Forschung 11 (1957). S. 527-547. Vgl. auch Alt: Schiller. Bd. 2. S. 103. Vgl. zudem: Hansen, Frank-Peter: Die Rezeption von Kants »Kritik der Urteilskraft« in Schillers Briefen *Über die ästhetische Erziehung des Menschen*. In: Literaturwissenschaftliches Jahrbuch 33 (1992). S. 165-188. Andererseits wird Schiller auch immer wieder einmal ein eigener Weg zugestanden; vgl. Römpp, Georg: Schönheit als Erfahrung von Freiheit. Zur transzendentallogischen Bedeutung des Schönen in Schillers Ästhetik. In: Kant-Studien 89 (1998), 4. Heft. S. 428-445.

[475] Vgl. Schiller: Kallias-Briefe. HA V. S. 394. Brief v. 25.1.1793.

[476] Vgl. Schiller: Nachschrift. HA V. S. 1021-1041. Hier: S. 1035. Zitate ebd.

[477] Vgl. Robert: Schein und Erscheinung. S. 159f.

[478] Schiller: Nachschrift. HA V. S. 1040.

[479] Vgl. Robert: Schein und Erscheinung. S. 161, 167.

[480] Vgl. Rainer, Ulrike: Schillers Prosa. Poetologie und Praxis. Berlin 1988. S. 35.

wahrgenommen werden könne, wenn eine Erkenntnis des Schönen schon auszuschließen ist, vom subjektiven Vermögen des Menschen aus die Sphäre der Herstellung dieses Schönen vermissen lässt. Man könnte also sagen, dass das Erforschen der ›Bedingung der Möglichkeit der Beurteilung und Wahrnehmung des Schönen‹ zwangsläufig zu einer rein subjektiven Kategorie führen muss, die dementsprechend rezeptionsästhetisch hergeleitet wird; dem theoretischen Philosoph Kant bleibt nichts anderes übrig, als von den allgemein menschlichen Erkenntnisvermögen her zu argumentieren, während Schiller, der eigentlich Künstler, also Hersteller solches Schönen ist – wenn man vielleicht von der Tragödie als solcher absieht –, ein sehr viel größeres Interesse daran hat, *wie* man derlei hervorbringt.

Schiller seinerseits begnügt sich zunächst mit dem bei Kant vorgefundenen begrifflichen Material, ohne sich gleichermaßen mit dem kantischen Ergebnis abzufinden. Obwohl Schiller alles das reflektiert, was ihm an Kants Argumentation missbehagt, geht er mit keiner Zeile auf den unterschiedlichen Ansatz ein. Aber es ist wiederum nur wenig überraschend, dass Schiller eine Objektivierung vorschwebt, immerhin geht er aus von den im Klassizismus ausgebildeten Kunstnormen, einerseits der Autonomie, wie sie gerade Karl Philipp Moritz theoretisch vorbereitet hat,[481] und zum anderen von dem Glauben an einen objektiven Grund des Schönen, eines Schönen, das sich jenseits reinen Subjektivismus' am Kunstwerk in Form idealisierter Wirklichkeit finden lasse,[482] wie dies bereits Winckelmann in einer seiner berühmtesten Passagen vorgebildet hat: »Das allgemeine vorzügliche Kennzeichen der Griechischen Meisterstücke ist endlich eine edle Einfalt, und eine stille Grösse, so wohl in der Stellung als im Ausdruck.«[483] Diese Wendung selbst greift Schiller auf, nachzulesen im Abschnitt der Vorlesungsnachschrift unter der Überschrift »*Über die objektiven Bedingungen der Schönheit*«:[484] »Die Basis aller Schönheit ist *Simplizität*; aber nicht alle Simplizität ist Schönheit.«[485] (Im selben Absatz begegnet übrigens bereits der Satz: »Schönheit ist Freiheit in der Erscheinung.«[486] Mit anderen Worten: dieser Satz findet sich hier noch unangezweifelt im Kapitel, in dem die Objektivierung des Schönen versprochen wird, noch vor den sich umgehend einstellenden Zweifeln.) Mir scheint daher, dass eine Interpretation, die sich gewaltsam an einer versuchten Objektivität des Kunstschönen versucht, nur um das Scheitern festzustellen, an der Sache vorbeigeht. Bedenkt man Schillers eigene Zweifel, nimmt es nicht Wunder, dass er dieses Vorhaben stillschweigend aus dem Blick seines Lesers gleiten lässt, um stattdessen einmal mehr einen dualistischen Ansatz zu erneuern, wenngleich das Objektive immer wieder aufscheint, so zum Beispiel in *Über Anmut und Würde*, indem Schiller erneut das Schöne in Vernunftnähe (und damit in die Nähe objektiver Begriffe) bringt.[487] Man wird Schiller jedenfalls deutlich eher gerecht, wenn man das dualistische System, dargestellt in den beiden Begriffen ›Freiheit‹ und ›Erscheinung‹, aufschließt.

---

[481] Vgl. Moritz, Karl Philipp: Über den Begriff des in sich selbst Vollendeten. In: Ders.: Werke. 3 Bde. Hrsg. v. Horst Günther. Frankfurt a. M. ²1993 (zuerst 1981). Hier Bd. 2: Reisen. Schriften zur Kunst und Mythologie. S. 543-548.

[482] Vgl. Alt: Schiller. Bd. 2. S. 37, 41.

[483] Winckelmann: Gedancken. S. 30.

[484] Schiller: Nachschrift. HA V. S. 1035.

[485] Ebd. S. 1037.

[486] Ebd.

[487] Vgl. Schiller: Über Anmut und Würde. HA V. S. 441f.

Wendet man sich dem Begriff der ›Freiheit‹ zu, stellt sich die Frage, inwieweit sich der Freiheitsbegriff bei Schiller von jener impliziten ›Freiheit‹ unterscheidet, oder sich beide auch ähneln, wie man bei Kants Wendung von der ›Zweckmäßigkeit ohne Vorstellung eines Zweckes‹ durchaus unterstellen darf. Denn dadurch, dass die Vorstellung keinen Zweck beinhalte, definiert sich diese Freiheit ex negativo. Nach der Erläuterung des Schönen nach dem dritten Moment[488] ist die »Form der Zweckmäßigkeit«[489] das wichtigere Element der Bestimmung, die durch das »sofern« des zweiten Halbsatzes lediglich eingeschränkt wird. Mithin ist die formale Zweckmäßigkeit nur dann schön, wenn sie ›frei‹ von realen Zwecken ist; Kant spricht nicht von einer ›Freiheit zu etwas‹ (wie einer freien Handlung), sondern von einer ›Freiheit von etwas‹.

Die ›Freiheit‹, von der bei Schiller die Rede ist, ist nicht selbstverständlich die oben zitierte Kunstautonomie, die sich von Moritz' Theorie des ›in sich selbst Vollendeten‹ herleiten lässt. Diese Theorie will zunächst nichts weiter (auch wenn es sich dabei – kunsttheoretisch – um einen eminenten Schritt handelt), als die Freiheit des Kunstwerks von vorgängigen Intentionen zu postulieren. Das heißt, diese Freiheit ist der ›Zweckfreiheit‹, wie sie Kant formuliert hat, noch am ähnlichsten. Schiller jedoch geht deutlich darüber hinaus: Indem er den Bereich des Schönen mit dem der praktischen Vernunft verbindet,[490] also das Schöne moralisiert, da das schöne Objekt so ›scheinen‹ solle, als ob es die sittliche Handlungsfreiheit selbst besitze und nicht nur vom Betrachtersubjekt geliehen bekomme,[491] postuliert Schiller eine ›Zweckfreiheit‹ des Schönen, wie sie in Kants Bestimmung nach dem dritten Moment, der Relation der Zwecke, formuliert worden ist,[492] und verbindet sie doch gleich wieder mit einem Zweck, der allerdings nur in der ›Erscheinung‹ des Objektes liegt, nicht im Objekt selbst.

Die Gefahr, die man sehen könnte, liegt darin, dass das Konzept der Kunstautonomie aufgehoben wird; immerhin wird erneut etwas in das Kunstwerk hineinprojiziert. Bedenkt man jedoch zugleich das vorherrschende anthropologische Denken Schillers und seine Verstörung angesichts der Ausweisung des Menschen aus dem Bereich des Schönen,[493] so lässt sich Folgendes erwidern: Indem die Kunst sich dem Menschen zuwendet, sei es in Form der bildenden Kunst, deren Höhepunkt – zumindest nach Meinung der führenden klassizistischen Denker wie Winckelmann,[494] Goethe und andere des Weimarer Kreises – die Menschenplastik darstellt, sei es in Form des Dramas, wobei hier Schiller selbst reüssiert, sowohl in der frühen als auch in der späteren, im engeren Sinn ›klassischen‹ Dramatik, die Kunst sich somit dem einzigen Naturwesen zuwendet, das als einziges wahrhaft frei in seinen Ent-

---

[488] Vgl. Kant: KdU. § 17. S. 155.
[489] Ebd.
[490] Vgl. Schiller: Kallias-Briefe. HA V. S. 398-400.
[491] Vgl. ebd. S. 400.
[492] Vgl. Kant: KdU. § 17. S. 155.
[493] Vgl. Schiller: Kallias-Briefe. HA V. S. 395. Brief v. 25.1.1793.
[494] Vgl. zu diesem Alt: Schiller. Bd. 2. S. 45f.

scheidungen und Handlungen ist,[495] und indem das Schöne genau diese moralische ›Freiheit in der Erscheinung‹ verlangt, besitzt sie auch weiterhin Autonomie im – eingeschränkteren – Sinne Moritz'. Zugleich scheint mir, dass Schiller bereits an diesen frühen Stellen seiner Briefe die Wendung in die Produktionsästhetik vorbereitet, denn dem Künstler verbleibt schlichtweg die volle Handlungsautonomie als einem so gedachten ›freien‹ Menschen. Daher ließe sich auch sagen, dass das Kunstschöne, also die wahrgenommene Freiheit, direkt aus dem Künstlersubjekt in das Kunstobjekt fließt. Deshalb wäre das Kunstwerk vor allem anderen das Medium, in dem das Betrachtersubjekt die (moralische) Freiheit des Künstlersubjekts erblicken kann, über den notwendigen Umweg, das Objekt vor sich als ein schönes zu empfinden. Somit wird das Kunstwerk zu einem Medium dieser Freiheit; obwohl das Kunstwerk diese Freiheit selbst nicht auszudrücken vermag,[496] bleibt die »*Freiheitähnlichkeit*« die in ihm aufscheint.[497]

Man sieht hier also bereits, was die späteren ästhetischen Schriften Schillers durchziehen wird: die Anthropologie. Schiller übernimmt von Kant den Gedanken der Selbstsetzung der Naturwesen, also die sogenannte »Heautonomie«,[498] die gerade dem Menschen als intelligiblem Wesen zukommt, die man nach heutigem biologischen Sprachgebrauch am besten mit dem »›autopoietischen‹ Naturbegriff«[499] bezeichnet, ohne die Naturhaftigkeit des Menschen zu vergessen. Darum rückt das Ethos derart in den Blick Schillers.

Auf der anderen Seite liegt dies ebenso daran, dass in den *Kallias*-Briefen bereits der Dramentheoretiker spricht, denn sämtliche ästhetiktheoretischen Schriften der 1790er Jahre sind mit dem Blick des Theaterpraktikers verfasst, wie die deutliche Einbeziehung der Anthropologie und der damit im Zusammenhang stehenden Theorie des Erhabenen aufzeigt.[500] Die anthropologisch und ethisch aufgeladene Vorstellung von Freiheit, die mit dem Kunstobjekt einhergeht, wird also künftig leitend sein, denn über diese genannten Voraussetzungen wird das Schöne mit dem Erhabenen verknüpft werden, womit einmal mehr ein Dualismus eröffnet wird, wie das Denken, das sich in Schillers ästhetischen Schriften offenbart, überhaupt ein stark dualistisches ist.[501] Zugleich münden beide Vorstellungen direkt

---

[495] Vgl. Schiller: Kallias-Briefe. HA V. S. 399f. Brief v. 25.1.1793. Hier ist von der ›reinen Selbstbestimmung eines Vernunftwesens‹ die Rede, wobei ausschließlich die Vernunft des Menschen zur ›intelligiblen Welt‹ zu rechnen sei. Vgl. auch Kommentar. Ebd. S. 1202. Darüber hinaus vgl. Kant: KdU. § 17. S. 149ff. Bes. S. 151, wo dem Menschen als einzigem Wesen die Fähigkeit zugesprochen wird, sich »durch Vernunft seine Zwecke selbst [zu] bestimmen«.

[496] Vgl. Schiller: Kallias-Briefe. HA V. S. 400. Brief v. 8.2.1793.

[497] Daher ist es nur verständlich und nachvollziehbar, wenn Robert in seinem Aufsatz eine künftige Mediologie in Schillers Ästhetik einfordert. Vgl. Robert: Schein und Erscheinung. S. 173. Fußnote 87. Vgl. daher: Robert, Jörg: Vor der Klassik. Die Ästhetik Schillers zwischen Karlsschule und Kant-Rezeption. Berlin, Boston 2011. (= Quellen und Forschungen zur Literatur- und Kulturgeschichte. Bd. 72). Hier besonders das VII. Kapitel. S. 353ff.

[498] Schiller: Kallias-Briefe. HA V. S. 416. Brief v. 23.2.1793. Vgl. den gesamten Abschnitt über das ›Voninnenbestimmtsein‹ (ebd. S. 410) bzw. das ›Nichtvonaußenbestimmtsein‹ (ebd. S. 409): Ebd. S. 409-417. Vgl. auch ebd. Hier: Kommentar. S. 1203.

[499] Riedel: Die anthropologische Wende. S. 5.

[500] Vgl. Robert: Schein und Erscheinung. S. 161. Darüber hinaus zu den tragödientheoretischen Schriften (denjenigen über das ›Pathetisch-Erhabene‹) der 1790er Jahre: Alt: Schiller. Bd. 2. S. 85-99. Bes. S. 90ff.

[501] Das dualistische Vorgehen ist besonders deutlich an den frühen philosophischen Schriften, die häufig Dialogform aufweisen, um damit antagonistische Meinungen zu veranschaulichen. Vgl. Riedel, Wolfgang: Schriften

in die Theaterpraxis, welche sich durch die Autonomie des Helden auf der Bühne in ›erhabenen Handlungen‹ ausweist, worin dieser also Freiheit in seinem Willen demonstrieren kann, auch und gerade wenn in seiner Person die »Macht des Sittengesetzes« »bedroht« sei.[502] Um diese Autonomie theoretisch zu gewährleisten, ist es für Schiller nötig gewesen, sich aus dem Schatten Kants zu lösen und den Freiheitsbegriff neu zu bestimmen und dadurch zu erweitern. In der vom philosophischen Lehrer abgespalteten Freiheitslehre ist es Schiller – völlig unabhängig von einer wie immer gearteten ›Objektivierung‹ des Schönen – möglich, »das Schöne als autonom zu denken, ohne es von der moralischen Welt zu trennen.«[503] Zu bemerken bleibt, dass es dennoch Kant selbst gewesen ist, der diesen Weg geöffnet hat, und es wird auch immer darauf hingewiesen, dass Schiller von dieser Maßgabe aus seine Theorie des Schönen entwickelt habe: Kants Bestimmung des Schönen als »Symbol des Sittlichguten« in § 59 der *Kritik der Urteilskraft*.[504] In diesem Abschnitt schon wird der anthropologische Mehrwert der Ästhetik vorbereitet, den aber erst Schiller einlösen wird, indem Kant schreibt, dass gerade dieses Symbolhafte des Schönen nicht nur Wohlgefallen auslösen könne, sondern »sich das Gemüt zugleich einer gewissen Veredlung und Erhebung über die bloße Empfänglichkeit einer Lust durch Sinneneindrücke bewusst«[505] werde. Hierin vermag man also die Quelle für das Zusammendenken des Schönen und des Erhabenen sehen, denn in der *Nachschrift* und in den *Kallias*-Briefen sind beide Seiten der Ästhetik noch miteinander verschränkt und werden erst später getrennt, um sie letztlich wieder zusammenzuführen.[506]

Betrachtet man nun den Begriff der ›Erscheinung‹ bei Schiller näher, so lässt sich nach dem Ursprung bei Kant fragen. Die Analogie liegt im Begriff der ›Form‹ der Zweckmäßigkeit, wie ihn Paragraph 11 der *Kritik der Urteilskraft* ausführt. Da die Zweckmäßigkeit, die dem zu betrachtenden Objekt zukommen soll, nicht anders als subjektiv sein könne und daher keinen realen Zweck enthalte, sei es bloß die »Form der Zweckmäßigkeit in der Vorstellung«,[507] die der Betrachter wahrnehme. In dieser Formulierung fällt einem die Ähnlichkeit zur ›Erscheinung‹ bei Schiller umgehend ins Auge. So wie die Natur »als Erscheinung«[508] angesehen wird, wird bei Kant die Form der Zweckmäßigkeit wahrgenommen.

---

zum Theater, zur bildenden Kunst und zur Philosophie vor 1790. In: Schiller-Handbuch. Hrsg. v. Hemut Koopmann. Stuttgart 1998. S. 560-574. Bes. S. 569-573. Hier S. 569.

[502] Koopmann, Helmut: Kleinere Schriften nach der Begegnung mit Kant. In: Schiller-Handbuch. Hrsg. v. Helmut Koopmann. Stuttgart 1998. S. 575-586. Hier S. 576. Vgl. zudem S. 577.

[503] Alt: Schiller. Bd. 2. S. 82.

[504] Kant: KdU. § 59. S. 294-299. Hier S. 297. Vgl. Alt: Schiller. Bd. 2. S. 83. Vgl. auch Robert: Schein und Erscheinung. S. 163.

[505] Kant: KdU. S. 297.

[506] Vgl. Robert: Schein und Erscheinung. S. 165. So dient gerade der Laokoon in der *Nachschrift*, im Abschnitt über die Objektivität des Schönen, als Beispiel für das ›schrecklich Schöne‹. Vgl. Schiller: Nachschrift. HA V. S. 1039. Wohingegen dieser in *Über Anmut und Würde* in den Bereich der ›Würde‹ verlagert wird (vgl. Schiller: Über Anmut und Würde. HA V. S. 476f.), beziehungsweise in der Schrift *Über das Pathetische* endgültig im Erhabenen verankert wird (vgl. Schiller, Friedrich: Über das Pathetische. In: HA V. S. 521-526).

[507] Kant: KdU. § 11. S. 136.

[508] Schiller: Kallias-Briefe. HA V. S. 395. Brief v. 8.2.1793.

Zu beachten bleibt immer die Doppelung des Begriffes ›Erscheinung‹. Denn er enthält einerseits einen ersten Sinnhorizont im Begreifen als »Phänomen«,[509] eben vorrangig als Erscheinung des sinnlichen Objekts, des realen Gegenstandes beziehungsweise des räumlich ausgedehnten Körpers, andererseits einen zweiten als »Schein«,[510] also als Vorstellung oder als – wollte man böswillig sein, beziehungsweise auf einen frühen Theaterausdruck zurückgreifen – Täuschung, Vorspiegelung.

Betrachtet man die Verwendung bei Kant als »Form der Zweckmäßigkeit«, so ist hier an die erste Möglichkeit zu denken, obwohl es – nach Kant – dezidiert um eine Vorstellung geht. Aber das Verstehen der ›Erscheinung‹ als räumliche Ausdehnung eines Körpers schließt sowohl das Bild einer strukturellen Geordnetheit als auch einer Abgrenzung, einer Finalität ein. – Gerade der Begriff der ›Finalität‹ scheint mir hier zu passen, denn er bedeutet nicht nur (End-)Zweck, sondern auch Begrenzung, sofern man das ursprüngliche lateinische Wort »finis« zu Grunde legt. – Mit dieser Bestimmung ist man sehr nahe an Kant, der immer auch, legt man vor allem die Naturteleologie als Maßstab an, an die ›Zweckmäßigkeit des Baus‹ des Naturdings denkt, welche sich analog genauso auf das Kunstobjekt erstrecken muss. Kant führt dies in Paragraph 45 aus: »Die Natur war schön, wenn sie zugleich als Kunst aussah; und die Kunst kann nur schön genannt werden, wenn wir uns bewußt sind, sie sei Kunst, und sie uns doch als Natur ansieht.«[511] Dennoch drängt sich eine weitere Vorstellung auf, die im Zusammenhang mit Kant vielleicht nicht sofort ersichtlich scheint: Der Theorie des »Contour« bei Winckelmann.[512] Hiermit drückt er den Primat der Umrisszeichnung vor der Farbmalerei aus. Innerhalb dieser Umrisslinie befindet sich alles Wesentliche für das Schöne: »Der edelste Contour vereiniget oder umschreibet alle Theile der schönsten Natur und der Idealischen Schönheiten in den Figuren der Griechen; oder er ist vielmehr der höchste Begriff in beyden.«[513] Oder auch: »Die Linie, welche das Völlige der Natur von dem Ueberflüßigen derselben scheidet, ist sehr klein, […].«[514] – Winckelmann spricht hier von nichts anderem als der ›Einheit in der Mannigfaltigkeit‹. – Ausgehend von diesem ›Völligen der Natur‹ über die ›Zweckmäßigkeit des Baus‹ eines Naturdinges, ist man sogleich beim Limitativen der Zweckmäßigkeit der Erscheinung eines schönen Objektes in seiner ›Vollkommenheit‹ innerhalb der *vorgestellten* Zwecke, da das Schöne ja ohne reale Zwecke zu denken sei. Kant betont dies im Paragraph 15 (»Das Geschmacksurteil ist von dem Begriffe der Vollkommenheit gänzlich unabhängig«[515]) explizit, da Vollkommenheit immer mit einem objektiven Zweck einhergehe.[516] Wenn man daher also von der ›Vollkommenheit in den vorgestellten Zwecken‹ spreche, ist damit das Erfüllen der vorgestellten subjektiv-formalen Zweckmäßigkeit gemeint.

---

[509] Robert: Schein und Erscheinung. S. 161.
[510] Ebd.
[511] Kant: KdU. § 45. S. 241.
[512] Vgl. Winckelmann: Gedancken. Hier S. 25-27. Zitat S. 25. Man beachte auch die Winckelmannsche Zuordnung des männlichen grammatischen Geschlechts auf das Wort ›Kontur‹.
[513] Ebd. S. 25f.
[514] Ebd. S. 26.
[515] Kant: KdU. § 15. S. 142.
[516] Vgl. ebd. S. 142f.

Schiller seinerseits geht zunächst, wie oben dargestellt, ebenfalls von einem phänomeno-logischen Ausgangspunkt aus, indem er die Natur »als Erscheinung«[517] auffasst. Hier wird die Natur – und gleichsam das Kunstobjekt – als sinnlich-empirische Erscheinung erfasst. Man könnte also sagen, die Basis ist dieselbe wie bei Kant, jedoch geht Schiller – vergleich-bar zum Freiheitsbegriff – darüber deutlich hinaus. Schiller ist sich der semantischen Be-deutungsfülle des Wortes ›Erscheinung‹ offenkundig bewusster als es Kant gewesen ist und nutzt diese aus.[518] Somit wird einmal mehr ein dualistischer Ansatz in den Ausführungen Schillers ersichtlich. Robert spricht in diesem Zusammenhang auch von einem ›Changieren zwischen den Bedeutungspolen‹ des Begriffs.[519] Denn die Erweiterung, die Schiller in die-sem Falle vollzieht, verknüpft den phänomenologischen Erscheinungsbegriff mit dem Scheinbegriff. Durch die Verbindung des Schönen mit dem moralisch guten Handeln wird im Schönen etwas ausgedrückt, wie auch Schiller selbst an betreffender Stelle konstatiert, das eigentlich nicht sinnlich darstellbar ist:[520] Das Übersinnliche des Ethischen, das Erha-bene der freien Handlung lässt sich nur symbolisch, man vergleiche Kants Ausführungen in Paragraph 45, ausdrücken. Mit anderen Worten, das schöne Objekt erscheint nicht nur zweckmäßig, es *scheint* auch frei und der intelligiblen Welt zugehörig. Insofern eröffnet Schiller an dieser Stelle seiner Theorie des Schönen eine weitere metaphorische Ebene,[521] das heißt eine weitere Als-ob-Beziehung. Nicht nur wird explizit von einer »Freiheitähn-lichkeit«[522] gesprochen, über den Scheinbegriff fließt gewissermaßen ein ›inneres Sehen‹, das quasi-metaphysische Sehen eines hinter dem realen Objekt existierenden Bezugrah-mens ein, welchen der Betrachter dennoch wieder in sich selbst entdeckt, das »Gesetz der Freiheit«,[523] das Sittengesetz der Moralethik.[524] Hierdurch werden bei Schiller ›Freiheit‹ und ›Erscheinung‹ zusammengebunden und sozusagen metaphorisiert. Zumindest aber werden beide Begriffe polarisiert, verdoppelt, und durch die Art und Weise der theoretisch-argu-mentativen Behandlung bei Schiller in ›Schwingung‹ versetzt, was nicht zuletzt zu jenem ›Dammbruch‹ führt, der in die so vielfältigen und gleichermaßen ähnlichen ästhetischen Schriften mündet. In jener Sprachbewusstheit, die Schiller so ungemein auszeichnet, ist das Doppelbödige aufgehoben, das sich fruchtbar auf sein Philosophieren auswirkt, was ihn zu-gleich, gemäß der Muster, die er in seiner philosphisch-anthropologischen Ausbildung bei Abel gelernt hat, exoterisch und eklektisch verfahren und dadurch für etliche andere Fach-philosophen seiner Zeit so unsystematisch wirken lässt.[525]

Resümierend lässt sich sagen, dass Schiller das Konzept Kants von der ›formalen Zweck-mäßigkeit ohne Zwecke‹ aufgenommen, sich anverwandelt und daraus eine eigene Katego-rie gemacht hat, die ›Freiheit in der Erscheinung‹. Zumindest aber hat er einen relativ ein-

---

[517] Schiller: Kallias-Briefe. HA V. S. 395. Brief v. 8.2.1793.

[518] Vgl. Robert: Schein und Erscheinung. S. 161.

[519] Vgl. ebd.

[520] Vgl. Schiller: Kallias-Briefe. HA V. S. 400. Brief v. 8.2.1793.

[521] Vgl. Robert: Schein und Erscheinung. S. 162-164. Kapitel 2. Metapher.

[522] Schiller: Kallias-Briefe. HA V. S. 400. Brief v. 8.2.1793.

[523] Kant: KdU. Erste Einleitung. S. 15.

[524] Robert spricht an betreffender Stelle seines Aufsatzes von den zwei »rhetorische[n] Figuren: der Metapher und der *Enargeia/evidentia*.« In: Ders.: Schein und Erscheinung. S. 163.

[525] Vgl. wegen der Begriffe: Riedel: Popularphilosophische Tradition. S. 156f. Mit Blick auf den Unterricht bei Abel: Vgl. Abel/Riedel: Quellenedition. Hier: Kommentar. S. 421ff.

dimensionalen Begriff (ohne dies pejorativ zu meinen) zu einem mehrdimensionalen erweitert, um sich so die semantische Polyvalenz nutzbar machen zu können.

2.3.2 Kants ›interesseloses Wohlgefallen‹ und Schillers ›ästhetischer Zustand‹

Wie an der Zwischenüberschrift zu sehen ist, geht es erneut um eine Bestimmung des Schönen nach Kant. Ebenso ist bekannt, dass der ›ästhetische Zustand‹ eine schillersche Bestimmung aus der *Ästhetischen Erziehung* ist[526] – und somit nochmals zwei Jahre vergangen sind, seit Schiller an seinem *Kallias*-Briefwechsel mit Körner gearbeitet hat. Daher ist es signifikant, wie nun, 1795, die schillersche Anverwandlung arbeitet; einerseits funktional analog, andererseits jedoch lässt sich erkennen, dass diesem Begriff verschiedene ›Probe‹-Stadien vorausgegangen sind. Dieses wiederum untermauert, dass die ästhetischen Schriften Schillers als ein mehrjähriger Werkfluss anzusehen sind – eben ein ›work in progress‹ –, so dass man die Übergänge nicht nur wahrnehmen kann, sondern sie wahrnehmen muss, um die jeweilige Schrift zu verstehen.

2.3.2.1 Kant und dessen erste Bestimmung des Schönen

Wie oben bereits ausgeführt, besteht Kants Bestimmung des Schönen aus zwei Hauptteilen, einmal dem, worin er, nach dem ersten Moment des Geschmacksurteils nach der Qualität, feststellt: »G e s c h m a c k ist das Beurteilungsvermögen eines Gegenstandes oder einer Vorstellungsart durch ein Wohlgefallen, oder Mißfallen, o h n e a l l e s I n t e r e s s e. Der Gegenstand eines solchen Wohlgefallens heißt s c h ö n.«[527] Im anderen Fall handelt es sich um die Definition nach dem dritten Moment des Geschmacksurteils nach der Relation der Zwecke: Hiernach ist Schönheit »Form der Zweckmäßigkeit eines Gegenstandes, sofern sie, ohne Vorstellung eines Zwecks, an ihm wahrgenommen wird.«[528] Da sich die Ausführungen des Vorkapitels bereits mit der zweiten Setzung befasst haben, ist es nun notwendig, sich die Herleitung der ersten näher anzusehen.

Da das Hauptargument der ersten Definition die ›Interesselosigkeit‹ des Geschmacksurteils darstellt, ist ein Blick auf das Interesse überhaupt relevant:

> Interesse wird das Wohlgefallen genannt, was wir mit der Vorstellung der Existenz eines Gegenstandes verbinden. Ein solches hat daher immer zugleich Beziehung auf das Begehrungsvermögen, entweder als Bestimmungsgrund desselben, oder doch als mit dem Bestimmungsgrunde desselben notwendig zusammenhängend.[529]

Diese Ausführung ist insofern interessant, als Kant damit aussagt, dass alles, was irgendein Wohlgefallen auf sich zieht, mit einem Interesse verbunden sei, da dieses Interesse »not-

---

[526] Schiller, Friedrich: Über die ästhetische Erziehung des Menschen in einer Reihe von Briefen. In: HA V. S. 570-669. (Künftig zitiert als: Schiller: Ästhetische Erziehung. HA V.)
[527] Kant: KdU. § 5. S. 124.
[528] Ebd. § 17. S. 155.
[529] Ebd. § 2. S. 116.

wendig« mit der Vorstellung jenes Dinges zusammenhänge. Um zugleich aber die Notwendigkeit eines *interesse-losen* Wohlgefallens aufzuzeigen, geht Kant mithilfe von Beispielen vor: Er stellt dem Leser eine Gesprächssituation vor Augen,[530] worin ›er‹ gefragt werde, ob er den »Palast«, vor dem er stehe, schön finde.[531] Um dieses zu beantworten, könne er auf verschiedene Gesichtspunkte Rücksicht nehmen,[532] aber:

> Man kann mir alles dieses einräumen und gutheißen; nur davon ist jetzt nicht die Rede. Man will nur wissen, ob die bloße Vorstellung des Gegenstandes in mir mit Wohlgefallen begleitet sei, so gleichgültig ich auch immer in Ansehung der Existenz des Gegenstandes dieser Vorstellung sein mag.[533]

Hierin wird, unabhängig vom Postulat der Subjektivität aus dem Paragraph 1,[534] das Primat des inneren Empfindens vorgelegt, indem Kant dem Fragenden unterstellt, dieser sei lediglich daran interessiert, ob die »bloße Vorstellung des Gegenstandes« in ihm »mit Wohlgefallen begleitet sei«. Mithin setzt Kant bereits ein recht abstraktes Interesse voraus, wenn er davon spricht, dass jemand von einem Wohlgefallen an einer »Vorstellung« wissen wolle.

Wiederum ausgehend von der kommunikativen Übereinstimmung zwischen den Menschen, kann Kant die prinzipielle Zustimmung Jedermanns formulieren:

> Ein jeder muß eingestehen, daß dasjenige Urteil über Schönheit, worin sich das mindeste Interesse mengt, sehr parteilich und kein reines Geschmacksurteil sei. Man muß nicht im mindesten für die Existenz der Sache eingenommen, sondern in diesem Betracht ganz gleichgültig sein, um in Sachen des Geschmacks den Richter zu spielen.[535]

Um sein Postulat eines interesselosen Wohlgefallens zu beweisen, unternimmt Kant sozusagen eine Gegenüberstellung seines intendierten freien mit zwei ›interessierten Wohlgefallen‹. So formulieren schon die Titel der beiden folgenden Paragraphen, nach denen Kant das Wohlgefallen am Angenehmen, was dasjenige ist, »was den S i n n e n i n d e r E m p f i n d u n g gefällt«,[536] und am Guten, was dasjenige ist, »was vermittelst der Vernunft, durch den bloßen Begriff, gefällt«,[537] als ein interessiertes Wohlgefallen begreift.[538] (Wobei Kant das Gute differenziert als das einerseits Nützliche, andererseits als das an sich Gute.[539]) An den Formulierungen Kants, welche sowohl das Angenehme als auch das Gute näher erläutern, ist erkenntlich, welche ›Interessen‹ einem reinen Wohlgefallen entgegenstehen: Aufgrund des sinnlichen Interesses am Angenehmen – wohinein letztlich auch das Reizende zu zählen ist – wird das ›Interesse des Begehrens‹ geweckt, das Angenehme wird damit direkt auf das

---

[530] Am Ende ließe sich diese Vorstellung eines Gesprächs über das Schöne als Kern- oder Keimzelle seines Gedankens über die Mitteilbarkeit verstehen, und damit über seine Vorstellung des Gemeinsinns, wie er sie in den §§ 9, 20-22 ausbreitet. Vgl. Ebd. S. 131-134, 157-160.
[531] Ebd. § 2. S. 116.
[532] Vgl. ebd. S. 116f.
[533] Ebd. S. 117.
[534] Ebd. § 1. S. 115.
[535] Ebd. § 2. S. 117.
[536] Ebd. § 3. S. 117.
[537] Ebd. § 4. S. 119.
[538] Vgl. ebd. S. 117-122.
[539] Vgl. § 4. S. 119f.

Subjekt bezogen.[540] Das Gute hingegen gefällt durch eine Vermittlung von Vernunftbegriffen. In diesen liegen aber immer auch ›Begriffe eines Zweckes‹,[541] so dass es im Beurteilungsfall auf ein ›verstandesmäßiges Gefallen‹ sowie dem Interesse an der moralischen Nachahmung hinauslaufe. Um die Unabhängigkeit von Verstandes- und Vernunftzwecken zu demonstrieren, werden an dieser Stelle dieselben Beispiele eingeführt, die Kant im Paragraph 16 dazu dienen werden, die Unterschiede einer freien und einer adhärierenden Schönheit zu kennzeichnen:

> Blumen, freie Zeichnungen, ohne Absicht in einander geschlungene Züge unter dem Namen des Laubwerks, bedeuten nichts, hängen von keinem bestimmten Begriffe ab, und gefallen doch.[542]

In Abgrenzung dieser beiden ›interessierten Wohlgefallen‹ hebt Kant das Schöne und das es betreffende Geschmacksurteil als ein »kontemplatives« hervor, welches aber nichts anderes meint als das, was die Einleitung ein ›Reflexionsurteil‹ genannt hat:

> Daher ist das Geschmacksurteil bloß kontemplativ, d. i. ein Urteil, welches, indifferent in Ansehung des Daseins eines Gegenstandes, nur seine Beschaffenheit mit dem Gefühl der Lust und Unlust zusammenhält.[543]

Kant schlussfolgert aus diesen Abgrenzungen, dass das Schöne allein aus einem reflektierenden Urteil resultiere, welches *ergebnisoffen* sei. Denn durch seine Unabhängigkeit vom Sinnlichen wie auch vom Vernünftigen basiert es weder auf einem Bedürfnis (ein ›Haben-Wollen‹ des Angenehmen) noch erweckt es ein solches (ein ›Nachahmen-Wollen‹ einer guten, moralischen Handlung).[544] Somit sei allein das Geschmacksurteil über das Schöne ein ›freies‹ Urteil; wobei die ›Freiheit‹ des Wohlgefallens von allem Interesse, wie oben schon zu sehen gewesen ist, eine Freiheit ›von etwas‹ ausdrückt. Kant sagt darüber hinaus nichts anderes, als dass dieses freie Wohlgefallen ein vorgängiger Akt sei: Er sei dem Geschmacksurteil vorgelagert, indem ein reines Urteil nur in diesem Zustand überhaupt erfolgen könne. Man solle allerdings den Zustand des interesselosen Wohlgefallens vom Urteil und auch dem Gefühl der Lust unterscheiden. Denn Paragraph 9 befasst sich mit der Frage, ob entweder das Gefühl oder das Geschmacksurteil als ein ›Vorher‹ zu betrachten sei. Nach Kants Meinung gehe das Urteil voraus.[545] Allerdings scheint es, dass der ›Zustand‹ des interesselosen Wohlgefallens, welches sich offenbar – so genau verdeutlicht das Kant nicht – einstellt, sobald das Betrachtersubjekt eine freie Schönheit vor sich habe, als Grundvoraussetzung des Urteils selbst angesehen werden muss. Immerhin wird dieser in Kants Ausführung auch chronologisch früher eingeführt; betrachtet man all die Wiederholungen, die bei der Lektüre dieser dritten *Kritik* auffallen, so muss man davon ausgehen, dass die Reihenfolge der

---

540   Vgl. § 3. S. 117-119. Bes. S. 119.
541   Vgl. § 4. S. 119.
542   Ebd. S. 120.
543   Ebd. § 5. S. 122.
544   Vgl. ebd. S. 123.
545   Allerdings nicht zwangsläufig als ein »zeitliches Vorher«, vielmehr denkt Kant an »Vorher im Sinne des Fundierenden und Begründenden.« Siehe: Trebels, Andreas Heinrich: Einbildungskraft und Spiel. Untersuchungen zur Kantischen Ästhetik. Bonn 1967. (Kantstudien. Ergänzungshefte. Bd. 93). Hier S. 58.

Paragraphen keine unwillkürliche ist. Hervorzuheben bleibt also die ›Freiheit‹ des Wohlgefallens als Zustand und als Voraussetzung des Urteils über das Schöne.[546]

2.3.2.2 Schiller und der ›ästhetische Zustand‹

Das, was Schiller mit dem Begriff des ›ästhetischen Zustands‹[547] bezeichnet, ein harmonisierter Zustand, in dem weder Physis noch Psyche überwiegen,[548] wird nicht ganz so unvermittelt eingeführt wie Kants Begriff des ›interesselosen Wohlgefallens‹. Wie man sieht, gehen dieser Ausführung 19 andere Briefe voraus; man muss bei Schiller von einem langsamen Herantasten an diese Stelle sprechen. Man kann die gesamte Schrift in drei Teile
aufteilen, so wie sie ursprünglich in Schillers Zeitschrift *Die Horen* tatsächlich erschienen
ist: im ersten Abschnitt wird die geschichtlich-soziale Grundthematik der Schrift angeschla-
gen, der zweite Abschnitt befasst sich mit einer anthropologischen Erläuterung der menschlichen Grundtriebe und der letzte Abschnitt beleuchtet endlich den ästhetischen Zustand.[549]

Besonders interessant an dieser sehr umfangreichen ästhetischen Schrift ist der histo-
risch-soziale Hintergrund, den sie aufzeigt: Der ›ästhetische Zustand‹ wird nicht allein aus
dem Zustand des gegenwärtigen Menschen entwickelt, Schiller legt die seit der Mitte des
Jahrhunderts gebräuchliche Triade des Geschichtsdenkens zu Grunde, das heißt eine doppelte Tiefenwirkung, eine in die Vergangenheit, eine in die Zukunft. Da somit der ›ästhetische Zustand‹ zu einem Zwischenschritt in der menschlichen Entwicklung wird, deren
Ende letztlich nicht abzusehen ist, befasst sich Schiller ausführlicher mit der Vergangenheit,
besonders augenfällig im 6. Brief.

Wie oben gesagt, beschreibt der ›ästhetische Zustand‹ eine Harmonisierung. Mit anderen Worten: Die Harmonie in der menschlichen Gesellschaft muss zuvor verloren worden
sein, wobei der Verlust offenkundig schleichend vonstattengegangen ist, da Schiller von
»Verwundrung«[550] spricht, die »uns« überkommen müsse, wenn man die damalige Zeit vergleiche mit der »ehemaligen, besonders der griechischen.«[551] Geht man von dem herrschenden klassizistischen Paradigma aus, nimmt es kaum Wunder, dass Schiller sich auf die antiken Griechen bezieht, es mag aber doch erstaunen, wie offenkundig, aber implizit, er dabei
Winckelmannsche Positionen anzitiert, indem er noch im selben Absatz sagt:

> Die Griechen beschämen uns nicht bloß durch eine Simplizität, die unserm Zeitalter
> fremd ist; sie sind zugleich unsere Nebenbuhler, ja oft unsre Muster in den nämlichen
> Vorzügen, mit denen wir uns über die Naturwidrigkeit unsrer Sitten zu trösten pfle-
> gen.[552]

---

[546]   Vgl. hierzu auch die Formulierung bei Trebels: Einbildungskraft und Spiel: »Kant geht davon aus, daß das
        Wohlgefallen sich als ein freies Wohlgefallen ausweist, frei von Interesse und frei von Neigungen, mithin frei
        von allen ›Privatbedingungen‹.« S. 57.
[547]   Vgl. Schiller: Ästhetische Erziehung. HA V. S. 633. 20. Brief.
[548]   Vgl. ebd.
[549]   Vgl. Alt: Schiller. Bd. 2. S. 129.
[550]   Schiller: Ästhetische Erziehung. HA V. S. 582. 6. Brief. Vgl. ebd. S. 581f.
[551]   Ebd.
[552]   Ebd.

Diese Stelle bezieht sich eindeutig auf zwei der berühmtesten Sätze Winckelmanns, erstens den Satz, der noch zur Exposition der *Gedancken* zu rechnen ist, der in nicht untypischer Winckelmannscher paradoxaler Diktion sagt: »Der eintzige Weg für uns, groß, ja, wenn es möglich ist, unnachahmlich zu werden, ist die Nachahmung der Alten, […], sonderlich der Griechen.«[553] – Das Paradoxon liegt gerade darin, durch Nachahmung Unnachahmlichkeit erreichen zu wollen. – Zweitens auf den der »edlen Einfalt« und »stille[n] Grösse«:[554] Es ist augenfällig, dass Schiller mit der Anrufung der idealisierten Vorstellung Winckelmanns der alten Griechen das Bild eines Idealzustandes in der Einbildungskraft seines Lesers evozieren will, damit der von ihm beabsichtigte Abstieg in die Vereinzelung der Moderne umso eindrucksvoller wirke. Denn

> [d]amals, bei jenem schönen Erwachen der Geisteskräfte, hatten die Sinne und der Geist noch kein strenge geschiedenes Eigentum; denn noch hatte kein Zwiespalt sie gereizt, miteinander feindselig abzuteilen und ihre Markung zu bestimmen.[555]

In der Antike herrsche – in anthropologischer Hinsicht – noch der ›Ganze Mensch‹, jeder hat noch alles bei sich selbst, besonders aber ein »einzelne[s] konkrete[s] Leben«.[556] Heutigentags müsse man stattdessen »von Individuum zu Individuum herumfragen«, »um die Totalität der Gattung zusammenzulesen.«[557]

Das aber, was Schiller auszeichnet, das, was ihn wieder von seinen Lehrern trennt, in diesem Fall Winckelmann, ist ein Weiterdenken, ein Darüberhinausdenken über den früher formulierten Status Quo der Griechenidealität. So verkenne er weder die Vorzüge der heutigen Zeit,[558] noch wolle er das Rad zurückdrehen:

> Gerne will ich Ihnen eingestehen, daß, so wenig es auch den Individuen bei dieser Zerstückelung ihres Wesens wohl werden kann, doch die Gattung auf keine andere Art hätte Fortschritte machen können. Die Erscheinung der griechischen Menschheit war unstreitig ein Maximum, das auf dieser Stufe weder verharren noch höher steigen konnte.[559]

Beachtenswert sind an dieser Stelle drei Dinge: Erstens differenziert Schiller hier wohlweislich die phylogenetische Entwicklung von der ontogenetischen, die nach diesem Vorstellungsmodell nicht anders als getrennt voneinander voranschreiten kann. Zweitens beruft sich Schiller durch die Verwendung des Begriffs ›Stufe‹ auf ein historisches Stufenmodell, welches man einerseits in der oben beschriebenen Geschichtstriade sehen kann, aber auch in einer feiner unterteilten Abstufung, denn drittens stärkt er das »Nicht verharren«,[560] indem er es direkt im Anschluss an das längere Zitat noch einmal wiederholt und damit die ›Entwicklung‹ der Geschichte (als Phylogenese) wie des Individuums in seinem persönlichen Leben betont.

---

[553] Winckelmann: Gedancken. S. 14.
[554] Ebd. S. 30.
[555] Schiller: Ästhetische Erziehung. HA V. S. 582. 6. Brief.
[556] Ebd. S. 585.
[557] Ebd. S. 582.
[558] Vgl. ebd. S. 583.
[559] Ebd. S. 586.
[560] Ebd.

Bedenkt man dieses alles, kann man vielleicht erahnen, welchen Aufwand Schiller betreibt, wenn er eine Strategie zu entwickeln sucht, wie jeder einzelne Mensch wieder zur »Harmonie seines Wesens«[561] gelangen könnte. Diese Strategie bezieht das Schöne ein, denn gerade die Schönheit sei es, »durch welche man zu der Freiheit wandert.«[562] Um nun aber zu einer Theorie des ästhetischen Zustandes zu gelangen, muss sich Schiller zunächst mit der menschlichen Triebstruktur (allerdings philosophisch gesehen, nicht als medizinisch-philosophisches Mischprodukt wie noch zu Zeiten seiner ersten und dritten Dissertation an der Karlsschule; gleichwohl muss man festhalten, dass diese explizite Vorlagen für das Unterfangen der *Ästhetischen Erziehung* darstellen) näher auseinandersetzen.

Aus diesem Grund unternimmt Schiller eine Differenzierung innerhalb des Individuums:

> Sie [die Abstraktion; F.H.] unterscheidet in dem Menschen etwas, das bleibt, und etwas, das sich unaufhörlich verändert. Das Bleibende nennt sie seine Person, das Wechselnde seinen Zustand.[563]

In diesem Konzept wird die Zwei-Naturen-Anthropologie wieder aufgerufen, die gewissermaßen in Reinform zum Tragen kommt. Allerdings wird sie selbst wiederum abgewandelt, indem der Mensch nicht nur als Leib-Seele-Dualität gefasst wird, sondern mit zwei Polen ausgestattet, zwischen denen er sich bewegt, von denen jedoch einer von vornherein Ruhe darstellt, während der andere Dynamik ausmacht. In dieser Hinsicht wird das ›commercium‹-Problem, also inwiefern ein Austausch zwischen Leib und Seele zustande kommen könne, noch um eine weitere Stufe kompliziert.

Schiller differenziert jedoch weiter und bleibt nicht bei den einmal gefundenen Begriffen stehen, da es ihm vor allem um die Triebe des Menschen geht. So eröffnet er die Begrifflichkeit eines sinnlichen Triebes, oder anders gesagt »Stofftrieb«,[564] der von den Anlagen des Menschen ausgeht und diese erfüllen will, der damit an der »Erscheinung«[565] des Menschen als sinnlich-materielles Wesen arbeitet, wohingegen der zweite, ›vernünftige‹ Trieb, oder wiederum anders gesagt »*Formtrieb*«,[566] der alles Weltliche aufnimmt, sich über die Vernunft anverwandelt und Einheit erreichen soll.[567] Insofern bestimmen sich beide Triebe durch gegenläufige Wirkungsrichtungen: Der Stofftrieb wirkt von innen nach außen, der Formtrieb von außen nach innen. Das erstrebte Ziel ist das Erreichen der Einheit im Menschen. Zu befürchten wäre allenfalls eine Konfrontation der beiden Triebe, zumal ihre Richtungsvektoren (um diesen mathematischen Begriff zu gebrauchen, der hier aber treffend erscheint) gegenläufig sind. Schiller beruhigt seine Leser, indem er festhält: »Wahr ist es, ihre Tendenzen widersprechen sich, aber, was wohl zu bemerken ist, nicht in denselben Objekten, und was nicht aufeinandertrifft, kann nicht gegeneinanderstoßen.«[568]

---

[561] Ebd. S. 584.

[562] Ebd. S. 573. 2. Brief.

[563] Ebd. S. 601. 11. Brief.

[564] Ebd. S. 609. 13. Brief.

[565] Ebd. S. 603. 11. Brief.

[566] Ebd. S. 605. 12. Brief.

[567] Vgl. ebd. S. 603. 11. Brief. Vgl. auch Alt: Schiller. Bd. 2. S. 133.

[568] Schiller: Ästhetische Erziehung. HA V. S. 607. 13. Brief.

Diese Einheit könne außerdem nur dann erreicht werden, wenn keiner der beiden Triebe über den anderen triumphiert, denn durch den alternierenden Triumph des einen Triebes über den anderen bestünde die Gefahr der völligen Aufhebung des unterlegenen Triebes, womit die ohnehin herrschende Zersplitterung des Menschen nicht geheilt würde, sondern er zu einer negativ bestimmten ›Null‹: »In dem ersten Fall wird er nie *er selbst*, in dem zweiten wird er nie *etwas anders* sein; mithin eben darum in beiden Fällen *keines von beiden*, folglich – Null sein.«[569] Die Negativität dieses speziellen ›Null‹-Zustandes sollte man sich deshalb merken, da auch der ›ästhetische Zustand‹ als ein ›Null‹-Zustand eingerichtet sein wird, keineswegs aber als ein negativ konnotierter.

Wie nun beide Grundvoraussetzungen eine »Wechselwirkung«[570] finden, beschreibt Schiller über den Spielbegriff: Beide Triebe sollen miteinander kommunizieren in einem diese verbindenden dritten Trieb, den er den »Spieltrieb«[571] nennt und der den vollkommenen Ausgleich herbeiführen soll:

> Der sinnliche Trieb will bestimmt *werden*, er will sein Objekt empfangen; der Formtrieb will *selbst* bestimmen, er will sein Objekt hervorbringen: der Spieltrieb wird also bestrebt sein, so zu empfangen, wie er selbst hervorgebracht hätte, und so hervorzubringen, wie der Sinn zu empfangen trachtet.[572]

Diesem Spieltrieb als einer Mitte zwischen den beiden Trieben gehört das Schöne zu, denn es ist ebenso die Mittlerin zwischen dem Sinnlichen und dem Übersinnlichen.[573] Zu erreichen wäre mithin der »*mittlere[] Zustand*«,[574] den Schiller erst später als den ›ästhetischen‹[575] bezeichnet. Wenn beide Triebe ausgeglichen sind, wenn der Mensch also »vollständig«[576] ist, dann lässt sich von natürlicher »Freiheit«[577] sprechen, die der Mensch erreicht hat.

Schiller bezeichnet diesen ›ästhetischen Zustand‹ aber auch »*einen Schritt zurück*«,[578] weil er gerade *nicht* determiniert ist:

> Er [der Mensch; F.H.] muß also, um Leiden mit Selbsttätigkeit, um eine passive Bestimmung mit einer aktiven zu vertauschen, augenblicklich von aller Bestimmung frei sein und einen Zustand der bloßen Bestimmbarkeit durchlaufen.[579]

Dieser Zustand der »bloßen Bestimmbarkeit« zeichne sich durch völlige Leere aus, durch »eine gleiche Bestimmungslosigkeit und eine gleich unbegrenzte Bestimmbarkeit«,[580] die sich zugleich mit dem »größtmöglichen Gehalt«[581] verbinden solle, denn nur so könne etwas

---

[569] Ebd. S. 609.
[570] Ebd. S. 611. 14. Brief.
[571] Ebd. S. 612.
[572] Ebd. S. 613.
[573] Vgl. hier die Ausführungen oben zur ›Freiheit‹ und zur ›Erscheinung‹.
[574] Schiller: Ästhetische Briefe. HA V. S. 624. 18. Brief.
[575] Ebd. S. 633. 20. Brief.
[576] Ebd. S. 632.
[577] Ebd.
[578] Ebd.
[579] Ebd. S. 633.
[580] Ebd.
[581] Ebd.

Positives entstehen.[582] Somit lässt sich der ›mittlere Zustand‹ als ›ästhetischer‹ aufgefasst nur folgendermaßen ausdrücken:

> Das Gemüt geht also von der Empfindung zum Gedanken durch eine mittlere Stim-
> mung über, in welcher Sinnlichkeit und Vernunft *zugleich* tätig sind, eben deswegen
> aber ihre bestimmende Gewalt gegenseitig aufheben und durch eine Entgegenset-
> zung eine Negation bewirken.[583]

Mit dieser entgegengesetzten Aufhebung der Triebe, die im 20. Brief sozusagen als ›Inhalts-leere‹ beschrieben wird, ist nun die positive Wendung der zuvor als negativ eingeführten »Null« beschrieben: »In dem ästhetischen Zustande ist der Mensch also *Null*, […].«[584] Diese von Schiller postulierte Bestimmungslosigkeit muss als das Positive, als das »Unendliche«[585] an Vermögen betrachtet werden, was den Menschen eigentlich ausmachen soll, denn »es ist weiter nichts erreicht, als daß es ihm nunmehr von Natur wegen möglich gemacht ist, aus sich zu machen, was er will«.[586] Hier kommt nun wieder das Schöne ins Spiel, denn der ›ästhetische Zustand‹ ist es, diese »Gleichmütigkeit und Freiheit des Geistes, mit Kraft und Rüstigkeit verbunden«,[587] in den die Betrachtung eines Kunstwerkes den Menschen ent-lasse; das Kunstwerk ist der Auslöser für den Spieltrieb, der die Aufhebung der Determina-tion des Menschen hervorrufe, so dass nirgends wahrer als an dieser Stelle der Schillersche Ausspruch zutreffend ist: »Denn, um es endlich auf einmal herauszusagen, der Mensch spielt nur, wo er in voller Bedeutung des Worts Mensch ist, und *er ist nur da ganz Mensch, wo er spielt.*«[588]

Bedenkt man diese Definition des ›ästhetischen Zustandes‹ als bestimmungslos und in-haltsleer, um als Voraussetzung zu dienen, dass der Mensch sich frei entfalten und alle seine inneren Anlagen zur Geltung bringen könne, sieht man auch die Verbindung, die zum freien, interesselosen Wohlgefallen nach Kant besteht.

Vergleicht man beide Ansätze, so stellt man unweigerlich fest, dass sie in einem kaum über-sehbaren Ähnlichkeitsverhältnis zueinander stehen. Kant formuliert mit seinem ›interesse-losen Wohlgefallen‹ einen Freiheitsraum für den Menschen, in welchem ihm der Kunstge-nuss nicht nur offensteht, sondern in dem allein reiner Kunstgenuss möglich wird. Gleich-falls argumentiert Schiller mit seinem ›ästhetischen Zustand‹; auch hier wird ein »herr-schaftsfreie[r] Raum«[589] im Individuum gefordert (wie er dann insgesamt für den Staat gel-ten soll, aber – wie oben erwähnt – denkt Schiller ihn sowohl in onto- wie phylogenetischer Hinsicht[590]), in welchem das Schöne durch den Spieltrieb wirken soll. Allerdings stelle ich

---

[582] Vgl. ebd.
[583] Ebd.
[584] Ebd. S. 635. 21. Brief.
[585] Ebd. S. 636.
[586] Ebd. S. 635.
[587] Ebd. S. 638. 22. Brief.
[588] Ebd. S. 618. 15. Brief.
[589] Alt, Peter-André: Ästhetische Revolution, schwieriger Staat, ferne Nation. Schiller und die Politik. In: Würz-burger Schiller Vorträge 2005. Hrsg. v. Jörg Robert. Würzburg 2007. S. 27-45. Hier S. 36. (Künftig zitiert als: Alt: Ästhetische Revolution.)
[590] Vgl. ebd.

dieselbe strukturelle Abweichung fest, wie ich sie schon für das Verhältnis von ›formaler Zweckmäßigkeit ohne Zwecke‹ und der ›Freiheit in der Erscheinung‹ beschrieben habe: Kants ›interesseloses Wohlgefallen‹ denkt nur bis zu einer ›Freiheit von‹ allen ›Privatinteressen‹, wohingegen Schiller deutlich darüber hinaus denkt. Ihm geht es vielmehr um eine ›Freiheit für‹ etwas, wobei dieses Dafür in diesem Fall die Entfaltung des ›Ganzen Menschen‹ ist. Einmal mehr ist es der anthropologische Impetus, der Schiller – im Gegensatz zu Kants Erkenntnisinteresse – an der Vervollkommnung des Menschen arbeiten lässt, indem er diesem einen Ausweg aus seiner Vereinzelung, nicht intersozial, sondern intrapsychisch, anbietet.

Auffällig ist zudem die deutlich differierende Herleitung der unterschiedlichen Zustände: Kant führt seinen Begriff in der für ihn typischen deduktiven Methode als denknotwendig ein. Bereits die Überschrift von Paragraph 2 dekretiert förmlich: »Das Wohlgefallen, welches das Geschmacksurteil bestimmt, ist ohne alles Interesse.«[591] Dort wird dann ausgeführt, dass das Wohlgefallen interesselos sein *muss*, denn sonst wäre eine Beurteilung überhaupt nicht möglich, was er anhand der fiktiven Gesprächssituation erläutert.[592] Schiller hingegen betreibt einen sehr viel größeren Überzeugungsaufwand, indem er einerseits umfangreiche Zeitläufte einbezieht, wenn er, um gegenwärtige Phänomene zu beschreiben, auf die griechische Antike zurückgreift. Andererseits begibt sich der ehemalige Mediziner Schiller tief hinein in eine Theorie der Triebpsychologie – zumindest in der Auffassung seiner eigenen Zeit –, um nicht allein zwei gegenläufige Grundtriebe des Menschen festzustellen, sondern zusätzlich einen dritten, die beiden anderen vereinigenden, ›Spieltrieb‹ aufzurufen. Erst in diesem soll es gelingen, ›Stoff-‹ und ›Formtrieb‹ so zu bewegen, dass sich deren Begehren gegenseitig aufheben, um den ›ästhetischen Zustand‹ zu erreichen. Was Kant also einfach als gegeben voraussetzend einführt, erarbeitet sich Schiller mühsam und anthropologisch-psychologisch differenziert. Damit stellt der ›ästhetische Zustand‹ Schillers eine »Null-«Stufe[593] auf einer anderen Ebene dar. Vielleicht könnte man ein wenig überspitzt sagen, Schiller habe den Menschen, und damit zugleich die Möglichkeit des Schönen, deutlich aufgewertet, indem er ihm und seinen Trieben größere Beachtung schenkt als Kant: Ähnlich wie das Konzept der klassizistischen Leidenschaftsdämpfung nicht sagt, dass Leidenschaften nicht sein dürften, sondern dass sie soweit abzumildern seien, dass sie nicht die Herrschaft des intelligiblen Vernunftsubjekts verunmöglichen, verlangt Schiller nicht die Entledigung jeder Triebstruktur im Menschen, sondern deren Ausgleich. Riedel spricht in seinem Kommentar von einem »Zustand schwebender Äquilibristik«,[594] welcher trifft, worum es Schiller in seiner Schrift geht: Ausgleich und Harmonie.

Zweierlei ist daher zu beachten: Einmal die Französische Revolution als Hintergrund für zwar alle ästhetischen Schriften, besonders aber für die *Ästhetische Erziehung des Menschen in einer Reihe von Briefen*, die eine Ästhetik in »geschichtsphilosophischer Absicht«[595] darstellt. Zum anderen eine Theorie der Harmonie, der Harmonisierung, die – ausgehend

---

[591]   Kant: KdU. § 2. S. 116.
[592]   Vgl. ebd. S. 116f.
[593]   Schiller: Ästhetische Erziehung. HA V. S. 635. 21. Brief.
[594]   Ebd. Hier: Kommentar. S. 1222.
[595]   Ebd. S. 1221.

schon von den anthropologischen Studien der Jugend – spätestens seit den *Kallias*-Briefen – eine Rolle spielt.

Grundsätzlich ist festzuhalten, dass Schillers Periode der Kantlektüre und der eigenen programmatischen Arbeit immer zu denken ist als eine Gleichzeitigkeit zur Französischen Revolution.[596] Schiller selbst ist gut informiert über die Vorgänge in Frankreich, da er die französische Tageszeitung *Gazette nationale ou le Moniteur universel* aufmerksam liest,[597] zumal »er selbst moderaten Reformpositionen nahesteht.«[598] Mit dem Abgleiten der Revolution in die Zeit der ›Terreur‹ weicht die Sympathie deutlichem Missfallen, gar Ekel.[599] Wichtiger scheint mir der semantische Hof, den das Wort ›Revolution‹ mit sich führt, und Schillers Verhältnis hierzu angesichts der »historisch-politischen Desillusionserfahrung«,[600] die mit diesem Weltereignis einhergeht. Der Begriff ›Revolution‹ ist die Übertragung einer astronomischen Erscheinung, die Nikolaus Kopernikus in seinem epochemachenden Werk *De Revolutionibus Orbium Coelestium* beschrieben hat: Den Umlauf der Himmelskörper. Diese ›Umwälzung‹, wenn man vom lateinischen Grundwort ausgeht, wird bald übertragen auf Staatsumwälzungen, sie bekommt eine Beibedeutung, die eine (relativ) schnelle, plötzliche und auch fundamentale Veränderung der Zeit- sowie Weltumstände meint, im Gegensatz zum ursprünglich Stetigen, das mit der Bewegung der Himmelskörper zu verbinden ist. Das heißt, dieses Konzept steht in scharfer Konkurrenz zu dem der Harmonie, einem Wesentlichen nicht erst der *Ästhetischen Erziehung*, sondern bereits seit den *Kallias*-Briefen. Gerade über letztere aber lässt sich ein Kantbezug herstellen.

Schiller bezieht sich im vorletzten Brief vom 23.2.1793 auf die ästhetische Figur der ›Schlangenlinie‹. Er kontrastiert sie mit einer Zick-Zack-Linie und differenziert sie folgendermaßen: »Nun ist der ganze Unterschied zwischen dieser zweiten [der Schlangenlinie; F.H.] und jener bloß der, daß jene ihre Richtung ex abrupto, diese aber unmerklich verändert; […].«[601] Weiter führt er aus: »Was ist aber eine plötzlich veränderte Richtung anders als eine gewaltsam veränderte? Die Natur liebt keinen Sprung.«[602] Gerade diese letzten Sätze deuten auf die Verallgemeinerung einer Kantischen Äußerung durch Schiller hin, indem

---

[596] Vgl. ebd. Darüber hinaus vgl. Alt: Schiller. Bd. 2. 132. Vgl. ebenso: Alt: Ästhetische Revolution. S. 27-32. ›Schillers Verhältnis zur Französischen Revolution‹.

[597] Vgl. Alt: Ästhetische Revolution. S. 27. Name der Zeitung zit. nach ebd. Vgl. auch weitere Arbeiten Alts zum Verhältnis Schillers mit dem Geschichtlichen sowie der Französischen Revolution: Ders.: Auf den Schultern der Aufklärung. Überlegungen zu Schillers ›nationalem‹ Kulturprogramm. In: Prägnanter Moment. Studien zur deutschen Literatur der Aufklärung und Klassik. Festschrift für Hans-Jürgen Schings. Hrsg. v. Peter-André Alt, Alexander Košenina, Hartmut Reinhardt, Wolfgang Riedel. Würzburg 2002. S. 215-237. Vgl. ebenso: Ders.: »Arbeit für mehr als ein Jahrhundert«. Schillers Verständnis von Ästhetik und Politik in der Periode der Französischen Revolution (1790-1800). In: Jahrbuch der Deutschen Schillergesellschaft 46 (2002). S. 102-133. Vgl. auch: Riedel, Wolfgang: Weltgeschichte als erhabenes Object. In: Prägnanter Moment. Studien zur deutschen Literatur der Aufklärung und Klassik. Festschrift für Hans-Jürgen Schings. Hrsg. v. Peter-André Alt, Alexander Košenina, Hartmut Reinhardt, Wolfgang Riedel. Würzburg 2002. S. 193-214. Vgl. ebenso: Bollenbeck, Georg: Von der Universalgeschichte zur Kulturkritik. In: Friedrich Schiller. Der unterschätzte Theoretiker. Hrsg. v. Georg Bollenbeck, Lothar Ehrlich. Köln, Weimar, Wien 2007. S. 11-26.

[598] Alt: Ästhetische Revolution. S. 27.

[599] Vgl. ebd. S. 28-30.

[600] Schiller: Ästhetische Erziehung. HA V. Hier: Kommentar. S. 1221.

[601] Schiller: Kallias-Briefe. HA V. S. 424. Brief v. 23.2.1793.

[602] Ebd.

ersterer in seiner ersten Einleitung sagt: »die Natur nimmt den kürzesten Weg – sie tut nichts umsonst – sie begeht keinen Sprung in der Mannigfaltigkeit der Formen [...].«[603]

Diese Zurückweisung einer ›sprunghaften Natur‹ scheint mir die Analogie aus seiner Erfahrung mit der Beschäftigung mit der Geschichte. Betrachtet man sich beispielsweise die Schrift über *Die Gesetzgebung des Lykurgus und Solon*,[604] so wird innerhalb dieser eine natürliche und auch logische Verfassungsentwicklung postuliert, von einer vermeintlich barbarischen zu einer vermeintlich aufgeklärteren Verfassung; gleichzeitig geschieht diese historische Entwicklung in der Antike selbst. Ebenso wird in der *Ästhetischen Erziehung* eine Gesellschaftsentwicklung gezeichnet, die letzten Endes sogar als eine notwendige angesehen wird.[605]

Verbunden mit der Vorstellung einer natürlichen und notwendigen Entwicklung oder, allgemeiner ausgedrückt, Bewegung, wird die Figur der Schlangenlinie, die Schiller sogar in den entsprechenden Brief hineinzeichnet.[606] Mir scheint allerdings, die Bedeutung dieser Schlangenlinie liegt weniger in der Wiederaufnahme einer zwischenzeitlich veralteten Figur der Aufklärung,[607] als vielmehr darin, mit ihr ein Darstellungsmedium seiner Theorie der Harmonie gefunden zu haben. – Mainberger versucht, der Schlangenlinie einen eminenten Beitrag bei der Verarbeitung Kantischer Elemente in Schillers Ästhetik zuzuweisen;[608] ob dem so ist, sei hier dahingestellt. – Sehr viel interessanter scheint mir der Ansatz, die Schlangenlinie in die Nähe der winckelmannschen Theorie des Contours, oder Moritzens Theorie des Ornaments zu rücken.[609] In die gleiche Richtung wie Schillers Schlangenlinie geht auch sein anderes Beispiel, das des Tanzes, zu dem er ausführt, wie kunstvoll es aussehe, wenn man einen »gut getanzten und aus vielen verwickelten Touren komponierten englischen Tanz«[610] beobachten könne: »Es ist das treffendste Sinnbild der behaupteten eigenen Freiheit und der geschonten Freiheit des anderen.«[611] So wie also die Schlangenlinie und auch die Touren des Tanzes die Freiheit der Bewegung nachbilden, scheint mir mit der Linie das Bild einer sanften, ausgeglichenen sowie ausgleichenden Bewegung erfasst, die Schiller im Begriff der Harmonie in anthropologischer Hinsicht präferiert.

---

[603] Kant: KdU. S. 23. Erste Einleitung.

[604] Schiller, Fridrich: Die Gesetzgebung des Lykurgus und Solon. In: Ders.: Sämtliche Werke in 5 Bänden. Auf der Grundlage der Textedition von Herbert G. Göpfert hrsg. v. Peter-André Alt, Albert Meier und Wolfgang Riedel. München 2004. Bd. IV. Historische Schriften. Hrsg. v. Peter-André Alt. München 2004. (= HA IV). S. 805-836. Vgl. hierzu auch Bösmann, Holger: ›Ein fröhliches Gefühl seiner selbst zu entwickeln‹. Schiller als Historiker. In: Würzburger Schiller-Vorträge 2005. Hrsg. v. Jörg Robert. Würzburg 2007. S. 47-71.

[605] Vgl. Schiller: Ästhetische Erziehung. HA V. S. 586. 6. Brief.

[606] Vgl. Schiller: Kallias-Briefe. HA V. S. 424. Brief v. 23.2.1793.

[607] Vgl. Mainberger, Sabine: Einfach (und) verwickelt. Zu Schillers ›Linienästhetik‹. Mit einem Exkurs zum Tanz in Hogarths *Analysis of Beauty*. In: DVjs 79 (2005). S. 196-252. Hier S. 196. (Künftig zitiert als: Mainberger: Einfach (und) verwickelt.)

[608] Vgl. ebd. S. 197.

[609] Vgl. ebd. S. 197f.

[610] Schiller: Kallias-Briefe. HA V. S. 425. Brief v. 23.2.1793.

[611] Ebd. Vgl. auch die Abb. 5. In: Mainberger: Einfach (und) verwickelt. S. 251. Hier ist das Tanzmuster eines solchen Gesellschaftstanzes zu sehen, wenngleich dieses Beispiel leider nur wenige Touren umfasst. Als Abb. 3, ebd. S. 249, ist sogar die betreffende Briefseite als Schillers Autograph zu sehen.

Insofern sind gerade die *Kallias*-Briefe dasjenige Werk, in dem das Bild für die künftig verfolgte Bahn des Ausgleichs gefunden wird. Und Harmonie ist tatsächlich das Interesse, das Schiller mit seiner Ästhetik zu verfolgen scheint, ein Ausgleich, der innerhalb des Menschen erfolgen soll. Dieses Vorhaben wird vor allen Dingen nicht erst in der *Ästhetischen Erziehung* verfolgt, auch in *Über Anmut und Würde* lässt sich diese Harmonisierungstendenz beobachten. Allein schon, dass Schiller die Anmut als eine »Schönheit der Bewegung«[612] auffasst, wie er auch die Schlangenlinie implizit aufgrund der Nennung einer »Richtung«[613] (und erst recht den Tanz) als Bewegung ansieht, lässt hier auf eine Verwandtschaft innerhalb der Begriffe schließen. Wichtiger aber ist, dass Schiller die Anmut gleichsam als ein ›Seelenprinzip‹ auffasst, und sie somit ins Innere des Menschen verweist:[614] »In einer schönen Seele ist es also, wo Sinnlichkeit und Vernunft, Pflicht und Neigung harmonieren, und Grazie ist ihr Ausdruck in der Erscheinung.«[615] Neben die Anmut tritt noch – wie der Titel schon verrät – die Würde als zweite Wesensbestimmung des Menschen, wobei diese sich eher auf die »Form« eines Affekts bezieht, auf die *»Beherrschung der unwillkürlichen« »Bewegungen«*.[616] Damit rückt die Würde in die Nähe des Erhabenen. Wie dann aber die spätere *Ästhetische Erziehung* den ›ästhetischen Zustand‹ zusammengesetzt denkt aus dem Gleichklang beider Grundtriebe im Spieltrieb, der Mensch in seinem Innern hin und her schwingt zwischen ›Person‹ und ›Zustand‹, dem einen festen und dem anderen seinerseits beweglichen Pol im menschlichen Wesen, so wird dieses schon dezidiert vorgedacht in *Über Anmut und Würde*:

> Sind Anmut und Würde, jene noch durch architektonische Schönheit, diese durch Kraft unterstützt, in derselben Person *vereinigt*, so ist der Ausdruck der Menschheit in ihr vollendet, und sie steht da, gerechtfertigt in der Geisterwelt und freigesprochen in der Erscheinung.[617]

Hier also wird jene ›Äquilibristik‹ vorgedacht, die dann umso expliziter in der *Ästhetischen Erziehung* zum Tragen kommt. Wenn man diese drei Schillerschen Schriften miteinander vergleicht, so fällt auf, dass sie in einem dezidierten Sinn als zusammengehörend anzusehen sind; vergleicht man dieses Trio indessen mit Kants Kritik der Urteilskraft, so beobachtet man wiederum eine deutliche Ausweitung der Begriffswelt bei Schiller aufgrund der anthropologischen Grundausrichtung: Die Triebe des Menschen werden als gegeben gesehen und in einem Prozess ausgeglichen, der auf einen freien Zustand zuläuft, nicht als abwesend in jenem Zustand gedacht.

---

[612] Schiller: Anmut und Würde. HA V. S. 435. Vgl. auch S. 446, worin die Züge eines Menschen als habitualisierte Bewegung angesehen werden und somit deutliche Kritik an Lavaters Physiognomie der festen Gestalt geübt wird. Vgl. auch ebd. Hier: Kommentar. S. 1207.

[613] Schiller: Kallias-Briefe. HA V. S. 424. Brief v. 23.2.1793.

[614] Vgl. Schiller: Anmut und Würde. HA V. S. 437, 468f.

[615] Ebd. S. 468f. Hier fällt auf, dass Schiller zwar einerseits zwischen Anmut und Grazie noch feiner unterscheidet, andererseits beide Begriffe doch auch wieder synonym verwendet. Desgleichen fällt bei Alt in seiner Besprechung dieser Schrift auf: Vgl. Alt: Schiller. Bd. 2. S. 105f.

[616] Schiller: Anmut und Würde. HA V. S. 477.

[617] Ebd. S. 481.

Mithin wird das, was Schiller in der *Ästhetischen Erziehung* als ein Konzept zur Perfektibilität des Menschen vorschlägt – des Individuums, dem anschließend die Gesellschaft folgen solle – bereits in den früheren Schriften, den *Kallias*-Briefen sowie *Über Anmut und Würde* zumindest ansatzweise vorgebildet, um dann in besonderem Maße im ›ästhetischen Zustand‹ zu kumulieren. Gleichzeitig ist es höchst vermessen, von einem ›Scheitern‹ der Beschäftigung mit der kantischen Philosophie zu sprechen. Vielmehr lassen sich sämtliche ästhetischen Schriften der 1790er Jahre einerseits als laufende Anverwandlung sehen – so sehr, dass am ›Ende‹, bei der *Naiven und Sentimentalischen Dichtung* kaum noch Kant vorhanden ist –, andererseits laufen sie ohnehin auf das Umschwenken Schillers in die Tragödientheorie zu. Kaum irgendwo sonst als in den ästhetischen Schriften lässt sich also das genuin schillersche Verfahren der eklektischen Anverwandlung in derartiger Reinform beobachten wie im Zusammenhang mit seiner Kantrezeption.

3 Nachträgliche Begründung des ästhetischen Philosophierens

Der zweite Hauptabschnitt ist zu sehen als eine Rechtfertigung Schillers für seinen ›ästhetischen Philosophiestil‹. Nachträglich kann man seine Begründung deshalb nennen, da sie Schiller zu einem Zeitpunkt Mitte der 1790er Jahre verfasst, an dem beinahe alle großen ästhetischen Schriften abgeschlossen sind – nurmehr *Über naive und sentimentalische Dichtung* als letzte große und einige kürzere Schriften, die sich vor allem um das Tragische und das Erhabene bemühen, stehen noch aus.

Zugleich aber lässt sich an Schillers Schrift *Über die notwendigen Grenzen beim Gebrauch schöner Formen*, in welcher er seinen Stil verteidigt, erkennen, dass auch hier Elemente in die Argumentation einfließen, die sich zurückverfolgen lassen bis zum Abelschen Philosophieunterricht an der Karlsschule.

Von ›Verteidigung‹ kann man deshalb sprechen, da der Ausgangspunkt für Schillers Text der sogenannte ›Horen-Streit‹ zwischen ihm und Johann Gottlieb Fichte ist. Weil Schiller als Redakteur seiner Zeitschrift *Die Horen* einen Beitrag Fichtes aus inhaltlichen wie formalen Gründen ablehnt, moniert Fichte seinerseits den philosophischen Stil Schillers. Zum Abschluss dieses Disputs verfasst Schiller jenen *Grenzen*-Text, worin sich, wie bereits im vorgängigen Briefwechsel mit Fichte, zeigen lässt, dass die Ablehnung von Fichtes *Ueber Geist und Buchstab in der Philosophie* nicht zuletzt auf der von Schiller verinnerlichten anthropologisch grundierten Denkweise basiert. Damit ließe sich der ›Horen-Streit‹ ebenfalls sehen als ein Kulminationspunkt in der Auseinandersetzung zwischen Schul- und Popularphilosophie.

Andererseits zeigt sich in Schillers Begründung seines ›ästhetischen Philosophierens‹ ein Muster, welches für ihn gerade auch dann von hoher Relevanz ist, wenn sich Schiller argumentativ um Bildende Kunst bemüht. Deswegen ist das vorliegende Kapitel zwischen die ›Vorgänger‹ Schillers und dessen ›Zugriffe‹ gerückt.

3.1 Metaphorisches Philosophieren? Schiller und Fichte

Bekanntlich entzündet sich im Sommer 1795 zwischen Schiller und Johann Gottlieb Fichte eine Auseinandersetzung über die richtige – oder besser: verständliche – Form des Philosophierens anlässlich Fichtes Text *Ueber Geist und Buchstab in der Philosophie*. Dieser soll zunächst als Beitrag in Schillers Zeitschrift *Die Horen* abgedruckt werden, jedoch lehnt der Herausgeber Fichtes Text aus inhaltlichen wie stilistischen Gründen ab. Fichte wiederum wirft daraufhin Schiller vor, mit seinem poetisch-philosophischen Stil, in dem Bildhaftes und Begriffliches gemischt seien, das Verstehen seiner Argumente zu erschweren. Schiller nimmt diese Kritik auf, um sich in einer Art Selbstvergewisserung den eigenen philosophischen Stil zu erläutern; indem er diese rechtfertigende Beschreibung des eigenen ästhetischen Nachdenkens als Beitrag in seinen *Horen* publiziert, lässt er zugleich das gesamte interessierte gelehrte Publikum daran teilhaben.[1] Diese Bemerkung ist keineswegs so trivial, wie es auf den ersten Blick den Anschein hat. Durch den Philosophieprofessor Abel in der Karlsschule wird Schiller mit dem popularphilosophischen Konzept der Exoterik vertraut, das heißt einem Philosophieren, das nicht allein für die Fachgelehrten ausgeübt wird, sondern sich einem intellektuellen Laienpublikum öffnet.[2] Schiller ist seither und für den Rest seines Lebens tief verbunden mit diesem Aspekt der Öffentlichkeitswirksamkeit, wie es bereits die Ankündigung der Zeitschrift *Die Horen* ausdrückt: »Soweit es tunlich ist, wird man die Resultate der Wissenschaft von ihrer scholastischen Form zu befreien und in einer reizenden, wenigstens einfachen, Hülle dem Gemeinsinn verständlich zu machen suchen.«[3]

Es ist der ›Gemeinsinn‹, an welchen sich diese Zeitschrift richtet, und eben kein ›Fachsinn‹. Zugleich ist so die Exoterik zum Programm erhoben, so dass die Beiträge darin nach dem Wunsch Schillers zu »dem Geist und Herzen des Lesers«[4] sprechen und »die Schönheit zur Vermittlerin der Wahrheit«[5] heranziehen sollen. Ziel der Zeitschrift sei daher, die »Scheidewand« aufzuheben, die »die *schöne* Welt von der *gelehrten* zum Nachteile beider trennt.«[6]

Johann Gottlieb Fichte ist ein bereits in der *Ankündigung* namentlich genannter Beiträger dieser Zeitschrift,[7] daher gewinnt der Umstand, dass er sich derart gegen eine Vermischung schöner Formen und philosophisch-wissenschaftlichen Begriffsdenkens gegenüber Schiller verwahrt, einen eigentümlichen Charakter. Nicht zuletzt deshalb, weil Fichte selbst als ein Denker bezeichnet wird, der das »aufklärerische Interesse« besessen habe, »in die

---

[1]   Vgl. Schiller, Friedrich: Über die notwendigen Grenzen beim Gebrauch schöner Formen. In: Ders.: Sämtliche Werke in 5 Bänden. Auf der Grundlage der Textedition von Herbert G. Göpfert hrsg. v. Peter-André Alt, Albert Meier und Wolfgang Riedel. München 2004. Bd. V. Erzählungen. Theoretische Schriften. Hrsg. v. Wolfgang Riedel. München ²2008. (= HA V). S. 670-693. Hier: Kommentar. S. 1232. (Künftig zitiert als: Notwendige Grenzen. HA V). Vgl. ebenso: Schiller, Friedrich: Über die notwendigen Grenzen beim Gebrauch schöner Formen. In: Ders.: Werke und Briefe in zwölf Bänden. Hrsg. v. Otto Dann u.a. Frankfurt a.M. 1988ff. Bd. 8. Theoretische Schriften. Hrsg. v. Rolf-Peter Janz. Frankfurt a.M. 1992. (= FA 8). S. 677-705. Hier ebenfalls: Kommentar. S. 1415-1417. (Künftig zitiert als: Notwendige Grenzen. FA 8.) Vgl. zudem: Koopmann, Helmut: Kleinere Schriften nach der Begegnung mit Kant. In: Schiller-Handbuch. Hrsg. v. Helmut Koopmann. Stuttgart 1998. S. 575-586. Hier: S. 583f. Vgl. zudem: Berghahn, Klaus L.: Schillers philosophischer Stil. In: Schiller-Handbuch. Hrsg. v. Helmut Koopmann. Stuttgart 1998. S. 289-302. Hier: S. 291-293. Vgl. zudem: Hinderer, Walter: Versuch über die Schreibweise der offenen Denkform. Anmerkungen zu Schillers *Philosophischen Briefen* und *Kallias, oder über die Schönheit*. In: »Ein Aggregat von Bruchstücken«. Fragment und Fragmentarismus im Werk Friedrich Schillers. Hrsg. v. Jörg Robert. Würzburg 2013. S. 161-181. Hier besonders: S. 162ff., 178f. Vgl. zudem: Bräutigam, Bernd: Generalisierte Individualität. Eine Formel für Schillers philosophische Praxis. In: Die in dem alten Haus der Sprache wohnen. Festschrift für Helmut Arntzen. Hrsg. v. Eckehard Czucka. Münster 1991. S. 149-158. Hier besonders: S. 153ff. Für einige Vorüberlegungen aus der Zeit der Abfassung der sogenannten *Augustenburger Briefe* vgl.: Bräutigam, Bernd: Szientifische, populäre und ästhetische Diktion. Schillers Überlegungen zum Verhältnis von »Begriff« und »Bild« in theoretischer Prosa. In: Offene Formen. Beiträge zur Literatur, Philosophie und Wissenschaft im 18. Jahrhundert. Hrsg. v. Bernd Bräutigam, Burghard Damerau. Frankfurt a.M., Berlin, Bern u.a. 1997. (= Berliner Beiträge zur neueren deutschen Literaturgeschichte. Bd. 22). S. 92-117. Hier besonders: S. 110ff.

[2]   Vgl. Kapitel 2.1, darin besonders den Abschnitt 2.1.1, dieser Arbeit.

[3]   Schiller, Friedrich: [Ankündigung der Horen]. In: HA V. S. 870-873. Hier: S. 871.

[4]   Ebd. S. 870.

[5]   Ebd. S. 871.

[6]   Ebd. Hervorhebungen i. Orig.

[7]   Vgl. ebd. S. 873.

Öffentlichkeit« und also gerade »über den Kreis der Fachphilosophen hinaus zu wirken.«[8] Damit teilen Fichte und Schiller denselben Ansatz; gleichzeitig scheinen die Friktionen in den jeweiligen Umsetzungen zu liegen.

3.2 Fichtes *Ueber Geist und Buchstab in der Philosophie* im Kontext der *Horen* Schillers

Ich nehme daher zunächst Fichtes Beitrag als den Auslöser der nachfolgenden Kontroverse in den Blick, da es höchst eigentümlich ist, dass in der Schillerforschung zwar immer wieder vom ›Horen-Streit‹ die Rede ist, oder von der Auseinandersetzung zwischen Schiller und Fichte, dabei allerdings selten Fichtes Beitrag selbst Erwähnung findet, sondern allein Schillers Reaktion darauf. Hierbei ergibt sich nur sogleich ein weiteres Problem: das der Quellenlage. Die alte Werkausgabe Fichtes, die dessen Sohn Immanuel Hermann herausgegeben hat, verwendet im achten Band diejenige Fassung, die Johann Gottlieb Fichte 1798 publiziert hat.[9] Diese stellt allerdings eine überarbeitete Fassung derjenigen dar, die er bei Schiller für die *Horen* eingereicht hat.[10] Es ist nun so, dass die ursprüngliche Fassung lediglich für den zweiten und dritten Brief gefunden und veröffentlicht worden ist.[11] Auch wenn es heißt, dass die Umarbeiten ›erheblich‹ seien,[12] so scheint das ein wenig übertrieben; unter den Gesichtspunkten, die mich für meine Arbeit interessieren, sind es tatsächlich lediglich zwei Stellen, in deren Änderung ich eine gewisse Signifikanz sehe. Daher greife ich an besagten Stellen auf die erste Fassung aus dem Originalmanuskript zurück, während ich mich sonst auf die zweite Fassung aus den Sämtlichen Werken stütze.

Sofort fällt der eingestandenermaßen populäre Anspruch deshalb auf, da der Untertitel dieser Schrift selbige »In einer Reihe von Briefen« ankündigt.[13] Somit hat dieser Fichtesche Text Anteil an einer ganzen Serie zeitgenössischer philosophischer Schriften, die aufgrund

---

[8]   Fichte, Johann Gottlieb: Schriften zur Wissenschaftslehre. Werke I. Hrsg. v. Wilhelm G. Jacobs. Frankfurt a.M. 1997. Hier: Kommentar. S. 733.

[9]   Fichte, Johann Gottlieb: Ueber Geist und Buchstab in der Philosophie. In einer Reihe von Briefen. In: Johann Gottlieb Fichte's sämmtliche Werke. Hrsg. v. I.H. Fichte. Bd. 8. [= Dritte Abtheilung. Populärphilosophische Schriften. Dritter Band. Vermischte Schriften und Aufsätze]. Berlin 1846. S. 270-300. (Künftig zitiert als: Fichte: Geist und Buchstab.)

[10] Vgl. Schiller, Friedrich: Werke und Briefe in zwölf Bänden. Hrsg. v. Otto Dann u.a. Frankfurt a.M. 1988ff. Bd. 12. Briefe II. 1795-1805. Hrsg. v. Norbert Oellers. Frankfurt a.M. 2002 (= FA 12). Hier: Kommentar zu Brief Nr. 417. S. 758. (Künftig zitiert als: Schiller: Briefe II. FA 12.) Vgl. ebenso: Schillers Werke. Nationalausgabe. Begründet v. Julius Petersen, fortgeführt v. Lieselotte Blumenthal u. Benno v. Wiese. Hrsg. im Auftrag der Stiftung Weimarer Klassik und des Schiller-Nationalmuseums Marbach v. Norbert Oellers. Weimar 1943ff. Bd. 28. Briefwechsel. Schillers Briefe 1.7.1795–31.10.1796. Hrsg. v. Norbert Oellers. Weimar 1969. (= NA 28). Hier: Kommentar zu Brief Nr. 20. S. 358. (Künftig zitiert als: Schiller: NA 28).

[11] Schulz, Günter: Die erste Fassung von Fichtes Abhandlung »Über Geist und Buchstab in der Philosophie. In einer Reihe von Briefen« 1795. Ein Beitrag zum Verhältnis Fichte-Schiller. In: Neue Folge des Jahrbuchs der Goethe-Gesellschaft 17 (1955). S. 114-141. (Künftig zitiert als: Schulz: Fichtes erste Fassung.)

[12] Vgl. Schiller: NA 28. S. 358.

[13] Fichte: Geist und Buchstab. S. 270.

ihrer ›Briefform‹ oder gar konkreten Dialogform – wozu als Autoren Schiller selbst[14] sowie bekanntlich Moses Mendelssohn zählen – differierende oder opponierende Perspektiven auf verschiedene Kommunikationspartner verteilen, worin man einen Nachhall der platonischen Dialoge sehen mag. Ebenso schwingt hierin die Beliebtheit des Briefromans in der zweiten Hälfte des 18. Jahrhundert mit.[15] Beide Varianten aber, sowohl Philosophie als auch Belletristik, verlangen dem Rezipienten eine gesonderte Form der Teilnahme besonders dann ab, wenn er nicht nur einem Gespräch gleichsam beiwohnt, sondern selbst als Adressat Teil des (Schein-)Dialogs wird.

So auch hier. Unmittelbar nach dem Beginn des ersten Briefes apostrophiert der Absender den Leser – und damit scheinhaft den Briefpartner – als »mein theurer Freund«.[16] Auf diese Weise wird der Leser direkt angesprochen, der Philosoph, denn als etwas anderes wünscht der hier veröffentlichende ›Briefschreiber‹ nicht wahrgenommen zu werden, richtet seine Worte scheinbar allein an ihn – und zieht den Leser, der soeben zum ›teuren Freund‹ geworden ist, mit hinein in das Nachdenken über die gestellte Frage. Die solcherart bemühte Identifikation des Lesers mit dem Korrespondenzpartner des Philosophen wird suggestiv verstärkt, indem ›Fichte‹, der in diesen Briefen nurmehr als alter ego auftritt, ein »so schreiben Sie mir«[17] hinzusetzt, so dass ein Briefwechsel fiktionalisiert wird, an dem der Leser in der Maske des ›Freundes‹ scheinbar teilnimmt.

Dieser ›teure Freund‹ habe in seinem, an dieser Stelle nicht wiedergegebenen Brief offenbar kritisch angemerkt, dass »die mit saurer Mühe zusammengebrachten [philosophischen; F.H.] Kenntnisse im ersten Andrange des Kraftgenies«[18] verworfen werden: »unter dem Vorwande, dass dies doch nur der Buchstabe sey, und nicht der Geist?«[19] Bedeutsam ist, dass Fichte an der Stelle, an der von Streichungen an den mühevoll zusammengetragenen Kenntnissen die Rede ist, gleichzeitig vom ›Kraftgenie‹ spricht. Damit rückt Fichte selbst das von ihm abgelehnte Konzept in die Nähe des Geniediskurses, aus dessen Umfeld Schiller letztlich stammt.[20] Der oben zitierte Satz sagt nichts anderes, als dass das – hier negativ konnotierte – Genie nicht zwangsläufig den Autoritäten folge, sondern Anerkanntes, vielleicht nur scheinbar Anerkanntes, verwerfe und dies damit begründe, es handle sich schließlich ›nur‹ um den ›Buchstaben‹, nicht um den Geist der beziehungsweise in der Philosophie selbst. Fichte benennt zentrale Gesichtspunkte der Geniedebatte im späten 18. Jahrhundert, die sich, wenn überhaupt, so zusammenfassen ließe, dass das Genie bereit ist, als überkommen erkannte, oder behauptete, Regeln und Positionen außer Acht zu lassen und nur solche beizubehalten, die als sinnvoll wahrgenommen werden, wie beispielsweise

---

[14]   Vgl. Schillers philosophische Erzählungen, zum Beispiel *Der Spaziergang unter den Linden* oder besonders die *Philosophischen Briefe*. In: Schiller: HA V. S. 327-358. Oder freilich: *Über die ästhetische Erziehung in einer Reihe von Briefen*. In: Ebd. 570-669.

[15]   Vgl. Sauder, Gerhard: Art. ›Briefroman‹. In: Reallexikon der deutschen Literaturwissenschaft. Bd. I. A-G. Gemeinsam mit Harald Fricke, Klaus Grubmüller u. Jan-Dirk Müller hrsg. v. Klaus Weimar. Berlin, New York 2007. [= Broschierte Sonderausgabe]. S. 255-257. Bes. S. 255f.

[16]   Fichte: Geist und Buchstab. S. 270.

[17]   Ebd.

[18]   Ebd. S. 270f.

[19]   Ebd. S. 271.

[20]   Vgl. Schmitt, Jochen: Die Geschichte des Genie-Gedankens in der deutschen Literatur, Philosophie und Politik 1750-1945. Bd. 1. Von der Aufklärung bis zum Idealismus. Darmstadt ²1988. Besonders S. 381ff.

bestimmte aristotelische Lehren aus der *Poetik* – oder sich gegebenenfalls neue und damit eigene Regeln setzt.[21] Bezeichnend ist daher, dass Schillers Kritik an Fichte aus ebender Richtung stammt, die Fichte, in dieser Kontroverse eher auf Seiten der Schulphilosophie oder wenigstens der universitären Fachphilosophie, bereits im Eingang seiner fiktiven Briefe verwirft. Statt dessen wolle er »eine gründliche und gemeinfassliche Auseinandersetzung«[22] zu dem Thema leisten, »was Geist *der* Philosophie, und Geist *in* der Philosophie heisse, und wie sich derselbe vom Buchstaben, und vom blossen Buchstaben unterscheide.«[23] Es deutet sich also eine Unterscheidung von Geist und Buchstabe einerseits und dann vom Geist selbst andererseits an. Insofern unternimmt Fichte einen zweigliedrigen Argumentationsgang, wie wir das von Schiller her kennen – allein mit dem bereits jetzt erwartbaren Schluss, dass es gerade nicht um eine Aufhebung in einem Dritten geht, sondern um eine umso schärfere Konturierung der jeweiligen Ausgangspunkte.

Das ›Gemeinfassliche‹, das Fichte seinem ›Briefpartner‹ avisiert, drückt sich bereits darin aus, dass Fichte ankündigt, in ›langsamen‹[24] Bewegungen sich seinem Ziel nähern zu wollen. Daher beschäftige er sich zuerst mit der Frage, »was wir überhaupt Geist nennen.«[25] In der gewählten anredenden Suggestivformel dem ›Freund‹ gegenüber spricht er vom Problem, das sogar ein williger Geist keinen Zugang zu einem philosophischen Werk finden könne, bei dem alle Ermahnungen an ihn selbst nicht dazu führten, dass sich die Konzentration verbessere.[26] Fichte schließt dieses Beispiel mit der rhetorischen Frage: »Lag dabei die Schuld lediglich an Ihnen, an Ihrem Mangel an Aufmerksamkeit, an dem Nichtverhältnisse Ihres Talents gegen die Tiefe und Gründlichkeit jenes Buches?«[27] Daneben gibt er das gegensätzliche Beispiel eines literarischen Werkes, welches die fiktive Leserin derart hinreiße, dass sie alle Zeit vergesse, um nur nicht mit der Lektüre schließen zu müssen.[28] Allerdings belässt es Fichte auch hierbei nicht, denn er verkehrt diese Beispiele überdies noch: Es mag Erzählungen geben, die uns nicht interessieren, während wir dagegen geistvolle – wohl zu ergänzen: philosophische – Werke im höchsten Maß goutieren.[29] Daher tritt er nochmals einen Schritt zurück, um über die Gründe der Attraktion verschiedener Werke nachzudenken.[30]

Es mag befremden, dass Fichte dazu zu neigen scheint, in vielfältigen Beispielen zu sprechen, wenn er seine Worte ›anschaulich‹ werden lassen möchte. Nicht von ungefähr nutzt er die Anredeform seines alter ego an den Leser als Quasibriefpartner, um im Verlauf seiner ›langsamen‹ Erläuterungen Bilder in der Vorstellung seiner Leser zu evozieren, die dieser sich gut vorstellen kann: Dass man vor einem Buch sitzt, das einem verschlossen bleibt; dass eine Dame der Gesellschaft einen Ball versäumt, um eine Erzählung zu Ende zu lesen. Damit

---

[21] Vgl. Luserke, Matthias: Sturm und Drang. Autoren – Texte – Themen. Stuttgart 2003 [zuerst 1997]. S. 66-80, besonders S. 66-69.
[22] Fichte: Geist und Buchstab. S. 271.
[23] Ebd.
[24] Vgl. ebd.
[25] Ebd.
[26] Vgl. ebd. S. 271f.
[27] Ebd. S. 272.
[28] Vgl. ebd.
[29] Vgl. ebd. S. 273.
[30] Vgl. ebd.

gewinnt das, was Fichte zum Ausdruck bringt, wenigstens auf der Vorstellungsebene einen gleichsam greifbaren Charakter. Indem Fichte allerdings tatsächliche Metaphern nutzt, steigert er dieses Verfahren noch. So spricht er von einem Werk anziehender Art, »dass es das Schauspiel und die Zuschauer zugleich erschaffe, und, wie die Lebenskraft im Weltall, mit demselben Hauch der todten Materie Bewegung und Organisation, und der organisirten geistiges Leben mittheile: [...].«[31] Dieses, was er als eine »belebende Kraft«[32] für »unsere Einbildungskraft«[33] bezeichnet, sei der »Geist«,[34] während der »Mangel« an »belebende[r] Kraft an einem Kunstproducte« »Geistlosigkeit«[35] sei. Allerdings wirke die Belebung nach Fichte streng genommen allein auf den »innern Sinn«[36] – ein nach innen gerichtetes Äquivalent zu den herkömmlichen Sinnen, welche für jeden philosophisch-empirischen Ansatz maßgeblich sind. Insofern darf man bei Fichtes Konzept hier von einem Verfahren der Innerlichkeit sprechen: Der Geist in einem Kunstwerk oder auch philosophischen Werk wirke wiederum auf Geist, demjenigen des Rezipienten.

Eigentümlich ist hier jedoch ebenso, dass Fichte die Begriffe ›philosophisches Werk‹ und ›Kunstprodukt‹ anscheinend synonym verwendet. Ersichtlich wird dies bereits aus den von Fichte verwendeten Beispielen, das philosophische Buch einerseits, andererseits die belletristische Erzählung. Beiderlei seien ohne Zweifel in der Lage, Geist zu tragen oder zu vermissen; daher fehlt hier zwischen der Philosophie, einer Wissenschaft, und der Kunst, einem, in kantischen Worten: zweckfreien, menschlichen Nebenprodukt, eine kategoriale Trennung. Die Gemeinsamkeit, sozusagen das tertium comparationis, liegt im ›Gemachten‹ beider Werke; oder, wenn man den Begriff wörtlich nimmt, im Kunst-Charakter, der schließlich nichts anderes meint, als dass es sich in beiden Fällen um eine künstlich-künstlerische menschliche Hervorbringung handelt. Eingangs ist vom mühevollen Zusammentragen philosophischer Kenntnisse die Rede; und ohne dass es explizit ausgesprochen wird, lässt sich diese Vorstellung ebenso auf das Kunstprodukt anwenden, indem man es sich ebenfalls unter Mühen entstanden denkt. In besonderem Maß gilt dies freilich für die Fichte interessierenden Formen der geistvollen Philosophie und Kunstwerke; beides ist nicht einfach da, sondern setzt einen ›Hersteller‹, einen auctor und creator, voraus, der überhaupt erst Geist in sein Produkt legt, sei es wissenschaftlicher oder ›schöner‹ Natur. Gleichzeitig wird man Fichte vorhalten können, dass die Argumentation seines alter ego ›Fichte‹ hier schwankend wird, da der Titel seines Textes eine Auseinandersetzung zu ›Geist und Buchstab in der Philosophie‹ angekündigt hat, der Leser sich jedoch unversehens einem synonym verwendeten Kunstwerk-Begriff gegenübersieht, ohne dass es Fichte für nötig befände, erläuternd auf diesen Umstand einzugehen. Er wechselt kommentarlos seinen Fokus beziehungsweise springt immer wieder hin und her zwischen den beiden Varianten.

Dieser erste Brief endet mit einer Reihe von Fragen, die davon handeln, wie denn der Geist in ein »menschliches Product«[37] gelange:

---

[31]   Ebd. Vgl. ebd.
[32]   Ebd. S. 274.
[33]   Ebd. S. 273.
[34]   Ebd. S. 274.
[35]   Ebd.
[36]   Ebd.
[37]   Ebd.

> Mit angenehmem Befremden entdecke ich bei Betrachtung seines Werkes [des Ge-
> nies; F.H.] Anlagen und Talente in mir, die ich selbst nicht kannte. Hat er auf diese
> Anlagen in mir die Wirkung seiner Kunst berechnet? Ohne Zweifel; denn woher
> sonst dieser Erfolg? Aber wer hat ihm mein Inneres aufgedeckt, in welchem ich selbst
> ein Fremdling war?[38]

Auch wenn diese Fragen fürs Erste keine Antworten erhalten, lässt die abschließende Frage
den Leser aufhorchen, indem nach dem »unbegreifliche[n] Zusammenhang dieser Mittel
mit jenem Zwecke«[39] geforscht wird; wie es also dem Autor eines nach obigen Ansprüchen
›geistvollen‹ Werkes gelinge, den Leser im Innersten anzusprechen.

Der zweite Brief setzt ein mit der erneuten Fortführung der Briefsituation in nochmals ge-
steigerter Form: ›Fichte‹ beginnt damit, fingierte Antworten seines Briefpartners zu zitieren,
die auf die am Ende des ersten Briefes gestellten Fragen Bezug nehmen. Die also zu beantworten suchen, woher ein Künstler – oder doch Genie, da der antwortende ›teure Freund‹
explizit von einem »Genius« beziehungsweise einem ›hohen Genius‹ spricht[40] – von dem
wisse, was im Innern seiner Rezipienten liege.[41]

Die solcherart gegebenen Antworten sind so zeittypisch wie naheliegend: »Er [das Genie; F.H.] rechnet auf die Uebereinstimmung anderer mit ihm; und er rechnet richtig.«[42]
Zwar gebe es zahlreiche Unterschiede zwischen allen Individuen, alle seien »auf mannigfal-
tige Weise von einander verschieden«,[43] dennoch »müssen wir alle, näher oder entfernter,
[…], schon auf der Oberfläche unseres Geistes, oder in seinen geheimeren Tiefen gewisse
Vereinigungspuncte haben«,[44] so dass man von einem »Universalsinn der gesammten
Menschheit«[45] sprechen könne. Mit diesem wird man den sensus communis identifzieren
können, zumal der fiktive Briefpartner davon spricht, dass wir uns verstehen und uns ver-
ständigen können,[46] ganz, als habe die kantische »subjektive Allgemeinheit« aus Paragraph 6 der *Kritik der Urteilskraft* als Vorlage gedient.[47] – Kant unterscheidet zwar noch
weiter zwischen einem Gemeinsinn auf subjektiver Basis, dem Gefühl, und einem solchen,
der auf Begriffen fußt;[48] zentral ist jedoch auch bei Kant, dass die ›Allgemeinheit‹, oder wie
ich bereits weiter oben sagte: ›Allgemeingültigkeit‹,[49] sich diskursiv herstellen lasse.[50] – Damit greift Fichte in diesem Brief einen philosophischen Gedanken auf, der nur wenige Jahre
früher in der dritten Kritik Kants eine wichtige Position einnimmt, und verbindet diesen
mit Aspekten der Geniedebatte der Zeit sowie einer Inspirationstheorie.

---

[38]   Ebd.
[39]   Ebd. S. 275.
[40]   Vgl. ebd. S. 276. Zit. ebd.
[41]   Vgl. ebd. S. 275-277.
[42]   Ebd. S. 275.
[43]   Ebd.
[44]   Ebd. S. 275f.
[45]   Ebd. S. 275.
[46]   Vgl. ebd. S. 276.
[47]   Kant, Immanuel: Werkausgabe. Hrsg. v. Wilhelm Weischedel. Bd. X. Kritik der Urteilskraft. Hrsg. v. Wilhelm
        Weischedel. Frankfurt a.M. [17]2004. Hier: S. 125. Vgl. ebd. S. 124f. (Künftig zitiert als: Kant: KdU.)
[48]   Vgl. ebd. § 20. S. 157.
[49]   Vgl. oben Kapitel 2.3 dieser Arbeit.
[50]   Vgl. Kant: KdU. § 21. S. 157f.

Gleichzeitig bezieht sich Fichte auf den ›subjektiven‹ Gemeinsinn, den Kant in seiner *Kritik der Urteilskraft* betont,[51] indem der ›Korrespondenzpartner‹ meint, für die Herstellung einer Beziehung vom Genie zum Rezipienten über den Gemeinsinn werden sich keine »Begriffe«[52] finden lassen: »so kann er [der geniale Künstler; F.H.] nur durch Erfahrung, durch eigene innere Erfahrung an sich selbst, zur Kenntniss derselben gelangt seyn. Er hat einst selbst empfunden, was er uns nachempfinden lässt, […].«[53] Um zum Künstler zu werden, müsse allerdings eine ›Abkühlung‹ des Erfahrungsaffektes erfolgen;[54] Fichtes Briefpartner spricht von einer »kalten Besonnenheit«, in der das Genie »mit nüchterner Kunst«[55] diese zunächst eigene Erfahrung verallgemeinere. Und da sowohl der Künstler als auch der Rezipient über denselben nicht-begrifflichen Gemeinsinn verfügen, vermag der Funke des Geistes vom Werk auf den Rezipienten überzuspringen.[56]

Einmal mehr oszilliert Fichte zwischen den Begriffen ›Philosophie – Philosoph‹ sowie ›Künstler – Kunstwerk‹. An dieser Stelle, dem Beginn des zweiten Briefes, entstammt dieses Vorgehen einer Strategie der Anschaulichkeit. Es ist insbesondere der Briefpartner ›Fichtes‹, aus dessen Antworten hier zitiert werden, der nahezu ausschließlich vom Künstler und einem Kunstwerk spricht, während Fichte diese Gleichsetzung von Kunst und Philosohie im ersten Brief lediglich einmal verwendet, sie damit aber vorbereitet hat. Andererseits zeigt sich damit in dem fingierten Briefpartner ein gewisser unbedarfter Menschentyp, der sich vom Philosophen Aufklärung zu einigen Begriffen erhofft,[57] sodass Fichte nach den vermeintlichen Zitaten gleichsam in personam erscheint, um diese zu leisten. Im Ansinnen, die eher allgemein gehaltenen und auf Künstler bezogenen Überlegungen des Briefpartners ins philosophisch Korrekte beziehungsweise Eindeutige zu überführen, eröffnet Fichte eine Triebtheorie. Damit geht ein signifikanter Stilwechsel einher: Hat er im ersten, expositorisch zu nennenden Brief noch selbst Beispiele gewählt, um seine Gedanken zu illustrieren, und sind auch die Briefzitate des angeblichen Korrespondenzpartners anschaulich aufgrund des Fokuswechsels hin zum Künstler, so bedient sich der scheinbar antwortende Philosoph mit dem Einsetzen seiner Erläuterungen zur Triebtheorie eines spröden, vermutlich gewollt unoriginellen philosophisch-wissenschaftlichen Tones, der sämtliche Anschaulichkeit hat fahren lassen und in dezidierter Abstraktion sich um die Herleitungen bemüht. Zugleich gelangt Fichte zu Schlussfolgerungen, die Schiller als ausgebildetem ›philosophischen Arzt‹, wenig überraschend, missfallen haben müssen.

Fichte bezeichnet den »Trieb« im Menschen als das einzig »Unabhängige und aller Bestimmung von aussen völlig Unfähige.«[58] »Dieser, und dieser allein ist das höchste und einzige Princip der Selbstthätigkeit in uns; er allein ist es, der uns zu selbstständigen, beobachtenden und handelnden Wesen macht.«[59] Diese ›Selbstthätigkeit‹ des Menschen, dass er also etwas aus sich heraus hervorbringen könne, sieht Fichte als das Besondere des Menschen:

---

[51]   Vgl. ebd. § 20. S. 157.
[52]   Fichte: Geist und Buchstab. S. 276.
[53]   Ebd.
[54]   Vgl. ebd.
[55]   Ebd.
[56]   Vgl. ebd. S. 276f.
[57]   Vgl. ebd. S. 271.
[58]   Ebd. S. 277.
[59]   Ebd.

»Die Selbstthätigkeit im Menschen, die seinen Charakter ausmacht, ihn von der gesammten Natur unterscheidet und ausserhalb ihrer Grenzen setzt, muss sich auf etwas ihm Eigenthümliches gründen; und dieses Eigenthümliche eben ist der Trieb.«[60] Diese Feststellung über das Prinzip der Selbsttätigkeit als primärem Trieb des Menschen, welcher ihn distinktiv aus den bloßen Naturwesen heraushebt und den Menschen gar der Grenzen der Natur enthebt, muss den Mediziner und Anthropologen Schiller zum Widerspruch reizen. Gerade Fichte, der in dieser Auseinandersetzung um die Reinheit und Klarheit der Begriffe besorgt ist, verwendet den Begriff ›Trieb‹ zwar einerseits für ein psychologisches Begehren, oder in diesem Fall vielmehr für eine Tätigkeit im Innern – schlechterdings ist der Trieb seiner Meinung nach von außen nicht bestimmbar –, aber andererseits sei es gerade ebendieser, der den Menschen außer die Natur setze. Vergleicht man dieses Postulat mit dem medizinischanthropologischen Wissen, wie es sich in Schillers erster und dritter Dissertation ausspricht, also der *Philosophie der Physiologie* sowie dem *Versuch über den Zusammenhang der tierischen Natur des Menschen mit seiner geistigen*, dann wird von den Zeitgenossen der Trieb-Begriff ebenfalls für eine psychische, mithin geistig-seelische Komponente verwendet, jedoch dient sie dort im Gegensatz gerade dazu, der Physis, dem Körperlichen also, einen Weg ins Geistige zu bahnen. Die Triebe seien nämlich dasjenige, was den Geist beständig daran erinnere, dass der Körper ebenso zu seinem Recht kommen wolle. Daher kann Schiller aufgrund seiner Ausbildung und dem Wissen, das er dadurch verinnerlicht hat, Fichte hier nicht folgen; seine *Ästhetische Erziehung* legt in der Hinsicht ein beredtes Zeugnis dafür ab, dass es gerade der Geist ist, welcher die Triebe in harmonischen Einklang bringen müsse, um zu sich selbst zu kommen, und dass es nicht ein Trieb selbst sei, welcher den Menschen die Grenzen seiner Natur überschreiten lasse. Gerade diese apodiktische Formulierung Fichtes, dass der Trieb den Menschen »ausserhalb« der »Grenzen« »der gesammten Natur«[61] setze, markiert den Differenzpunkt. Schiller spricht bestenfalls davon, dass der menschliche Geist die Grenzen der kreatürlich-physischen Menschennatur überwinden müsse, nicht aber gleich die Grenzen der Natur als solcher.

Überhaupt entwickelt Fichte aus dem Gedanken heraus, dass der Trieb den Menschen zur (geistigen) Selbsttätigkeit anrege, Aspekte seiner eigenen, vor allem auf den Geist abzielenden Philosophie, in der das ›Ich‹ autonom die Welt setze:[62] »Könnten wir ihm [= dem Menschen als vorstellendem Wesen; F.H.[63]] auch, wie einige Philosophen wollen, den Stoff seiner Vorstellung durch die Objecte geben, die Bilder durch die Dinge von allen Seiten her ihm zuströmen lassen: […].«[64] Erneut greift Fichte darin die Vorstellung auf, dass der Geist des Menschen allein vom Inneren her ausreiche, ohne einer umgebenden Objektwelt zu bedürfen, wie es sich im verwendeten Konjunktiv ›könnten wir‹ darstellt – etwas, dem Schiller aufgrund seiner medizinischen Kenntnisse eines neural vermittelten Reizsystems zumindest skeptisch gegenüberstehen wird, wenn man die anthropologischen Kenntnisse zugrundelegt, welche er sich in der Karlsschulausbildung angeeignet hat. Denn so, wie der

---

[60] Ebd.

[61] Ebd.

[62] Vgl. Kondylis, Panajotis: Die Aufklärung im Rahmen des neuzeitlichen Rationalismus. Hamburg 2002 [zuerst 1981]. S. 644-646.

[63] Vgl. Fichte: Geist und Buchstab. S. 278.

[64] Ebd.

Mensch selbst aus Körper und Geist besteht, existiert eine untrennbare Verbindung des
Menschen mit der Natur oder, allgemeiner gefasst, der Welt. Die Welt existiert außer uns
und wir reagieren mithilfe unserer Sinne auf diese; die sinnliche Regung wiederum wird
dann im Geist verarbeitet und dient mithin als ›Reizquelle‹ für diesen Geist, der seinerseits
wieder auf den Körper zurückwirkt – durchaus im Sinne der heutigen Psychosomatik –, wie
bereits die damalige Medizin erkannt hat.

Im Folgenden[65] beschreibt Fichte ein Triebsystem, das sich im Begriff des »Erkenntniss-
trieb[s]«[66] vereint, wobei sich darin zwei Hauptkomponenten kombinieren: ein ›praktischer‹ und ein ›ästhetischer‹.[67] Dabei gehe der praktische von einem Ding aus und wolle
dessen Beschaffenheit ergründen, während der ästhetische Trieb von einer Vorstellung aus-
gehe, der nicht unbedingt ein Objekt in der Dingwelt entsprechen müsse.[68] Bemerkenswert
ist, dass bei Fichte ebenfalls der Gedanke einer wechselseitigen Harmonisierung aufscheint:
»In beiden Fällen geht der Trieb weder auf die Vorstellung allein, noch auf das Ding allein,
sondern auf eine Harmonie zwischen beiden, […].«[69]

Spätestens mit dem Einsetzen dieser Erläuterungen zum Triebsystem wird Fichte sehr
unsinnlich. Daran ändert weder das Beispiel vom ›Magneten mit Lust- und Unlustgefühlen‹
etwas,[70] noch das der Sängerin, deren »Seele« wir Leser uns »als reinen Gesang, ihren Geist
als ein Streben, den vollkommensten Accord, und ihre einzelnen Töne als die Vorstellung
dieser Seele«[71] denken sollen. Vielmehr muss man feststellen, dass diese Bilder zum unfrei-
willig Komische tendieren, ganz als fehle Fichte an der Stelle das Gespür für das passende
Bild, was seinen Gedankengängen, inklusive der exemplifizierenden Tropen, ein Gepräge
von Unbeholfenheit gibt. Schiller hingegen besitzt, wie ich im obigen ›Karlsschulkapitel‹
ausgeführt habe, sowohl eine »bewegliche Formintelligenz«[72] als auch ein lebenslang hohes
Sprachbewusstsein, welches ihn regelmäßig zur pointierten Formulierung leitet – nicht zuletzt in den dramatischen Werken. Dieses Sprachbewusstsein führt auf der anderen Seite
dazu, dass Schiller in seinen philosophischen Werken einen wesentlich homogeneren Stil
ausbildet, in dem das Begriffliche und das Bildliche besser ineinanderfließen als dies bei
Fichte der Fall ist.

Es ist aber gerade so, dass sich im Ursprungsmanuskript an der Stelle mit dem Beispiel
des Magneten eine Fußnote befindet, die in der zweiten Fassung von 1798 getilgt worden
ist. Darin rät Fichte, nicht direkt vom Objekt ›Magnet‹ auf einen Menschen zu schließen;
im Gegensatz zum ersten Fall, richte sich der Trieb nämlich im zweiten auf ein »*selbständi-
ges Wesen*«.[73] Diesem obliege es, mittels »*Reflexion*« und »*Abstraktion*«[74] zu reagieren. Damit spricht Fichte das in der Popularphilosophie so wichtige Vermögen der ›Aufmerksam-

---

[65]   Vgl. ebd. S. 278-281.

[66]   Ebd. S. 278.

[67]   Vgl. ebd. S. 279.

[68]   Vgl. ebd.

[69]   Ebd. S. 280.

[70]   Vgl. ebd. S. 282, 284.

[71]   Ebd. S. 284. Vgl. ebd. S. 284f.

[72]   Alt, Peter-André: Schiller. Leben – Werk – Zeit. Eine Biographie. 2 Bde. München 2000. Hier: Bd. 1. S. 79.

[73]   Schulz: Fichtes erste Fassung. S. 130. Fußnote 27. Hervorhebung i. Orig. Diejenigen Stellen, die der ursprüng-
       lichen Manuskriptfassung Fichtes entsprechen, werden von Schulz in toto kursiv wiedergegeben.

[74]   Ebd. Hervorhebung i. Orig.

keit‹ an, welches den Menschen gerade nicht hilflos den Reizen und äußeren Einflüssen ausgeliefert sein lässt.[75] Insofern ist diese Tilgung aufschlussreich, als sich ausgerechnet in dem Unterdrückten ein Anknüpfungspunkt zwischen Fichte und Schiller hätte ergeben können: Womöglich ist es Fichte 1798 wichtiger gewesen, auf dem eigenen Standpunkt zu verharren als Schiller konziliant die Hand zu reichen, zumal im besagten Zeitraum der sogenannte ›Atheismusstreit‹ anhebt, welcher letztlich dazu führt, dass Fichte seinen Lehrstuhl in Jena verlieren wird.[76] Gerade weil also auch anderweitig in dieser Zeit die Fronten um Fichte herum verhärtet sind, mag es sein, dass er den Fokus mehr auf die Darstellung seiner eigenen philosophischen Linie legt als auf ein kollegiales Auskommen mit Schiller zu achten.

Nachdem sich Fichte in der Herleitung seiner Triebelemente in den abstrakten Ebenen des Unsinnlichen bewegt hat, gelangt er zum Ende dieses zweiten Briefes hin erneut in jenen angenehmeren und der Vorstellungskraft zuträglicheren Duktus des Schreibens, wie er ihn im ersten Brief angewendet hat, da er von theoretischen Herleitungen absieht und sich in Beschreibungen der Wirkungsweise vor allem des ästhetischen Triebes ergeht. Befeuert wird dieses neuerliche, stärker sinnliche Vorgehen von der Kritik eines der zentralen Postulate Schillers:

> Daher sind die Zeitalter und Länderstriche der Knechtschaft zugleich die der Geschmacklosigkeit; und wenn es von der einen Seite nicht rathsam ist, die Menschen frei zu lassen, ehe ihr ästhetischer Sinn entwickelt ist, so ist es von der anderen Seite unmöglich, diesen zu entwickeln, ehe sie frei sind; und die Idee, durch ästhetische Erziehung die Menschen zur Würdigkeit der Freiheit, und mit ihr zur Freiheit selbst zu erheben, führt uns in einem Kreise herum, wenn wir nicht vorher ein Mittel finden, in Einzelnen von der grossen Menge den Muth zu erwecken, Niemandes Herren und Niemandes Knechte zu seyn.[77]

Nach Fichte liegt ein fundamentales Dilemma vor, denn ohne einen ›ästhetischen Sinn‹ könne man den Menschen nicht in eine unbedingte Freiheit entlassen; diese sei aber wiederum die Grundlage für die Entwicklung eines solchen ›ästhetischen Sinnes‹. Daher werde ein solches Vorhaben nicht funktionieren, wenn es sich auf eine große Menschenmenge richte; stattdessen müsse man den Erfolg erst bei »Einzelnen von der grossen Menge«[78] suchen. Diese Stelle nimmt somit direkten Bezug auf Schillers *Ästhetische Erziehung*, dadurch, dass hier angezweifelt wird, dass Freiheit des Geistes in einer Umgebung geboren werden könne, in der sonst allein Knechtschaft herrsche. Konkret wirft Fichte Schiller einen Zirkelschluss vor, indem er sagt, die ›Idee einer ästhetischen Erziehung führe in einem Kreis herum‹, ohne dabei in der Freiheit anzukommen.[79] Gleichzeitig gibt Fichte den auch bei

---

[75]   Vgl. Abel, Jacob Friedrich: Eine Quellenedition zum Philosophieunterricht an der Stuttgarter Karlsschule (1773-1782). Mit Einleitung, Übersetzung, Kommentar und Bibliographie hrsg. v. Wolfgang Riedel. Würzburg 1995. Hier: Kommentar. S. 439. (Künftig zitiert als: Abel/Riedel: Quellenedition).

[76]   Vgl. hier die sehr ausführliche Quellendokumentation: Appellation an das Publikum... Dokumente zum Atheismusstreit um Fichte, Forberg, Niethammer. Jena 1798/99. Hrsg. v. Werner Röhr. Leipzig 1987.

[77]   Fichte: Geist und Buchstab. S. 286f.

[78]   Ebd.

[79]   Vgl. Hogrebe, Wolfgang: Fichte und Schiller. Eine Skizze. In: Schillers Briefe über die ästhetische Erziehung. Hrsg. v. Jürgen Bolten. Frankfurt a.M. 1984. S. 276-289. Hier besonders S. 284.

Schiller auftretenden Gedanken vom Ende der *Ästhetischen Erziehung* auf, dem ich dort einen eher resignativ-realistischen Charakter attestieren möchte, ohne von einem ›Scheitern‹ des gesamten Projektes sprechen zu wollen,[80] eine solche ›ästhetische Freiheit‹ ließe sich tatsächlich nicht in der großen Masse herstellen, sondern allein in Einzelnen oder in überschaubaren Gruppen. So sagt Schiller im 27. Brief zur *Ästhetischen Erziehung*, dass »allein« der »Geschmack« »Harmonie in die Gesellschaft« bringe, »weil er Harmonie in dem Individuum stiftet. Alle andre [sic!] Formen der Vorstellung trennen den Menschen, weil sie sich ausschließend entweder auf den sinnlichen oder auf den geistigen Teil seines Wesens gründen; nur die schöne Vorstellung macht ein Ganzes aus ihm, weil seine beiden Naturen dazu zusammenstimmen müssen.«[81] Schiller betont hier also einerseits die vereinigende Kraft des Geschmacks, welche sich allerdings im Individuum allein entfalte; andererseits weitet sich dieser Blick zumindest auf besagte kleine Gruppen aus, indem er den Leser seiner *Ästhetischen Erziehung* mit folgendem letzten Absatz in die eigene Freiheit des Nachdenkens entlässt:

> Existiert aber auch ein solcher [ästhetischer; F.H.[82]] Staat des schönen Scheins, und
> wo ist er zu finden? Dem Bedürfnis nach existiert er in jeder feingestimmten Seele,
> der Tat nach möchte man ihn wohl nur, wie die reine Kirche und die reine Republik,
> in einigen wenigen auserlesenen Zirkeln finden, wo nicht die geistlose Nachahmung
> fremder Sitten, sondern eigne schöne Natur das Betragen lenkt, wo der Mensch
> durch die verwickeltsten Verhältnisse mit kühner Einfalt und ruhiger Unschuld geht
> und weder nötig hat, fremde Freiheit zu kränken, um die seinige zu behaupten, noch
> seine Würde wegzuwerfen, um Anmut zu zeigen.[83]

Diese auserlesenen Zirkel sind es wohl, die den ›ästhetischen‹ Staat nach Schiller ausmachen – und auch er ist nicht so vermessen, davon auszugehen, dass sich diese Vorstellung auf eine breite Masse anwenden ließe. Stattdessen sei es die Sache der Individuen und der ›auserlesenen Zirkel‹, sich selbst zu ästhetisch freien Geschmackswesen auszubilden und vielleicht hernach auf andere zu wirken. – Kurios ist, dass Jahre später die berühmte französische Exilantin Madame de Staël Weimar als eine Stadt beschreibt, in der eine »ausgesuchte Gesellschaft«[84] lebe, nachdem sie bereits das Königreich Sachsen als Ganzes als Hort der Aufklärung beschrieben hat,[85] worin die deutsche Übersetzung dieser Stelle der Schillerschen Formulierung aus dem 27. Brief der *Ästhetischen Erziehung* auffällig analog folgt. – Wieder ist es also Fichte, der einen möglichen Anknüpfungspunkt zwischen der eigenen

---

80   Vgl. Büssgen, Antje: Abbruch – Fragment – Scheitern? Schillers »erster Versuch« über eine ästhetische Konstitution des Menschen. In: »Ein Aggregat von Bruchstücken«. Fragment und Fragmentarismus im Werk Friedrich Schillers. Hrsg. v. Jörg Robert. Würzburg 2013. S. 183-215.

81   Schiller, Friedrich: Über die ästhetische Erziehung des Menschen in einer Reihe von Briefen. In: HA V. S. 570-669. 27. Brief. S. 661-669. Hier: S. 667. Vgl. ebd. (Künftig zitiert als: Schiller: Ästhetische Erziehung. HA V).

82   Vgl. ebd.

83   Ebd. S. 669.

84   Staël, Anne Germaine de: Über Deutschland. Vollständige u. neu durchgesehene Fassung der deutschen Erstausgabe von 1814 in der Gemeinschaftsübersetzung v. Friedrich Buchholz, Samuel Heinrich Catel u. Julius Eduard Hitzig. Hrsg. u. mit einem Nachwort versehen v. Monika Bosse. Mit einem Register, Anmerkungen u. einer Bilddokumentation. Frankfurt a.M. ²1986. Hier: S. 98.

85   Vgl. ebd. S. 93-97.

und der Schillerschen Philosophie vor allem dafür nutzt, letzteren zu kritisieren und, wenn man die Wortwahl berücksichtigt, fast schon gegen ihn zu polemisieren.

Dass beide in ihrem Philosophieren an und für sich aus den gleichen Quellen schöpfen, sieht man daran, dass recht unmittelbar nach der oben zitierten Stelle bei Fichte eine weitere Ähnlichkeit zwischen ihm und Schiller aufscheint, trotz aller vorangegangener Kritik: Fichtes historisierende oder zumindest in einem Verlauf gedachte Formulierung, dass der »Trieb nach Erkenntniss um der Erkenntniss willen« erst dann erwache, erst dann erwachen könne, wenn die »dringende Noth«[86] der Grundbedürfnisse gelindert sei. Damit stellt sich hier wenigstens unterschwellig ein Verlaufsdenken dar, das nun doch, im Widerspruch zu manchem vorher Gesagten, einer phylo- wie ontogenetischen Entwicklungsgeschichte Raum gibt und gleichzeitig der Welt, die auf den Menschen einwirkt und der er eben doch angehört. Dann aber, sofern die vorgenannte Voraussetzung erfüllt ist, gelangt der Mensch geistig in diejenige Richtung des ästhetischen Triebes, welche sich »unabhängig und ungeleitet von der Wirklichkeit«[87] ins Werk setzt – und gerät dabei in kantische Regionen. In dem an dieser Stelle von Fichte in den zweiten Brief implementierten Bild, in dem der Leser mit dem vertrauten ›Sie‹ des ›teuren Freundes‹ angesprochen wird, solle der Briefpartner sich vorstellen, auf die Landschaft um dessen Landsitz herum zu blicken. Wenn der fiktive Freund diese »ohne alle Absicht«[88] betrachte, dann sehe er ›vergnügt‹ alle Elemente der Landschaft,[89] gleichsam »ohne alles Interesse«,[90] womit Fichte bei Kants ›interesselosem Wohlgefallen‹ angelangt ist,[91] welches Fichte als »Geschmack«[92] bezeichnet. Dieser wiederum leitet zurück zu seiner Definition des Geistes, um den es laut Titel dieser Schrift immerhin gehen soll: »[…]; einmal im Gebiete des ästhetischen Triebes angelangt, bleibt sie [= die Einbildungskraft; F.H.] in demselben, auch da, wo er von der Natur abweicht, und stellt Gestalten dar, wie sie gar nicht sind, aber nach der Forderung jenes Triebes seyn sollten: und dieses freie Schöpfungsvermögen heisst Geist.«[93]

Hier also, nach einer eher uninspirierten Herleitung dieser Triebe beziehungsweise der Unterarten des einen Erkenntnistriebes, gelangt Fichte zurück zur Ausgangsfrage nach dem Geist – wobei dieser in einer kantisch gedachten Sphäre der »Ideale«[94] zu finden sei. Überdies ist dieser so verstandene Geist von der Welt entkoppelt, da Fichte ihn dem ästhetischen Trieb zuordnet, und er somit Teil der fichteschen ›Ich-Philosophie‹ der reinen Subjektivität wird.

Die umfangreichste Veränderung für die nachmalige Veröffentlichung 1798 hat der Beginn des dritten Briefes erfahren. Erstaunlicherweise betrifft die Streichung, aus der die Veränderung fast ganz besteht, vor allem den Briefdialogcharakter, welcher Fichte zu Anfang sei-

---

[86] Fichte: Geist und Buchstab. S. 288.
[87] Ebd. S. 289.
[88] Ebd.
[89] Vgl. ebd.
[90] Ebd. S. 290.
[91] Vgl. Kant: KdU. § 2. S. 116f. Vgl. ebenfalls die »[a]us dem ersten Momente gefolgerte Erklärung des Schönen«. Ebd. S. 124.
[92] Fichte: Geist und Buchstab. S. 290. Vgl. ebd. S. 289f.
[93] Ebd. S. 290.
[94] Ebd. S. 291.

ner drei Briefe noch so wichtig gewesen ist. Das Originalmanuskript hat damit begonnen, dass der ›Philosoph Fichte‹ seinen fiktiven Briefpartner darauf anspricht, dass dieser sich mit seinem Nachbarn über den zweiten Brief Fichtes ausgetauscht und dieser Nachbar nicht alles so verstanden habe, wie es gemeint gewesen sei. – Es ist also auffällig, dass hier eine Schwierigkeit in der Kommunikation thematisiert wird, was nicht zuletzt Teil des Briefwechsels zwischen Fichte und Schiller sein wird, nachdem Schiller diesen Beitrag abgelehnt hat. – Dieser Nachbar also bezieht sich dabei auf die vorigen Einlassungen zu Freiheit und Knechtschaft, wobei Fichte in seiner darauf reagierenden Antwort dem »*Mittelstande*«[95] die zukünftige Befreiung als einziger gesellschaftlicher Klasse zutraue:

> Jeder, den das Glück in diesen schönen Stand setzte, kehre nur sein Auge in sich
> selbst, ehe er es nach außen um sich herum richtet; er mache sich selbst frei, ehe er
> andere befreien wolle. Er werde einheimisch in sich selbst, er erhebe sich zu der
> Denkart, die auf ihr selbst ruhend, ihr selbst getreu und in sich ganz gerundet, über
> zeitliche Zwecke und irdische Befürchtungen hinweg setzt [sic!]: […].[96]

Damit gibt Fichte dieser Gesellschaftsschicht einen Auftrag, genauer gesagt einen Auftrag zur Selbstbildung, wie er ebenso in Schillers *Ästhetischer Erziehung* zu finden ist. Fichte ist ebenfalls sehr konkret darin, zu beschreiben, was geschehe, wenn diese Selbstbefreiung zuvor nicht gelinge: Der gemeine Mensch wolle dann den »*Gewalthaber stürzen*«, um sich selbst an dessen Stelle zu setzen.[97]

»*In unserm Innern, in welchem wir, wie so eben gefodert wurde, wohnen, [sic!] und einheimisch seyn müssen, wenn eine unserer Wirkungen nach außen einen Werth haben soll, giebt der Sinn für das Aesthetische uns den ersten festen Standpunkt, […].*«[98] In diesen Worten, die im Originalmanuskript den Anfang des dritten Absatzes des dritten Briefes darstellen – nach denen erst die nichtgestrichenen Partien ansetzen; das heißt, dass unmittelbar nach diesen Worten der neue erste Absatz des dritten Briefes in der Fassung von 1798 anhebt –, spricht sich in aller Deutlichkeit dasselbe Freiheitsprinzip wie bei Schiller aus. Jede Freiheit der Gesellschaft müsse erst im Innern des Individuums beginnen, bevor sie nach außen dringen könne. Echte, wahre Freiheit beginne stets beim Einzelnen, bevor sie in der Gesellschaft ankomme; hier lässt sich sehr deutlich erneut auf das Ende der *Ästhetischen Erziehung* verweisen, an dem Schiller dasselbe sagt wie Fichte.

Das scheint mir besonders deshalb interessant, weil Fichte in den Briefen an Schiller nach dessen Ablehnung von *Über Geist und Buchstab in der Philosophie* dieses Konzept selbst wieder in Frage stellt, zumindest in Schillers Ausprägung. Es stellt sich daher die Frage, was hier also den Differenzpunkt darstellen soll. Ich sehe diesen in demselben, worin sich bereits Schiller und Kant unterscheiden, wenngleich mir Fichte und Kant ihrerseits bereits graduell unterschiedlich erscheinen: Schiller weist sehr viel dezidierter auf eine (moralische) Verpflichtung der Freiheit hin. Ihm geht es um eine ›Freiheit, um zu‹, während es Kant um die ›Freiheit von‹ geht. Fichte stellt hierin eine mittlere Stufe dar: Nach seiner Vorstellung in diesem Absatz diene ›das Ästhetische‹ dem Genie als ›erster, fester Standpunkt‹,

---

[95]   Schulz: Fichtes erste Fassung. S. 135. Hervorhebung i. Orig.
[96]   Ebd. S. 135f. Hervorhebung i. Orig.
[97]   Vgl. ebd. S. 136. Zit. ebd. Hervorhebung i. Orig.
[98]   Ebd. S. 136. Hervorhebung i. Orig.

um mithilfe der Kunst den anderen Menschen, die noch nicht so weit vorgedrungen sind in ihrer individuellen Freiheit, die »verborgenen Tiefen« des Ästhetischen aufzuzeigen.[99] Damit gerät das Genie nach Fichte in die Rolle des Mittlers, einem Türöffner vergleichbar, der den nicht-genialen Menschen dasjenige durch die Kunst aufzeigen solle, wozu diese anderen von selbst – noch – nicht gelangt sind.

In Anbetracht solcher Äußerungen seitens Fichte gewinnt die Ansicht Schillers, dass hiermit gewissermaßen noch einmal das Gleiche abgeliefert worden sei, was bereits seine eigene *Ästhetische Erziehung* sage, einige Stichhaltigkeit; ich werde darauf zurückkommen. Die Ähnlichkeit in beiden Ansätzen frappiert durchaus, wenngleich der Stil der Umsetzung bei Schiller offenkundig homogener ist.

Insgesamt spricht dieser dritte Brief jedoch wieder, vergleichbar dem ersten, wesentlich stärker die Sinne beziehungsweise die Vorstellungskraft des Lesers an, zumal hier, nicht mehr streng fachphilosophisch verfahrend, verschiedene Aspekte des Themas hergeleitet werden. Überdies zeichnet es eine gewisse Eigentümlichkeit aus, dass ausgerechnet jener Teil der drei Briefe am unsinnlichsten geraten ist, in dem Fichte die Triebstruktur des Menschen erläutert. Gerade dort also, wo auch ein zeitgenössischer Leser am ehesten von Leidenschaften zu reden erwarten dürfte. Das hängt freilich mit Fichtes Konzeption dieser Triebe zusammen, die, ebenfalls losgelöst von der Welt sowie dem Körperlichen, allein dem Geist dienstbar beziehungsweise ein Ausdruck desselben sind. Mit diesem Brief endet der Beitrag – »Die Fortsetzung ist nicht erschienen.«,[100] wie es am Ende heißt – und hat bis zu diesem Schluss den zweiten Begriff des Titels, den ›Buchstaben‹ nicht im gleichen Umfang behandelt wie den ›Geist‹.

Wie gesagt setzt dieser Brief ein mit der Fortführung der Fichteschen Gedanken zum ästhetischen Trieb, da von diesem aus der Mensch sich seine Welt organisiere. Wie ich ebenfalls bereits gesagt habe, dient die gravierendste Veränderung dieses Briefes dazu, die Dialogform abzuschwächen, so dass der Korrespondenzpartner im übriggebliebenen Rest zur Marginalie hinabsinkt. Außer randständigen Anredeformeln – »Es ist, wie Sie selbst angemerkt haben, […].«[101] – spielt der Scheindialog dieses Textes keine eminente Rolle mehr, nachdem ursprünglich eine Frage des mit dem Leser amalgamierten Briefpartners den Ausschlag für diese Erläuterungen gegeben haben will und nachdem zu Beginn des zweiten Briefes von Fichte so umfänglich aus einer vermeintlichen Antwort zitiert worden ist. Damit fällt der letzte Abschnitt des Textes selbst aus der vom realen Fichte gewählten Rolle.

Jetzt, zu Beginn des dritten Briefes, scheint Fichte doch einen Schritt hinter das zurückzutreten, was er zuvor apodiktisch postuliert hat, die Trennung des Geistes von der Sinneswelt: »Der Geist geht auf die Entwickelung eines Innern in dem Menschen, des Triebes, [sic!] und zwar eines Triebes, der ihn als Intelligenz über die ganze Sinnenwelt erhebt, und von dem Einflusse derselben losreisst.«[102] Bis hierhin ist die Aussage bekannt, gleich jener aus dem zweiten Brief, in dem die geistige Selbsttätigkeit den Menschen der Grenzen der

---

[99] Vgl. ebd. Zit. ebd. Vgl. auch: Fichte: Geist und Buchstab. S. 291.
[100] Fichte: Geist und Buchstab. S. 300.
[101] Ebd. S. 298.
[102] Ebd. S. 291.

Natur enthebt.[103] Hier wie dort ist es der ästhetische Trieb als Konkretion des Potentials der geistigen Selbsttätigkeit gedacht, welcher den Menschen vom Einfluss der umgebenden physischen Welt und Natur »losreisst.«[104]

Gleichwohl führt Fichte mit dem folgenden Satz eine Differenzierung ein, die an der früheren Stelle der ›Korrespondenz‹ nicht abzusehen gewesen ist:

> Aber die Sinnenwelt allein ist man nigfaltig [sic!], und nur inwiefern wir durch einen
> uns schlechterdings unsichtbaren Berührungspunct mit derselben zusammenhangen
> und ihren Einwirkungen offen stehen, sind wir als Individuen verschieden; der Geist
> ist Einer, und was durch das Wesen der Vernunft gesetzt ist, ist in allen vernünftigen
> Individuen dasselbe.[105]

Von einem solchen ›Zusammenhang‹ des geistigen Subjekts mit der Sinneswelt hat Fichte zuvor nicht gesprochen, geschweige dass sich die Individualität überhaupt erst durch den jeweiligen Bezug des Geistes auf die sinnlich-physische Welt herstelle, wodurch sich eine Diskrepanz zu jener früheren Aussage ergibt. Daher ist bei der ersten Passage der Widerspruch Schillers und aller anderen anthropologisch gebildeten Leser der Zeit sicher. Die Behauptung, der Geist beziehungsweise die Organisation des Geistes im Menschen entledige ihn der Grenzen der Natur und mache ihn unabhängig von der Sinneswelt, widerspricht eklatant jeder empirischen Erkenntnis der zeitgenössischen Anthropologie. Neu ist hier, dass Fichte doch einen solchen ›Zusammenhang‹ gelten lässt – und erneut hinter den anthropologisch-medizinischen Kenntnisstand der Zeitgenossen zurückfällt. Er spricht von einem »uns schlechterdings unsichtbaren Berührungspunct«,[106] das allerdings im Jahr »1794«,[107] wie dem Untertitel zu entnehmen ist. Damit liegt die Entstehungszeit dieses Beitrags rund eineinhalb Dekaden nach Schillers zwei philosophisch-anthropologischen Abschlussarbeiten, in deren Zeit bereits die Nerven als aussichtsreichste Lösung für das commercium-Problem in den Fokus besonders der medizinischen Seite der Anthropologie gerückt sind. Es zeigt sich demgemäß, dass der reine Fachphilosoph im Kenntnisstand seiner Postulate, was den Geist, die natürliche Umgebung einschließlich des Körpers sowie den beiderseitigen Zusammenhang anbelangt, der zeitgenössischen Anthropologie gegenüber starke Defizite aufweist. Zwar mag man einwenden, dass man die Nerven ohne weiteres tatsächlich nicht sehen kann, aber die Formulierung von einem ›für uns schlechterdings unsichtbaren Berührungspunkt‹, welcher den Zusammenhang herstellt, liest sich nicht anders als die blanke Unkenntnis dessen, was in besagtem Zeitraum so etwas wie eine Leitdisziplin gewesen ist. Vielleicht ist es lediglich der medizinische, und damit physisch konkrete Aspekt, den Fichte nicht zur Kenntnis genommen hat – immerhin ist es ihm besonders um die subjektive Perspektive des rein Geistigen zu tun –, aber daraus lässt sich zumindest folgern, dass Schiller eine solche übersteigert idealistische Ich-Philosophie, wie sie Fichtes Arbeiten darstellen, nicht wohlwollend hätte begleiten können; und so erweist sich einmal mehr, worin inhaltliche Gründe für Schillers Ablehnung des Fichteschen Beitrags gelegen haben können.

---

[103] Vgl. ebd. S. 277.
[104] Ebd. S. 291.
[105] Ebd. S. 291f.
[106] Ebd. S. 291.
[107] Ebd. S. 270. Vgl. ebd.

Indem Fichte schreibt, der Geist stelle die Einheit in der Mannigfaltigkeit sowohl her als auch dar,[108] berührt er abermals den Gedanken des Gemeinsinns, denn er sagt: »Aber die Wirkungen der Geistesproducte sind für alle Menschen, in allen Zeitaltern, und unter allen Himmelsstrichen gemeingültig, wenn auch nicht immer gemeingeltend.«[109] Damit ist nichts anderes gesagt, als dass der menschliche Geist unabhängig sei von Zeit und Raum; er währe unwandelbar für alle Zeiten sowie überall auf der Welt, wo Menschen leben. Wie nebenbei wischt Fichte den historischen Verlauf, die Verschiedenheit sowie die Abfolge von Zeitaltern hinweg, um alle Menschen aller Zeitalter als desselben Geistes teilhaftig zu bezeichnen. Zugleich verfährt er mit der Klimatheorie ebenso, die stellvertretend für den Raum steht, um die im späten 18. Jahrhundert ebenfalls zahlreiche Diskussionen kreisen, nachdem sie Johann Joachim Winckelmann in seinen *Gedancken über die Nachahmung* bereits im ersten Absatz zur Wiederauflage einem weiteren Interessentenkreis unterbreitet hat, nachdem zuvor sich in Frankreich vor allem Dubos und Montesquieu mit dieser beschäftigt haben.[110] Denn es ist kein Zufall, dass Fichte hier von ›Himmelsstrich‹ spricht und damit Winckelmann zitiert, dessen erster berühmter Satz dort lautet: »Der gute Geschmack, welcher sich mehr und mehr durch die Welt ausbreitet, hat sich angefangen zuerst unter dem Griechischen Himmel zu bilden.«[111] Der, oder die, Himmel dienen in beiden Schriften nicht zufällig als Beschreibungskategorie für Regionen der Welt; wie bei Winckelmann Griechenland als ›Geburtsland‹ des guten Geschmacks betrachtet wird, dieser anschließend jedoch seinen Siegeszug um die Welt antritt, also auch ›andere Himmel‹ erreicht, so spricht Fichte sogleich unspezifisch von »allen Himmelsstrichen«.[112] Damit verschieben sich bei letzterem die Koordinaten, denn bei Winckelmann ist von einem evolutorischen oder zumindest Stufenmodell die Rede. Zuerst besitzen die Griechen ›den guten Geschmack‹, hernach breitet er sich aus in der Welt, so dass diese nach und nach ebenfalls ›den guten Geschmack‹ ausbildet. Mithin findet in diesem Modell ein Nacheinander der Verbreitung statt, denkbar in konzentrischen Kreisen mit Griechenland als Mittelpunkt. Auf der anderen Seite spricht Fichte davon, dass die »Wirkungen der Geistesproducte« überall und für alle »unter allen Himmelsstrichen gemeingültig« seien.[113] Implizit drückt er damit aus, dass ›der Geist‹ selbst unwandelbar sei, also unabhängig von allen Zeitläuften und Regionen, dass er immer schon bei sich gewesen sei. Damit negiert Fichte das Winckelmannsche Entwicklungsmodell – aber ebenso die Milieutheorie Helvétius', der diese als Korrektiv zur Klimatheorie, welche er entschieden ablehnt, entwickelt hat.[114] Für Fichte scheint der Geist schlicht zu existieren; weder sei er anfällig für äußere Umstände, wie die Herkunft des Menschen, noch für innere

---

[108] Vgl. ebd. S. 291f.

[109] Ebd. S. 292.

[110] Vgl. Abel, Jacob Friedrich: Dissertatio de origine characteris animi. 1776. In: Abel/Riedel: Quellenedition. S. 140-179. Diese eigentlich Lateinisch verfasste Prüfungsdissertation hat Wolfgang Riedel in seinem Kommentar übersetzt: Ebd. S. 529-546. Vgl. hier: Kommentar. S. 548.

[111] Winckelmann, Johann Joachim: Gedancken über die Nachahmung der Griechischen Wercke in der Mahlerey und Bildhauer-Kunst. In: Frühklassizismus. Position und Opposition: Winckelmann, Mengs, Heinse. Hrsg. v. Helmut Pfotenhauer, Markus Bernauer, Norbert Miller unter Mitarbeit v. Thomas Franke. Frankfurt a.M. 1995. (= Bibliothek der Kunstliteratur. Bd. 2). S. 11-50. Hier: S. 13.

[112] Fichte: Geist und Buchstab. S. 292.

[113] Ebd.

[114] Vgl. Abel/Riedel: Quellenedition. Hier: Kommentar. S. 549.

wie die Zeitläufte. Damit widerspricht er allerdings sämtlichen Erfahrungswerten der Zeitgenossen, die zwar bereits die Klimatheorie kritisch hinterfragen, für die die Milieutheorie jedoch ein schlüssiges Korrektiv darstellt, um zu erklären, weshalb nicht alle Menschen, sofern man sie als gleich geboren ansieht, auch tatsächlich gleich in ihren geistigen und seelischen Äußerungen und Empfindungen sind. Gerade also an solchen Postulaten Fichtes lässt sich erkennen, welchen Preis es kostet, wenn man eine subjektive Philosophie des Geistes zu etablieren sucht: den der Welthaltigkeit. Schiller hingegen, der gerade aufgrund seiner anthropologischen Ausbildung stets die Verknüpfung von Welt und Geist in der Gestalt des Menschen denkt, muss gegen eine solche Philosophie Vorbehalte entwickeln, ganz unabhängig von persönlichen Befindlichkeiten unter den Autoren.

Ein letztes Thema der früheren Briefe kehrt in diesem Zusammenhang wieder, das »Genie«. Denn dieses, als Produzent der obengenannten »Geistesproducte«, »kleidet« »die Gestalten, die sich seinem geistigen Auge unverhüllt zeigten, in festere Körper, und stellt sie so auf vor seinen Zeitgenossen.«[115] Das Genie, das bereits zuvor aufs innigste mit dem Geist verknüpft worden ist, zeigt sich also darin, die rein geistigen Gestalten in feste Körper umzusetzen, mithin, sie körperlich werden zu lassen. Man könnte den Zusammenhang des Geistes mit der Sinneswelt in diesem Fichteschen Sinn dergestalt auffassen, dass das Genie, nachdem sein ästhetischer Trieb den Geist zu Selbsttätigkeit angeregt hat, diese in eine äußere und materielle Tätigkeit umwandelt – demnach ein Kunstwerk herstellt. Kunstwerk ist in diesem Sinne jedes ›Geistesprodukt‹, das aufgrund menschlicher Tätigkeit materiell geworden ist, sei es als Werk bildender Kunst, sei es als schöne oder philosophische Literatur.

Ein erster Grund für eine solche Produktion sei es, den »Sinn« des Zeitgenossen »zu versuchen«.[116] Dann aber ebenso, die »Stimmung« des Genies »*mitzutheilen*«.[117] An dieser Stelle kommt Fichte, fast ganz zuletzt, auf den ›Buchstaben‹ zu sprechen, welcher dem Leser beziehungsweise dem Quasipartner der Korrespondenz bereits mit dem Titel angegeben worden ist: »Diese innere Stimmung des Künstlers ist der Geist seines Products; und die zufälligen Gestalten, in denen er sie ausdrückt, sind der Körper oder der Buchstabe desselben.«[118] Der ›Buchstabe‹ dient Fichte hier also als allgemeiner Begriff für die Materialität des Kunstwerks, da er für jede denkbare ›zufällige Gestalt‹ steht, in welcher ein solches erscheinen könne. Zugleich wird ersichtlich, dass Fichte die Kategorien durchmischt, indem in dieser Aussage die »innere Stimmung« zum Geist erklärt oder diese wenigstens gleichgesetzt werden. Mir scheint dieses Vorgehen besonders deshalb problematisch, weil ›Stimmung‹ weniger von der analytischen Begriffsebene des Verstandes herrührt als vielmehr von der Ebene der Empfindungen. Daher werden Begriff und Empfindung wenigstens angenähert, mehr aber noch zusammengeworfen, was Widersprüche hervorruft, wie Schiller erkennt. Nicht von ungefähr wird er in einer seiner brieflichen Antworten auf die Einreichung dieses Beitrags denselben der Verworrenheit zeihen.

Im Anschluss an Fichtes Postulat wird der Philosoph selbst zu einem Apologeten der Produktionsästhetik, das heißt, er beschreibt, worauf zu achten sei, um ein gelungenes Kunstwerk herzustellen. Damit bewegt sich Fichte noch immer in einer fachfremden

---

[115] Fichte: Geist und Buchstab. S. 292.
[116] Ebd. S. 292. Hervorhebung i. Orig. Vgl. ebd. S. 292f.
[117] Ebd. S. 293. Hervorhebung i. Orig. Vgl. ebd. S. 293f.
[118] Ebd. S. 294.

Sphäre: »Sobald die Materie widerstrebt, und es der Anstrengung bedarf, sie zu besiegen, ist die ästhetische Stimmung abgebrochen, […].«[119] Dies ist eine Aussage, die denjenigen Schillers zur Zeit der *Kallias*-Briefe sehr ähnelt; wenn sich nämlich das Material des Kunstwerks zu sehr in den Vordergrund spiele, sei der Genuss seiner Schönheit gestört:

> Ist an einer Bildsäule ein einziger Zug, der den Stein verrät, der also nicht in der Idee, sondern in der Natur des Stoffes gegründet ist, so leidet die Schönheit; denn Heteronomie ist da. Die Marmornatur, welche hart und spröd ist, muß in der Natur des Fleisches, welches biegsam und weich ist, völlig untergegangen sein, und weder das Gefühl noch das Auge darf daran erinnert werden.
>
> Ist an einer Zeichnung ein einziger Zug, der die Feder oder den Griffel, das Papier oder die Kupferplatte, den Pinsel oder die Hand, die ihn führte, kenntlich macht, so ist sie *hart* oder *schwer*; ist an ihr der *eigentümliche Geschmack* des Künstlers, die Künstlernatur sichtbar, so ist sie *manieriert*.[120]

Das Kunstwerk hat demgemäß sowohl bei Schiller des Jahres 1793 als auch bei Fichte des Jahres 1795 einen vollständigen Illusionscharakter aufrechtzuerhalten. Das bedeutet, dass das Kunstwerk allein für das existiert, was es darstellen soll, ohne dass man bei der Betrachtung den Charakter des Materials berücksichtigen dürfe. Werde also das Material in irgendeiner Form oder Facette sichtbar – bei einer Bildsäule wären das der Stein als solcher, aber auch Schlagspuren des Meißels darauf; bei Literatur in der damaligen Zeit wären das sowohl der Federkiel und dessen Qualität (nicht umsonst entschuldigt sich Schiller bei Körner anlässlich seines Beispiels mit der »Schlangenlinie«[121] und der ›Zickzacklinie‹ über die Mangelhaftigkeit seiner Schreibfeder), die Tinte, das Papier oder Eigenwilligkeiten in der Handschrift des Schreibers –, schiebe sich das ›Wie‹ des Ausgesagten allzusehr in den Vordergrund, leide das ›Was‹, also das Dargestellte in der Kunst. Man könnte, auf das Theater bezogen, sagen, die Phantasmagorie der künstlerischen Scheinwelt werde aufgehoben – und es ist gerade die Welt des Theaters und der Schauspieler, anhand derer Schiller die Kollision von ›Stoff‹ und ›Form‹[122] exemplifiziert, ausgehend vom Schauspieler, der in der Darstellung des Charakters der Figur völlig verschwinde, hin zum Schauspieler, der gleichsam alle Figuren spielen und dennoch allein sich selbst darstellen könne.[123]

Fichte seinerseits verbindet seinen Gedanken mit dem ›Kunsthandwerker‹, da er von der »mechanischen Kunst« spricht:[124] »Durch sie allein wird nichts hervorgebracht, als ein leeres Geklimper, – ein Spiel, das auch nichts weiter ist, denn Spiel, – das nicht zu Ideen erhebt, und höchstens einen Muthwillen und eine verschwendete Kraft ausdrückt, der man in der Stille eine bessere Anwendung wünscht.«[125] Es scheint nicht von ungefähr hierin eine Pejoration des Begriffs ›Spiel‹ zu liegen, eines Begriffs immerhin, der in Schillers *Ästhetischer Erziehung* eine Zentralstelle besetzt. So wird relativ mittig in diesem ästhetisch-philo-

---

[119] Ebd. S. 295.
[120] Schiller, Friedrich: [Kallias oder über die Schönheit] Briefe an Gottfried Körner. In: HA V. S. 394-433. Hier S. 429. Brief vom 28.2.1793. (Künftig zitiert als: Schiller: Kallias-Briefe.)
[121] Ebd. S. 423. Brief vom 23.2.1793. Vgl. ebd. S. 423f.
[122] Vgl. ebd. S. 426. Brief vom 28.2.1793.
[123] Vgl. ebd. S. 430f.
[124] Fichte: Geist und Buchstab. S. 295. Vgl. ebd.
[125] Ebd. S. 295.

sophischem Hauptwerk Schillers sowohl der »Spieltrieb«[126] eingeführt als auch kurz darauf
dessen zentrale Bedeutung für das geistig-körperliche Doppelwesen Mensch formuliert:
»Denn, um es endlich auf einmal herauszusagen, der Mensch spielt nur, wo er in voller
Bedeutung des Worts Mensch ist, und *er ist nur da ganz Mensch, wo er spielt.*«[127] Damit
findet bei Schiller das ›Spiel‹ an ebendem Ort statt, an dem sich Stoff- und Formtrieb die
Waage halten, um so die grenzenlose Bestimmbarkeit des Menschen herzustellen.[128] Dass
nun Fichte gerade mit dieser obengenannten Formulierung gewissermaßen einen Angriff
auf eine zentrale Kategorie in Schillers eigenen Überlegungen durchführt, dass es sich um
eine ›verschwendete Kraft‹ handle, die man besser anders anwende, muss Schiller als Af-
front verstehen, besonders wenn man wie er Fichtes Ausführungen als ein paralleles Projekt
begreift. Daher ist es ganz natürlich, dass Schiller als Entgegnung Fichte auf die Briefe 19
bis 23 seiner *Ästhetischen Erziehung* verweist,[129] die zwischenzeitlich in den *Horen* erschienen gewesen sind, worin er nicht nur diese allgemeine Bestimmbarkeit ausführt, die den
Menschen zur völligen Selbstentfaltung führen soll, sondern auch den ›ästhetischen Zustand‹ sowie die »*Null*«,[130] die der Mensch darstelle, sofern er sich in diesem Zustand befinde[131] – und damit die grenzenlose Bestimmbarkeit in personam darstelle.

Bemerkenswert ist andererseits, dass Fichte mit Goethe einen Künstler aufruft, in dem
anscheinend dieser von ihm so bezeichnete ›Genius‹ obwalte, jedenfalls sei es der Geist,
nicht der Buchstabe, der dessen Schriften so anziehend mache; Fichte steigert seine Kom-
plimente sogar derart, dass Goethe zum neuen Griechen verklärt wird, zur wunderbaren
Wiederholung im Norden.[132] Gleichzeitig sei es das Publikum, das nicht unbedingt in der
Lage sei, diesen Geist als solchen wahrzunehmen. Daher müsse sich ein genialer Künstler
sein eigenes Publikum bilden und heranziehen – wie dies Goethe getan habe –, denn der
allgemeine Geschmack hänge oftmals am leichter Fasslichen, nicht an dem, was eine Erweiterung des eigenen Horizonts hervorrufe.[133] Die Anrufung Goethes durch Fichte wird in
dem Briefwechsel, der sich nach Schillers Ablehnung zwischen ihm und Fichte entspinnt,
eine gewisse Rolle spielen, so dass es nicht unwesentlich ist, dass Schiller seinerseits im 24.
Brief der *Ästhetischen Erziehung* Goethe zitiert, was einmal mehr eine Koinzidenz in beiden
Schriften darstellt.[134]

Resümierend bleibt zu sagen, dass dieser Text Fichtes, auch in der überarbeiteten Fassung
von 1798, etliche Widersprüche aufweist. Damit meine ich zum einen, dass *Ueber Geist und
Buchstab in der Philosophie* tatsächlich stilistisch uneinheitlich geraten ist. Immer dann,
wenn es Fichte gelingt, die Fiktion des Briefdialogs aufrechtzuerhalten, liest sich der Text
relativ leicht und flüssig; gelingt ihm dies nicht, und das gilt für den größten Teil des zweiten

---

[126]   Vgl. Schiller: Ästhetische Erziehung. In: HA V. S. 612. 14. Brief.
[127]   Ebd. S. 618. 15. Brief. Hervorhebung i. Orig.
[128]   Vgl. ebd. S. 627. 19. Brief.
[129]   Vgl. Schiller: NA 28. Brief Nr. 20 vom 3./4.8.1795. S. 360. Vgl. ebenso Schiller: Ästhetische Erziehung. In: HA
        V. S. 626-645. 19.-23. Brief.
[130]   Schiller: Ästhetische Erziehung. In: HA V. S. 635. 21. Brief.
[131]   Vgl. ebd. S. 632-636.
[132]   Vgl. Fichte: Geist und Buchstab. S. 295f.
[133]   Vgl. ebd. S. 297.
[134]   Vgl. Schiller: Ästhetische Erziehung. In: HA V. S. 646. 24. Brief.

Briefes, welcher zudem der umfangreichste der insgesamt drei Briefe ist, wird aus der angenehmen Lektüre eine anstrengende. Zum anderen aber ist es auffällig, welche Analogien sich zwischen Fichtes Text und Schillers *Ästhetischer Erziehung* ergeben, sowohl die Struktur des Aufbaus als auch die inhaltliche Ausrichtung betreffend, und – vielleicht noch wesentlicher – welche Diskrepanzen sich zeigen. Besonders gilt dies für diejenigen Elemente, welche ersichtlich hinter den Wissenshorizont der zeitgenössischen Anthropologie zurückfallen, ganz gleich wie sehr sich beide Autoren an Kant orientieren. Problematisch wird *Ueber Geist und Buchstab* jedoch stets dann, wenn sich darin kaum verhüllte Angriffe auf Schillersche Positionen aus dessen *Ästhetischer Erziehung* finden, welche der Redakteur Schiller schwerlich hat ignorieren können. Angesichts dieser Punkte ist es keine Überraschung, zu sehen, auf welche Gründe Schiller seine Ablehnung dieses Textes bezieht.

3.3 Der Briefwechsel nach der Ablehnung. Fragmente einer Eskalation

In dem Bestreben Schillers, Fichte die Gründe für die Ablehnung seines Beitrags zu erläutern, löst er überhaupt erst die Kontroverse aus, die, jedenfalls aufgrund der erhalten gebliebenen Briefe Fichtes, anzeigt, dass es von beiden Seiten ein gewisses Unverständnis der jeweils anderen Position gegeben hat, was zu jener Art des ›Aneinandervorbeiredens‹ geführt hat, das es im Grunde unmöglich gemacht hat, zu einem gemeinsamen Nenner zu kommen.[135] Nicht vergessen werden sollte allerdings, dass in der Forschung seit langem die Meinung vertreten wird, dass in Fichtes Beschreibung der unterschiedlichen Arbeitsweise des Genies im Grunde Goethes Methode dezidiert im höchsten Maß gelobt, Schillers dagegen herabgesetzt werde. Daher sei Schillers Ablehnung von Fichtes Horenbeitrag als Teil eines Konkurrenzkampfes beider um Goethes Gunst zu sehen. Nach Schulz, der hierin Elisabeth Winkelmann folgt[136] und merklich als Fichtes Parteigänger zu erkennen ist, habe Schiller aus Furcht und Eifersucht, dass seine eigene neue Freundschaft durch ein Dazwischentreten Fichtes gestört werden würde, versucht, Fichte zu »isolieren«[137] oder wenigstens die Bindungen zwischen Fichte und Goethe zu lockern.[138] Es scheint mir ein wenig übertrieben, hier von einem Konkurrenzstreit um die Gunst Goethes zu sprechen, da es meiner Ansicht nach genügend Punkte in Fichtes Beitrag gibt, welche Schiller kritisieren kann, ohne dass man dabei Goethe im Hintergrund vermuten müsste; zumal sich in den Briefwechseln Schillers der betreffenden Zeit auch auf Seiten Goethes gewisse spöttisch-ironische Töne

---

[135] Vgl. Wildenburg, Dorothea: »Aneinander vorbei«. Zum Horenstreit zwischen Fichte und Schiller. In: Fichte und die Romantik. Hölderlin, Schelling, Hegel und die späte Wissenschaftslehre. Hrsg. v. Wolfgang Schrader. Amsterdam 1997. S. 27ff. (= Fichte-Studien. Beiträge zur Geschichte und Systematik der Transzendentalphilosophie. Bd. 12). Vgl. zudem: Alt: Schiller. Bd. 2. S. 183ff. Vgl. zu diesem Streit insgesamt auch: Mertens, Marina: Anthropoetik und Anthropoiesis. Zur Eigenleistung von Darstellungsformen anthropologischen Wissens bei Friedrich Schiller. Hannover 2014. (= Bochumer Quellen und Forschungen zum 18. Jahrhundert. Bd. 5). Hier: S. 162-172.

[136] Vgl. Winkelmann, Elisabeth: Schiller und Fichte. In: Zeitschrift für Geschichte der Erziehung und des Unterrichts 24 (1934). S. 177-248.

[137] Schulz: Fichtes erste Fassung. S. 120.

[138] Vgl. ebd. S. 116-121.

einschleichen, wenn von Fichte die Rede ist. Hinzukommend denke ich, dass sich Schiller spätestens seit jenem berühmten ›Geburtstagsbrief‹ aus dem Jahr 1794,[139] in welchem er Goethes und auch sein eigenes Wesen so treffend charakterisiert hat, und vor allem seit Goethes sehr wohlwollender Antwort darauf, dieser Freundschaft hat gewiss sein dürfen.[140]

Gleichzeitig prallt alle Konzilianz Schillers, jeder Versuch, die Differenz sachlich zu behandeln, auf gewisse Empfindlichkeiten Fichtes, der manche Äußerung Schillers persönlich nimmt und seinerseits invektiv antwortet. Zuletzt ist Schiller in seinen Briefentwürfen, die anscheinend nicht mehr zu einem abgesendeten Brief führen, selbst nicht ganz frei davon, auf eine persönliche Ebene zu wechseln.

Bedenken muss man aber, dass die Auseinandersetzung mit Fichte Schillers ›rechtfertigenden‹ Text *Über die notwendigen Grenzen beim Gebrauch schöner Formen* vorbereitet, den man allerdings sehr viel mehr als eine Selbstaussage über den eigenen philosophischen Stil lesen sollte.

Es ist dabei interessant zu sehen, welches Schillers Kritikpunkte sind – und wie Fichte darauf reagiert. Zugleich ist dieser spezifische Briefwechsel, wie bereits erwähnt, unvollständig überliefert. Das erste Schreiben Schillers datiert vom 24.6.1795; was jedoch im Textteil des betreffenden Briefbandes abgedruckt ist, ist mit »*Konzept*«[141] überschrieben – und stellt eine Kompilation aus den drei beziehungsweise vier überlieferten Entwürfen dar, um zu zeigen, wie das Schreiben, das selbst nicht erhalten ist, ausgesehen haben könnte. Nebenbei bemerkt, ein Verfahren, das auch ebenso andere Briefausgaben anwenden.[142]

Bereits im ersten Entwurf wird Schiller seinem Beiträger gegenüber sehr deutlich in seiner Kritik. Er sende dessen Beitrag an Fichte zurück, denn selbst wenn »der Innhalt auch noch so sehr meinen Beyfall hätte«,[143] so schließe die »trockene, schwerfällige und – verzeyhen sie es mir – nicht selten verwirrte Darstellung«[144] den Beitrag aus den *Horen* aus. Gleichwohl sei Schiller noch nicht einmal mit dem Inhalt zufrieden.[145]

Damit stellt sich Schiller gleichsam in eine Fundamentalopposition zu Fichtes *Ueber Geist und Buchstab in der Philosophie*, denn wenn der verantwortliche Redakteur der Zeitschrift, in welcher der Text veröffentlicht werden soll, Einwände sowohl gegen den Inhalt als auch gegen die Form hat, dann bleibt nicht mehr viel übrig von einem solchen Beitrag.

---

[139]   Schillers Werke. Nationalausgabe. Begründet v. Julius Petersen, fortgeführt v. Lieselotte Blumenthal u. Benno von Wiese. Hrsg. im Auftrag der Stiftung Weimarer Klassik und des Schiller-Nationalmuseums Marbach v. Norbert Oellers. Weimar 1943ff. Bd. 27. Briefwechsel. Schillers Briefe. 1794-1795. Hrsg. v. Günter Schulz. Weimar 1958. (= NA 27). Hier: Brief Nr. 22 vom 23.8.1794. S. 24-27. (Künftig zitiert als: Schiller: NA 27).

[140]   Schillers Werke. Nationalausgabe. Begründet v. Julius Petersen, fortgeführt v. Lieselotte Blumenthal u. Benno von Wiese. Hrsg. im Auftrag der Stiftung Weimarer Klassik und des Schiller-Nationalmuseums Marbach v. Norbert Oellers. Weimar 1943ff. Bd. 35. Briefwechsel. Briefe an Schiller. 25.5.1794-31.10.1795. In Verbindung mit Lieselotte Blumenthal hrsg. v. Günter Schulz. Weimar 1964. (= NA 35). Hier: Brief Nr. 29 vom 27.8.1794. S. 42f. (Künftig zitiert als: Schiller: NA 35).

[141]   Schiller: NA 27. Brief Nr. 166 vom 24.6.1795. S. 200. Hervorhebung i. Orig.

[142]   Vgl. ebd. S. 200-203. Vgl. ebenso den dazugehörenden Kommentar, welcher die eigentlichen Entwürfe enthält: S. 365-373. Vgl. ebenso: Schiller: Briefe II. FA 12. Brief Nr. 417 vom 24.6.1795. S. 12-18. Vgl. ebenso den dazugehörenden Kommentar, welcher ebenso die eigentlichen Entwürfe enthält: S. 753-759.

[143]   Schiller: NA 27. Brief Nr. 166 vom 24.6.1795. 1. Entwurf. S. 365.

[144]   Ebd. S. 366.

[145]   Vgl. ebd. Vgl. auch den 2. Entwurf. Ebd. S. 368. Sowie das Konzept. Ebd. S. 201.

Zudem wird bereits aus dem ersten Entwurf deutlich, dass Schiller den Fichteschen Text als Konkurrenzprojekt zur eigenen *Ästhetischen Erziehung* versteht, die zum Zeitpunkt dieser Briefentwürfe in den *Horen* noch gar nicht abgeschlossen ist: »Was erhalte ich nun und was muthen Sie mir zu dem Publikum zu geben? Die alte Materie, sogar in der schon da gewesenen unbequemen Briefform, und Widerlegung meiner Theorie, so möchte es noch hingehen, der Leser hätte doch das Interesse der Vergleichung […] dabey entblößt von allem, was den Leser bey gutem Muth erhalten könnte.«[146] Gerade an diesen Sätzen lässt sich erkennen, dass Schiller die Ähnlichkeiten seines und Fichtes Ansatz zwar erkannt hat, diese allein jedoch keine ausreichende Begründung für den Redakteur dargestellt hätte, den Beitrag abzulehnen. Vielmehr anerkennt er sogar die Verschiedenheit und hätte sie für wert befunden, abgedruckt zu werden, damit der Leser der *Horen* einen Vergleich hätte ziehen können. Zwar mag eine gewisse Ungeschicklichkeit seitens Fichte darin gelegen haben, einen ähnlichen Gegenstand und ebenso die Briefform gewählt zu haben – aber die Umsetzung sei gescheitert: »Es thut mir leid es zu sagen, aber es liege nun woran es wolle, so befriedigt mich weder der Innhalt noch die Behandlung, und ich vermisse in dieser Arbeit die Bestimmtheit, und Klarheit, welche Ihnen sonst eigen ist.«[147] Im dritten Entwurf findet sich sogar eine zugespitzte Formulierung, die das Gesagte noch einmal verdeutlicht, indem Schiller sagt, es sei Fichte »nicht gelungen, [seine; F.H.] Meynung einem Andern verständlich, viel weniger annehmlich zu machen.«[148] Womöglich hat Schiller den Vorwurf der Unverständlichkeit in die endgültige Brieffassung nicht aufgenommen; allerdings ist die Bemerkung über die mangelnde Klarheit und Bestimmtheit offenkundig ein Aspekt, den Fichte persönlich nehmen und darauf in harscher Weise in seiner Antwort reagieren wird; nicht zuletzt kehrt er diesen Vorwurf um, damit er auf Schillers eigene philosophischen Texte ziele.

Die inhaltliche Kritik des ersten Entwurfs liegt in Umständen, die noch der Leser der überarbeiteten Fassung von 1798 leicht nachvollziehen kann, da sie auf der Diskrepanz zwischen dem Titel und der Umsetzung des Fragments der ersten drei Briefe basiert: »Ueber Geist und Buchstaben überschreiben Sie diese Briefe, und die ersten Bogen handeln fast von nichts als von dem Geist in den schönen Künsten, ohne daß man den Gegenstand, von welchem gehandelt werden soll auch nur von weitem zu Gesicht bekommen.«[149] Dies ist eine Auffälligkeit, die ich bereits weiter oben vermerkt habe: Von der Philosophie, die eigentlich titelgebend ist, ist nicht sehr häufig die Rede, sofern man nicht willens ist, über eine angenommene verbindende Klammer das Genie dem Künstler sowie dem Philosophen gleichzusetzen. Denn so spricht Fichte vor allen Dingen von Kunst und wie Kunst hergestellt werde, was aber zugegebenermaßen etwas anderes zu sein scheint als Philosophie. Ist man hingegen bereit, sowohl Künstler als auch Philosophen gleichermaßen als ›Genies‹ anzusehen, bleibt Fichte bei dem von ihm gewählten Thema. Diesen Schritt scheint Schiller zu gehen jedoch nicht bereit zu sein, so dass er ihm implizit eine Themaverfehlung vorwirft.

Schiller geht noch einen Schritt weiter, da er Fichte die Vermischung von Begriffen vorwirft – »Ich sollte meynen, Geist im Gegensatz gegen den Buchstaben, und Geist, als aes-

---

[146]　Ebd. 1. Entwurf. S. 366. Vgl. ebd. 2. Entwurf. S. 368f. Vgl. ebd. 3. Entwurf. S. 371. Vgl. ebd. Konzept. S. 201f.
[147]　Ebd. 1. Entwurf. S. 366. Vgl. ebd. 2. Entwurf. S. 369. Vgl. ebd. Konzept. S. 202.
[148]　Ebd. 3. Entwurf. S. 371.
[149]　Ebd. 1. Entwurf. S. 366. Vgl. ebd. 2. Entwurf. S. 368. Vgl. ebd. Konzept. S. 201.

thetische Eigenschaft, wären so himmelweit verschiedene Begriffe, daß man nicht ohne eine schreckliche Digression von dem einen zu dem andern gelangen könnte.«[150] – und zugleich unsaubere philosophische Herleitungen der Begriffe: »Ihre Eintheilung der Triebe däucht mir schwankend und unrein. Es fehlt an einem Eintheilungsgrund, […]. Da die zwey ersten Triebe nicht rein unterschieden sind, so konnte der dritte, daraus abgeleitete aesthetische Trieb nicht anders als schielend ausfallen.«[151] Damit dürfte sich endgültig der *Fach*philosoph Fichte vom *Laien*philosophen Schiller angegriffen fühlen, der zwar im Rahmen seiner Ausbildung zum Arzt (!) an der Stuttgarter Karlsschule ein gehöriges Pflichtpensum Philosophie gehört hat und der zwar eine außerordentliche Professur für Philosophie an der Universität Jena übernimmt, dort aber vor allem geschichtliche Themen behandeln solle.[152] Es gibt gewichtige Gründe, Schiller als einen »philosophierende[n] Dichter« zu sehen, da alle Verfahren, gerade im Umgang mit der bildenden Kunst der Antike dieser Jahre, nahelegen, dass er trotz des ästhetisch-philosophischen Intermezzos vor allem belletristischer und dramatischer Autor ist, für den »die künstlerische Praxis« »wichtiger« »bleibt« »als jede Kunstphilosophie.«[153] Sofern Fichte also eine Person ist, die regelmäßig empfindlich zu reagieren scheint, dürfte nicht zuletzt an diesen Kritikpunkten Schillers sowie dessen Persönlichkeit, die Fichte bereits daher bekannt sein dürfte, da beide zum Jenaer Lehrpersonal gehören, sich jene harsche Replik Fichtes entzündet haben.

Zuletzt, im dritten Entwurf, beschreibt Schiller erstmals in Ansätzen, wie er sich eine gelungene formale Umsetzung philosophischer Themen vorstellt: »Von einer guten Darstellung fordre ich vor allen Dingen Gleichheit des Tons, und, wenn sie aesthetischen Werth haben soll, eine W e c h s e l w i r k u n g zwischen Bild und Begriff, keine A b w e c h s l u n g zwischen beiden, wie in Ihren Briefen häufig der Fall ist.«[154] Dieses Abwechselnde in der Darstellung ist selbst in der überarbeiteten Fassung zu erkennen, denn gerade in der Herleitung der Triebe ist Fichte in der Darstellung außerordentlich ›trocken‹ und unsinnlich, auch wenn er im ersten sowie dritten Brief durchaus bereit ist, anschaulich mithilfe von Beispielen, Bildern und Vergleichen zu verfahren. Schiller argumentiert an der Stelle als der Dichter und Dramatiker, der er schlichtweg ist; es mag für einen Philosophen, zumal einen Fachphilosophen angehen, allein den Verstand überzeugen zu wollen – der Dichter hingegen zielt immer darauf ab, den sinnlichen Apparat anzusprechen, indem er die immateriellen Vorstellungen und Ideen in »Bilder und Situationen zu verwandeln« sucht.[155]

Insgesamt wird man festhalten dürfen, dass Schiller in diesem Ablehnungsschreiben an Fichte Aspekte aus dessen Schrift *Ueber Geist und Buchstab in der Philosophie* kritisiert hat, die sehr wohl kritikabel sind – allerdings muss man ebenso festhalten, dass ein nicht geringer Anteil der Kritik daher rührt, dass sich Schiller im eigenen Feld, sowie der eigenen Zeit-

---

[150]   Ebd. 1. Entwurf. S. 366. Vgl. ebd. 2. Entwurf. S. 368. Vgl. ebd. Konzept. S. 201.

[151]   Ebd. 1. Entwurf. S. 366. Vgl. ebd. 2. Entwurf. S. 369. Vgl. ebd. 3. Entwurf. S. 371. Vgl. ebd. Konzept. S. 202.

[152]   Vgl. Alt: Schiller. Bd. 1. S. 592ff. Vgl. aber auch Schiller im dortigen philosophischen Kontext: Henrich, Dieter: Schillers Denken im Spannungsfeld der Jenaer Konstellation. In: Friedrich Schiller. Dichter, Denker, Vor- und Gegenbild. Hrsg. v. Jan Bürger. Göttingen 2007. S. 116-135. Besonders S. 116ff.

[153]   Bollenbeck, Georg: Von der Universalgeschichte zur Kulturkritik. In: Friedrich Schiller. Der unterschätzte Theoretiker. Hrsg. v. Georg Bollenbeck, Lothar Ehrlich. Köln, Weimar, Wien 2007. S. 11-26. Hier: S. 15.

[154]   Schiller: NA 27. Brief Nr. 166 vom 24.6.1795. 3. Entwurf. S. 371. Gesperrt i. Orig. Vgl. ebd. Konzept. S. 202f.

[155]   Berghahn, Klaus L.: »Das Pathetischerhabene« – Schillers Dramentheorie. In: Ders.: Schiller. Ansichten eines Idealisten. Frankfurt a.M. 1986. S. 27-58. Hier: S. 31. Vgl. ebd. S. 31ff.

schrift, angegriffen gefühlt haben mag, wie sein Verweis auf die eigene *Ästhetische Erziehung* nahelegt.

Die Antwort, die Fichte am 27.6.1795 schreibt, zeigt im Gegensatz zu Schiller einen betroffenen Menschen, der die Kritik an Inhalt und Form persönlich zu nehmen scheint. Der erste Satz des Briefes – »Die Verworrenheit der Begriffe, die sie mir zutrauen, ist ein wenig arg.«[156] – scheint noch sachlich neutral; am Ende des ersten Absatzes sieht sich Fichte als einer der »verworrensten aller verworrenen Köpfe«[157] bezeichnet. Dabei sei es doch vielmehr so: »Sie [Schiller; F.H.] haben meine Aufschrift [sic!] unrichtig, oder, daß ich es gerade heraus sage, Sie haben die ganze Idee gar nicht verstanden; […].«[158] Dieser Fichtesche Vorwurf, Schiller seinerseits habe den *Geist und Buchstab*-Text nicht verstanden, zieht sich leitfadenartig durch den gesamten Brief, gepaart mit weiteren Anschuldigungen: Schiller verachte Fichte[159] oder habe den Aufsatz »sehr flüchtig gelesen.«[160] Brisant wird dieser Streit in dem Moment, da Fichte die Unterstellungen persönlich nimmt. Dabei scheint Fichte menschlich tatsächlich leicht reizbar gewesen zu sein – man könnte auch sagen: empfindlich –, wenn man berücksichtigt, wie Schillers Freunde auf diesen ersten Brief Fichtes reagieren, nachdem er ihnen von der beginnenden Auseinandersetzung berichtet hat.

Wilhelm von Humboldt schreibt als erster in einem Brief ausführlich darüber und zeigt sich dabei deutlich auf Seiten Schillers stehend, da er, gleichsam hinter Fichtes Rücken, fast schon ausfällig wird.[161] Zunächst sagt er, die »Epistel der Oßmannstädtischen Majestät« sei »ihrer ganz würdig. Verbissener Aerger, sogenannte feine Ironie, und eine gute Dosis recht eigentlicher Grobheit haben mir so die Ingredienzien dieser trefflichen Mixtur geschienen.«[162] Solcherart charakterisiert Humboldt Fichtes briefliche Entgegnung auf Schillers Abweisung, welche Schiller an Humboldt zur Kenntnisnahme weitergesandt hat. Zuletzt wird Humboldt ebenfalls persönlich, wohlgemerkt in Unwissenheit des Betreffenden, und doch dessen Persönlichkeit schlaglichtartig und sarkastisch beleuchtend: »In ein solches weitläuftiges Geschwätz zu verfallen, ist in der That wie ein altes Weib, das Lust hat, sich einmal recht auszukeifen. Merkwürdig ist es auch, wie der Ton gegen das Ende zu immer ärger wird, und wie immer mehr das Nicht-Ich über das schwache Ich siegt.«[163] Während man Humboldt hier nicht minder invektiv und ›keifend‹ erlebt als den geziehenen Fichte, ist Goethe wesentlich dezenter in seinem Urteil, auch wenn er sich ebenso eines ironisierten Hinweises auf Fichtes Ich-Philosophie nicht enthalten kann: »Mir war sehr lieb zu hören daß [sic!] das Osmannstädter Ich sich zusammengenommen hat und daß auf Ihre Erklärung kein Bruch erfolgt ist, vielleicht lernt er nach und nach Widerspruch ertragen.«[164]

Gerade die letzte Bemerkung Goethes, dass Fichte womöglich noch lerne, Widerspruch zu ertragen, was er also bislang offenbar nicht könne, sowie die ironisch zu nennenden Äu-

---

[156] Schiller: NA 35. Brief Nr. 236 vom 27.6.1794. S. 229-233. Hier: S. 229.
[157] Ebd.
[158] Ebd.
[159] Vgl. ebd. S. 230.
[160] Ebd. S. 231.
[161] Vgl. ebd. Brief Nr. 252 vom 17.7.1795. S. 247-251. Hier besonders: S. 248f.
[162] Ebd. S. 248.
[163] Ebd. S. 249.
[164] Ebd. Brief Nr. 255 vom 19.7.1795. S. 253.

ßerungen Wilhelm von Humboldts lassen den Schluss zu, dass Fichte eine zumindest schwierige Persönlichkeit besitzt. Daher wundert es nicht, dass Schillers Kritik am Stil von *Ueber Geist und Buchstab* eine dezidierte Gegenreaktion hervorrufen muss. Zunächst beschreibt er, dass er die ›Popularität‹ seines Vortrages in den »synthetischen Gang«[165] gelegt habe, mithin den ›Aufstieg‹ der Einteilung seiner Triebe.[166] Hernach bemühe er sich, den Unterschied zwischen beiden zu verdeutlichen, wobei er in diesem Zusammenhang die Charakteristik seines Stils im Vergleich mit Schiller herleitet: »Sie gehen gröstentheils analytisch, [sic!] den Weg des strengen Systems; und setzen die Popularität in Ihren unermeßlichen Vorrath von Bildern, die Sie fast allenthalben Statt [sic!] des abstrakten Begriffs setzen.«[167] Diese Bemerkung ist höchst interessant, da hier Fichte erstmals von der Verbindung der Begriffe und Bilder bei Schiller spricht – und sogleich festhält, dass bei ihm das Bild entweder vor oder nach dem Begriff stehe und diesen illustriere, nicht jedoch ›anstatt‹ des Begriffs.[168] Er deutet diese Beziehung allerdings dahingehend, dass das Bild den Begriff ersetze. Diese Substitution, man könnte vielleicht auch von der Tilgung des Begriffs durch das Bild sprechen, rufe bei ihm eine ganz eigene Reaktion auf diese »völlig neu[e]« »Art« zu philosophieren hervor:

> Sie feßeln die Einbildungskraft, welche nur frei seyn kann, und wollen dieselbe zwingen, zu denken. Das kann sie nicht; daher, glaube ich, entsteht die ermüdende Anstrengung, die mir Ihre philosophischen Schriften verursachen; und die sie Mehrern verursacht haben. Ich muß alles von Ihnen erst übersetzen, ehe ich es verstehe; und so geht es andern auch.[169]

So kindlich-kindisch es anmuten mag, dass Fichte darauf pocht, seine Erfahrung – oder Empfindung? – des Übersetzenmüssens mit anderen zu teilen, so ist dies tatsächlich vom Herzog von Augustenburg ebenfalls überliefert, immerhin dem Adressaten der sogenannten *Augustenburger Briefe*, die die direkte Vorlage, oder besser: Vorstufe, für die *Ästhetische Erziehung* darstellen.[170] – Humboldt bemerkt zu diesem Aspekt lediglich, dass es »das alte abgeschmackte Urtheil« sei, Schiller schreibe »zu dichterisch«.[171]

Sei es, dass dieses Urteil abgeschmackt ist, sei es, dass Fichte hier den Finger in eine offene Wunde legt; dieses Beharren auf der Stilfrage lässt Schiller nochmals einen Brief – erneut in mehrfacher Ausfertigung – entwerfen, der jedoch nicht abgeschickt wird.[172] Diese Entwürfe bilden die Grundlage für Schillers Abhandlung, die letztlich die Selbstbefragung zu diesem Thema abschließen soll. Zugleich sind sie die Reaktion auf einen weiteren Brief Fichtes, vermutlich von Ende Juli 1795, welcher nicht erhalten ist.[173] Schiller setzt damit ein,

---

[165] Ebd. Brief Nr. 236 vom 27.6.1794. S. 231.

[166] Vgl. ebd.

[167] Ebd.

[168] Vgl. ebd. S. 232.

[169] Ebd.

[170] Vgl. Schiller: NA 28. Hier: Kommentar zu Brief Nr. 20 vom 3./4.8.1795. S. 357-367. Hier besonders: S. 358.

[171] Schiller: NA 35. Brief Nr. 252 vom 17.7.1795. S. 249. Vgl. auch: Sayce, Olive: Das Problem der Vieldeutigkeit in Schillers ästhetischer Terminologie. In: Jahrbuch der Deutschen Schillergesellschaft 6 (1962). S. 149-177.

[172] Vgl. Schiller: Briefe II. FA 12. Hier: Kommentar zu Brief Nr. 429 vom 3./4.8.1795. S. 772. Vgl. ebenfalls: Schiller: NA 28. Hier: Kommentar zu Brief Nr. 20 vom 3./4.8.1795. S. 358.

[173] Vgl. Schiller: NA 28. Hier: Kommentar zu Brief Nr. 20 vom 3./4.8.1795. S. 358.

dass er, versöhnlich, betont, Fichte und er seien unterschiedliche »Naturen«,[174] so dass ein Zusammenfinden in den strittigen Punkten nahezu unmöglich sei, anders jedenfalls, als wenn sie lediglich durch Prinzipien getrennt wären.[175] Anscheinend hat Fichte auf den Publikumsgeschmack angespielt und eine Anbiederung des Autors an denselben Schiller vorgeworfen, denn letzterer bemüßigt sich, deutlich klarzustellen, dass es zwar eine gewisse äußere Notwendigkeit gebe, auf die Verkaufbarkeit der eigenen Produkte zu achten, was gleichwohl nicht heiße, sich dem Publikumsgeschmack völlig zu unterwerfen.[176] Damit wäre abermals ein Punkt von Fichte angesprochen, der Schiller trifft: die nicht völlige finanzielle Sicherheit Schillers. Immerhin ist er außerordentlicher Professor, was bedeutet, dass er kein universitäres Gehalt bezieht, sondern auf die Hörergelder angewiesen ist;[177] sonst lebt Schiller tatsächlich vor allem von dem, was ihm die Feder einbringt. Jedoch ist das in dem Moment kein Argument mehr auf Seiten Fichtes, wenn man berücksichtigt, wie das einzige Schillersche Projekt geendet hat, das versucht hat, sich dem Publikumsgeschmack anzupassen: *Der Geisterseher* ist, fast notwendig, Fragment geblieben.[178] Gleichwohl ist das ein Vorwurf, der bei Schiller regelmäßig verfängt.

Die stärkste Verbindung dieser Entwürfe mit der nachmaligen Schrift *Über die Grenzen beim Gebrauch schöner Formen* ist der zweite Absatz des ersten Entwurfs, welcher Gedanken enthält, die nicht nur eine Querverbindung zur *Ästhetischen Erziehung* herstellen, sondern auch in der zweiten und dritten Entwurfsfassung erstaunlicherweise fehlen; ganz als habe sie Schiller in der Nacht vom 3. auf den 4. August 1795 getilgt, weil er sich bereits mit der Abfassung einer eigenen Schrift getragen habe. Darin heißt es:

> Auch kann ich in Rücksicht auf den philosophischen Vortrag keine Vergleichung meiner Manier mit der eines andern gelten lassen, am wenigsten mit der Manier eines lediglich nur didaktischen Schriftstellers. Meine beständige Tendenz ist, neben der Untersuchung selbst, [sic!] das Ensemble der Gemüthskräfte zu beschäftigen, und soviel möglich auf alle zu wirken. Ich will also nicht bloß meine Gedanken dem andern deutlich machen, sondern ihm zugleich meine ganze Seele übergeben, und auf seine sinnlichen Kräfte wie auf seine geistigen wirken.[179]

Inzwischen hat auch Schiller damit begonnen, aggressiver zu formulieren, denn man kann den ersten Satz durchaus so verstehen, dass Fichte zum ›bloß didaktischen Schriftsteller‹ abqualifiziert wird; zu einem Schriftsteller also, der auf die Form nicht besonders achtet, da allein der Inhalt, die Botschaft zählt. Der Form kommt bei einem solchen Schreiben lediglich in dem Rahmen Bedeutung zu, wie sie den Inhalt bestmöglich transportieren könne. Mithin hat sie keinen künstlerisch-ästhetischen Eigenwert. Schiller hingegen wolle auf die geistigen sowie sinnlichen Kräfte wirken, indem er, ein wenig pathetisch überhöht, seine ›ganze Seele‹ dem Leser überreichen wolle – und wendet einmal mehr einen anthropologisch geprägten Duktus an, wie man das allzu häufig in seinen Schriften findet. Diesmal jedoch ist es der Autor, Schiller, selbst, der in seinen eigenen Schriften für die Totalität des

---

174 Ebd. 1. Entwurf. S. 359. Vgl. ebd. 2. Entwurf. S. 362. Vgl. ebd. 3. Entwurf. S. 19f.
175 Vgl. ebd. an allen genannten Stellen.
176 Vgl. ebd. 1. Entwurf. S. 359. Vgl. ebd. 2. Entwurf. S. 362f. Vgl. ebd. 3. Entwurf. S. 20f.
177 Vgl. Alt: Schiller. Bd. 1. S. 597.
178 Schiller, Friedrich: Der Geisterseher. In: HA V. S. 48-160. Sowie Kommentar. S. 1158-1165.
179 Vgl. Schiller: NA 28. Hier: Kommentar zu Brief Nr. 20 vom 3./4.8.1795. 1. Entwuf. S. 359.

Menschen einsteht, nicht ein ›beliebiges‹ Kunstwerk, wie wir das in anderen Schriften sehen
können. Diese ›ganze Seele‹ sei auch der Grund dafür, dass seine Schriften überdauern werden, ohne dass er sich dem Publikumsgeschmack zur Gänze beuge.

Für die Beurteilung seines Verfahrens habe man aber »einen ganz andern Standpunkt
nötig«,[180] schreibt Schiller, um in Richtung Fichte fortzufahren, dass dieser besser niemals
darangegangen wäre, seinen Stil zu beurteilen.

> Sie sagten mir in einem der vorigen Briefe, daß ich meine Speculationen in Bildern
> vortrage, und daß man mich erst übersetzen müsse, um mich zu verstehen. Das thut
> mir leid, aber warlich nicht meinetwegen. Zeigen Sie mir in allen meinen philosophi-
> schen Aufsätzen einen einzigen Fall, wo ich die U n t e r s u c h u n g   s e l b s t (nicht
> bloße Anwendung derselben) in Bildern abhandle. Das wird und kann nie mein Fall
> seyn, denn ich bin beynahe scrupulöß in der Sorgfalt meine Vorstellungen deutlich
> zu machen.[181]

Im Anschluss daran verweist Schiller auf die Briefe 19 bis 23 seiner *Ästhetischen Erziehung*,
worin Fichte den eigentlichen »Nervus der Sache« finden könne: Sofern dieser darin eine
»unzweckmäßige Sprache« finde, »so weiß ich [= Schiller; F.H.] in der That keinen Punkt
der Vereinigung in unsern Urtheilen mehr.«[182] Die besagten Briefe stehen unter dem Zeichen des ›ästhetischen Zustands‹[183] und besonders der Gleichsetzung des Menschen in diesem Zustand mit der »*Null*«,[184] worin sich die grenzenlose Bestimmbarkeit des Menschen
ergebe. Letztlich besteht Schiller Fichte gegenüber darauf, ebenso begrifflich zu verfahren –
die ›Untersuchung selbst‹ –, diese jedoch wesentlich stärker mit bildhaften, die Einbildungskraft stimulierenden Anreicherungen zu amalgamieren. Insofern mag man diese Form der
philosophisch-ästhetischen Rede tatsächlich als etwas völlig Neues ansehen, wie es Fichte
genannt hat,[185] denn Schiller geht schließlich wahrhaftig nicht dergestalt vor, dass er sein
Ziel streng systematisch erreicht und es anschließend mit einigen Vergleichen oder einfachen Tropen ›ausgarniert‹. Bei Schillers Philosophieren geht es gerade nicht um eine bloße
Illustration des Gedankens, sondern vielmehr um ein bildhaftes Denken als solches, welches
im Zugleich von Begriff und Bild zuhause ist; mithin ein ›dichterisches‹ Philosophieren,[186]
sich stets der semantischen Fähigkeiten der verwendeten Wörter gewiss und oft genug des
Schwankens, des Oszillierens[187] zustimmend bewusst.

Daher ist es naheliegend, dass Schiller Fichte rät, sich in diesem Streit besser nicht auf
Goethe als Schiedsrichter zu berufen:

> Göthe kann aber nicht gerecht gegen Sie seyn, und sein Urtheil nichts wider Sie be-
> weisen. […] Sonderbar genug ist es, daß Sie von mir erst hören müssen, wie wenig
> Göthe dazu taugt, Ihre Parthie [sic!] zu ergreifen. Eben so sonderbar ist es, daß Sir
> mir absprechen über den Geschmack und den ganzen Ton Ihrer Schriften zu urthei-

---

[180]   Ebd.
[181]   Ebd. S. 359f. Gesperrt i. Orig.
[182]   Ebd. S. 360. Vgl. ebd.
[183]   Vgl. Schiller: Ästhetische Erziehung. In: HA V. 20. Brief. S. 632f.
[184]   Ebd. 21. Brief. S. 635. Hervorhebung i. Orig. Vgl. ebd. S. 634-636.
[185]   Schiller: NA 35. Brief Nr. 236 vom 27.6.1794. S. 232.
[186]   Vgl. Bollenbeck: Von der Universalgeschichte zur Kulturkritik. S. 15.
[187]   Vgl. Simon, Ralf: Der poetische Text als Bildkritik. München 2009. S. 119ff.

len, und dieses Amt Göthen übertragen, der in seinen eigenen M s c r p t e n [sic!] und S c h r i f t e n über diesen Punkt mich zum Richter anerkennt, und meine Urtheile befolgt.[188]

Mit anderen Worten: Schiller betont hier die Eintracht von poetischen Autoren zueinander, bei dem der *Fach*philosoph gleichsam ›vom falschen Fach‹ ist. Es ist eine grundsätzlich andere Art, mit Sprache umzugehen, wie es die beiden hier genannten Möglichkeiten darstellen – und vielleicht hat sich Schiller niemals emphatischer zur Dichtung bekannt, während er noch die »philosophische Bude«[189] am Laufen gehalten hat.

3.4 Schillers *Über die notwendigen Grenzen* als Abschluss des Disputs

Wie ich bereits oben gesagt habe, ist es zwar nicht verwunderlich, gleichzeitig aber auch nicht bestreitbar, dass Schillers Schrift in der Behandlung der Auseinandersetzung mit Fichte durch die literaturwissenschaftliche Forschung weitaus mehr Raum gegeben wird als dem dieselbe auslösenden Beitrag. Daher ist es notwendig gewesen, sich die ursprünglichen Fichteschen Beiträge zu vergegenwärtigen. Demgegenüber beschreibe ich *Über die notwendigen Grenzen beim Gebrauch schöner Formen* – auch hier in der zusammengezogenen Fassung der Hanserausgabe – vor allem unter den Gesichtspunkten, welche Verbindungen es zwischen dieser Abhandlung und Fichtes Beitrag sowie dem nachfolgenden Briefwechsel gibt. Gleichermaßen existiert jedoch noch zusätzlich eine Tiefenschicht, welche man stets mit hinzudenken sollte, auch wenn sie sich nur an wenigen Punkten auskristallisiert zeigt.

In dieser Schrift betont Schiller einmal mehr das von ihm bereits bekannte ›triadische Argumentationssystem‹, welches sich gerade nicht allein in den historischen Schriften erschöpft,[190] sondern meistenteils die ästhetischen Schriften ebenso strukturiert.[191] Die Drittelung des Weges in diesem Aufsatz liegt darin, dass es neben der wissenschaftlichen und der populären die schöne Diktion gebe, welche in besonderem Maße die geistigen und sinnlichen Vermögen des Menschen vereinige. Denn im Eingang seines *Grenzen*-Texts spricht Schiller von der Gefahr der Einseitigkeit, wenn entweder das Schöne allein oder die Einbildungskraft ausschließlich dominiere; alles brauche Grenzen – und diese müssen auch für die schönen Formen, und damit für das Schöne selbst, gelten.[192] Dem »Geschmack« komme dabei die Fähigkeit zu, »die sinnlichen und geistigen Kräfte des Menschen in Harmonie zu bringen und in einem innigen Bündnis zu vereinigen.«[193] – Hierin wiederholt Schiller Gedanken, welche bereits im 17. und 18. Brief über die *Ästhetische Erziehung* Verwendung gefunden haben.[194] Zudem wird damit eine erste sublime Verbindung zu Fichte geschlagen, da sich Schiller im Briefwechsel sicher ist, es handle sich bei *Ueber Geist und Buchstab* um

---

188 Schiller: NA 28. Hier: Kommentar zu Brief Nr. 20 vom 3./4.8.1795. 1. Entwurf. S. 360. Gesperrt i. Orig.
189 Ebd. Brief Nr. 101 vom 17.12.1795 an Goethe. S. 132f. Hier: S. 132.
190 Vgl. Bollenbeck: Von der Universalgeschichte zur Kulturkritik. S. 16.
191 Vgl. Mertens: Anthropoetik und Anthropoiesis. S. 173-188.
192 Vgl. Schiller: Notwendige Grenzen. In: HA V. S. 670.
193 Ebd.
194 Vgl. Schiller: Ästhetische Erziehung. In: HA V. 17./18. Brief. S. 622-626.

eine bewusste Parallele. – Gleichwohl sei der Geschmack nicht alles, denn der Geschmack, oder vielmehr »Urteile des Geschmacks«, seien nicht in der Lage, »[u]nser Wissen« zu erweitern,[195] während es die »Bestimmung« des Menschen sei, »Erkenntnisse zu erwerben und aus Erkenntnissen zu handeln.«[196] Man kann hieran die Diskrepanz erkennen, welche Schiller als Vorstufe seiner weiteren Überlegungen aufzeigt: Erkennen, so sagt er, sei etwas Aktives, eine Tätigkeit, während Empfinden, wohinein der Geschmack kategorial fällt, etwas Passives sei, da der Mensch beim Empfinden des Schönen auf sich selbst bezogen bleibe.[197]

Auf die Frage, welchen Sinn eine solche »geschmackvolle Einkleidung der Begriffe«[198] habe, antwortet Schiller zunächst mit dem Bild einer appetitlich arrangierten Mahlzeit, um dann zu verdeutlichen, dass die schöne Form in der Philosophie den Leser »in eine günstige Stimmung« versetze, um der »Wahrheit« die »Seele zu öffnen«, damit die »Hindernisse in unserm Gemüt« »hinweggeräumt« »werden«, »die sich der schwierigen Verfolgung einer langen und strengen Gedankenkette sonst würden entgegengesetzt haben.«[199] Damit erst wird die Möglichkeit eröffnet, dass sowohl der Verstand als auch die Einbildungskraft gleichzeitig beschäftigt sind: »Der Inhalt muß sich dem Verstand unmittelbar durch sich selbst empfehlen, indem die schöne Form zu der Einbildungskraft spricht und ihr mit einem Schein von Freiheit schmeichelt.«[200] Ersichtlich ist für den heutigen Leser der direkte Bezug auf jene berühmte Formulierung aus den *Kallias*-Briefen: »Schönheit also ist nichts anders als Freiheit in der Erscheinung.«[201] Dabei ist dieser Schein-Begriff nicht pejorativ gemeint, nicht als Täuschung; man sollte ihn eher als eine Epiphanie sehen – ohne dass Schiller hier auf den religiösen Subtext im engeren Sinn anspielt, also der Erscheinung des Herrn, lässt er es zu, dass die ›Erscheinung der Freiheit‹ an der Aura dieses semantischen Feldes partizipiert.[202] Diese Freiheit, die im eigentlichen Sinn lediglich in der Einbildungskraft des Rezipienten existiert, soll daher das Potential für die Aufnahme neuer Erkenntnisse befördern, indem dabei gleichzeitig (analytischer) Verstand und (empfindende) Einbildungskraft ans Werk gehen, mithin der ›Geist für Begriffe‹ mit der begriffslosen Sinnlichkeit korreliert.

Aus dieser anfänglichen Dichotomie entwickelt Schiller zunächst die beiden Pole der ›wissenschaftlichen Erkenntnis‹, »welche auf deutlichen Begriffen und erkannten Prinzipien ruht«, und eine ebensolche ›populäre‹, »welche bloß auf mehr oder weniger entwickelte Gefühle sich gründet«.[203] Bemerkenswert ist hieran vor allem das ›mehr oder weniger entwickelte Gefühl‹, das die Grundlage für die populäre Erkenntnis darstelle, denn so setzt Schiller den strengen Begriffen das völlig Diffuse eines sogar nicht einmal näher bestimmbaren Gefühls entgegen und es bleibt zu fragen, ob es sich dabei überhaupt noch um eine ›Erkenntnis‹ handeln kann. Hieraus entwickelt Schiller den Gedanken der gegenseitigen

---

[195]   Schiller: Notwendige Grenzen. In: HA V. S. 671. Vgl. ebd.
[196]   Ebd. S. 670.
[197]   Vgl. ebd. S. 670f.
[198]   Ebd. S. 671.
[199]   Ebd. Vgl. ebd.
[200]   Ebd.
[201]   Schiller: Kallias-Briefe. In: HA V. Brief vom 8.2.1973. S. 400.
[202]   Vgl. hier auch das Kant-Kapitel dieser Arbeit, besonders den Abschnitt 2.3.1.2.
[203]   Schiller: Notwendige Grenzen. In: HA V. S. 672.

Begrenzung. Da die Einbildungskraft, »ihrer Natur gemäß«,[204] stets nach Anschauungen strebe, müsse sie sich in ihrem Drang begrenzen, wenn es um die wissenschaftliche Erkenntnis gehe, da zu viel Sinnlichkeit dem Begriffsdenken entgegenstehen könne.[205] Für die populäre Diktion, in deren Bereich Schiller die »Volksredner oder Volksschriftsteller«[206] einhegt, gilt letztlich das Umgekehrte, wobei zu bedenken sei, dass hier die Einbildungskraft allein passiv oder »reproduktiv«[207] verfahre.[208] Daher, und hier zeigt sich einmal mehr die seit der Karlsschule eingeübte Haltung, es gebe für jedwede Entgegensetzung die ihr eigene Synthese, tritt bei Schiller nun die ›schöne Schreibart‹ hervor.[209]

Die Eigenart dieser sei es, den beiden Naturen des Menschen gerecht zu werden, denn einerseits gründe alles Denken des Menschen im Sinnlichen,[210] andererseits solle alles menschliche Denken »Bedeutung«[211] haben, wofür die Begriffe einstehen. Einmal mehr spricht Schiller in pathetischer Überhöhung davon, dass die »Zauberkraft der schönen Diktion« im »glücklichen Verhältnis zwischen äußerer Freiheit und innerer Notwendigkeit« liege.[212] Dabei sieht Schiller die Differenz in der Art, wie die jeweilige ›Diktion‹ die verhandelte Sache darstelle: der schöne Schriftsteller zeige sie als »*möglich* und als *wünschenswürdig*«, der populäre als »*wirklich*«, der philosophische als »*notwendig*«.[213]

Nachdem Schiller diese grundlegenden Ausführungen getätigt hat, wendet er sich dem ›Gegner Fichte‹ zu, wie man fast sagen möchte. Es ist zwar so, dass die Grundlagen für diesen Schillerschen Horenbeitrag in dem liegen, was er bereits zur Zeit der *Augustenburger Briefe*[214] und dann erneut in der *Ästhetischen Erziehung* vorgelegt hat; es lässt sich aber ebenso nicht bestreiten, dass der konkrete Anlass für diese Schrift in der Auseinandersetzung mit Fichte liegt. In Schillers Schrift liegen sozusagen ›kleine giftige Samenkörner‹, die nur bei Fichte und denjenigen aufgehen können, mit denen sich Schiller in der Phase des Briefwechsels beraten hat. Die erste dieser Stellen bezieht sich auf den von mir so bezeichneten *Fach*philosophen, der Fichte nun einmal tatsächlich ist im Gegensatz zu Schiller – worin meines Erachtens ein Gutteil des gegenseitigen Unverständnisses herrührt: »Daher ist es kein Wunder, wenn ein noch so gründlicher dogmatischer Vortrag in der Konversation und auf der Kanzel kein Glück macht, und ein noch so geistvoller schöner Vortrag auf dem Lehrstuhl keine Früchte trägt – […].«[215] Schiller sagt weiter, dass die jeweilige Schreibart davon abhänge, an welches Publikum eine Schrift oder ein Vortrag gerichtet sei, denn ein Text in der falschen Schreibart für ein bestimmtes Publikum sorge letztlich dafür, dass dieser durchfalle.[216] Damit zieht Schiller hier Grenzlinien, die er eigentlich hat einreißen

---

[204] Ebd. Vgl. ebd.
[205] Vgl. ebd. S. 672-674.
[206] Ebd. S. 674.
[207] Ebd. Hervorhebung i. Orig.
[208] Vgl. ebd. S. 674f.
[209] Vgl. ebd. S. 675.
[210] Vgl. ebd.
[211] Ebd. S. 676. Hervorhebung i. Orig. Vgl. ebd.
[212] Ebd.
[213] Ebd. S. 677. Hervorhebungen i. Orig. Vgl. ebd.
[214] Vgl. Mertens: Anthropoetik und Anthropoiesis. S. 173-188.
[215] Schiller: Notwendige Grenzen. In: HA V. S. 679.
[216] Vgl. ebd.

wollen, wenn man sich die *Ankündigung der Horen* nochmals besieht und feststellt, was dort avisiert worden ist: Dass sich Wissenschaft und schöne Welt gegenseitig befruchten sollen – jetzt wird man sagen müssen: sollten.[217] Schiller fällt an diesem Punkt also zurück hinter den Horizont seines eigenen Projektes – er wird späterhin jedoch wieder in seine ursprüngliche Linie zurückkehren – und es ist nicht ausgemacht, ob daran ein ›bornierter Philosoph‹ oder ein ›nicht-umgänglicher Redakteur‹ schuldig ist.

An einer der zentralen Stellen dieser Schrift, welche als eine ganze Kaskade von ›wenn-dann‹-Sätzen erscheinen, bedient sich Schiller offenkundig seines anthropologischen Wissenshintergrundes, um Fichte anzugreifen, der hierbei wiederum für die Eingeweihten sichtbar gemeint ist:

> Wenn aber der Schriftsteller durch die strengste innere Bestimmtheit dafür gesorgt hat, daß der Verstand diese Resultate notwendig finden muß, […], wenn er das Getrennte wieder verbindet und durch die vereinigte Aufforderung der sinnlichen und geistigen Kräfte immer den ganzen Menschen in Anspruch nimmt, so hat er wahrhaft nicht um so viel schlechter geschrieben, als er dem Höchsten näher gekommen ist. Der gemeine Beurteiler freilich, der ohne Sinn für jene Harmonie immer nur auf das Einzelne dringt, […], dieser wird es ihm wenig Dank wissen, daß er ihm eine doppelte Mühe machte; denn ein solcher muß ihn freilich erst *übersetzen*, wenn er ihn verstehen will, so wie der bloße nackte Verstand, entblößt von allem Darstellungsvermögen, das Schöne und Harmonische in der Natur wie in der Kunst erst in seine Sprache umsetzen und auseinanderlegen, kurz, so wie der Schüler, um zu lesen, erst buchstabieren muß.[218]

Diese Stelle muss Fichte als frontalen Angriff empfunden haben, da Schiller nicht nur vom ›Übersetzen‹ spricht, also einen Begriff aus dem Register der Vorwürfe Fichtes an Schiller nun gegen den Autor wendet, sondern auch, dass Schiller mit dem ›Buchstabieren‹ dasjenige Wortfeld aufruft, welches für den Titel von Fichtes Schrift so relevant ist. Hinzu kommt, dass Fichte einen Künstler, der keinen Geist besitze, sondern allein die Handwerkskunst beherrsche, »Buchstäbler«[219] nennt. Diese Fichteschen Wendungen subsumiert Schiller unter dem Begriff des ›Ganzen Menschen‹, wodurch ersichtlich wird, dass Fichte als ein Stellvertreter der ›Vereinzelung‹, gleich dem ›gemeinen Beurteiler‹, eben kein harmonisierter oder harmonischer Mensch ist. Weil also Geist und Sinnlichkeit nicht im Einklang miteinander stehen, vermag er nicht Begriff und Bild zusammenzubringen; daher die empfundene Notwendigkeit, sich einen solchen harmonischen, ›ganzen Text‹ übersetzen zu müssen. Zugleich werde Fichte damit selbst zu einem ›Buchstäbler‹, der an die bloße Oberfläche eines Textes stößt, jedoch daran scheitert, deren Elemente zu Sinneinheiten zusammenzusetzen. Diese Passage ist von Schiller dezidiert auf Fichte als Adressat bezogen, zumal mit der hier indirekt zitierten Anthropologie jene Tiefenschicht benannt ist, welche diesen Text als Antwort auf Fichte ebenso sublim durchzieht.

Zum Ende desjenigen Teiles von *Über die notwendigen Grenzen*, welcher im 9. Stück des ersten Horenjahrgangs abgedruckt worden ist,[220] erwähnt Schiller das Genie en passant; zu-

---

217 Schiller: [Ankündigung der Horen]. In: HA V. S. 870–873.
218 Schiller: Notwendige Grenzen. In: HA V. S. 681. Hervorhebung i. Orig.
219 Fichte: Geist und Buchstab. S. 298ff.
220 Vgl. Schiller: Notwendige Grenzen. In: HA V. Hier: Kommentar. S. 1232.

erst spricht er vom »wahrhaften Kunstgenie«, später von einer »echte[n] Geniuskraft«.[221] Hierin sehe ich nicht allein einen Verweis auf Fichte, der sich in *Ueber Geist und Buchstab* nahezu ausschließlich für das Genie interessiert als demjenigen Menschen, welcher Geist besitze und idealerweise diesen für andere in nachvollziehbare Formen transformiere. An der Stelle lässt sich nämlich ebenfalls eine Verbindung herstellen zur anthropologischen Ausbildung Schillers in der Stuttgarter Karlsschule. Zum einen ist Schiller Respondent einer Prüfung 1779 bei Professor Haug, in der es unter anderem um die Grenzen der Schönen Wissenschaften geht.[222] Zum anderen und ungleich wesentlicher ist hier ein Text Jacob Friedrich Abels einschlägig, oder vielmehr eine Rede; gemeint ist die sogenannte ›Genie-Rede‹, eigentlich *Rede, über die Entstehung und die Kennzeichen großer Geister* von 1776.[223] Damit ist sie tatsächlich der Prüfung bei Haug vorgängig; zugleich ist Abel für Schiller wohl die zentrale Lehrergestalt seines Lebens, von dessen Unterricht nicht nur der junge Schüler zehrt, sondern der das Fundament von Schillers Denken legt. Nebenbei bemerkt: Im betreffenden Jahr 1776 ist Schiller unter den Respondenten der *Theses Philosophicae* zu finden.[224] Damit ist davon auszugehen, dass sich Schiller in besonderem Maß den Themen von Abels Unterricht gewidmet hat.

Die Zeit, in die dieser Unterricht fällt, ist grundsätzlich geprägt von der Genieästhetik, denn das alte horazische ›ut pictura poesis‹ gilt ebenso als passé wie die Gottschedischen beziehungsweise Aristotelischen Nachahmungsgebote;[225] das Wesen der Kunst ist also nicht mehr eine vollkommene Nachahmung, sondern die »»Erregung von Leidenschaften««.[226] Das Genie selbst wird zum Objekt der Anthropologie, zu einer Art ›gemischtem Charakter‹, einem Gemenge von Innen und Außen, denn es sei »ein Werk der Natur und Erziehung zugleich.«[227] Ebenso sei die Wirkungsweise des Genies eine doppelte: Einerseits handle es sich um einen Schöpfer neuer Werke, Abel spricht hier von »Erfindung und Schöpfungs-Geist«;[228] ihm komme aber gleichrangig die Fähigkeit für »sonderbare Zusammensezungen«[229] zu, welche dezidiert mit dem ›Witz‹ verbunden ist, also die Fähigkeit, Ähnlichkeiten zu erkennen.[230] Damit hat Abel die notwendige Kompetenz angesprochen, auf die Schiller in seiner Auseinandersetzung mit Fichte abzielt: Der geistvolle Mensch, sei er nun Genie genannt oder nicht, vermag nicht nur Assoziationen zu bilden sondern auch vorgefundene aufzugreifen und zu verstehen, gleich einer genialischen Kommunikation unter Gleichrangigen – ganz ohne dass hier eine Übersetzung nötig sei.

---

[221] Ebd. S. 686.

[222] Vgl. Mertens: Anthropoetik und Anthropoiesis. S. 173f.

[223] Abel, Jacob Friedrich: Rede, über die Entstehung und die Kennzeichen großer Geister. In: Abel/Riedel: Quellenedition. S. 181-218. (Künftig zitiert als: Abel: Genie-Rede).

[224] Vgl. Abel: Theses Philosophicae. In: Ebd. S. 26-34. Hier: S. 30.

[225] Vgl. Alt, Peter-André: Aufklärung. Lehrbuch Germanistik. Stuttgart, Weimar ²2001. Besonders S. 68ff. Vgl. ebenfalls: Petersen, Jürgen H.: Mimesis – Imitatio – Nachahmung. Eine Geschichte der europäischen Poetik. München 2000. S. 37ff. sowie 161ff.

[226] Abel/Riedel: Quellenedition. Hier: Kommentar. S. 446. Vgl. ebd. S. 446f. Vgl. ebenso: Abel: Theses Philosophicae. In: Ebd. Hier: These XX. S. 33.

[227] Abel: Genie-Rede. S. 185.

[228] Ebd. S. 200. Vgl. ebd. Hier: Kommentar. S. 561.

[229] Ebd. S. 200.

[230] Vgl. ebd. Hier: Kommentar. S. 560f.

Es ist dabei bereits Abel selbst, der im Zusammenhang mit dem Genie auf das Verhältnis von Bild und Begriff zu sprechen kommt:

> Das Genie naehrt sich sehr gern an Bildern, nicht nur weil die Imagination bei ihm herrschend ist, sondern auch, weil alle unsere Begriffe zulezt auf Empfindungen und die helleste [?; F.H.] derselbigen auf anschauliche Bilder sich enden, weil auch die abgezogenste Begriffe in der Huelle derselbigen dargestellt werden, weil sie dem Verstand und dem Herzen am meisten Nahrung geben.[231]

Statt von ›übersetzen‹ spricht Abel hier von der Nahrung, welche die Bilder dem Genie geben. Er spricht aber ebenfalls davon, dass alle Begriffe auf Empfindungen und anschaulichen Bildern gründen, eine Wendung, die Schiller in seinem *Grenzen*-Aufsatz expressis verbis wiederholt: »[…] so abstrakt wir auch denken mögen, so ist es doch immer zuletzt etwas Sinnliches, was unserm Denken zum Grund liegt.«[232] Das gleiche gilt für die Hülle, in welche die abstrakten, das heißt ›abgezogenen‹, Begriffe gekleidet werden; Schiller spricht von der ›geschmackvollen Einkleidung der Begriffe‹.[233] Diese Ähnlichkeit ist im höchsten Maß signifikant wie frappant: In dem Moment, in dem Fichte in seinem Beitrag wiederholt das Genie als Maß aller Dinge in Bezug auf den Geist benennt, scheint sich Schiller dieser Rede seines früheren Professors entsonnen zu haben. Dabei haben die von Abel vermittelten Vorstellungen offenbar derart überdauert, dass Schiller nun, im Sommer 1795 – also 19 Jahre, nachdem die Rede ursprünglich gehalten worden ist – eine fast gleichlautende Formulierung gebraucht, um sie gegen Fichte zu wenden. Abel muss also bei Schiller tatsächlich einen immensen Eindruck hinterlassen haben, dass er sich beinahe zwei Dekaden später so offenkundig und lebendig an diese Rede erinnert. Freilich wird Schiller selbst in der frühen Dramatikerphase dem ›Sturm und Drang‹ zugerechnet, jener Epoche, in welcher das Genie ›Furore gemacht‹ hat. Eine eigene Lebensphase als ›Originalgenie‹ verbracht zu haben, sorgt im Wesentlichen dafür, solchen Erwägungen näherzustehen als anderen, auch im späteren Alter. Denn es steht außer Frage, dass Schiller diese Grundsätze in dem Augenblick ganz selbstverständlich anwendet, in dem er selbst gleichsam in die Fußspuren seines Lehrers tritt und eine eigene ästhetische Philosophie verfasst. Damit ist auch dieses so scheinbare Randthema, wie man adäquat philosophiere, eines, das Schillers Denken aufs Entschiedenste an seine Ausbildung an der Karlsschule zurückbindet; einmal mehr zeigt sich der lebenslange Einfluss dieser wenigen Jahre auf Schillers gesamtes Leben und Schaffen.

Gleichzeitig gilt: Sofern man davon ausgeht, dass alle abstrakten Begriffe letztlich auf sinnlichen Erfahrungswerten beruhen, dann wundert es freilich nicht, wenn die Genies umgekehrt dem Rezipienten Bilder an die Hand geben, um den Abstraktionsaufwand umzukehren. Mit anderen Worten, zunächst wird im vorgängigen Abstraktionsprozess aus sämtlichen besonderen Einzelfällen etwas Allgemeines gefolgert; anschließend gehöre es zum Wesen des Genies, mithilfe von Bildern aus dem Allgemeinen wieder etwas Besonderes zu formen, um es dem Rezipienten zu erleichtern, folgen zu können. Nicht umsonst spricht Abel hier Verstand und Herz gleichberechtigt an.

---

[231]   Ebd. S. 211.
[232]   Schiller: Notwendige Grenzen. In: HA V. S. 675.
[233]   Vgl. ebd. S. 671.

Gleichzeitig formuliert bereits Abel gegen den Fachphilosophen, da er ihm bescheinigt, gerade kein Genie zu sein und somit in der Wüstenei des bloßen Geistes zu verharren: »So sehr die Weisen davor erschrecken, ist im Genie immer mehr sinnliches anschauliches, bildliches, aber eben daher wahres tief und innig gefühltes [sic!], wo der abgezogene Metaphysiker, indem er das Sinnliche flieht, nichts als Worte hascht, nicht [sic!] als einen todten Körper ohne Seele umarmt.«[234] Das also, was der Philosoph nach dieser Stelle betreibe, sei ein Haschen nach Wörtern, welche tote Körper ohne Seele seien – sofern sie abgeschnitten sind vom Sinnlichen. Darin spricht sich in aller Deutlichkeit ein Vorbehalt gegen eine bloße Verstandeskultur aus, welche die Spätaufklärung durch die Rehabilitierung der Sinne sowie der Emotion abzuschaffen sich bemüht. Mit Blick auf die Anthropologie lässt sich ebenso sagen, dass eine Philosophie, welche allein den Geist des Menschen anspricht, lediglich eine Hälfte des Menschen bedient, während die zweite brachliegt. Erst indem neben dem Verstand gleichermaßen das Herz, die Sinne und also die Emotion durch die Verwendung von bildhaften Ausdrucksformen im allgemeinen oder Tropen im Besonderen beschworen wird, adressiert die Philosophie den ›Ganzen Menschen‹ mit allen seinen Fähigkeiten und Kräften.[235] Abel führt dies aus an einem Beispiel:

> Man vergleiche einen unserer geistigen Wolfianer mit einem Baco oder Plato, dort stuezt sich die Seele auf Worte und sobald diese entwischen, schwindet alles; man denkt nichts, man fühlt nichts; hier dringt man durch die Huelle eines Bildes zum tiefen geistigen Sinn, der es gleich einem unsichtbaren Genius bewohnet, oder man dringt biß zum ersten sinnlichen Bilde vor, an dem alle Abstractionen hangen, man denkt und fühlt.[236]

Gerade weil hier der ›geistige Wolffianer‹ genannt wird, ist ersichtlich, dass der konventionelle Schulphilosoph gemeint ist. Unweigerlich muss man zugleich an Fichte denken, der in einer seiner expliziten Volten gegen Schiller vom ›Kunsthandwerker‹ spricht, der nichts weiter als »leeres Geklimper« und ebensolch leeres »Spiel«[237] erzeuge mit einer Kraft, die besser anders angewendet wäre. Es zeigt sich, dass mit Fichte und Schiller, der hier zudem stellvertretend für Abel stehen soll, zwei konträre Typen von Philosophen einander entgegenstehen. Fichte scheint die hohe Bildhaftigkeit in Schillers ästhetischen Schriften als einen Makel zu sehen, als solle ihm der Zugang zum philosophisch eigentlich Gemeinten verstellt werden. Auf der anderen Seite sehen wir Abel als Schillers ›Vorausdenker‹ und Schiller selbst als die Vertreter einer Philosophie, die den ›Ganzen Menschen‹ ansprechen möchte und daher versucht, nicht allein an den Geist oder allein an den sinnlichen Apparat zu appellieren, sondern beides zusammen. In diesem gleichzeitig klassischen hermeneutischen Bild, dass man durch die – hier: schöne – Hülle zum tiefen Sinn vordringe, verdeutlicht Abel, dass in der ›wahren‹ Philosophie die beiden Naturen des Menschen keine getrennten Sphären bleiben dürfen, dass sie also stets zusammenzudenken seien. Und doch ist es ebenso fraglich, ob nicht die Reaktion Fichtes auf Schillers Philosophieren eine Abwehr der Popularphilosophie durch den etablierten Fachphilosophen darstellt. Schiller dürfte in den

---

[234] Abel: Genie-Rede. S. 211.
[235] Vgl. ebd. Hier: Kommentar. S. 567f.
[236] Ebd. S. 211.
[237] Fichte: Geist und Buchstab. S. 295. Vgl. ebd.

Augen Fichtes kaum mehr gewesen sein als ein ›dilettierender Laie‹, ein im philosophischen Fach ›wildernder‹ Dichter, um mich hier eines Begriffs zu bedienen, der zum Begriffsrepertoire Schillers und Goethes gehört.

Letztlich ist es in meinen Augen einerlei, ob diese Auseinandersetzung auf den unterschiedlichen Naturen der beiden Beteiligten basiert oder nicht. Viel schwerer wiegt, dass diese beiden zwei gegensätzliche Formen des Philosophierens vertreten, die schlichtweg inkompatibel sind. – Von den streng bewachten Grenzen der jeweiligen Fachrichtung[238] will ich hier gar nicht reden. – Das hebt diesen ›Horen-Streit‹ auf die Ebene eines Kulminationspunkts für den sehr viel weitläufigeren Streit zwischen der Schul- und Popularphilosophie.

---

[238]   Vgl. Alt: Schiller. Bd. 1. S. 592ff.

4 Ästhetisches *work in progress*. Schillers Zugriffe

Im dritten Hauptabschnitt geht es vor allen Dingen darum, aufzuzeigen, wie Schiller mit dem aus der früheren Ausbildung Anverwandelten weiter verfährt. Schiller bildet in jenen Jahren an der Stuttgarter Karlsschule Muster aus, die sozusagen als ›Hintergrundfolie‹ seine Argumentationen stets organisieren, bis hinein in die Rechtfertigung des eigenen philosophischen Stils Fichte gegenüber, wie im vorangegangenen Kapitel zu sehen gewesen ist.

In den folgenden Kapiteln, bezogen auf Schillers *Brief eines reisenden Dänen* sowie der Erwähnung antiker bildender Kunst an zentralen Stellen mehrerer ästhetischer Schriften, wird zu zeigen sein, dass Schillers Beschäftigung mit der Kunst notwendig auf der Depotenzierung derselben als Kunstobjekt basiert und dass sie gleichzeitig, ebenso notwendig, literarisiert werden muss, um für ihn verfügbar zu werden. Gerade mit Blick auf die bildende Kunst wird ersichtlich, dass es weniger um Anverwandlung geht als vielmehr um Umwandlung. Die Kunst, die für den Klassizist eigentlich der Anschauung dienen soll, wird bei Schiller entsinnlicht und in Wörter umgeformt.

Am deutlichsten wird das an der frühesten Schrift Schillers, die sich mit bildender Kunst befasst – und das in sowohl dezidierter als auch in im Schillerschen Bezugsrahmen expliziter Form, dem *Brief eines reisenden Dänen* von 1785. Diese Schrift, nur wenige Jahre nach der Entlassung Schillers aus der Karlsschule entstanden, nimmt bekanntlich die exemplarischsten klassizistischen Kunstgegenstände in der Maske eines enthusiasmierten (Kunst-)Reisenden in den Blick. Dieser Blick aber ist ein Schillerscher. Die Skulpturen werden zwar ›mit Winckelmanns *Geschichte der Kunst des Altertums* in der Hand‹ betrachtet – aber es sind nicht die Gipsabgüsse, die zur Vorlage für die Gedanken des Reisenden werden, es sind Winckelmanns Worte, die entgegen seiner Intention in Bewegung gebracht und so in Schillersche umgewandelt werden.

Desweiteren ist es von frappierender Auffälligkeit, dass in derjenigen Schrift Schillers, die auf die Französische Revolution reagiert, den *Briefen über die ästhetische Erziehung des Menschen*, an zentraler Stelle ein Kunstwerk aufgerufen wird, das eine Frau darstellt. Eine Frau, die im Zentrum steht, entspricht auch ganz der Goetheschen Revolutionsbewältigung, da in seinen *Unterhaltungen deutscher Ausgewanderten* die Baronesse von C. Kopf des Salonprojekts ist. Somit ist für beide Weimarer die Antwort auf das Zerbrechen der althergebrachten Ordnung, die Umwälzung des ›Ancien Regime‹, im Weiblichen zu suchen.

Im letzten Kapitel wende ich mich der langen Spur der Schillerschen Laokoonbeschäftigung zu, jenem Kunstwerk, das wie kein anderes als paradigmatisches Erhabenes dient. Auch wenn Schillers Beschäftigung mit der Ästhetik sich am Schönen entzündet, ist es das Erhabene, das ihn erheblich stärker umtreibt. Denn dieses vermag er für sein tragödientheoretisches Konzept nutzbar zu machen, bevor er Mitte der 1790er Jahre zur Tragödienproduktion zurückkehrt.

In der ›Zwischenphase‹ der ästhetischen Philosophie sind es jedoch im besonderen Maße die Kunstwerke, die er sich in seiner spezifisch Schillerschen Weise anverwandelt, depotenziert und (re-)literarisiert, die für das ihn interessierende Humanum stehen, welches er sonst als Figuren auf die Bühne stellt oder in seinen personalisierenden historischen

Schriften dem Leser anheimstellt. Mithin steht das Kunstwerk nicht als Objekt, sondern als Repräsentant des Menschlichen in Schillers Fokus.

4.1 Anthropologie und Kunst. Der *Brief eines reisenden Dänen*

In der Einführung bereits habe ich darauf verwiesen, hier ist jedoch der rechte Ort, es erneut zu sagen: Die Zurückhaltung der Forschung, sich Schillers Verhältnis zur bildenden Kunst angemessen zu nähern – von wenigen Ausnahmen abgesehen –, liegt nicht zuletzt daran, dass sich Schiller selbst negativ dazu geäußert hat.

> Leider ist Italien und Rom besonders kein Land für mich, das physische des Zustan-
> des würde mich drücken und das aesthetische Interesse mir keinen Ersatz geben, weil
> mir das Interesse und der Sinn für die bildenden Künste fehlt.[1]

Diese Briefstelle an Wilhelm von Humboldt aus dem Jahr 1803, in der Schiller sein Verhältnis zur Kunst vermisst, ist das erste der beiden berühmten Zitate. Bemerkenswert ist dabei, dass er hier auf den ›physischen Zustand‹ des Landes sowie Roms anspielt. Zwar geschieht dies in einer direkten Bezugnahme auf sich selbst, denn es ist nur zu bekannt, dass seine Hinwendung zu Fragen der Ästhetik und seine Kantlektüre gleichzeitig mit einem massiven Schub seiner sich ins Chronische auswachsenden Krankheit einhergeht.[2] Allerdings ist die Parallele, die sich zum Beginn des Textes *Brief eines reisenden Dänen* ergibt, höchst interessant. Darin, ich werde darauf zurückkommen, wird eine ›pathologische‹ italienische Gegenwart aufgerufen – hier ist es Schiller, der meint, vom Zustand Italiens und Roms ›gedrückt‹ zu werden. Das allein sei es jedoch nicht, was ihn von der Reise abhalte; das Schöne der Kunst selbst sei für ihn kein adäquater Grund, da ihm ›Interesse und Sinn für die bildende Kunst‹ fehle. Gerade dasjenige also, das für die meisten anderen Klassizisten der Zeit Rom zu einem Sehnsuchtsort macht, die bildende Kunst, besonders freilich die römischen Kopien griechischer Plastiken, die in einer Zeit der Belagerung Griechenlands durch das Osmanische Reich den einzigen Zugang zu dessen Kunstwelt herstellen, von der Winckelmann in seiner so emphatisch-affirmativen wie eloquenten Art gesprochen hat, ist für Schiller keine ausreichende Begründung, um dorthin zu reisen. Da Wilhelm von Humboldt, der diesen Brief Schillers in Rom empfängt, wo er preußischer Resident beim päpstlichen Stuhl

---

[1]   Schillers Werke. Nationalausgabe. Begründet v. Julius Petersen, fortgeführt v. Lieselotte Blumenthal u. Benno v. Wiese. Hrsg. im Auftrag der Stiftung Weimarer Klassik und des Schiller-Nationalmuseums Marbach v. Norbert Oellers. Weimar 1943ff. (= NA) Bd. 32. Briefwechsel. Schillers Briefe 1.1.1803-9.5.1805. Hrsg. v. Axel Gellhaus. Weimar 1984. Brief Nr. 15 vom 17.2. [und 3. (bis 16.) 3.] 1803 an Wilhelm v. Humboldt. Hier: S. 12. (Künftig zitiert als: Schiller: NA 32.)

[2]   Vgl. Alt, Peter-André: Schiller. Leben – Werk – Zeit. Eine Biographie. 2 Bde. München 2000. Hier: Bd. 2. S. 48ff.

ist,[3] die labile physische Konstitution Schillers bekannt ist, betont dieser Brief offenbar auch besagten Aspekt. Denn die andere, in diesem Zusammenhang relevante Briefstelle, ist hierin wesentlich deutlicher:

> Wenn ich nur wüßte was ich in Rom sollte, ich käme gern einmal dahin, aber ich bin ein Barbar in allem was bildende Kunst betrifft, für die Poesie ist dort nichts zu finden, und den physischen Zustand will niemand rühmen, der von dorther kommt.[4]

Dass Schiller hier sagt, er ›käme gern einmal‹ nach Rom, mag verwundern, besonders wenn man berücksichtigt, dass dieser Brief ungefähr zeitgleich mit demjenigen an Wilhelm von Humboldt geschrieben worden ist. Zum einen nennt er den unrühmlichen physischen Zustand Roms. Zum anderen betont er diesem Adressaten gegenüber – es handelt sich um den Maler und Radierer Johann Christian Reinhart[5] – vor allem die Kunst. Für seine, also Schillers, Poesie, oder wenn man das ein wenig verallgemeinern möchte: die Literatur, sei dort nicht viel zu holen. Das mag verwundern, da es aufgrund der zeittypischen Reisen nach Italien entsprechend viele Beschreibungen derselben gibt, man denke allein an Goethe[6] oder Karl Philipp Moritz;[7] daneben gibt es noch die zu diesem Zeitpunkt bereits historisch gewordenen wie beispielsweise diejenige des Michel de Montaigne.[8] Gleichzeitig mag darin ein Grund liegen: Schiller möchte nicht einen weiteren Bericht verfassen. Er lässt hier, dem Maler gegenüber, allerdings keine Deutlichkeit vermissen, indem er sich als ein »Barbar in allem was bildende Kunst betrifft« bezeichnet. Zugespitzter ist das kaum auszudrücken.

Das hat zur Folge, dass die Forschung sich leicht getan hat damit, die bildende Kunst, sofern sie doch in den ästhetischen Schriften auftritt, so marginal auch immer, abzuwehren. Dies geschieht besonders häufig unter dem Verdikt, Schiller sei nichts anderes als ein Winckelmannepigone[9] oder zumindest jemand, der sich bis in die Formulierungen hinein

---

[3]   Vgl. Schiller, Friedrich: Brief eines reisenden Dänen. (Der Antikensaal zu Mannheim.) In: Klassik und Klassizismus. Hrsg. v. Helmut Pfotenhauer, Peter Sprengel unter Mitarbeit v. Sabine Schneider, Harald Tausch. Frankfurt a.M. 1995. (= Bibliothek der Kunstliteratur. Bd. 3). Hier: Allgemeiner Kommentar zu den Schillertexten. S. 802. Den Kommentar zu diesen Schillertexten hat Helmut Pfotenhauer besorgt. Vgl. ebd. Hier: Allgemeine Anmerkung zur Anlage des Kommentars. S. 531. (Künftig zitiert als: Schiller: Brief eines reisenden Dänen. KuK.)

[4]   Schiller: NA 32. Brief Nr. 28 vom 7. [14.?] 3.1803 an Johann Christian Reinhart. Hier: S. 22.

[5]   Schiller: Brief eines reisenden Dänen. KuK. Hier: Allgemeiner Kommentar. S. 802.

[6]   Goethe, Johann Wolfgang: Tagebuch der italienischen Reise für Frau von Stein. 1786. In: Ders.: Sämtliche Werke nach Epochen seines Schaffens. Münchner Ausgabe. Hrsg. v. Karl Richter u.a. München 1985ff. Bd. 3.1. Italien und Weimar. 1786-1790. Hrsg. v. Norbert Miller, Hartmut Reinhardt. München 1990. S. 7-158.

[7]   Moritz, Karl Philipp: Reisen eines Deutschen in Italien in den Jahren 1786 bis 1788 in Briefen. In: Ders.: Werke. 3 Bde. Hrsg. v. Horst Günther. Frankfurt a. M. ²1993 (zuerst 1981). Bd. 2: Reisen. Schriften zur Kunst und Mythologie. Hrsg. v. Horst Günther. S. 127-485.

[8]   Montaigne, Michel de: Tagebuch der Reise nach Italien über die Schweiz und Deutschland von 1580 bis 1581. Übers., hrsg. u. mit einem Essay versehen v. Hans Stilett. Frankfurt a.M. 2002.

[9]   Vgl. vor allem: Frick, Werner: Schiller und die Antike. In: Schiller-Handbuch. Hrsg. v. Helmut Koopmann. Stuttgart 1998. S. 91-116. Hier besonders: S. 97. Da dieser Aufsatz im Handbuch gleichsam Überblickscharakter hat, so darf man zugleich von einem Überblick über die Forschungslandschaft zu diesem Thema ausgehen. Immerhin aber hält Frick fest, dass sich Schiller die Antike nicht zuletzt über deren Literatur vergegenwärtigt; ein Umstand, auf den in Bezug auf *Über Anmut und Würde* zurückzukommen sein wird. Vgl. ebd. S. 98ff. Vgl. hier auch: Robert, Jörg: Klassizität in der Modernität. Schillers Antike(n) und der Beginn der Klassik. In: Schil-

an Winckelmann anlehne.[10] Damit ist ein Weg in der Forschung vorgebahnt, der allzu häufig dazu einlädt, über die Kunst hinwegzugehen. Dabei ist es durchaus möglich, den Stellenwert der Kunst bei Schiller anders zu deuten, als dies meistenteils geschieht.[11] Es erstaunt im höchsten Maß, dass ein Autor, dessen Werk eine derartige Rezeptionsgeschichte sowie Beachtung in der Literaturwissenschaft gefunden hat, gerade auf diesem einen Gebiet bloß epigonal sein soll. Daher ist es Zeit, die bildende Kunst in den ästhetischen Schriften Schillers ins rechte Licht zu rücken. Es geht letztlich darum, wie die eingeübten anthropologischen Denkmuster kurz nach dem Ende von Schillers Karlsschulzeit dessen Schreiben über die Kunst strukturieren und wie er zugleich neue Muster ausprägt, welche die nachmaligen ›Beschwörungen‹ der Kunst beeinflussen.

Die bildende Kunst erlebt ihren ersten ›Auftritt‹ im *Brief eines reisenden Dänen*, wobei der Theaterbegriff bewusst an diese Stelle gesetzt ist, einem Text, den Schiller für die seinerzeitige eigene Zeitschrift *Rheinische Thalia* verfasst hat, worin er im ersten Heft 1785 erschienen ist.[12] 1785, das heißt, dass Schiller erst wenige Jahre zuvor seinen Abschluss an der Karlsschule absolviert hat – die letzte Dissertation ist 1780 entstanden. Mit anderen Worten:

---

ler im philosophischen Kontext. Hrsg. v. Cordula Burtscher, Markus Hien. Würzburg 2011. S. 165-180. Deutlich als »Epigone« wird Schiller bezeichnet im Kommentar Pfotenhauers zur Rezeption der Winckelmannschen Statuenbeschreibungen. Vgl. Frühklassizismus. Position und Opposition: Winckelmann, Mengs, Heinse. Hrsg. v. Helmut Pfotenhauer, Markus Bernauer, Norbert Miller unter Mitarbeit v. Thomas Franke. Frankfurt a.M. 1995. (= Bibliothek der Kunstliteratur. Bd. 2). S. 549-555. Hier: S. 550. (Künftig zitiert als: Frühklassizismus.) Gleichwohl verwendet Helmut Pfotenhauer den Begriff ›epigonal‹ auch, um ihn umzudeuten: Pfotenhauer, Helmut: Würdige Anmut. Schillers ästhetische Verlegenheiten und philosophische Emphasen im Kontext bildender Kunst. In: Ders.: Um 1800. Konfigurationen der Literatur, Kunstliteratur und Ästhetik. Tübingen 1991. S. 157-178. Hier besonders: S. 157ff. (Künftig zitiert als: Pfotenhauer: Würdige Anmut.)

10   Vgl. Schiller, Friedrich: Brief eines reisenden Dänen. Der Antikensaal zu Mannheim. In: Ders.: Sämtliche Werke in 5 Bänden. Auf der Grundlage der Textedition von Herbert G. Göpfert hrsg. v. Peter-André Alt, Albert Meier und Wolfgang Riedel. München 2004. Bd. V. Erzählungen. Theoretische Schriften. Hrsg. v. Wolfgang Riedel. München ²2008. (= HA V). S. 879-884. Hier: Kommentar. S. 1281. (Künftig zitiert als: Schiller: Brief eines reisenden Dänen. HA V.) Vgl. ebenso: Schiller, Friedrich: Brief eines reisenden Dänen. (Der Antikensaal zu Mannheim.) In: Ders.: Werke und Briefe in zwölf Bänden. Hrsg. v. Otto Dann u.a. Frankfurt a.M. 1988ff. Bd. 8. Theoretische Schriften. Hrsg. v. Rolf-Peter Janz. Frankfurt a.M. 1992. (= FA 8). S. 201-207. Hier: Kommentar. S. 1260. (Künftig zitiert als: Schiller: Brief eines reisenden Dänen. FA 8.) Vgl. aber auch den Hinweis in: Schiller: Brief eines reisenden Dänen. KuK. Hier: Allgemeiner Kommentar. S. 802f. Vgl. auch: Pfotenhauer, Helmut: Evidenzverheißungen. Klassizismus und »Weimarer Klassik« im europäischen Vergleich. In: Ders.: Um 1800. Konfigurationen der Literatur, Kunstliteratur und Ästhetik. Tübingen 1991. S. 137-155. Hier: S. 142. (Künftig zitiert als: Pfotenhauer: Evidenzverheißungen.) Zu erinnern sei hier auch an: Hatfield, Henry: Schiller, Winckelmann, and the Myth of Greece. In: Schiller 1759/1959. Commemorative American Studies. Hrsg. v. John R. Frey. Urbana 1959. S. 12-35.

11   Vgl. hier: Pfotenhauer: Evidenzverheißungen. Ebenso: Ders.: Würdige Anmut. Daneben: Pfotenhauer, Helmut: Anthropologische Ästhetik und Kritik der ästhetischen Urteilskraft oder Herder, Schiller, die antike Plastik und Seitenblicke auf Kant. In: Ders.: Um 1800. Konfigurationen der Literatur, Kunstliteratur und Ästhetik. Tübingen 1991. S. 201-220. (Künftig zitiert als: Pfotenhauer: Anthropologische Ästhetik.) Eine der wenigen Bezugnahmen: Janz, Rolf-Peter: Ansichten der Juno Ludovisi. Winckelmann – Schiller – Goethe. In: Prägnanter Moment. Studien zur deutschen Literatur der Aufklärung und Klassik. Festschrift für Hans-Jürgen Schings. Hrsg. v. Peter-André Alt, Alexander Košenina, Hartmut Reinhardt, Wolfgang Riedel. Würzburg 2002. S. 357-372.

12   Vgl. Schiller: Brief eines reisenden Dänen. HA V. Hier: Kommentar. S. 1282. Vgl. ebenso: Schiller: Brief eines reisenden Dänen. FA 8. Hier: Kommentar. S. 1260. Vgl. auch: Schiller: Brief eines reisenden Dänen. KuK. Hier: Kommentar. S. 804.

Die Inhalte von Abels anthropologischem Philosophieunterricht sind noch ›frisch‹ im Gedächtnis Schillers, so dass es nicht wundert, dass sie in dieser frühen Schrift über die Kunst, verfasst im Gestus der Kunstbegeisterung, am Werke sind.

4.1.1 Winckelmannepigonalität bei Schiller?

4.1.1.1 Klimatheorie

Sofern man einem Werk Schillers Winckelmannepigonalität unterstellen möchte, so trifft dies scheinbar nirgends besser ins Ziel als beim *Brief eines reisenden Dänen*. Wie gesagt, diese Schrift ist, man muss sagen: tatsächlich, mit Winckelmanns *Geschichte der Kunst des Altertums* »in der Hand«[13] geschrieben. Zumindest hat er den Mannheimer Antikensaal realiter in der ersten Jahreshälfte 1784 besucht, so dass sich im Text echte Anschauung mit bestimmten Wirkungsabsichten verbindet.[14] Es bleibt ungeachtet dessen festzuhalten, dass mit dieser Schrift Schillers ein Debüt in Sachen bildender Kunst vorliegt, dem »etwas Unselbständiges, Adeptenhaftes«[15] anhaftet. So sehr Schiller allerdings Winckelmann in der Betrachtung der Kunst, insbesondere der Statue, etwas zu verdanken hat, so sehr geht er aber über das bloße ›Abschreiben‹ aus des letzteren *Geschichte der Kunst* hinaus. Wie früher bereits zu beobachten gewesen ist, ›greift er hinein‹ in das, was Winckelmann ihm bietet und formt daraus Eigenes. Behauptet man also, dass Schiller im *Brief* epigonal verfahre, betrifft das allenfalls die Oberfläche des Textes.

Bekanntlich werden die Eleven der Karlsschule bereits mit Winckelmann deswegen vertraut, da dieser, besonders aufgrund seiner Statuenbeschreibungen, als Stilideal gilt: »Wenn die Bilder der Ideen [lt. Kommentar vermutlich ›den‹ Ideen, vgl. a.a.O. S. 476; F.H.], Helle, Lebhaftigkeit und Anmuth geben, so ist die Bilder-Sprache fürtrefflich. So die Sprache Winckelmanns.«[16] Beachtenswert ist hier, dass die »Bilder-Sprache« gerühmt wird; mithin ein Sprechen, das sich der Leistungen des Bildes in die rhetorische Form der Trope umgewandelt bewusst ist. Ein Sprechen also, welches Schiller in allen seinen ästhetischen Schriften pflegt – selbst wenn man sich fragen kann, ob man einen Text, der eher an der ekphras-

---

[13]   Schiller: Brief eines reisenden Dänen. HA V. Hier: Kommentar. S. 1281.

[14]   Entweder hat Schiller den Antikensaal am »10.4.1784« besucht, so Riedel in seinem Kommentar; ebd. Oder am »10.5.1784«, wie Janz festhält; vgl. Schiller: Brief eines reisenden Dänen. FA 8. Hier: Kommentar. S. 1260.

[15]   Schiller: Brief eines reisenden Dänen. KuK. Hier: Kommentar. S. 804.

[16]   Abel, Jacob Friedrich: Eine Quellenedition zum Philosophieunterricht an der Stuttgarter Karlsschule (1773-1782). Mit Einleitung, Übersetzung, Kommentar und Bibliographie hrsg. v. Wolfgang Riedel. Würzburg 1995. Hier: Aesthetische Säze. 1777. S. 35-43. Satz XXXVII. S. 43. Vgl. ebd. Hier: Kommentar. S. 476. Schiller wird in diesem Jahr als Respondent aufgeführt. Vgl. ebd. S. 38. (Künftig zitiert als: Abel/Riedel: Quellenedition.)

tischen Tradition anknüpft, als eine ästhetische Schrift bezeichnen soll.[17] Sofern es also um das Sprechen über Bilder und Statuen geht, orientiert sich Schiller, von der Karlsschule her, an Winckelmann; allerdings betrifft das zudem weitere Aspekte.

Die *Gedancken über die Nachahmung der Griechischen Wercke in der Mahlerey und Bildhauer-Kunst*, Winckelmanns Debütschrift, greifen bereits 1755 auf die sogenannte ›Klimatheorie‹ zurück. Dies gar mit dem ersten Absatz an äußerst prominenter Stelle, um Winckelmanns Theorie des Geschmacks mit der des Klimas zu verbinden:

> Der gute Geschmack, welcher sich mehr und mehr durch die Welt ausbreitet, hat sich angefangen zuerst unter dem Griechischen Himmel zu bilden. Alle Erfindungen fremder Völcker kamen gleichsam nur als der erste Saame nach Griechenland, und nahmen eine andere Natur und Gestalt an in dem Lande, welches Minerva, sagt man, vor allen Ländern, wegen der gemässigten Jahres-Zeiten, die sie hier angetroffen, den Griechen zur Wohnung angewiesen, als ein Land, welches kluge Köpfe hervorbringen würde.[18]

Der ›gute Geschmack‹, den Winckelmann mit dieser Schrift zu verbreiten sucht, hat unter dem ›griechischen Himmel‹ begonnen und ist somit ein ›griechischer guter Geschmack‹; vor allem deshalb, da dort die ›gemäßigten Jahreszeiten‹ herrschen, welche einer solchen Entwicklung förderlich seien. Diese Ansicht bezüglich des griechischen Klimas perpetuiert er ebenfalls in den beiden Auflagen seiner *Geschichte der Kunst des Altertums*.

> Durch den Einfluß des Himmels bedeuten wir die Wirkung der verschiedenen Lage der Länder, und der besonderen Witterung und Nahrung in denselben, in die Bildung der Einwohner, wie nicht weniger in ihre Art zu denken: das Clima, sagt Polybius, bildet die Sitten der Völker, ihre Gestalt und Farbe.[19]

Es finden sich gar wörtliche Übernahmen:

> Die Griechen hingegen, die unter einem gemäßigtern Himmel und Regierung lebten, und ein Land bewohneten, welches die Pallas, sagt man, wegen der gemäßigten

---

[17] Die beiden neueren, von mir genutzten Schillerausgaben, HA V sowie FA 8, sind diesbezüglich uneins. Während HA V eine eigene Kategorie, »*Zur Bildenden Kunst*« (vgl. Inhaltsverzeichnis; ebd. S. 1369) eröffnet, um darin drei Texte, besagten *Brief eines reisenden Dänen, [Über den Gartenkalender auf das Jahr 1795]* und *An den Herausgeber der Propyläen*, unterzubringen, werden von FA 8 der *Brief* sowie die *Propyläen*-Schrift den ›philosophisch-ästhetischen Schriften‹ zugeordnet, während die *Gartenkalender*-Rezension dem Abschnitt ›Publizistisches‹ zufällt (vgl. Inhaltsverzeichnis; ebd. S. 1607ff.).

[18] Winckelmann, Johann Joachim: Gedancken über die Nachahmung der Griechischen Wercke in der Mahlerey und Bildhauer-Kunst. In: Frühklassizismus. Hier: S. 13. (Künftig zitiert als: Winckelmann: Gedancken.)

[19] Winckelmann, Johann Joachim: Schriften und Nachlaß. Hrsg. v. der Akademie der Wissenschaften und Literatur Mainz, Akademie gemeinnütziger Wissenschaften zu Erfurt, Winckelmann-Gesellschaft Stendal. Mainz 1996ff. Bd. 4.1. Geschichte der Kunst des Altertums. Text. Erste Auflage Dresden 1764. Zweite Auflage Wien 1776. Hrsg. v. Adolf Borbein, Thomas Gaethgens, Johannes Irmscher, Max Kunze. Mainz 2002. S. 37. Ich beziehe mich vor allem auf die zweite Auflage, welche Schiller benutzt hat. Da diese Ausgabe beide Auflagen synoptisch nebeneinanderstellt, verweise ich gegebenenfalls ebenso auf die erste Auflage; hierbei kennzeichne ich die Auflage mithilfe römischer Zahlen. Desweiteren findet sich die erste Auflage auf den jeweils geraden Seiten, die zweite Auflage auf den jeweils ungeraden. (Künftig zitiert als: Winckelmann: Geschichte I beziehungsweise II.) Vgl. ebd. Geschichte I. S. 36.

> Jahreszeiten, vor allen Ländern, den Griechen zur Wohnung angewiesen, hatten, so
> wie ihre Sprache malerisch ist, auch malerische Begriffe und Bilder.[20]

Ein Problem, welches bereits die *Gedancken* aufgeworfen haben, wird in der *Geschichte* thematisiert: Die Historisierung dessen, wovon Winckelmann ursprünglich handelt. Schon 1755, zur Zeit des Erscheinens der *Gedancken*, kommt die ›beste‹ und nachahmenswerteste Kunst offenkundig nicht mehr aus Griechenland – weshalb sonst müsste sich Winckelmann auf die Antike, oder sollte man besser sagen: eine bestimmte Epoche der Antike, beziehen. An dem besagten Himmel kann dies schlechterdings nicht liegen, denn dieser ist noch immer derselbe. Daher wendet Winckelmann erhebliche Energie auf, um eine Erklärung hierfür zu bieten: Je weiter entfernt jemand von dem als ideal postulierten Himmel lebt, desto schwächer seien die positiven Effekte ausgebildet. Hinzu kommt die über die Jahrhunderte hinweg erfolgte Vermischung der ursprünglichen, idealisierten Völker mit Zu- und Einwanderern:[21]

> Denn, nicht zu gedenken, daß ihr Geblüt einige Jahrhunderte hindurch mit den
> Saamen so vieler Völker, die sich unter ihnen niedergelassen haben, vermischet wor-
> den, ist leicht einzusehen, daß ihre itzige Verfassung, Erziehung, Unterricht und Art
> zu denken, auch in ihre Bildung einen Einfluß haben köne. In allen diesen nachthei-
> ligen Umständen ist noch itzo das heute Griechische Geblüt wegen dessen Schönheit
> berühmt; [...].[22]

Gerade diese Stelle ist eine Kontrafaktur zum Eingang der *Gedancken*: Eigenwillig genug, dass die derart idealisierten Griechen nicht alle ›Erfindungen‹ selbst hervorgebracht haben; es seien die ›ersten Samen aller Erfindungen fremder Völker‹ gewesen, die in Griechenland gleichsam eine Läuterung und Verwandlung ins Ideale angenommen haben.[23] Im Lauf der Jahrhunderte scheinen diese ›Samen‹ allerdings einen negativen Einfluss entwickelt zu haben, denn heute seien die Griechen, wie es Winckelmann zugleich über die »Aegypter«[24] sagt, »in der Faulheit eingeschläfert, und suchen nur zu leben, nicht zu arbeiten, welches den starken Ansatz ihrer Körper verursachet.«[25] Die Zeit der uneingeschränkten Idealität der Griechen ist vorbei – und dieses Ende wird mittels einer Verzeitlichung, des Einbruchs der Geschichte argumentativ entfaltet. Die vorübergegangene Zeit ist daher weder zur Fähigkeit zu Erfindungen noch zur bloßen Körperlichkeit der Griechen gnädig gewesen; die alten Griechen seien geistig tüchtig gewesen und der durch die Arbeit und Übung erworbene Körper vorbildhaft für den Künstler, die heutigen hingegen seien, sozusagen, faul und fett geworden. Winckelmann spricht davon bereits in den *Gedancken*: »Der Einfluß eines sanften und reinen Himmels würckte bey der ersten Bildung der Griechen, die frühzeitigen Leibes-Uebungen aber gaben dieser Bildung die edle Form.«[26] Daher seien in der Antike die »Gymnasien« die »Schule der Künstler« gewesen, wo diese »Bewegungen der Muskeln,

---

[20]   Ebd. Geschichte II. S. 47. Vgl. ebd. Geschichte I. S. 46.
[21]   Vgl. ebd. Geschichte II. S. 39ff. Vgl. ebd. Geschichte I. S. 38ff.
[22]   Ebd. Geschichte II. S. 41. Vgl. ebd. Geschichte I. S. 40.
[23]   Vgl. Winckelmann: Gedancken. S. 13.
[24]   Winckelmann: Geschichte II. S. 41. Vgl. ebd. Vgl. zudem ebd. Geschichte I. S. 40.
[25]   Ebd. Geschichte II. S. 41. Vgl. ebd. Geschichte I. S. 40.
[26]   Winckelmann: Gedancken. S. 15.

Wendungen des Cörpers« haben studieren können.[27] Auf diese Weise bildet der Künstler seine Idealkörper: indem er sich in der Natur umsieht und das, was er dort vorfindet, zum Ideal steigert.[28] Hiervon sei jedoch bei den neueren Griechen nichts mehr zu finden.

Mit diesem Einwand gegen die eigene Klimatheorie ist Winckelmann dort angelangt, wo Schiller durch den Unterricht bei Abel bereits sein wird. In denselben *Aesthetischen Säzen* von 1777, in denen Winckelmann als Stilideal empfohlen wird, beschreibt Abel im Satz XVI den Zusammenhang von Körper, Klima und Geschmack.[29] In der *Dissertatio de origine characteris animi* von 1776 – einem Jahr, in dem Schiller für die *Theses Philosophicae* wiederum als Respondent geführt wird[30] – nimmt die Erörterung klimatischer Effekte auf den Menschen wesentlich breiteren Raum ein: die Paragraphen 17 bis 23 geben Abel die Gelegenheit, dieses Thema auszuführen, wobei vor allem der 19. und 20. ihm dazu dienen, die klimatischen Einflüsse auf den Körper beispielhaft darzulegen, zunächst in Bezug auf sehr heißes, dann auf sehr kaltes Klima.[31] Es folgt im Paragraph 21 der »Hauptsatz der zeitgenössischen Klimatheorie«:[32] »Je mehr sich das kalte oder heiße Klima den mittleren Zonen nähert, desto besser kann sich der Charakter entwickeln.«[33] Es sei allerdings erwähnt, dass Abel es nicht bei der Klimatheorie bewenden lässt, sondern dieser die »Milieutheorie des Claude Adrien Helvétius«, gleichsam als Korrelat, folgen lässt. Dies geschieht wiederum in mehreren Paragraphen, hier 31 bis 36,[34] »die zugleich eine vehemente Kritik der Klimatheorie darstellt.«[35] Denn hierbei geht es um die äußeren Einflüsse, die auf einen Menschen im Verlauf seiner Entwicklung einströmen. Abel weist dieser Milieutheorie im eröffnenden Paragraph 31 sogar so viel Gewicht zu, dass er anmerkt, auch aus einem geborenen Genie würde ein dummer Menschen werden, falls ungünstige äußere Umstände vorlägen.[36] Damit erfolgt die Kritik an der von Winckelmann anscheinend bevorzugten Klimatheorie – selbst wenn dieser sie in der *Geschichte der Kunst des Altertums* relativiert und historisiert, spricht er dennoch vor allem von dieser – nur rund ein Jahrzehnt nach der ersten Auflage beziehungsweise im Jahr der zweiten Auflage der *Geschichte*. Interessant ist freilich, dass Schiller damit an der Karlsschule zwei gegenläufige Theorien für eine Jahresprüfung vorbereiten und respondieren muss, was seinem antagonistischen Denken ohnehin entgegenkommt.

Und doch übernimmt Schiller am Ende seiner Ausbildung an der Karlsschule das Winckelmannsche Verdikt gegen den nicht-genialen Norden. In der dritten Dissertation, dem *Versuch über den Zusammenhang*, zeigt sich ein Hinweis auf die Beschäftigung damit, da er die Klimatheorie im 19. Paragraphen aufgreift, indem er beschreibt, dass der Geist den ›Stimmungen‹ des Körpers folge.[37] An der Stelle spiegelt Schiller das schöne Griechenland,

27   Ebd. S. 18.
28   Vgl. ebd. S. 20. Vgl. außerdem: Winckelmann: Geschichte II. S. 257ff. Vgl. ebd. Geschichte I. S. 256ff.
29   Vgl. Abel/Riedel: Quelleedition. Hier: Aesthetische Säze. Nr. XVI. S. 40.
30   Vgl. ebd. Theses Philosophicae. S. 26-34. Hier: S. 30.
31   Vgl. ebd. S. 536f. Für das lateinische Original vgl. ebd. S. 156f.
32   Vgl. ebd. Hier: Kommentar. S. 548.
33   Ebd. § 21. S. 537. Das lateinische Original: ebd. S. 158.
34   Vgl. ebd. §§ 31-36. S. 540ff. Für das lateinische Original vgl. ebd. S. 166ff.
35   Zitate ebd. Hier: Kommentar. S. 549.
36   Vgl. ebd. § 31. S. 540. Für das lateinische Original vgl. ebd. S. 166.
37   Vgl. Schiller, Friedrich: Versuch über den Zusammenhang der tierischen Natur des Menschen mit seiner geistigen. In: HA V. S. 287-324. Hier: S. 313.

in dem Literatur und Kunst ›genial‹ geblüht haben, in einem kalten und nebligen Norden, das »ewig niemals ein Genie gebiert.«[38] Er bezieht sich dabei pejorativ auf Lappland, jedoch übernimmt Schiller damit gleichzeitig ungebrochen die negative Behauptung Winckelmanns.

Es ist signifikant, was Schiller mit dem Beginn seiner eigenen Schrift über Kunst in Bezug auf die Nachahmung Winckelmanns und deren Überschreitung leistet. Im Grunde beginnt dies bereits mit dem Titel der Schrift, *Brief eines reisenden Dänen*. Die Forschung hat herausgearbeitet, das hinter dem titelgebenden Dänen, welcher am Ende mit dem Kürzel »T....ee«[39] unterzeichnet, in Wahrheit ein Freund Schillers, der dänische »Dichter und Ästhetiker Knud Lyne Rahbek«,[40] stehen könnte, der sich im Sommer 1784 für zwei Wochen in Mannheim aufgehalten hat;[41] in ebendem Jahr, in dem Schiller tatsächlich diesen Antikensaal besucht hat. Zugleich ist dies wiederum nur die Oberfläche. Es mag so sein, dass Schiller hier diesem dänischen Freund ein ›Denkmal setzt‹;[42] auf der anderen Seite handelt es sich um eine Brechung der Winckelmannschen Abneigung gegen den unkünstlerischen Norden aus dessen *Gedancken* und der *Geschichte der Kunst des Altertums*.

Schiller lässt seinen fiktiven ›Dänen‹ in einem enthusiastischen Ton – ganz wie der Zeitgenosse dies für Kunstbeschreibungen gewohnt ist – beginnen. Dieser Enthusiasmus greift aus auf einen Nachhall der Winckelmannschen Klimatheorie:

> Der heutige Tag war mein seligster, solange ich Deutschland durchreise. – Du weißt es, mein Lieber, ich habe die herrliche Schöpfung im glücklichen Süden genossen, den lachenden Himmel und die lachende Erde, wo der mildere Sonnenstrahl zu fröhlicher Weisheit einladet, die freudegebende Traube kocht und die göttlichen Früchte des Genies und der Begeisterung zeitigt. Ich habe vielleicht das Höchste der Pracht und des Reichtums gesehen.[43]

Das fiktive Ich erlebt den ›seligsten Tag‹ in Deutschland, wo er doch eben erst aus dem ›glücklichen Süden‹ wiedergekehrt ist. Dort hat er die ›herrliche Schöpfung‹ gesehen, den ›lachenden Himmel und die lachende Erde‹, zudem die ›höchste Pracht‹ – alles in allem ein Enthusiasmus, wie er im Buche steht; auch das kann man aufgrund vieler Reiseberichte wörtlich nehmen. Dieser Anfang aber lässt zugleich stutzen, denn das Ich erlebt den ›seligsten Tag‹ in Deutschland, aber der ›mildere Sonnenstrahl‹, der Hinweis auf das gemäßigtere Klima des Südens, wie wir es aus Winckelmanns *Gedancken* sowie den beiden Auflagen der *Geschichte der Kunst* kennen, scheint eben genau dort, wohin ihn Winckelmann verortet hat. Wie also kann ein Tag in Deutschland ein solches Ausmaß an Begeisterung hervorrufen? Vor allem aber noch ›ausgerechnet‹ in einem Dänen? Das ist tatsächlich die entscheidende Frage, wie sie sich gerade im Angesicht Winckelmannscher Halb- und Teilzitate stellt. Oben habe ich bereits auf den ersten Absatz der *Gedancken* verwiesen; im zweiten

---

[38] Ebd. Vgl. ebd.
[39] Schiller: Brief eines reisenden Dänen. HA V. S. 884. Für den Titel: Ebd. S. 879.
[40] Ebd. Hier: Kommentar. S. 1281. Vgl. Schiller: Brief eines reisenden Dänen. KuK. Hier: Kommentar. S. 807. Vgl. auch: Schiller: Brief eines reisenden Dänen. FA 8. Hier: Kommentar. S. 1260.
[41] Vgl. ebd. an allen drei Stellen.
[42] Vgl. Schiller: Brief eines reisenden Dänen. HA V. Hier: Kommentar. S. 1281.
[43] Ebd. S. 879.

Absatz führt Winckelmann seinen Gedanken vom vorzüglichen Klima der Griechen weiter aus unter besonderer Berücksichtigung eines Beispiels ex negativo:

> Der Geschmack [...] hat sich selten weit von Griechenland entfernet, ohne etwas zu verliehren, und unter entlegenen Himmel-Strichen ist er spät bekannt geworden. Er war ohne Zweifel gantz und gar fremde unter einem Nordischen Himmel, zu der Zeit, da die beyden Künste, deren grosse Lehrer die Griechen sind, wenig Verehrer fanden; zu der Zeit, da die verehrungswürdigsten Stücke des Correggio im Königlichen Stalle zu Stockholm vor die Fenster, zu Bedeckung derselben, gehänget waren.[44]

Es ist also der Himmel im Norden, vor allem aber die Menschen, die darunter leben, die nach Ansicht Winckelmanns nicht im griechischen Sinne verfeinerungsfähig sind. Zwar sind es in seinem Beispiel die Schweden, die so ›barbarisch‹ sind – ich verwende bewusst den Begriff, den Schiller auf sich selbst bezogen hat[45] –, dass sie Gemälde von Correggio in die Fenster des königlichen Stalls von Stockholm hängen, um selbige zu bedecken; aber der Hinweis auf diese Region ist auffällig. Es ist nur eben so, dass Schiller keinen Schweden kennengelernt hat, sondern einen Dänen, so dass es sehr viel naheliegender ist, aus dem fiktiven ›Ich‹ des *Briefs* einen solchen zu machen. Zugleich ist es von eigentümlicher Fügung, dass der Urtext der *Ästhetischen Erziehung* ebenfalls an einen Dänen geht, den Herzog von Augustenburg, der sich seinerseits darüber mokiert hat, dass er Schillers allzu bildlichen philosophischen Stil nicht recht verstehe und er daher einen Übersetzer brauche, wie dies ebenso Johann Gottlieb Fichte Schiller vorgeworfen hat.[46] Es ist daher höchst eigenwillig, dass Schiller ausgerechnet einem nordischen Menschen diese begeisterten Worte über ein Kunsterleben in die fiktive Briefschreiberhand legt. Dies hängt letztlich im äußersten Maß vom Inszenierungscharakter dieser Schrift ab, auf den ich unten zurückkommen werde. Und doch sagt Schiller hier im Rahmen eines fiktiven Briefes nichts anderes, als dass der nordische Mann zur Kunstbegeisterung im klassizistischen Sinne fähig sei, dass er sich an denselben Kunstwerken erfreue und in ebensolchem Ton sich schwärmerisch über diese verbreiten könne.

4.1.1.2 Statuenbeschreibungen

4.1.1.2.1 Herkules Farnese und Torso

Es sind aber vor allem die Statuenbeschreibungen, bei denen Schiller sich seines Winckelmannschen Musters versieht. Die erste umfangreiche Statuenbeschreibung ist die des Herkules Farnese, welche auf dem fingierten Rundgang durch den Antikensaal als eine der ›großen‹ bildnerischen Darstellungen auffällt:

---

44   Winckelmann: Gedancken. S. 13.

45   Vgl. Schiller: NA 32. Brief Nr. 28 vom 7. [14.?] 3.1803 an Johann Christian Reinhart. Hier: S. 22.

46   Vgl. Schillers Werke. Nationalausgabe. Begründet v. Julius Petersen, fortgeführt v. Lieselotte Blumenthal u. Benno v. Wiese. Hrsg. im Auftrag der Stiftung Weimarer Klassik und des Schiller-Nationalmuseums Marbach v. Norbert Oellers. Weimar 1943ff. Bd. 28. Briefwechsel. Schillers Briefe. 1.7.1795–31.10.1796. Hrsg. v. Norbert Oellers. Weimar 1969. (= NA 28). Hier: Kommentar zu Brief Nr. 20 vom 3./4.8.1795. S. 357-367. Hier besonders: S. 358.

Dein erster Blick fällt auf die kolossalische Figur des farnesischen Herkules – die ungeheuer-schöne Darstellung männlicher Kraft. Welche Kühnheit, Größe, Vollkommenheit, Wahrheit, die auch die strengste Prüfung des Anatomikers nicht fürchtet. Wer hat den starren, widerstrebenden Stein in so weiche, so geschmeidige Fleischmassen hingegossen? – Die Figur *ruht* – der Bildhauer ergriff seinen Herkules im Momente schlafender (vielleicht erschöpfter) Kraft, und dennoch berechnet in dieser Erschlappung das ungeübteste Auge die ganz furchtbare Summe von Wirkungen. Meine Phantasie leiht dem Kolossen Bewegung. Ich sehe eine Figur wie diese auf den Nemeischen Löwen fallen, und Schrecken und Erstaunen reißen mich schwindelnd fort.[47]

Zunächst fällt dem heutigen Leser die Zusammensetzung ›ungeheuer-schöne‹ Darstellung auf. Diese wird dem Leser ein knappes Jahrzehnt später in *Über Anmut und Würde* wiederbegegnen; es handelt sich um nichts anderes als die Gleichzeitigkeit von Erhabenheit (›ungeheuer‹ beziehungsweise ›ungeheuerlich‹) und Schönheit, vereinigt in der Darstellung eines Mannes – und nicht irgendeines Mannes, sondern des (farnesischen) Herkules. Die gesamte Beschreibung oszilliert zwischen der behaupteten Ruhe, der ›Erschlappung‹ sowie der ›furchtbaren‹ Kraft und Stärke; einmal mehr also jene dualistisch-antagonistische Struktur, die wir bereits aus den frühesten Schriften Schillers kennen, welche die anthropologische Denkweise Schillers entfalten – die Rede ist von der ersten und der dritten Dissertation an der Karlsschule. Neben der erwähnten Pendelbewegung zwischen Ruhe und (angewandter) Kraft ist es das Verflüssigende, Bewegliche und zugleich die Stillstellung jeder Bewegung, die diese Beschreibung formiert. Schiller fragt einerseits danach, wer den ›starren Stein‹ in solch ›geschmeidige Fleischmassen hingegossen‹ habe, um unmittelbar darauf zu sagen, die Figur ›ruhe‹. Angesichts des Umstandes, dass von ›Stein‹ die Rede ist, welcher ›hingegossen‹ wird, ist hier die Simultanität von Erstarrung und fluider Bewegung zu beobachten. Zudem wird vom ›Ich‹ die Phantasie angerufen, welche der Figur wiederum ›Bewegung leiht‹. Es sind also zwei Bewegungsrichtungen, welche diese eine Statue eignet – einmal innerhalb derselben, dann aber auch zwischen der Statue und ihrem Betrachter. Zweimal daher die Dichotomie, wie sie Schiller in seiner anthropologischen Ausbildung an der Karlsschule erlernt hat. Die Statue allerdings ist es, welche das ›commercium‹ bildet: in der Statue wird die Gleichzeitigkeit der beiden auseinanderstrebenden Pole von Ruhe und Bewegung sinnlich evident.[48] In der Stillstellung dieses beständigen Übergangs liegt exakt das, was Lessing mit dem ›prägnanten Moment‹[49] ausgedrückt wissen möchte: Die bildende Kunst müsse stets das Transitorische berücksichtigen, den Moment also, der den Anschein ergibt, als würde sich die Statue jeden Augenblick verlebendigen und in ihrer Bewegung fortfahren. Schönheit, sofern vorhanden – auch hier sieht Schiller eine Mischung aus Schönem und

---

[47] Schiller: Brief eines reisenden Dänen. HA V. S. 880f. Hervorhebung i. Orig.

[48] Vgl. Schiller: Brief eines reisenden Dänen. KuK. Hier: Kommentar. S. 802f.

[49] Vgl. Lessing, Gotthold Ephraim: Werke und Briefe in zwölf Bänden. Hrsg. v. Wilfried Barner u.a. Frankfurt a.M. 1985ff. Bd. 5/2. Laokoon. Briefe, antiquarischen Inhalts. Hrsg. v. Wilfried Barner. Frankfurt a.M. 1990. (= B 5/2). Hier besonders: S. 32.

Erhabenem –, lasse sich in höchster Form allein im Moment des Stillstands darstellen, wofür wiederum die Statue, die Winckelmann präferiert, geradezu prädestiniert ist.[50]

Wie sieht aber Winckelmann diesen Herkules? Bei ihm muss man die Beschäftigung mit Herkules dahingehend unterscheiden, als er einmal von einem ›noch‹ menschlichen, dann aber von einem ›vergöttlichten‹ Herkules spricht. Nachdem Winckelmann in der *Geschichte der Kunst* von männlichen Jugendstatuen gehandelt hat, wendet er sich dem ›männlichen‹ Alter,[51] sprich: dem Erwachsenenalter von Figurationen, zu. Wiederum als Erstgenannter tritt hier Herkules in Erscheinung. Das Kennzeichen solcher »Gottheiten vom männlichen Alter« liege

> in einem Inbegriffe der Stärke gesetzter Jahre, und der Fröhlichkeit der Jugend; und diese zeiget sich, so wie an jenen Bildern in dem Mangel der Nerven und Sehnen, welche sich in der Blüthe der Jahre wenig äußern. Hierinn aber liegt zugleich ein Ausdruck der göttlichen Genugsamkeit, welche die zur Nahrung unsers Körpers bestimmten Theile nicht vonnöthen hat; […].[52]

Damit ist ein Moment bezeichnet, welches dazu geeignet ist, die beiden Varianten des Herkules zu unterscheiden, je nach dem, wie die Körperlichkeit der Statue ausgearbeitet ist:

> Das Daseyn und der Mangel dieser Theile unterscheiden einen Hercules, welcher wider ungeheure und gewaltsame Menschen zu streiten hatte, und noch nicht an das Ziel seiner Arbeiten gelanget war, von dem mit Feuer gereinigten, und zum Genuß der Seligkeit des Olympus erhabenen Körper desselben; jener ist in dem farnesischen Hercules, und dieser in dem verstümmelten Sturze desselben im Belvedere vorgestellet.[53]

Winckelmann spricht hier also von den beiden Herkulesdarstellungen beziehungsweise vermeintlichen Herkulesdarstellungen, denn dass es sich bei dem Torso um einen solchen handle, beruht auf einem Missverständnis aufgrund der Fehldeutung des dargestellten Fellrestes.[54] Gleichwohl sind beide geradezu exemplarische Darstellungen innerhalb des Klassizismus, so dass erwartungsgemäß das fiktive ›Ich‹ in Schillers *Brief* auf beide zu sprechen kommt.

Die Beschreibung des farnesischen Herkules nimmt bei Winckelmann ebenfalls einigen Raum ein – und sie wird im unmittelbaren Anschluss an die Torsobeschreibung kontrastiv

---

50   Vgl. Ekardt, Philipp: Maß und Umriss. Bilder als Regulative bei Winckelmann und Warburg. In: Maßlose Bilder. Visuelle Ästhetik der Transgression. Hrsg. v. Ingeborg Reichle, Steffen Siegel. München 2009. S. 247-261. Hier besonders: S. 255ff.

51   Vgl. Winckelmann: Geschichte II. S. 275. Vgl. ebd. Geschichte I. S. 274.

52   Ebd. Geschichte II. S. 275, 277. Vgl. ebd. Geschichte I. S. 274, 276.

53   Ebd. Geschichte II. S. 277. Vgl. ebd. Geschichte I. S. 276.

54   Vgl. Schiller: Brief eines reisenden Dänen. KuK. Hier: Kommentar. S. 813. Anm. zu S. 458, 18. Vgl. auch: Schiller: Brief eines reisenden Dänen. HA V. Hier: Kommentar. S. 1283. Hier: Anmerkung zu S. 883. Vgl. auch: Pfotenhauer, Helmut: Winckelmann und Heinse. Die Typen der Beschreibungskunst im 18. Jahrhundert oder die Geburt der neueren Kunstgeschichte. http://www.goethezeitportal.de/digitale-bibliothek/forschungsbeitraege/autoren-kuenstler-denker/winckelmann-johann-joachim/helmut-pfotenhauer-winckelmann-und-heinse.html (Abgerufen 15.10.2010 und häufiger). Hier besonders: Abschnitt II. »Winckelmanns Statuenbeschreibungen: ›Ideal‹ und ›Kunst‹«. Ursprünglich veröffentlicht in: Beschreibungskunst – Kunstbeschreibung. Ekphrasis von der Antike bis zur Gegenwart. Hrsg. v. Gottfried Boehm, Helmut Pfotenhauer. München 1995. S. 313-330.

zu dieser gesetzt. Sofort wird klar, dass Winckelmann hier die menschliche Seite des Herkules betont, so viel Gewicht legt er auf die Schilderung der Muskeln, der Anspannung und der damit einhergehenden Kraft:

> Denn in dieser Statue ist derselbe zwar ruhend, aber mitten in seinen Arbeiten vorgestellet, und mit aufgeschwollenen Adern und mit angestrengten Muskeln, die über die gewöhnliche Maaße elastisch erhöhet sind, so daß wir ihn hier gleichsam erhitzt und athemlos ruhen sehen, nach dem mühsamen Zuge zu den hesperischen Garten [sic!], deren Aepfel er in der Hand hält. Glycon hat sich […] wie ein Dichter gezeiget, indem er sich über die gewöhnliche Formen der Menschheit erhoben hat in den Muskeln, die wie gedrungene Hügel liegen: denn hier ist dessen Absicht gewesen, die schnelle Springkraft ihrer Fibern auszudrücken, und dieselben nach Art eines Bogens in die Enge zu spannen.[55]

Aufschlussreich ist hier die Bezeichnung ›Hügel‹ in Bezug auf die Muskeln des farnesischen Herkules, da Winckelmann gerade dieses Wort verwendet hat, um die Beschaffenheit der Muskulatur des Laokoon zu bezeichnen – im Gegensatz zum Herkules-Torso und Apoll.[56] Mit dieser Beschreibung, sowie den Verweisen auf Atemlosigkeit und Erhitztheit, welche eines Gottes unwürdig wären, verweist Winckelmann den farnesischen Herkules eindeutig ins Reich des Menschen, in welchem Mühe und Arbeit notwendig sind, wofür der Mensch aber Muskeln braucht, wie ebenso ein Herkules, der sich, nach dem oben genannten, inmitten seiner Arbeiten befindet.

Dass sich Schiller diese Vorstellung des ›noch‹ menschlichen Herkules Farnese bedient, wird ersichtlich an der Nennung des »Nemeischen Löwen«, auf den sich der mittels der Phantasie verlebendigte Koloss fallen lasse.[57] Das Besiegen des Löwen von Nemea ist die erste der Arbeiten des Herkules,[58] mithin handelt es sich um jenen Herkules, der die Reihe von ›menschlichen Arbeiten‹ noch vor sich hat. Gleichzeitig ist auffällig, dass Schiller hier nicht zwangsläufig Winckelmann folgt. Denn während letzterer in der *Geschichte der Kunst* meistenteils um die Muskeln, deren Formung zu ›Hügeln‹, und ›geschwollenen Adern‹ kreist – also gerade dem, was in der klassizistischen Vorstellung das Menschliche darstellt, weil es der Zeitlichkeit unterworfen ist –, geht Schiller kaum darauf ein. Stattdessen zeigt sich in einer Akzentuierung der ausgebildete Mediziner, indem er anmerkt, dass die »Wahrheit« des Kunstwerks dergestalt sei, dass sie die »strengste Prüfung des Anatomikers«[59] nicht fürchten müsse. Damit braucht Schiller nicht explizit von den Muskeln und Adern der Statue zu sprechen; der medizinisch gebildete Autor bescheinigt dem Stein ausreichend Wahrheit, so dass die Plastik beinahe lebendig wirke.

Gerade deshalb ist es der Phantasie möglich, die Statue in Bewegung zu setzen: Dieser Herkules ist mit seinen ihm übertragenen Pflichten noch nicht zu Ende, es ist ihm noch nicht möglich, alles Menschliche hinter sich zu lassen und die Ruhe und die Seligkeit des Olymps, wie Winckelmann sagt, zu genießen. Dabei ist die Formulierung Schillers aufschlussreich, weil sie ins künftige ästhetisch-philosophische Werk führt: »Meine Phantasie

---

[55]   Winckelmann: Geschichte II. S. 717, 719.
[56]   Vgl. ebd. S. 283.
[57]   Schiller: Brief eines reisenden Dänen. HA V. S. 881. Vgl. ebd. S. 880f.
[58]   Vgl. Schiller: Brief eines reisenden Dänen. KuK. Hier: Kommentar. S. 809. Anm. zu S. 455,12.
[59]   Schiller: Brief eines reisenden Dänen. HA V. S. 880. Vgl. ebd.

leiht dem Kolossen Bewegung.«[60] Diese Ausdrucksweise findet sich beinahe wörtlich wieder in den sogenannten *Kallias*-Briefen, besonders im zweiten, worin Schiller sich bemüht, einen objektiven Grund für das Schöne zu finden, ohne dabei die Kantische Begriffsebene zu verlassen. Dort heißt es:

> Ist aber die gegebene Vorstellung eine Anschauung, und soll die Vernunft dennoch eine Übereinstimmung derselben mit ihrer Form entdecken, so muß sie […] zu ihrem eigenen Behuf der gegebenen Vorstellung einen Ursprung durch theoretische Vernunft *leihen*, um sie nach Vernunft beurteilen zu können.[61]

Im Fall des *Briefes* ist es die Phantasie, also ein Vorstellungsvermögen, welches einer steinernen Figur Bewegung leiht, im ersten Versuch Schillers, das Schöne philosophisch zu fassen, die Vernunft, welche dem betrachteten schönen Objekt Vernunftähnlichkeit leiht. In beiden Fällen aber ist es dieselbe Bewegung: Das Betrachtersubjekt überträgt eine Vorstellung auf das betrachtete Objekt. Mit anderen Worten: Dem Objekt kommt ›leihweise‹ etwas Subjektives zu, zumindest für den Augenblick, in welchem es angesehen wird. In diesem fiktiven Schreiben über Kunstgegenstände bemerken wir also zum ersten Mal jenen Wortlaut, der – innerhalb des zweiten *Kallias*-Briefes – in den berühmten Schluss mündet: »Schönheit also ist nichts anders als Freiheit in der Erscheinung.«[62] Gerade diese ›Erscheinung‹ basiert auf dem vorgenannten Akt des Leihens; das schöne Objekt findet nur deshalb zur ›Erscheinung‹ von Freiheit, weil das Subjekt seinem materiellen Gegenüber die eigene Freiheit in der Vorstellung leiht.

Bei Winckelmann ist die Statue grundsätzlich, in besonderem Maße aber diejenige des menschlichen Herkules sowie Laokoon, ein Gemisch von ›Ausdruck‹ und ›Schönheit‹. Mit »Ausdruck« meint er dabei die »Nachahmung des wirkenden und leidenden Zustandes unserer Seele und des Körpers«[63] in der Kunst, also tatsächliche Handlungen sowie Mimik und Gebärden.[64] »Der Ausdruck im engeren so wohl als weiteren Verstande verändert die Züge des Gesichts und die Haltung des Körpers, folglich die Formen, die die Schönheit bilden, und je größer diese Veränderung ist, desto nachtheiliger ist dieselbe der Schönheit.«[65] Die Konsequenz hieraus kann nur sein, dass »die Stille derjenige Zustand« sei, »welcher der Schönheit, so wie dem Meere, der eigentlichste ist«.[66] – Nebenbei bemerkt tritt hier das von Winckelmann häufiger benutzte Bild vom Meer auf, welches zurückverweist auf die *Gedancken* und mit welchem er im unmittelbaren Anschluss an den berühmten Satz von der ›edlen Einfalt und der stillen Größe‹ sagt: »So wie die Tiefe des Meers allezeit ruhig bleibt, die Oberfläche mag noch so wüten, eben so zeiget der Ausdruck in den Figuren der Griechen bey allen Leidenschaften eine grosse und gesetzte Seele.«[67] Dort wird bereits der Aus-

---

[60]   Ebd. S. 880f.
[61]   Schiller, Friedrich: [Kallias oder über die Schönheit] Briefe an Gottfried Körner. In: HA V. S. 394-433. Hier: Brief v. 8.2.1793. S. 395-400. Hier: S. 398. Hervorhebung im Original. Danach innerhalb dieses Briefes noch mehrfache Nennung des ›Leihens‹. (Künftig zitiert als: Schiller: Kallias-Briefe. HA V.)
[62]   Ebd. S. 400.
[63]   Winckelmann: Geschichte II. S. 301.
[64]   Vgl. ebd.
[65]   Ebd.
[66]   Ebd.
[67]   Winckelmann: Gedancken. S. 30. Vgl. ebd.

druck mit dem Bild des Meeres in Verbindung gebracht, welches an der Oberfläche wüten mag, aber ruhig in der Tiefe ist – Winckelmann greift dieses Bild sozusagen chiastisch auf. In der in den *Gedancken* verwendeten Metapher sei die Meerestiefe voller Ruhe, während die Oberfläche, vermutlich wegen eines Sturmes, wüte. Auf der Statue jedoch soll umgekehrt die sichtbare Oberfläche Ruhe beziehungsweise ›Gesetztheit‹ ausstrahlen, während es in der ›Tiefe‹ der menschlichen Seele wüten mag, weil der Körper sich in der Agonie des Todes befinde. Nicht zufällig verwendet Winckelmann dieses Bild unmittelbar im Anschluss an seine Laokoonbeschreibung; jenes Laokoon, welcher bei Schiller zum Paradigma des Erhabenen wird. Ebenso ist der Begriff des ›Ausdrucks‹ bei Winckelmann als dessen Vorstellung des Erhabenen zu denken, da er diesen mit dem Schönen ergänzt.

Diese Mischung von Ausdruck und Schönheit beschreibt Winckelmann in ebensolcher fluider Beweglichkeit des steten Übergangs, wie Schiller in seiner Beschreibung des Herkules Farnese: »die Schönheit würde ohne Ausdruck unbedeutend heißen können, und dieser ohne Schönheit unangenehm, aber durch die Wirkung der einen in der anderen, und durch die Vermählung zwoer widriger Eigenschaften erwächset das rührende, das beredte und das überzeugende Schöne.«[68] In dieser transgressiven Oszillation findet sich exakt dasjenige Bild ausgeprägt, welches Schiller in *Über Anmut und Würde* für die Gleichzeitigkeit dieser beiden Pole gebrauchen wird. Man könnte vielleicht sagen, dass der Eklektizist Schiller sich hier bei Winckelmann bedient – Jahre später, wenn er damit beginnt, systematisch über die Ästhetik nachzudenken, nachdem er von der *Kritik der Urteilskraft* herausgefordert wird, ein eigenes Konzept für das Schöne zu erstellen. Aber wie Winckelmann bereits sagt, das Schöne für sich genommen sei ebenso ungenügend wie bloßer Ausdruck, so wird sich Schiller nicht lange allein mit dem Schönen befassen, denn dieses bedürfe wiederum des Erhabenen, um in der Vereinigung zu gefallen. In gleicher Weise, wie bei Winckelmann die Statue dieses ›Zugleich‹ sinnlich darstellt, wird bei Schiller die Statue zu einem »Scharnier philosophischer Argumentationen«,[69] indem sie spätestens in den 1790er Jahren zur Projektionsfläche anthropologisch gedachter Funktionszuweisungen wird. In der frühen Stufe, die der *Brief eines reisenden Dänen* darstellt, zeigen sich diese späteren Funktionalisierungen noch deutlich unterschwellig und drohen bei flüchtiger Lektüre unterzugehen. Und doch lassen sie sich nicht verstecken, auch wenn sie sich als epigonale Winckelmannnachahmung zu tarnen scheinen; sie werden lediglich für ein knappes Jahrzehnt ausgeblendet und umgehend wieder ins Bewusstsein gerufen, als sich Schiller mit der Ästhetik befasst, für die die bildende Kunst immer wieder an signifikanten Stellen Gewähr steht.

Das fiktive ›Ich‹ befasst sich ebenso mit der zweiten Herkulesdarstellung, dem Torso, welcher, wie gesagt, eigentlich keine Herkulesfiguration ist; da das ausgehende 18. Jahrhundert, besonders im Gefolge Winckelmanns, diesen Statuenrest als eine solche gesehen hat, werde ich vom Torso ebenso ausschließlich als einer Herkulesdarstellung sprechen. Der Herkules-Torso, kurz: Torso, aber gehört, anders als es der Fall beim Herkules Farnese ist, zur klassi-

---

[68] Winckelmann: Geschichte II. S. 303.
[69] Schiller: Brief eines reisenden Dänen. KuK. Hier: Kommentar. S. 803. Vgl. auch: Pfotenhauer, Helmut: Rückwärtsgewandte Moderne. Der Klassizismus in den ästhetischen Schriften Schillers. In: Würzburger Schiller-Vorträge 2005. Hrsg. v. Jörg Robert. Würzburg 2007. S. 73-91. Besonders S. 73f. Vgl. auch: Frühklassizismus. Hier den Kommentar zu Schillers Laokoon-Rezeption. S. 549-555. Hier: S. 552.

zistischen Trias der drei Idealdarstellungen, welche Winckelmann betont herausgearbeitet hat. Es handelt sich dabei um Laokoon – hierbei vor allem um den Vater aus der Gruppe, weniger um die beiden Söhne –, Torso und Apoll vom Belvedere, die als »Klimax« »von Held, Halbgott und Gott«[70] gedeutet werden und entsprechend eine Steigerung der Schönheit in der Darstellung zum Ausdruck bringen. Diese Eingliederung des eigentlich prekären, weil zerstörten, nurmehr unvollständig überlieferten Restes einer Statue, bezieht sich daher auf den bereits vergöttlichten Herkules, nachdem er seine Arbeiten geleistet und Aufnahme in den Olymp durch seinen Vater Zeus erfahren hat.[71] Der Torso stellt mithin ein Zwischenstadium dar: Herkules wird als Sohn des Zeus und einer menschlichen Frau geboren, lebt unter den Menschen und teilt deren Schicksal. Jedoch nur auf Zeit, denn die Vergöttlichung ist ihm in Aussicht gestellt. Nach dieser legt Herkules alles Menschliche ab und gibt sich dem »Genuß der Seligkeit des Olympus«[72] hin.[73]

Dieses Zwischenstadium zeigt sich nach Winckelmann bereits darin, wie die Muskeln an der Statue dargestellt werden, da Muskeln für den Menschen eine Naturnotwendigkeit sind, während Götter diesen enthoben bleiben. In der Reihenfolge, die für die klassizistische Trias sprichwörtlich geworden ist, beschreibt Winckelmann zunächst die Darstellung bei Laokoon, worin gerade die Muskeln die – menschliche – Anspannung zeigen, zuletzt diejenige des Apoll, bei dem die Muskeln kaum sichtbar sind. Auf diese werde ich später zurückkommen, wenn ich mich den Besprechungen dieser Werke bei Schiller zuwende. Beim Torso, als dem Mittelglied der Reihung, beschreibt Winckelmann eine entsprechende Gleichzeitigkeit von sichtbaren Muskeln, als dem Erbteil seiner menschlichen Mutter, welche aber bereits »fließend erhaben« sind, wie es einer Gottheit zusteht: »In dem Rumpfe des vergötterten Hercules ist in eben diesen Muskeln eine hohe idealische Form und Schönheit; aber sie sind wie das Wallen des ruhigen Meeres, fließend erhaben, und in einer sanften abwechselnden Schwebung.«[74] Einmal mehr verwendet Winckelmann hier das Bild vom ›ruhigen Meer‹, daher die ›fließende Erhabenheit‹ der Muskeln, welche nun, da Herkules vergöttlicht ist, gleichsam ohne Funktion sind. Die hier genannte ›abwechselnde Schwebung‹ darf als eine sanft geschwungene Silhouette gedacht werden, im Gegensatz zu den »Hügel[n]«,[75] welche die Muskeln Laokoons aufwerfen; aber auch im Gegensatz zu den »kaum sichtbare[n] Wellen«, die die ›gelinden Muskeln‹[76] Apolls, deren er nie bedurft hat, zeigen. Man kann Herkules, als mythologische Figuration mehr noch als in seiner bildkünstlerischen Ausarbeitung, tatsächlich als eine Zwischenstufe zwischen dem Menschen, der in der Trias idealiter von Laokoon repräsentiert wird, und der Sphäre des Göttlichen, verkörpert durch Apoll, sehen.

---

[70]   Schiller: Brief eines reisenden Dänen. KuK. Hier: Kommentar. S. 806.

[71]   Vgl. Winckelmann: Geschichte II. S. 277. Vgl. ebd. Geschichte I. S. 276.

[72]   Ebd. Winckelmann: Geschichte II. S. 277.

[73]   Vgl. Moritz, Karl Philipp: Götterlehre oder Mythologische Dichtungen der Alten. In: Ders.: Werke. 3 Bde. Hrsg. v. Horst Günther. Frankfurt a. M. ²1993 (zuerst 1981). Hier Bd. 2: Reisen. Schriften zur Kunst und Mythologie. S. 609-842. Hier besonders: S. 732ff.

[74]   Winckelmann: Geschichte II. S. 283. Vgl. ebd. Geschichte I. S. 282.

[75]   Ebd. Geschichte II. S. 283. Vgl. ebd. Geschichte I. S. 282.

[76]   Ebd. Geschichte II. S. 283. Vgl. ebd. Vgl. ebd. Geschichte I. S. 282.

Gleichwohl bleibt der Torso prekär. Wie bereits die Bezeichnung dieser Statue zeigt – Schiller spricht, vergleichbar zu Winckelmann, vom »berühmten Rumpfe« und »Torso«[77] – ist sie unvollständig. Für eine Epoche, die das Schöne häufig mit dem ›Vollkommenen‹ in Verbindung bringt – Schiller spricht wiederum im Rahmen der Beschreibung des Herkules Farnese durch sein fiktives ›Ich‹ von »Kühnheit, Größe, Vollkommenheit, Wahrheit«[78] und bewegt sich damit im zeitgenössischen begrifflichen Fokus der ästhetischen Debatten –, ist eine zerstört überlieferte Statue ein grundsätzlicher Problemfall.

Bereits bei Winckelmann jedoch wird das Fehlende an der Statue selbst durch einen Furor in der Beschreibung und Auslegung des übriggebliebenen Restes ergänzt; völlig zu Recht hat Helmut Pfotenhauer deshalb von einem ›hermeneutischen Delir‹[79] gesprochen, welches Winckelmann angesichts des Torso überkomme. Mit Blick auf den Erhaltungszustand ist es höchst erstaunlich, was Winckelmann in diesem Torso zu sehen vermeint; dabei wird ihm unter der Hand die Kunstliteratur als Bindeglied zwischen früher Archäologie und Kunstgeschichte, also die empirische Autopsie des realen Kunstgegenstandes und das Schreiben darüber, fast zur Geheimwissenschaft: »Auf das äußerste gemishandelt und verstümmelt, und ohne Kopf, Arme und Beine, wie diese Statue ist, zeiget sich noch itzo denen, welche in die Geheimnisse der Kunst hinein zu schauen vermögend sind, in einem Glanze von ihrer ehemaligen Schönheit.«[80] Beinahe ›raunend‹ ist von den ›Geheimnissen der Kunst‹ die Rede, in die einzudringen nur denen vorbehalten bleibe, die im Voraus bereits ›zu schauen vermögend‹ seien. Winckelmann setzt, mit anderen Worten, bei denjenigen, die sich adeptenhaft den Kunstgegenständen nähern möchten, im Vorfeld vorhandene tiefere Einsichten in die Kunst als solche voraus. Es bleibt zu vermuten, dass er damit meint, dass nur ein solcher Mensch in der Lage sei, sich einem derart zerstörten Kunstwerk zu nähern, um im Geiste selbiges zu vervollständigen. Oder, um es mit der Terminologie des 20. Jahrhunderts zu sagen: Winckelmann verlangt eine vorgängige Einfühlung in das Kunstwerk, damit dann die Phantasie, das Vorstellungsvermögen, zur Vervollständigung desselben schreiten könne. Ohne dass die vollständige Plastik sichtbar wäre, wird sie gleichsam in den Rang eines Meisterwerks erhoben:

> Der Künstler derselben hat ein hohes Ideal eines über die Natur erhabenen Körpers, und eine Natur männlich vollkommener Jahre, wenn dieselbe bis auf den Grad göttlicher Genügsamkeit erhöhet wäre, in diesem Hercules gebildet, welcher hier erscheint, wie er sich von den Schlacken der Menschheit mit Feuer gereiniget, und die Unsterblichkeit und den Sitz unter den Göttern erlanget hat: denn er ist ohne Bedürfniß menschlicher Nahrung, und ohne ferneren Gebrauch der Kräfte vorgestellet.

---

[77] Schiller: Brief eines reisenden Dänen. HA V. S. 883.

[78] Ebd. S. 880.

[79] Pfotenhauer, Helmut: Winckelmann und Heinse. Die Typen der Beschreibungskunst im 18. Jahrhundert oder die Geburt der neueren Kunstgeschichte. http://www.goethezeitportal.de/digitale-bibliothek/forschungsbeitraege/autoren-kuenstler-denker/winckelmann-johann-joachim/helmut-pfotenhauer-winckelmann-und-heinse.html (Abgerufen 15.10.2010 und häufiger.) Hier besonders: Abschnitt II. »Winckelmanns Statuenbeschreibungen: ›Ideal‹ und ›Kunst‹«. Ursprünglich veröffentlicht in: Beschreibungskunst – Kunstbeschreibung. Ekphrasis von der Antike bis zur Gegenwart. Hrsg. v. Gottfried Boehm, Helmut Pfotenhauer. München 1995. S. 313-330.

[80] Winckelmann: Geschichte II. S. 715. Vgl. ebd. Geschichte I. S. 714.

> Es sind keine Adern sichtbar, und der Unterleib ist nur gemacht zu genießen, nicht
> zu nehmen, und völlig, ohne erfüllt zu seyn.[81]

Wiederum stellt Winckelmann ab auf die Bedürfnislosigkeit in Bezug auf menschliche Nahrung, die ihm bereits in der ersten Unterscheidung zwischen dem ›noch‹ menschlichen Herkules Farnese und des bereits vergöttlichten des Torso zum distinktiven Merkmal geworden
ist.[82] Ebenso ist dort von der ›göttlichen Genügsamkeit‹ die Rede, die zum Ausdruck bringen soll, wie sehr sich der in den Olymp aufgenommene Herkules von seinem früheren Ich
unterscheidet, welches noch auf schwellende Adern und Muskeln angewiesen gewesen ist.[83]
Bemerkenswert ist es aber, welche Aspekte Winckelmanns Vorstellungskraft dem Torso
hinzufügt: »Er hatte wie die Stellung des übrigen Restes urtheilen läßt, den rechten Arm
über sein Haupt gelegt, um ihn in der Ruhe nach allen seinen Arbeiten zu bilden, […].«[84]
So weit ist die geistige Vervollständigung erschließbar, gerade aufgrund des Verweises auf
weitere antike Darstellungen des ruhenden Herkules. Im Anschluss daran jedoch verliert
sich Winckelmann in der mythologischen Geschichte des Dargestellten und vermischt das,
was sinnlich vor Augen liegt, mit dem, was der Geist vom Mythos erinnert:

> In dieser Stellung mit aufwärts gerichtetem Haupte wird dessen Gesicht mit einer
> frohen Ueberdenkung seiner vollbrachten großen Thaten beschäfftiget gewesen
> seyn; wie selbst der Rücken, welcher in hohen Betrachtungen gekrümmet ist, anzu-
> deuten scheint. Die mächtig erhabene Brust bildet uns diejenige, auf welcher der
> Riese Geryon erdrücket worden, und in der Länge und Stärke der Schenkel finden
> wir den unermüdlichen Helden, welcher den Hirsch mit ehernen Füßen verfolgte
> und erreichte, und durch unzählige Länder bis an die Gränzen der Welt gezogen ist.[85]

In einer Operation, die an das nachmalige ›Leihen von Bewegung‹ aus der Phantasie heraus
bei Schiller erinnert, wird bei Winckelmann das sinnlich Erfasste einmal für den erinnerten
Mythos durchlässig und sorgt für eine Rückbindung des vergöttlichten Herkules an den
›noch‹ menschlichen Herkules der zwölf Arbeiten, was man zumindest in Ansätzen als einen Widerspruch zu dem auffassen kann, worin Winckelmann zuvor diese beiden Herkulesfigurationen differenziert hat. Zum anderen spekuliert Winckelmann vollends, wenn er
sich gar den Gesichtsausdruck des hier sitzenden und ruhenden Herkules ausmalt.

Zugleich wird der Torso – und deshalb habe ich von einem impliziten Meisterwerk gesprochen – in die Nähe des Apoll vom Belvedere gerückt, da »dieser Hercules einer höhern
Zeit der Kunst näher« komme, »als selbst der Apollo.«[86] Das liege daran, dass der Torso
selbst ein völliges Fluidum in der Kunst darstelle – und rät daher dem Künstler die Beschäftigung mit diesem ›Rumpf‹:

> Der Künstler bewundere in den Umrissen dieses Körpers die immerwährende Aus-
> fließung einer Form in die andere, und die schwebenden Züge, die nach Art der Wel-
> len sich heben und senken, und in einander verschlungen werden: er wird finden,

---

[81]   Ebd. Geschichte II. S. 715, 717. Vgl. ebd. Geschichte I. S. 714, 716.
[82]   Vgl. ebd. Geschichte II. S. 275, 277. Vgl. ebd. Geschichte I. S. 274, 276.
[83]   Vgl. ebd. an beiden Stellen.
[84]   Ebd. Geschichte II. S. 717. Vgl. ebd. Geschichte I. S. 716.
[85]   Ebd. Geschichte II. S. 717. Vgl. ebd. Geschichte I. S. 716.
[86]   Ebd. an beiden Stellen.

daß sich niemand im Nachzeichnen der Richtigkeit versichern kann, indem der
Schwung, dessen Richtung man nachzugehen glaubet, sich unvermerkt ablenket, und
durch einen andern Gang, welchen er nimmt, das Auge und die Hand irre machet.[87]

Hier greift Winckelmann mit der ›Welle‹ wörtlich eine Bestimmung auf, die er zuvor auf
die Muskulatur des Apoll angewendet hat;[88] somit schreibt er einem vergöttlichten Menschen eine Eigenschaft zu, die zuvor nur einem ›geborenen‹ Gott zugekommen ist. Zugleich
verstärkt er die ›Verflüssigung‹ innerhalb der Torso-Plastik, indem von ›Ausfließen‹ und
der besagten ›Welle‹ die Rede ist. Dieses sind wiederum Eigenschaften, welche von vornherein dem Torso zugeschrieben gewesen sind,[89] die hier jedoch eine rapide Steigerung erfahren. Im ersten Satz rät Winckelmann dem Künstler, die Umrisse des Torso zu bewundern. Es ist bekanntlich der bei Winckelmann maskulin verwendete ›Contour‹, der nicht
allein die Umrisslinie meint, sondern vielmehr das, was die »Einheit in der Mannigfaltigkeit« herstellt, das »synthetisierende, vergeistigende, das gemeine Sinnliche veredelnde
Prinzip.«[90] Der Contour ist vergleichbar mit dem, was bei Immanuel Kant als die Einbildungskraft figuriert: Die Fähigkeit des Geistes, aus der Vielzahl der Eindrücke, *ein* Bild herzustellen; in der Kunst ist es die Umrisslinie, die aus der Vielzahl der möglichen Formen die
eine *begrenzte* Gestalt bezeichnet. Allerdings spricht an dieser Stelle der Torsobeschreibung
Winckelmann davon, dass es bei der Betrachtung desselben zu einer *Entgrenzung* komme;
deshalb ›fließe eine Form in die andere‹, deshalb ›verschlingen sich die schwebenden Züge
nach Art der Wellen ineinander‹. Demjenigen, der versuche, den Umriss nachzuzeichnen,
werden ›Augen und Hand irre‹, weil sich dessen Linien unversehens ›ablenken‹. Darin liegt
die spezifische Größe dieser Plastik, welche sie beinahe als höherwertig als den Apollo vom
Belvedere erscheinen lasse.

   Es ist die Strategie Winckelmanns, den Störfaktor, den der zerstörte Torso darstellt,
dadurch zu bannen, dass gerade die Entgrenzung, welche sonst stets zu vermeiden ist, betont wird. Deswegen wird die Beschreibung an sich fließend, sie ist in der Lage, spekulative
Phantasmen aufzunehmen, die im Grunde nicht mehr durch eine empirische Autopsie des
Kunstwerkes belegbar sind. Damit öffnet sich die Statue, oder auch nur der Rest einer solchen, geistigen Zuschreibungen, die im Auge des Betrachters verbleiben. Es ist daher die
Allegorie, welche Winckelmann bevorzugt,[91] um die von ihm geschätzten Kunstwerke zu
deuten, indem er sie häufig mit dem zugehörigen Mythos verbindet. Gerade sie, als Darstel-
lungs- wie Deutungsmittel, steht für einen über den ›bloßen Stein‹ hinausweisenden Gestus,
der dem Kunstwerk außersinnliche Gehalte zuweist.

   Die Beschreibung des Torso in Schillers *Brief* ist ebenfalls anders gestaltet, als die weiteren Statuenbeschreibungen. Es handelt sich um das letzte Kunstwerk, dem der ›Däne‹ eine
eingehende Beschreibung zukommen lässt – und es weitet den Blick auf die zukünftige Geschichtsphilosophie Schillers und von dort aus wieder zurück zu dem, was Schiller in seiner
letzten großen ästhetischen Schrift als ›sentimentalisch‹ bezeichnen wird.[92] Dabei verdankt

---

[87] Ebd. an beiden Stellen.
[88] Vgl. ebd. Geschichte II. S. 283. Vgl. ebd. Geschichte I. S. 282.
[89] Vgl. ebd. an beiden Stellen.
[90] Winckelmann: Gedancken. Hier: Kommentar. S. 370f.
[91] Vgl. ebd. S. 370.
[92] Vgl. Schiller. Brief eines reisenden Dänen. HA V. Hier: Kommentar. S. 1281f. Wegen des Bezuges vgl. auch:

sie sich gleichsam einem Blick zurück, da das ›Ich‹ sagt: »Ich kann diesen Saal nicht verlassen, ohne mich noch einmal an dem Triumph zu ergötzen, den die schöne Kunst Griechenlands über das Schicksal einer ganzen Erdkugel feiert. Hier stehe ich vor dem berühmten Rumpfe, den man aus den Trümmern des alten Roms einst hervorgrub.«[93] Allein in diesem einen Satz erkennt man die Winckelmannsche Hochschätzung des Torso, da der ›Däne‹ von einem ›Triumph der Kunst‹ spricht – angesichts eines ›Rumpfes‹, egal wie berühmt dieser sein mag; zugleich betont er die Zerstörung, indem nicht nur vom ›Rumpf‹ die Rede ist, sondern auch davon, dass dieser ›aus den Trümmern des alten Roms‹ ausgegraben worden sei. Ein Trümmerstück also, geborgen aus weiteren Trümmern.

Diesem Torso kommt jedoch die gleiche Unbestimmtheit zu wie bei Winckelmann, wenn das ›Ich‹ sagt: »In dieser zerschmetterten Steinmasse liegt unergründliche Betrachtung – Freund!«[94] Nochmals wird der unvollständige Zustand der Statue betont und sogar gesteigert, indem von ›zerschmetterter Steinmasse‹ gesprochen wird. Aber diesem völlig zerstörten Werke eigne eine ›unergründliche Betrachtung‹, eine Betrachtung, die keinen Grund kennt, die also niemals an ein Ende gelangen kann. So wie bei Winckelmann ›Auge und Hand‹ des Nachzeichners ›irre‹ werden, da die Umrisslinien sich gleichsam ineinanderschlingen, da die ›Richtung‹ derselben unbemerkt ›abgelenkt‹ wird, lässt Schiller seinen fiktiven Briefschreiber von einem grund-losen und damit end-losen Betrachten schreiben. Von dieser Aufhebung aller räumlichen und zeitlichen Grenzen handelt das, was der ›Däne‹ nach seinem Ausruf »Freund!« diesem mitteilt:

> Dieser Torso erzählt mir, daß vor zwei Jahrtausenden ein großer Mensch dagewesen, der so etwas schaffen konnte – daß ein Volk dagewesen, das einem Künstler, der so etwas schuf, Ideale gab – daß dieses Volk an Wahrheit und Schönheit glaubte, weil einer aus seiner Mitte Wahrheit und Schönheit fühlte – daß dieses Volk edel gewesen, weil Tugend und Schönheit nur Schwestern der nämlichen Mutter sind. – Siehe, Freund, so habe ich Griechenland in dem Torso geahndet.[95]

In dieser eigenwilligen syntaktischen Konstruktion der vielen Gedankenstriche, ohne dass hierbei auf das herkömmliche Komma zurückgegriffen würde – auch in den beiden nachfolgenden letzten Absätzen dieses Textes verwendet Schiller gehäuft diese Satzzeichen –, spricht sich noch einmal, ganz am Ende dieses fingierten Briefes, der vermeintliche Kunstenthusiasmus aus, wobei Schiller zugleich auf den hermeneutischen Taumel verweist, welchen Winckelmanns Deutung des Torso kennzeichnet. Viermal erfolgt ein hypotaktischer Anschluss mit »daß«, welcher sich jedes Mal auf »Dieser Torso erzählt mir« bezieht; zweimal erfolgt innerhalb des Nebensatzes ein relativer Anschluss, zweimal ein kausaler Nebensatz. Für sich genommen ist das wiederholt ein paralleler Aufbau, der beim Leser den Eindruck von Atemlosigkeit evoziert; Atemlosigkeit mit dem Kunstgegenstand im Auge. Bei Winckelmann irrt das Auge und die Hand, das Kunstwerk wird durchlässig für die Allegorie

---

Schiller: Über naive und sentimentalische Dichtung. In: HA V. S. 694-780. Vgl. auch: Schiller: Brief eines reisenden Dänen. FA 8. Hier: Kommentar. S. 1264f. Anmerkung zu S. 206,24. Vgl. ebenso: Schiller: Brief eines reisenden Dänen. KuK. Hier: Kommentar. S. 806f.

[93] Schiller: Brief eines reisenden Dänen. HA V. S. 883.
[94] Ebd.
[95] Ebd. S. 883f.

und die phantastische Spekulation. Bei Schiller jedoch kommt es zu einer speziellen Wendung, welche diesen Text erneut auf das spätere Werk bezieht: Mit dem Blick auf den Torso wird das ›Ich‹ empfänglich für geschichtsphilosophische Überlegungen.

Schillers durch den ›Dänen‹ fingierte Überlegung geht, typisch für seine eigene Schaffensphase, aus von der ›Genieästhetik‹ der Zeit. Das Brief-Ich betont ›einen großen Menschen‹, der ›so etwas‹, also die Herkulesdarstellung, welche als Torso zumindest stückweise die Zeitläufte überdauert hat, habe schaffen können. Zugleich, in Anspielung darauf, dass auch Winckelmann meint, die idealisierte Darstellung des Menschen, sowohl im Bild als auch in der Plastik, basiere auf Vorbildern aus der Realität, die der Künstler im Herstellungsprozess zu einem Idealbild amalgamiere,[96] erwähnt dieses ›Ich‹ ›ein Volk, das ideale Vorbilder‹ gegeben habe. Ebenso betonen die beiden noch folgenden ›daß‹-Hypotaxen das ›eine Volk‹, in dem Wahrheit, Schönheit und Edelmut geherrscht habe, so dass der geniale Künstler des Anfangs dieses Absatzes sozusagen zum exemplarischen Einen aus der genannten Volksgruppe werde. Das ›geahndete‹ Griechenland sei in diesem einen Künstler verkörpert, der wiederum die Ideale des Volkes, dem er entstamme, in seinem Kunstwerk dargestellt habe.

Das derart idealisierte ›Griechenland‹ ist allerdings ein uneinholbar vergangenes, denn die Zeit ist über dieses bestimmte Griechenland mit seinem spezifischen Volk hinweggegangen:

> Unterdessen wanderte die Welt durch tausend Verwandlungen und Formen. Throne stiegen – stürzten ein. Festes Land trat aus den Wassern – Länder wurden Meer. Barbaren schmolzen zu Menschen. Menschen verwilderten zu Barbaren. Der milde Himmelsstrich des Peloponnes entartete mit seinen Bewohnern – wo einst die Grazien hüpften, die Anakreon scherzten und Sokrates für seine Weisheit starb, weiden jetzt Ottomanen – und doch, Freund, lebt jene goldene Zeit noch in diesem Apoll, dieser Niobe, diesem Antinous, und dieser *Rumpf* liegt da – unerreicht – unvertilgbar – eine unwidersprechliche ewige Urkunde des göttlichen Griechenlands, eine Ausfoderung dieses Volkes an alle Völker der Erde.[97]

Wie bei Winckelmanns Torsobeschreibung, worin die Formen stets ineinander übergehen, ist hier das ehedem geniale und idealisierte Griechenland ›durch tausend Verwandlungen und Formen‹ gegangen. Diese Veränderungen werden von Schiller in mehreren Antagonismen beschrieben, ›Throne‹ und ›Länder‹ sind entstanden und wieder verschwunden, ›Barbaren zu Menschen‹ geworden und Menschen wieder zu Barbaren. Ein letztes Mal in dieser Schrift kommt Schiller hier außerdem auf den ›milden Himmel‹ zu sprechen, der jedoch mitsamt seiner Bewohner darunter im Verlauf der letzten zweitausend Jahre ›entartet‹ sei; dort, wo ehedem die freien Ideal-Griechen gelebt haben, herrschen nun die Osmanen. Diesen scharfen Gegensätzen, die, wenigstens zum Teil, durch die Gedankenstriche notdürftig miteinander verbunden, schroff aufeinanderzuprallen scheinen, wird erst zum Schluss ein Drittes als Ausgleich entgegengestellt: die Kunstwerke der Antike. Es ist auffällig, dass es nicht die Kunst als solche ist, zumal mit Anakreon implizit die Dichtung ebenso aufgerufen ist, sondern einzelne genannte Kunstwerke, die die Zeitlosigkeit des idealen Griechenlands

---

[96] Vgl. Winckelmann: Geschichte II. S. 257ff. Vgl. ebd. Geschichte I. S. 256ff.
[97] Schiller: Brief eines reisenden Dänen. HA V. S. 884. Hervorhebung i. Orig.

verbürgen. Kunstwerke, die der ›Däne‹ allesamt im Mannheimer Antikensaal hat besichtigen können, die alle ebenfalls hier im *Brief* genannt oder sogar eingehender beschrieben worden sind. Wiederum ist es dabei der Torso, welcher eigens markiert ist und als ›unerreicht‹ und ›unvertilgbar‹ bezeichnet wird, obschon Teile desselben im Wortsinn *vertilgt* worden sind. Das Trümmerstück Torso, wegen der Zeitläufte zum Fragment geworden, ist es einmal mehr, welches die vielfältige bis unendliche Anschlussfähigkeit an Ideen und Vorstellungen figuriert, wie es bereits Winckelmann in seiner Torsobeschreibung in der *Geschichte der Kunst des Altertums* vorgezeichnet hat. Erneut ist es Schillers Anverwandlung, jener Schwenk in die Geschichtsphilosophie, welche nicht nur Schillers spätestens in der Karlsschule eingeübte Arbeitsweise demonstriert, sondern auch seine bisweilen erkennbare Affinität zu Fragmenten und Bruchstücken,[98] die dennoch als Verbindung zwischen zwei Polen dienen können, weil sie aufgrund ihrer Unabgeschlossenheit offen für interpretatorische Anknüpfungen sind.

4.1.1.2.2 Laokoon

Wie oben gesagt, folgen die beiden eingehenderen Besprechungen der Herkulesplastiken nicht direkt aufeinander. Vielmehr rahmen sie den fingierten Besuch des ›Dänen‹ im Mannheimer Antikensaal. Beim Herkules Farnese heißt es: »Dein erster Blick fällt auf die kolossalische Figur […].«[99] Die Besprechung des Torso wirft nicht nur einen Blick auf zwei Jahrtausende, sie ist auch die letzte des *Briefes*, verfasst wegen eines ›konkreten Blicks zurück‹: »Ich kann diesen Saal nicht verlassen, ohne mich noch einmal an dem Triumph zu ergötzen, […].«[100]

Tatsächlich ist es die Laokoon-Gruppe, deren Besprechung derjenigen des Herkules Farnese unmittelbar folgt, da der ›Däne‹ sie als zweites Kunstwerk im Antikensaal betrachtet. Dabei fällt zweierlei auf:

> Zunächst an dieser [dem farnesischen Herkules; F.H.] fesselt dich die unnachahmliche Gruppe des Laokoon. Ich werde dir über dies Meisterstück der antiken Kunst wenig Neues mehr sagen; du kennst sie bereits, und der Anblick selbst überwältigt alle Beschreibungskraft.[101]

An erster Stelle bezeichnet der ›Däne‹ die Laokoon-Gruppe als ›unnachahmlich‹, was eine direkte Aufnahme der paradoxalen Wendung aus den *Gedancken* bedeutet, worin Winckelmann das Verhältnis der Neueren zu den Alten in der Kunst ausdrückt: »Der eintzige Weg für uns, groß, ja, wenn es möglich ist, unnachahmlich zu werden, ist die Nachahmung der Alten, […].«[102] Für ihn besteht offenbar die Lösung der ›Querelle des Ancients et des Modernes‹ darin, dass die Unnachahmlichkeit der Modernen auf der Nachahmung der Alten basiere. Dabei parallelisiert Winckelmann in demselben Absatz Homer, als Beispiel für *die* griechische Literatur überhaupt, und die Darstellung des Laokoon, da er zur Zeit der Ab-

---

[98]   Vgl. ganz allgemein jenen Tagungsband, welcher dieses zum Thema hat: »Ein Aggregat von Bruchstücken«. Fragment und Fragmentarismus im Werk Friedrich Schillers. Hrsg. v. Jörg Robert. Würzburg 2013.
[99]   Schiller: Brief eines reisenden Dänen. HA V. S. 880.
[100] Ebd. S. 883.
[101] Ebd. S. 881.
[102] Winckelmann: Gedancken. S. 14.

fassung der *Gedancken* vor allem auf den Vaters allein abzielt:[103] »Man muß mit ihnen [den Kunst-Werken der Alten], wie mit seinem Freund, bekannt geworden seyn, um den Laocoon eben so unnachahmlich als den Homer zu finden.«[104] Das zeigt zudem an, dass für Winckelmann das ›ut-pictura-poesis‹-Gebot unverbrüchlich gilt.[105]

Diese Ansicht hat sich beim späteren Winckelmann allerdings umgekehrt. In der zweiten Auflage der *Geschichte*, welche Schiller genutzt hat, wird vom Laokoon gesagt, er sei seit Langem bereits »als das höchste in der Kunst geschätzet worden«.[106] Daher verdiene dessen Darstellung »bey der niedrigern Nachwelt, die nichts vermögend ist hervorzubringen, was diesem Werke nur entfernterweise könte verglichen werden, desto größere Aufmerksamkeit und Bewunderung.«[107] Bei Winckelmann scheint ein Gesinnungswandel seit dem Erscheinen der *Gedancken* vonstatten gegangen zu sein. Wo noch 1755 die Unnachahmlichkeit der Neueren darin fundiert wird, die Meisterwerke der Alten nachzuahmen, seien diese nun nicht mehr vermögend, Derartiges herzustellen. Damit dienen besagte Meisterwerke nurmehr zur Bewunderung und zum Studium.

Schiller folgt darin der neuen Ansicht seines Vorläufers: es ist auch bei ihm das antike Kunstwerk, welches unnachahmlich geworden ist. Darin drückt sich bereits hier die geschichtsphilosophische Wendung des Endes dieses *Briefes* aus; wie dort der zweitausendjährige Abgrund mit allen damit verbundenen Wandlungen von Ländern und Menschen betont wird, ist es bereits hier die – womögliche – Unfähigkeit zur Nachahmung dessen, was vor derart langer Zeit geschaffen worden ist. Zugleich wird dies zu einer Keimzelle der Geschichtsphilosophie der *Ästhetischen Erziehung*, besonders des 6. Briefes,[108] worin Schiller davon spricht, dass die unzerstörte Individualität des Menschen, der ›Ganze Mensch‹ gleichsam, habe untergehen müssen, um die »mannigfaltigen Anlagen im Menschen zu entwickeln«,[109] was andererseits aber zur Zerstörung dieser Individualität geführt habe. Es sei daher das Ziel der *Ästhetischen Erziehung*, dem Menschen einen Hinweis zu liefern, wie er seine Individualität auf einer neuen, höheren Ebene wiederherstellen könne. In die gleiche Richtung weist ebenso die letzte große ästhetische Schrift Schillers, *Über naive und sentimentalische Dichtung*.[110] Darin wird die Antike zur Epoche einer ›naiven‹ Kunstauffassung erklärt, einer Zeit mithin, in welcher der Mensch noch selbst genügend ›Natur‹-Wesen gewesen ist, um im Einklang mit dieser höchste Kunstwerke zu erschaffen. Dieses sei den Heutigen, nach der Etablierung der Vernunft, die die Differenz zur Natur herstelle, nicht mehr möglich. Aber hier sei es ebenso der Weg, auf einer neuen, höheren Ebene die durch das Sentimentalische gewandelte, sozusagen transzendierte, Naivität wiederherzustellen.

---

[103] Ebd. Hier: Kommentar. S. 445f. Anmerkung zu S. 30,30.
[104] Ebd. S. 14.
[105] Vgl. Horaz [= Quintus Horatius Flaccus]: Ars Poetica. Die Dichtkunst. [= Epistula ad Pisones de arte poetica.] Lateinisch/Deutsch. Übersetzt u. mit einem Nachwort hrsg. v. Eckart Schäfer. Bibliographisch ergänzte Ausgabe. Stuttgart 2011. V. 361. S. 26. Die Übersetzung (»Eine Dichtung ist wie ein Gemälde: [...].«): S. 27.
[106] Winckelmann: Geschichte II. S. 677.
[107] Ebd.
[108] Schiller, Friedrich: Über die ästhetische Erziehung des Menschen in einer Reihe von Briefen. In: HA V. S. 570-669. Hier: 6. Brief. S. 581-588. (Künftig zitiert als: Schiller: Ästhetische Erziehung. HA V.)
[109] Ebd. S. 586.
[110] Schilller, Friedrich: Über naive und sentimentalische Dichtung. In: HA V. S. 694-780.

Offensichtlich ist hier im *Brief* eines: lediglich 30 Jahre nach Winckelmanns *Gedancken* ist es einem jungen Autor nicht mehr möglich, einfach davon zu sprechen, dass die Nachahmung antiker Kunst ein probates Mittel sei, unnachahmlich zu werden.

Das zweite, was an den ersten Sätzen der Laokoonbeschreibung auffällt, ist der aufgerufene Unsagbarkeitstopos. Zum einen ist der ›Däne‹ der Meinung, nichts Neues mehr über die Plastik sagen zu können; zum anderen »überwältigt« »der Anblick selbst« »alle Beschreibungskraft«.[111] Das ist insofern erstaunlich, als es gerade diese Statue ist, welche die sogenannte ›Laokoon-Debatte‹ hervorgerufen hat. Immerhin ist es Laokoon, an dessen Darstellung Winckelmann sein »ästhetisches Ideal«[112] der großen Seele aufzeigt: »Das allgemeine vorzügliche Kennzeichen der Griechischen Meisterstücke ist endlich eine edle Einfalt, und stille Grösse, so wohl in der Stellung als im Ausdruck.«[113] Die beiden Formulierungen von der ›edlen Einfalt‹ und ›der stillen Größe‹ werden zu zentralen Schlagwörtern in den nachfolgenden Kunstdebatten des späten 18. Jahrhunderts. – Nebenbei bemerkt sei hier abermals darauf hingewiesen, dass im direkten Anschluss an diese Winckelmannsche Feststellung das von ihm geschätzte Bild des sowohl aufgewühlten als auch ruhigen Meeres seine prominente Anwendung erfährt. – Wesentlich stärker als ›edle Einfalt‹ und ›stille Größe‹ wirkt sich dennoch das *Verbot* des Schreiens aus; nicht zuletzt daran wird Lessings Kritik sich entfalten und zu einer Theorie der Mediendifferenz führen:

> Diese Seele schildert sich in dem Gesicht des Laocoons, und nicht in dem Gesicht allein, bey dem heftigsten Leiden. Der Schmertz, welcher sich in allen Muskeln und Sehnen des Cörpers entdecket, und den man gantz allein, ohne das Gesicht und andere Theile zu betrachten, an dem schmertzlich eingezogenen Unter-Leib beynahe selbst zu empfinden glaubet; dieser Schmertz, sage ich, äussert sich dennoch mit keiner Wuth in dem Gesichte und in der gantzen Stellung. Er erhebet kein schreckliches Geschrey, wie Virgil von seinem Laocoon singet: Die Oeffnung des Mundes gestattet es nicht; es ist vielmehr ein ängstliches und beklemmtes Seufzen, wie es Sadolet beschreibt. […]: sein Elend gehet uns bis an die Seele; aber wir wünschten, wie dieser grosse Mann, das Elend ertragen zu können.
>
> Der Ausdruck einer so grossen Seele gehet weit über die Bildung der schönen Natur: Der Künstler muste die Stärcke des Geistes in sich selbst fühlen, welche er seinem Marmor einprägete. Griechenland hatte Künstler und Weltweise in einer Person, und mehr als einen Metrodor. Die Weisheit reichte der Kunst die Hand, und bließ den Figuren derselben mehr als gemeine Seelen ein.[114]

Dieses ist die berühmte Laokoonstelle in Winckelmanns *Gedancken* in beinahe voller Länge; aber daran erkennt man, wie sehr Schillers Beschreibung im *Brief* dieser noch immer verbunden ist. Da es sich zugleich um jene Stelle handelt, welche so zahlreiche Antworten, Kritiken und Abhandlungen herausgefordert hat,[115] ist es einem jungen Autor, der Jahre später explizit von sich sagen wird, er fühle sich bei der bildenden Kunst ›nicht auf seinem

---

[111]   Schiller: Brief eines reisenden Dänen. HA V. S. 881.

[112]   Vgl. Schiller: Brief eines reisenden Dänen. FA 8. Hier: Kommentar. S. 1263. Anmerkung zu S. 203,18.

[113]   Winckelmann: Gedancken. S. 30.

[114]   Ebd. S. 30f.

[115]   Vgl. ebd. Hier: Kommentar. Abschnitt ›Rezeption und Wirkung‹. S. 393-428. Darüber hinaus siehe den Abschnitt ›Rezeption und Wirkung‹ der Winckelmannschen Statuenbeschreibungen. Ebd. S. 530-559.

Felde‹,[116] oder sich gleich zum Barbaren stilisiert,[117] im Wortsinne ernst damit, dass er nichts weiter zu sagen habe. Man muss dabei allerdings einwenden, dass er mit Blick auf das Kunstwerk nichts weiter zu sagen habe; Laokoon selbst wird stattdessen in den ästhetischen Schriften der 1790er Jahre wiederholt genannt werden, zum Teil direkt, zum Teil als bloße Allusion.

Dafür aber, dass der ›Däne‹ angeblich nichts Neues zu sagen habe, verwendet er doch einige Worte, um dieses ›unnachahmliche Meisterstück‹ der Antike zu beschreiben:

> Dieser hohe Schmerz im Aug, in den Lippen, die emporgetriebene arbeitende Brust
> – ein Anblick, ein Zustand, wo die Natur selbst sich so gern vergißt, so gern ins Gräß-
> liche ausartet, bei aller Wahrheit so angenehm, bei aller Treue so delikat behandelt,
> daß sich das verwöhnteste Auge mit Trunkenheit darauf heften kann. Und wie
> schmelzend wird dann die ganze Idee durch die untergeordnete Figuren der hilflosen
> Kinder, welche durch die schreckliche Schlange an den Vater gepreßt werden. Der
> Ausdruck der Leidenschaft und die ganze Gruppierung lassen dem forschenden Aug
> nichts mehr zu beobachten übrig – und nun vertilge in Gedanken diesen ganzen Aus-
> druck des Leidens, denke dir eben diese Figuren außer dem gewaltsamen Zustande
> des Affekts, und noch immer werden sie Muster der höchsten Wahrheit und Schön-
> heit sein. Der griechische Künstler hat nichts aufgeopfert – die unbeschreibliche Har-
> monie der Gruppe kostet uns auch nicht das leiseste Mißfallen über vernachlässigte
> Teile in den beiden Knaben. So schuf das Altertum.[118]

Gerade im Letzten sieht man die Anklänge an die Winckelmannsche Beschreibung aus den *Gedancken*, worin er die griechischen Künstler zugleich Philosophen genannt hat. Schiller imitiert daher den dort ersichtlichen Gestus, den Griechen nicht allein die exemplarischen, sondern auch die idealen Künstler zuzuweisen. Ebenso verweist Schiller erneut auf den Un-sagbarkeitstopos, indem er die ›Harmonie der Gruppe‹ als ›unbeschreiblich‹ bezeichnet – worin ihm Goethe in seinem eigenen Laokoon-Aufsatz widersprechen wird, da es gerade ein Kennzeichen desselben sein wird, das Verhältnis der Figuren untereinander zu vermes-sen, besonders im Blick auf die Gradation des Leidens.[119] Weiterhin weist gerade diese pos-tulierte ›Unbeschreibbarkeit‹ der Harmonie auf ein anderes Kunstwerk voraus, das in einer ästhetischen Schrift der 1790er Jahre an zentraler Stelle seine Verwendung finden wird: die Kolossalbüste der Juno Ludovisi im 15. Brief der *Ästhetischen Erziehung*.[120] Diese steht ebenso ein für eine Harmonisierung, »für welche der Verstand keinen Begriff und die Spra-che keinen Namen hat.«[121]

Zu bemerken ist ferner, dass Schillers ›Däne‹ die beiden Kinder in der Beschreibung der Plastik mit einbezieht. Daher gilt für die ›schmelzende‹ Schönheit der Figurendarstellung Vergleichbares wie für die ›Unsagbarkeit‹; sie ist der Keim für etwas, das in der *Ästhetischen Erziehung* ausgeführt werden wird. Das ›Schmelzende‹ tritt im 16. Brief nicht nur auf als die Entsprechung zur ›energischen‹ Schönheit, sondern im gleichen Maß als Gegenstück zur

---

[116] Vgl. Schiller, Friedrich: An den Herausgeber der Propyläen. In: KuK. Hier: Kommentar. S. 815. Brief an Jo-hann Wolfgang Goethe.

[117] Vgl. Schiller: NA 32. Brief Nr. 28 vom 7. [14.?] 3.1803 an Johann Christian Reinhart. Hier: S. 22.

[118] Schiller: Brief eines reisenden Dänen. HA V. S. 881.

[119] Ich komme im Kapitel 4.3.2 darauf zurück.

[120] Vgl. Schiller: Ästhetische Erziehung. HA V. 15. Brief. S. 614-619. Hier: S. 618f.

[121] Ebd. S. 619.

Harmonisierung eines zu temperamentvollen, eines zu leidenschaftlichen Gemüts, da die Wirkung sei, »das Gemüt im Moralischen wie im Physischen aufzulösen«.[122] Damit beschreibt der ›Däne‹ die Kinder als das Korrektiv für die Darstellung des Vaters in all seinem ›hohen Schmerz‹; jene werden als ›hilflos‹ bezeichnet, während der Vater noch eine ›emporgetriebene, arbeitende Brust‹ hat, sich also dem Untergang entgegenstemmt. Das bringt, innerhalb des fiktiven Rahmens dieser Schrift, zum Ausdruck, dass er tatsächlich der Plastik als Betrachter gegenüberstehe – im Gegensatz zum Winckelmann der *Gedancken*.[123] (Das gilt allerdings nur für das, was Winckelmann in seine fertige Arbeit mit hineingenommen hat. Bereits der Winckelmann der Dresdner Zeit kennt die gesamte Laokoon-Gruppe, da sich seit 1714 eine verkleinerte Bronze aller drei Figuren vor Ort befindet. Lediglich aufgrund der Aussageabsicht verzichtet Winckelmann auf die Erwähnung der Kinder und fokussiert den Geschichtsausdruck des Vaters; die Gesamtwürdigung der Gruppe bleibt der *Geschichte der Kunst des Altertums* vorbehalten.[124]) Dennoch unterläuft dem ›Dänen‹ dabei ein Fehler: bei der realen Laokoongruppe sind es zwei Schlangen, welche die Kinder des Priesters mehr oder weniger stark umschlingen, nicht nur eine einzelne.[125] Eine einzelne Schlange findet sich beispielsweise in jener Abbildung eines Stiches, wie sie Winckelmann für die *Gedancken* unter anderem genutzt haben könnte.[126] Einem wahren Kunstenthusiasten hätte dieses Missgeschick nicht unterlaufen dürfen, ebenso wenig Jemandem, der solche Betrachtungen anstellt im Angesicht des realen Kunstwerks; somit schimmert einmal mehr Schillers tatsächliches Desinteresse an bildender Kunst durch die Oberfläche seiner Brieffiktion.

Andererseits lässt sich an dieser Beschreibung der Laokoongruppe viel Winckelmannsches erkennen. Bereits die eingangs angesprochene Gleichzeitigkeit von ›hohem Schmerz im Aug‹, der ›emporgetriebenen, arbeitenden Brust‹, sowie andererseits der ›angenehmen‹ und ›delikaten‹ Behandlung im Kunstwerk, die zur ›Trunkenheit‹ selbst beim ›verwöhntesten Auge‹ eines Betrachters führe, deutet auf die in der *Geschichte der Kunst des Altertums* postulierte Gleichzeitigkeit von ›Ausdruck‹ und ›Schönheit‹ in einer Plastik hin. Zur Erinnerung sei gesagt, dass es sich beim »Ausdruck« um die »Nachahmung des wirkenden und leidenden Zustandes unserer Seele und des Körpers« handle.[127] Damit führt der ›Ausdruck‹ direkt in die Behandlung Laokoons hinein, da ersterer »im engeren so wohl als weiteren Verstande« »die Züge des Gesichts und die Haltung des Körpers, folglich die Formen, die die Schönheit bilden,« »verändert«.[128] Darin schließt Winckelmann die Beschreibung der

---

122   Ebd. 16. Brief. S. 619-622. Hier: S. 621. Vgl. ebd. S. 620f.
123   Vgl. Winckelmann: Gedancken. Hier: Kommentar. S. 445f. Anmerkung zu S. 30,30.
124   Vgl. Winckelmann, Johann Joachim: Schriften und Nachlaß. Hrsg. v. der Akademie der Wissenschaften und Literatur Mainz, Akademie gemeinnütziger Wissenschaften zu Erfurt, Winckelmann-Gesellschaft Stendal. Mainz 1996ff. Bd. 9. Vermischte Schriften zur Kunst, Kunsttheorie und Geschichte. Bd. 9.1. Dresdner Schriften. Text und Kommentar. Hrsg. v. Adolf Borbein, Max Kunze, Axel Rügler. Mainz 2016. Hier: Kommentar S. XXIf., besonders S. XXII. Vgl. auch: Pfotenhauer, Helmut: Ausdruck. Farbe. Kontur. Winckelmanns Ästhetik und die Moderne. In: Winckelmann. Moderne Antike. Katalog der gleichnamigen Ausstellung im Neuen Museum Weimar vom 7.4.-2.7.2017. Hrsg. v. Elisabeth Décultot, Martin Dönike, Wolfgang Holler u.a. München 2017. S. 67-81. Hier: S. 69.
125   Vgl. die Abbildung 17 im Band: Frühklassizismus. Zwischen S. 560 und 561.
126   Vgl. ebd. Abbildung 7.
127   Winckelmann: Geschichte II. S. 301. Vgl. ebd. Geschichte I. S. 300.
128   Ebd.

Muskeln Laokoons ein, indem es heißt: »Die Regung dieser Muskeln ist am Laocoon über die Wahrheit bis zur Möglichkeit getrieben, und sie liegen wie Hügel, welche sich in einander schließen, um die höchste Anstrengung der Kräfte im Leiden und Widerstreben auszudrücken.«[129] Schiller beschreibt diesen Ausgleich, von Winckelmann herkommend, damit, dass es gerade das ›Schmelzende‹ der Schönheit sei, was verhindere, dass die Darstellung des Leidens, trotz »aller Wahrheit«[130] – ein Begriff, den sich Winckelmann und Schiller teilen –, »ins Gräßliche ausartet«,[131] was selbst der Natur bisweilen unterlaufe. Es ist die Vermischung von Schönheit und Erhabenem, was ein harmonisches Ganzes ergebe;[132] eine Figur mithin, welche Schiller von Winckelmann übernimmt und die dazu führt, dass Schiller im *Brief* 1785 in der Beschreibung Laokoons sowohl von ›Wahrheit und Schönheit‹ als auch von Leidenschaft und Schmerz sprechen kann.

Bemerkenswert ist, dass bei Winckelmanns Beschreibung des Laokoon in der zweiten Auflage der *Geschichte* dasjenige, was wenige Jahre später Schiller – im Sinne Kants – als das ›Erhabene‹ bezeichnen wird und als eine zentrale Kategorie seiner eigenen Ästhetik festlegen wird, in einer Deutlichkeit beschrieben wird, die zum Übermaß neigt. Gleichwohl wird Schiller dieses in seinem Brief nicht derart zugespitzt aufnehmen:

> Laocoon ist eine Natur im höchsten Schmerze, nach dem Bilde eines Mannes gemacht, der die bewußte Stärke des Geistes gegen denselben zu sammeln suchet; und indem sein Leiden die Muskeln aufschwellet, und die Nerven anziehet, tritt der mit Stärke bewaffnete Geist in der aufgetriebenen Stirne hervor, und die Brust erhebet sich durch den beklemmten Othem, und durch Zurückhaltung des Ausbruchs der Empfindung, um den Schmerz in sich zu fassen und zu verschließen. Das bange Seufzen, welches er in sich, und den Othem an sich zieht, erschöpft den Unterleib, und machet die Seiten hohl, welches uns gleichsam von der Bewegung seiner Eingeweide urteilen läßt.[133]

Dabei sei es nicht zuletzt die Sorge des Vaters um die bedrängten Kinder, welche den so aufgefassten Laokoon umtreibe, »denn das väterliche Herz offenbaret sich in den wehmüthigen Augen, und das Mitleiden scheint in einem trüben Dufte auf denselben zu schwimmen.«[134] Auffällig ist dabei vor allem die ›bewusste Stärke‹, die Laokoons Geist zeige. Damit wird nicht nur die ›Seelenstärke‹ zitiert, wie sie Abel in seinem Philosophieunterricht an der Karlsschule gelehrt hat,[135] sondern zugleich auch das Programm, welches Schiller in seiner Schrift *Über das Erhabene* dem Menschen empfiehlt.[136] Darin rät er, vergleichbar der *Ästhetischen Erziehung*, die Sphäre der Kunst zu verwenden, um sich auf die schmerzlichen Momente im eigenen, realen Leben vorzubereiten; mithin, sich eine ›bewusste Stärke des Geistes‹ anzutrainieren. Während sich Winckelmann und Schiller nach dem oben Zitierten wiederum den Begriff des ›Schmerzes‹ sowie den Verweis auf das Auge teilen, in welchem sich

---

[129] Ebd. Geschichte II. S. 283. Vgl. ebd. Geschichte I. S. 282.
[130] Schiller: Brief eines reisenden Dänen. HA V. S. 881.
[131] Ebd. Vgl. ebd.
[132] Vgl. Winckelmann: Geschichte II. S. 303.
[133] Ebd. Geschichte II. S. 677. Vgl. ebd. Geschichte I. S. 674, 676.
[134] Ebd. Geschichte II. S. 677. Vgl. ebd. Geschichte I. S. 676.
[135] Vgl. Abel, Jacob Friedrich: Rede [Seelenstärke ist Herrschaft über sich selbst]. 1777. In: Abel/Riedel: Quellenedition. S. 219-236.
[136] Vgl. Schiller, Friedrich: Über das Erhabene. In: HA V. S. 792-808.

eben dieser Schmerz oder auch ›Wehmut‹ zeigen, ist die Laokoonbeschreibung des ersteren in wesentlichen Zügen abweichend gestaltet.

Zum einen hat Winckelmann nach dem Erscheinen von Lessings Schrift *Laokoon: oder über die Grenzen der Malerei und Poesie* nicht davon abgelassen, an der berühmten Formulierung seiner Debütschrift festzuhalten. Noch immer ist es ein »bange[s] Seufzen«,[137] welches Laokoon vernehmen lasse aufgrund der »bewußte[n] Stärke des Geistes«, ganz als interessiere Winckelmann die Differenz der Künste gemäß ihrer Materialität nicht. Schiller freilich, der sich ohnehin nicht für die bildende Kunst begeistert, ist jede Frage nach der Materialität fern. Somit braucht er auf diesen Streitpunkt der zeitgenössischen Laokoondeutung nicht einzugehen, obschon es wie eine bewusste Leerstelle wirkt, da man von einem Kunstenthusiasten wie dem ›Dänen‹ an und für sich eine Aussage gerade in diesem Punkt erwarten würde. Das andere ist die Bereitwilligkeit, mit der Winckelmann die Plastik deutet. Zu unterscheiden sind dabei zwei Varianten der Interpretation. Zunächst diejenige, die man als eine ›naturalistische‹ – ›nach der Kunst‹ – bezeichnen könnte. Darin beschreibt er die Statue aufgrund des dargestellten Bildinhalts. So zum Beispiel, indem er von der Körperlichkeit Laokoons im Angesicht des Affekts spricht: die aufgeworfenen Muskeln, die bedingt werden durch den krampfartigen Widerstand, die ›hohlen Seiten‹ wegen des ›erschöpften Unterleibs‹,[138] die ›Beine‹, die wirken, als wollten sie fliehen, weil die ›linke Seite‹, in welche die eine ›Schlange‹ in dem Moment beiße, den stärksten Schmerz verspüre.[139] Winckelmann ist in diesen Interpretationen bemüht, die Formung des steinernen Körpers nach dem zu beschreiben, was als ›Geschehen‹ in dem einen – prägnanten – Moment stillgestellt ist. Die andere Variante ist die ›spekulative‹ – beziehungsweise ›nach dem Ideal‹. Darin formuliert Winckelmann Interpretationen, die im engeren Sinn nicht von der Plastik gedeckt werden, weil sie zumeist auf den moralischen Implikationen beruhen, die er, wie auch Schiller, gerade mit der Laokoon-Gruppe verbindet. Zu sehen ist dies beispielhaft in dem von mir bereits zitierten Satz, in dem Winckelmann Laokoon unterstellt, das väterliche Herz scheine sich in den wehmütigen Augen zu offenbaren, sowie das Mitleiden »in einem trüben Duft« auf denselben zu schwimmen.[1018] Zumindest schwächt Winckelmann diese Interpretation dadurch ab, dass er vom ›scheinen‹ spricht, also der künstlerischen wie auch gleichzeitig künstlichen Illusion, die mittels des Kunstwerks im Rezipienten erzeugt wird.

Schillers ›Däne‹ zitiert zwar beide Varianten – den »Schmerz im Aug« wie die »emporgetriebene arbeitende Brust«[140] –, ohne ihnen jedoch recht eigentlich zu folgen. Stattdessen ist er sehr viel mehr an der Wirkung der Plastik auf den Betrachter interessiert, so dass die Laokoonbeschreibung im *Brief* eine Mischung aus produktions- und rezeptionsästhetischen Überlegungen darstellt. Während also der ›Däne‹ offenkundig kein gesteigertes Interesse an der Statuengruppe als solcher hegt und ihr daher keine eloquenten Interpretationen abringen kann, kulminieren jene in dem fast als Ausruf zu bezeichnenden: »So schuf das Altertum.«[141] Wir sehen hier die Bewegung von einem konkreten Einzelfall der Kunst, der

---

137 Winckelmann: Geschichte II. S. 677.
138 Vgl. ebd.
139 Vgl. ebd. S. 679.
1018 Ebd. S. 677. Vgl. ebd.
140 Schiller: Brief eines reisenden Dänen. HA V. S. 881.
141 Ebd.

Statuengruppe des Laokoon, hin zu allgemeinen Reflexionen zu Produktion und Wirkung der Kunst als solcher. Diese Bewegung wird in vergleichbarer Art die *Kallias*-Briefe von 1793 wiederholen;[142] sie gehen aus von dem doppelten Skandalon der nach Kant nur ›adhärierenden‹ Schönheit des Menschen und der lediglich subjektiv bestimmbaren Schönheit als solcher, um am Ende dieses Projekts ebenfalls in produktions- und rezeptionsästhetischen Betrachtungen anzulangen.

4.1.1.2.3 Apoll vom Belvedere

Die vierte Statue, die eine Einzelbeschreibung durch den ›Dänen‹ erhält, ist diejenige des Apoll – wahlweise der »vatikanische«[143] oder ›Apoll vom Belvedere‹, da diese Statue im Belvedere-Hof der Vatikanischen Museen aufgestellt ist.[144] Zugleich handelt es sich um die letzte, die notwendigerweise die ›klassizistische Trias‹ von Laokoon, Herkules und Apoll vervollständigt.[145] Diese Apollodarstellung ist insofern etwas Besonderes, als sie »für Jahrzehnte zum Beispiel« »für die Schönheit antiker Kunst« »schlechthin«[146] wird. Der Grund dafür ist, dass die Beschreibung Winckelmanns immer wieder ins gesteigert Enthusiastische ausgreift, dem sich die zeitgenössischen Leser offenkundig nicht haben entziehen können – auch und gerade wenn sich darin sublimierte Homoerotik ausdrückt.[147] Schillers ›Däne‹ imitiert diesen hoch begeisterten Stil, so dass, auffällig in dieser Schrift, die Apollobeschreibung die umfangreichste ist sowie diejenige, welche sich dezidiert eng an Winckelmanns Worte anschmiegt. Dies liegt vermutlich daran, dass die Statue, welche sozusagen ›nur‹ schön ist, zugleich diejenige ist, die Schiller am wenigsten interessiert, weil sich darin kein Spannungsverhältnis zwischen zwei widerstreitenden Polen aufbauen lässt. Mithin ist für den in anthropologisch-dualistischen Strukturen denkenden Schiller kaum eine Möglichkeit vorhanden, eine solche Spannung in einer als Drittes zu begreifende Synthese aufzuheben; was nicht heißt, dass er keinen Versuch unternimmt.

»Unter allen Figuren, die dieser Saal enthält, ist der vatikanische Apoll die vollkommenste – Zwei Blicke auf denselben sind genug, dir mit entscheidender Gewißheit zu sagen, du stehst vor einem Unsterblichen.«[148] Mit diesen Worten hebt die Beschreibung der Plastik in Schillers *Brief* an. Hier zeigt sich der – nachgeahmte – Enthusiasmus, indem der ›Däne‹ den Apoll mit dem Superlativ zu einem eigentlich nicht steigerbaren Adjektiv als ›vollkommenste‹ Statue bezeichnet. Eine grammatikalische Form, die darauf anspielt, dass die Begeisterung, welche vom Betrachter Besitz ergriffen hat, zu einer Entgrenzung des Gefühls führt, die selbst die sprachlichen Grenzen außer Kraft setzt. Gleichzeitig bedient sich Schiller an der Stelle noch unbekümmert dieses Begriffs, den er einerseits von Winckelmann übernommen haben kann, da letzterer ihn in seiner Beschreibung der Schönheit des ›jun-

---

[142] Vgl. Schiller: Kallias-Briefe. HA V. S. 394-433.

[143] Schiller: Brief eines reisenden Dänen. HA V. S. 881.

[144] Vgl. ebd. Hier: Kommentar. S. 1282. Anmerkungen zu S. 881. Vgl. ebenso: Schiller: Brief eines reisenden Dänen. FA 8. Hier: Kommentar. S. 1263. Anmerkung zu S. 204,3f. Vgl. auch: Schiller: Brief eines reisenden Dänen. KuK. Hier: Kommentar. S. 810. Anmerkung zu S. 456,1f.

[145] Vgl. Schiller: Brief eines reisenden Dänen. KuK. Hier: Kommentar. S. 806.

[146] Ebd. S. 810. Anmerkung zu S. 456,1f.

[147] Vgl. Winckelmann, Johann Joachim: Statuenbeschreibungen. In: Frühklassizismus. Hier: Kommentar. S. 514f.

[148] Schiller: Brief eines reisenden Dänen. HA V. S. 881.

gen‹ Apoll nutzt, der aber andererseits einige Jahre später in den *Kallias*-Briefen zurecht der rationalistischen Ästhetik in der Nachfolge der Schulphilosophie zugeschlagen und mit Alexander Gottlieb Baumgarten und dessen *Aesthetica* in Verbindung gebracht wird.[149] Der zweite Satzteil, nach dem Gedankenstrich, ist ebenso interessant. In Abweichung zur bekannten Redewendung, dass ›ein Blick‹ für etwas reiche, sind es bei Schillers ›Däne‹ ›zwei‹, die notwendig sind, um zu entscheiden, dass es sich um die Darstellung eines ›Unsterblichen‹ handle. Es scheint so zu sein, dass der ›eine Blick‹ deshalb nicht reiche, da ein solcher lediglich das Gefühl ansprechen kann. Für eine reflektierte Betrachtung der Kunst ist daher ein zweiter Blick notwendig, da erst dann, wenn dem Gefühl Genüge getan ist, die Vernunft zu ihrem Recht kommen könne. Außerdem spricht ein zweiter Blick für einen erhöhten Zeitaufwand, den es den Betrachter beim Anblick des und beim Reflektieren über das Kunstwerk kostet. Immerhin hat bereits Winckelmann in den *Gedancken* in Bezug auf den Laokoon gesagt, dass man ein ›Freund‹ des Kunstwerkes werden müsse, um dessen Tiefe vollständig ausloten zu können.[150] Daher lässt die nachfolgende Formulierung nicht nur stutzen, sie ist in dem von Schiller neu justierten Kontext ebenso nachvollziehbar: es ist von »entscheidender Gewißheit«[151] die Rede, nicht von ›entschiedener‹. Man kann von der Restspur eines Archäologen ausgehen, der – wie Winckelmann – vor einer Statue steht und diese aufgrund bestimmter Merkmale einer mythologischen Figur zuordnet; eben in einem reflexiven Akt. Zudem wird hier das ästhetische (Geschmacks-)Urteil nach Kant vorweggenommen, welches ebenso nach bestimmten Kriterien ›entscheidet‹, ob ein Objekt schön sei oder nicht. In dieser frühen Phase, in der sich Kunstgeschichte und Archäologie erst zu etablieren beginnen, sind beide Spielarten der Kunstbetrachtung noch nicht kategorial getrennt, so dass beim interessierten Laien, wie beispielsweise Goethe, die Neugierde auf das Kunstwerk in realiter ebenso diejenige an der Diskussion um die Bestimmung und Deutung mit einschließt. Gerade diesen Gestus imitiert hier der ›Däne‹, der in dem einen Satz zum apodiktischen Schluss kommt, es mit einem ›Unsterblichen‹ zu tun zu haben.

Trotzdem ist Schillers ›Däne‹ bemüht, den vatikanischen Apoll zu einer *gemischten* Figur zu stilisieren, und so das Beschreibungsmuster zu unterlaufen, das Winckelmann vorgeprägt und worauf sich Schiller hier erkennbar gestützt hat. Es heißt bei Schiller:

> Die reizendste Jünglingsfigur, die sich eben jetzt in den *Mann* verliert, Leichtigkeit,
> Freiheit, Rundung und die reinste Harmonie aller Teile zu einem unnachahmlichen
> Ganzen erklären ihn zu dem ersten der Sterblichen, Kopf und Hals verraten den Gott.
> Diese himmlische Mischung von Freundlichkeit und Strenge, von Liebenswürdigkeit
> und Ernst, Majestät und Milde kann keinen Sohn der Erde bezeichnen.[152]

Besonders der zweite der hier zitierten Sätze erinnert frappierend an jene Beschreibung, welche Schiller Jahre später für die Büste der sogenannten Juno Ludovisi verwenden wird, um sie zu einer harmonischen Gleichzeitigkeit von ›weiblichem Gott‹ und ›gottgleichem Weib‹ zu erklären,[153] zu einer Mischung aus Schönheit und Erhabenheit. Desgleichen ist das aus dem Hintergrund hervorscheinende Muster: Die Formulierungen für die Harmonie

---

149   Vgl. Schiller: Kallias-Briefe. HA V. S. 394. Vgl. ebd. Hier: Kommentar. S. 1201f. Anmerkung zu S. 394.
150   Vgl. Winckelmann: Gedancken. S. 14.
151   Schiller: Brief eines reisenden Dänen. HA V. S. 881.
152   Ebd.
153   Vgl. Schiller: Ästhetische Erziehung. 15. Brief. In: HA V. S. 614-619. Hier: S. 618.

von ›Anmut und Würde‹ werden vorweggenommen in den drei aufeinanderfolgenden Antagonismen, von denen die beiden ersten parallel gestaltet sind – »von Freundlichkeit und
Strenge, von Liebenswürdigkeit und Ernst« –, während zwischen dem zweiten und dritten
eine chiastische Stellung den Akzent mehr auf die ›Majestät‹ setzt: »von Liebenswürdigkeit
und Ernst, Majestät und Milde«.[154] ›Majestät‹ deshalb, da die Figur letztlich einen Gott vorstellen soll. Andererseits widerspricht sich der ›Däne‹ selbst: Zunächst wird der vatikanische
Apoll apodiktisch zu einem Unsterblichen erklärt. Im darauf folgenden Satz jedoch zeigen
»Leichtigkeit, Freiheit, Rundung und die reinste Harmonie aller Teile zu einem unnach-
ahmlichen Ganzen« die Figur als einen »Sterblichen«, während allein »Kopf und Hals« dieselbe in einen »Unsterblichen« wandeln.[155] – Nebenbei sei lediglich erwähnt, dass auch diese
Darstellung zu einer ›unnacahmlichen‹ erklärt wird,[156] vergleichbar der Laokoon-Gruppe.

Es gibt einen weiteren Aspekt, worin sich der vatikanische Apoll als eine Figuration des
Übergangs zeigt, als eine *Misch*figur. Diesen hat Schiller der *Geschichte der Kunst des Altertums* entlehnt, worin Winckelmann auf die Darstellung göttlicher Jugend eingeht:

> Der höchste Begriff idealischer männlicher Jugend ist sonderlich im Apollo gebildet,
> in welchem sich die Stärke vollkommener Jahre mit den sanften Formen des schöns-
> ten Frühlings der Jugend vereinigt findet. Diese Formen sind in ihrer jugendlichen
> Einheit groß, und nicht wie an einem in kühlen Schatten gehegten Lieblinge, […],
> sondern einem edlen, und zu großen Absichten gebohrnen Jünglinge gemäß: daher
> war Apollo der schönste unter den Göttern. Auf dieser Jugend blühet die Gesundheit,
> und die Stärke meldet sich, wie die Morgenröthe zu einem schönen Tage.[157]

In vergleichbarer Weise wiederholt Winckelmann diesen Gedanken von der Gleichzeitigkeit der Jugend und Männlichkeit an der Stelle, an der er die eigentliche, die umfangreiche
Beschreibung des Apoll ausführt: »Ein ewiger Frühling, wie in dem glücklichen Elysien, be-
kleidet die reizende Männlichkeit vollkommener Jahre mit gefälliger Jugend, und spielet
mit sanften Zärtlichkeiten auf dem stolzen Gebäude seiner Glieder.«[158]

Winckelmann beschreibt an der ersten Stelle die Schönheit des Apoll, welcher zugleich
der ›schönste aller Götter‹ sei, als eine des Übergangs von der Jugend ins Mannesalter. Bei
ihm ist es die »Stärke vollkommener Jahre«, welche sich »mit den sanften Formen des
schönsten Frühlings der Jugend vereinigt findet.«[159] Bemerkenswert ist hier die statische
Vereinigung, welche die Plastik ausdrückt, da Schiller den Übergang fluider in Szene setzt:
»Die reizendste Jünglingsfigur, die sich eben jetzt in den *Mann* verliert.«[160] Die Jugend ›verliert‹ sich im Mannesalter – als eine Betonung des Prozesses, der voranschreitet –, aber ›eben
jetzt‹ – das ist die gleichzeitige Betonung der im Kunstwerk, als dem ›prägnanten Moment‹,
sinnlich erfahrbaren Stillstellung dieses Prozesses. Insofern ist die Apollodarstellung in den
Worten von Schillers ›Däne‹ nicht allein eine Figuration, die den Übergang der Jugend ins
Mannesalter als fortschreitenden Vorgang ins Auge fasst, sondern zugleich als Stillstand

---

[154] Schiller: Brief eines reisenden Dänen. HA V. S. 881.
[155] Alle Zitate ebd.
[156] Vgl. ebd.
[157] Winckelmann: Geschichte II. S. 267. Vgl. ebd. Geschichte I. S. 266.
[158] Ebd. Geschichte II. S. 781. Vgl. ebd. Geschichte I. S. 780.
[159] Ebd. Geschichte II. S. 267.
[160] Schiller: Brief eines reisenden Dänen: HA V. S. 881. Hervorhebung i. Orig.

desselben in einem spezifischen Moment. Man könnte daher von der Gleichzeitigkeit eines
Flusses und der Stockung desselben sprechen. Auch darin wird sich Schiller bei der Beschreibung der Juno Ludovisi wiederholen, indem er diesen Gedanken dort erneut anwendet.

Mit anderen Worten: Gerade in den Eingangssätzen der Beschreibung des belvederischen Apoll versucht sich Schiller darin, in des ›Dänen‹ Worten, die ›Schönheit‹, auf der
Winckelmann so sehr besteht, in der Darstellung aufzubrechen und somit den Apoll in ein
dualistisches Beschreibungssystem einzugliedern. Das kommt zwar Schiller entgegen, da er
seit der Karlsschule in Antagonismen zu denken gewöhnt ist, andererseits aber der herkömmlichen Betrachtung des Apoll seiner Zeitgenossen widerspricht.

Im weiteren Verlauf seiner Beschreibung nähert sich der ›Däne‹ dem Vorläufer Winckelmann sehr deutlich an:

> Die hochgewölbte Brust ist nach dem übereinstimmenden Gefühl aller Künstler die
> vollkommenste, die je ein Meißel geschaffen hat; Schenkel und Füße ein Muster der
> edelsten Schönheit. Den geübtesten Zeichner wird es ermüden, die herrlichen For-
> men, die durch kontrastierende Schlangenlinien ineinanderschmelzen, *nur* für das
> Aug nachzuahmen; denn der griechische Meister hat ebenso delikat für das Gefühl
> gearbeitet; das Auge erkennt die *Schönheit*, das Gefühl die *Wahrheit*. Die letztere ist
> der ersteren untergeordnet, und obgleich kein Muskel vergessen ist, so hat doch der
> Künstler die feinere Nüancen dem Gesicht entzogen und der Berührung vorbehalten.
> Die Statue schwebt – alle Muskeln wirken aufwärts und scheinen sie sichtbar empor-
> zutragen.[161]

Dieser Abschnitt der Betrachtung des Apoll ist der materiellen Körperlichkeit der Statue
gewidmet. Schiller wiederholt hier erneut die ›Vollkommenheit‹ der Plastik, ohne das in
allen Einzelheiten auszudrücken, wie dies Winckelmann in seiner *Geschichte* verdeutlicht.
Dort ergießt sich eine regelrechte Kaskade von Wie-Vergleichen und Bildern, welche die
überragende Schönheit Apolls in der plastischen Darstellung ausdrücken sollen; katalogar-
tig werden Körperteile aufgerufen und beschrieben und deren Schönheit mit anderen mythologischen Figuren oder Objekten der Realwelt in Verbindung gesetzt.[162] Aufschlussreich
bei Schiller ist wiederum, dass der ›Meißel‹ Erwähnung findet, da Schiller kaum je auf die
Herstellung einer Statue eingeht. Da im unmittelbaren Anschluss daran – ausgerechnet –
›Schenkel und Füße‹ des Apoll als ein ›Muster der edelsten Schönheit‹ bezeichnet werden,
ebenso wie er es ermüdend für einen ›Zeichner‹ nennt, die Formen der Plastik nachzuahmen, obschon er eingangs die Statue als ›unnachahmliches Ganzes‹ bezeichnet hat, ist der
genannte ›Meißel‹ lediglich ein Zitat der Winckelmannschen Statuenbeschreibung ›nach

---

[161] Ebd. S. 881f. Hervorhebungen i. Orig.
[162] Vgl. Winckelmann: Geschichte II. S. 781f. Vgl. ebd. Geschichte I. S. 780.

der Kunst‹.[163] Damit ist die Beschreibung in einem engeren archäologischen Sinn gemeint, mithin die Autopsie des Kunstwerks in seiner realen Beschaffenheit; zum Teil erweitert um eine geschichtliche Dimension, da auch Winckelmann die Arbeiten verschiedener Jahrhunderte bekannt sind. Gerade das aber ist es nicht, was den ›Dänen‹ an den Plastiken des Antikensaals interessiert, weshalb er diesen Aspekt sehr schnell wieder fallenlässt. Auch gehören hierzu nicht die körperlichen Merkmale der Statue, so dass lediglich ›Schenkel und Füße‹ Apolls genannt und für ›schön‹ befunden werden, bevor Schillers ›Däne‹ sich erneut anderen Themen zuwendet.

Mit den ›ineinanderschmelzenden Schlangenlinien‹ wird wiederum eine Vereinigung innerhalb des Kunstwerks aufgerufen – vor allem aber eine, die Winckelmann dem Torso, also einer Herkulesfiguration, zuerkennt. In dessen Beschreibung spricht er von der »immerwährende[n] Ausfließung einer Form in die andere« und den »schwebenden Züge[n]«, die »ineinander verschlungen werden«, sowie dem »Schwung« der Skulptur, »dessen Richtung man nachzugehen glaubet, sich unvermerkt ablenket«, so dass »das Auge und die Hand irre« werden.[164] Es ist auffällig, wie viele Elemente dieser Torsobeschreibung in Schillers Apoll wiederkehren. Das ›Ineinanderschmelzen‹ lässt sich sehen als eine Aufnahme der ›Ausfließung einer Form in die andere‹, die Schlangenlinie – sie verweist zudem voraus auf die *Kallias*-Briefe, worin sie im Brief vom 23.2.1793 als Gegensatz zur Zick-Zack-Linie genannt und dadurch definiert wird, dass sich ihre Richtung »unmerklich«[165] verändere – ist der bei Winckelmann genannte ›Schwung‹, dessen Richtung sich ›unvermerkt‹ ändere. Das ›Schmelzen‹ ist zugleich ein Rückverweis auf die eigene Beschreibung des Laokoon im *Brief*, worin ebenfalls, wie zu sehen gewesen ist, von der ›schmelzenden Schönheit‹ die Rede ist;[166] das ›Schmelzende‹ als ein zusätzliches Element der Auflösung und Entgrenzung. Wo andererseits bei Winckelmann die ›Züge schweben‹, scheint bei Schillers ›Däne‹ sogleich die gesamte Apollo-Statue zu schweben. Selbst die ›hochgewölbte Brust‹ entspricht der »mächtig erhabene[n] Brust«[167] des Torso. Damit ist es zwar richtig, dass sich Schiller bis ins Wörtliche aus der *Geschichte der Kunst* bedient,[168] gleichzeitig jedoch bedient er sich bei der sozusagen ›falschen‹ Statuenbeschreibung. Ich habe bereits weiter oben von der Dualisierung des Apoll gesprochen; davon, dass Schillers ›Däne‹ diese Plastik als eine Zwischenstufe zwischen Mensch (›Sterblicher‹) und Gott (›Unsterblicher‹) etablieren will.[169] Der dezidierte Verweise auf die Torsobeschreibung an besagter Stelle zielt in dieselbe Richtung: Herkules ist ein Halbgott, also je zur Hälfte Mensch und Gott, was sich, nach Winckelmann, in dessen

---

[163]   Vgl. Pfotenhauer, Helmut: Winckelmann und Heinse. Die Typen der Beschreibungskunst im 18. Jahrhundert oder die Geburt der neueren Kunstgeschichte. http://www.goethezeitportal.de/digitale-bibliothek/forschungsbeitraege/autoren-kuenstler-denker/winckelmann-johann-joachim/helmut-pfotenhauer-winckelmann-und-heinse.html (Abgerufen 15.10.2010 und häufiger.) Hier besonders: Abschnitt II. »Winckelmanns Statuenbeschreibungen: ›Ideal‹ und ›Kunst‹«. Ursprünglich veröffentlicht in: Beschreibungskunst – Kunstbeschreibung. Ekphrasis von der Antike bis zur Gegenwart. Hrsg. v. Gottfried Boehm, Helmut Pfotenhauer. München 1995. S. 313-330. Vgl. ebenso: Winckelmann: Statuenbeschreibungen. In: Frühklassizismus. Hier: Kommentar. Abschnitt ›Struktur und Gehalt‹. S. 508ff.

[164]   Winckelmann: Geschichte II. S. 717. Vgl. ebd.

[165]   Schiller: Kallias-Briefe. HA V. S. 424. Brief v. 23.2.1793. Vgl. ebd.

[166]   Vgl. Schiller: Brief eines reisenden Dänen. HA V. S. 881.

[167]   Winckelmann: Geschichte II. S. 717.

[168]   Vgl. Schiller: Brief eines reisenden Dänen. KuK. Hier: Kommentar. S. 810. Anmerkung zu S. 456,1f.

[169]   Vgl. Schiller: Brief eines reisenden Dänen. HA V. S. 881.

plastischen Darstellungen zeige, vor allem, wenn man berücksichtigt, dass er zwischen noch menschlichem und bereits vergöttlichtem Herkules unterscheidet. Herkules ist daher in Person ein Zwischenzustand; ein Bindeglied, als welches im *Brief* ebenso Apoll dienen soll, obgleich das dieser Figuration eigentlich nicht zukommt. Nicht zuletzt hier ist die Inszenierungsabsicht Schillers in aller Deutlichkeit zu ersehen.

Ein weiterer Aspekt, der an diesem Ort frappiert, ist der Verweis auf die ›Ästhetik des Tastsinns‹:[170] dieser ist bei Winckelmann vorgeprägt – wie sonst sollte sich aufgrund der ineinanderfließenden Formen des Torso die ›Hand verirren‹ –, wird aber vor allem bei Johann Gottfried Herder zu einem zentralen Aspekt seiner Ästhetik.[171] Dass Schiller diese Variante der Ästhetik überhaupt zitiert, ist für sich genommen unverständlich. Schiller, und damit sein ›Däne‹, hat erkennbar wenig übrig für die Kunstwerke als reale Objekte, wie sich in den bereits erläuterten Statuenbeschreibungen gezeigt hat. Der ›Däne‹ geht mit erkennbarer Oberflächlichkeit über die Materialität der Plastiken hinweg, als ob und weil diese ihm nichts bedeutet.[172] Es kann sich hier lediglich um ein Zitat handeln, welches einen Aspekt aufnimmt, der besonders in Herders *Plastik*-Aufsatz ausgeführt wird, aber bei Winckelmann ebenfalls wiederholt thematisiert wird. Jedoch wird der Verweis auf jene ›Ästhetik der niederen Sinne‹ verständlicher, wenn man daran denkt, dass die philosophische Anthropologie insgesamt die Rehabilitierung der Sinne gegenüber dem Geist zum Ziel hat. Insofern findet Schiller sowohl bei Winckelmann als auch bei Herder ein Thema vor, dem er sich, zumindest unter diesem Gesichtspunkt, anschließen kann. Zugleich wird der Kunstverstand des ›Dänen‹ scheinbar erhöht, indem er an einem weiteren Diskurs zur Kunst, jenseits des präferierten visuellen, teilnimmt. – Dies gelingt freilich nur dann, wenn man außer Acht lässt, dass sich in den weiteren Statuenbeschreibungen ein lediglich begrenztes Interesse an der Kunst überhaupt ausspricht.

---

[170] Vgl. Schiller: Brief eines reisenden Dänen. KuK. Hier: Kommentar. S. 810f. Anmerkung zu S. 456,18f.

[171] Vgl. ebd. Vgl. zudem: Herder, Johann Gottfried: Plastik. In: Klassik und Klassizismus. S. 11-107. Vgl. zudem den zugehörigen Kommentar: Ebd. S. 538ff. Vgl. außerdem: Pfotenhauer, Helmut: Gemeißelte Sinnlichkeit. Herders Anthropologie des Plastischen und die Spannungen darin. In: Ders.: Um 1800. Konfigurationen der Literatur, Kunstliteratur und Ästhetik. Tübingen. 1991. S. 79-102. Vgl. außerdem: Pfotenhauer, Helmut: Anthropologische Ästhetik. S. 201-220. Vgl. aber auch den erweiterten Aufsatz: Pfotenhauer, Helmut: Anthropologie, Transzendentalphilosophie, Klassizismus. Begründungen des Ästhetischen bei Schiller, Herder und Kant. In: Anthropologie und Literatur um 1800. Hrsg. v. Jürgen Barkhoff, Eda Sagarra. München 1992. S. 72-97. Vgl. zudem: Braungart, Georg: Leibhaftiger Sinn. Der andere Diskurs der Moderne. Tübingen 1995. (Studien zur deutschen Literatur. Bd. 130.) Hier besonders: S. 55ff. Vgl. auch: Mülder-Bach, Inka: Im Zeichen Pygmalions. Das Modell der Statue und die Entdeckung der »Darstellung« im 18. Jahrhundert. München 1998. Hier besonders: S. 49ff. Vgl. auch: Zeuch, Ulrike: Umkehr der Sinneshierarchie. Herder und die Aufwertung des Tastsinns seit der frühen Neuzeit. Tübingen 2000. (Communicatio. Bd. 22.) Vgl. auch zahlreiche Beiträge in: Herder und die Künste. Ästhetik, Kunsttheorie, Kunstgeschichte. Hrsg. v. Elisabeth Découltot, Gerhard Lauer. Heidelberg 2013. (Beihefte zum Euphorion. Heft 72.) Darin: Gaier, Ulrich: Die anthropologische Dimension von Einzelsinn-Ästhetiken. S. 13-31; Zeuch, Ulrike: Die Umkehr der Sinneshierarchie in Johann Gottfried Herders *Plastik*. S. 179-192; Adam, Wolfgang: Herder und die Plastik. Theorie und Autopsie. Mit einem unveröffentlichten Brief von Eduard Spranger. S. 221-252; Barbisan, Léa: Vom Gefühl zur Taktik. Der Tastsinn in den visuellen Künsten von Johann Gottfried Herder bis Walter Benjamin. S. 253-272. Vgl. zuletzt: Herder Handbuch. Hrsg. v. Stefan Greif, Marion Heinz, Heinrich Clairmont. Paderborn 2016. Darin besonders: S. 443ff. [zu den *Kritischen Wäldern*], sowie S. 524ff. [zu *Plastik*].

[172] Vgl. aber unten das Kapitel 4.1.2.2 dieser Arbeit.

Im letzten Abschnitt der Schillerschen Apollobeschreibung ist er wiederum sehr nahe an den Vorgaben Winckelmanns, da er die mythologische Deutung beinahe wörtlich übernimmt:

> Der Künstler ergriff den Augenblick, wo der zürnende Gott auf den Drachen Python einen Pfeil abgeschossen hatte. Der rechte Arm fliegt eben vom Bogen zurück, der linke behält noch einige Härte und Spannung. – Im Auge ist hoher Unwille und feste Zielung, in der hervortretenden Unterlippe Verachtung des Ungeheuers, in dem schlank gestreckten Halse Triumph und göttliche Ehre.[173]

Die Ähnlichkeit zur Deutung Winckelmanns ist unübersehbar:

> Er hat den Python, wider welchen er zuerst seinen Bogen gebraucht, verfolget, und sein mächtiger Schritt hat ihn erreichet und erleget. Von der Höhe seiner Genugsamkeit geht sein erhabener Blick, wie ins Unendliche, weit über seinen Sieg hinaus: Verachtung sitzt auf seinen Lippen, und der Unmuth, welchen er in sich zieht, blähet sich in den Nüssen seiner Nase, und tritt bis in die stolze Stirn hinauf.[174]

Die Ähnlichkeiten sind ersichtlich: Apoll als Pythontöter sei dargestellt unmittelbar nach erfolgter Tat, wobei es Schiller ist, der in seiner Beschreibung das Physische des Bogenschusses, wie er sich im Körper und dessen Stellung zeigt, stärker betont als Winckelmann. Nachdem der Drache erlegt ist, zielt Winckelmanns Beschreibung vor allem auf das Metaphysische der Interpretation, so gehe Apolls ›erhabener Blick ins Unendliche‹, während es sich bei Schiller um den nicht beendeten, zielenden Blick handle, wie sich in der noch vorhandenen ›Härte und Spannung‹ im linken Arm zeige. Gleich sind beide Beschreibungen in der ›Verachtung‹, welche sich in der ›Lippe‹ Apolls zeige.

Aufschlussreicher sind beide Ausführungen wiederum in dem, worin sie sich unterscheiden. Wie gesehen, dienen die ersten Abschnitte der Schillerschen Charakterisierungen des belvederischen Apoll dazu, diese Statue als die Darstellung eines gemischten Wesens zu explizieren, wozu der Rückgriff auf Elemente der Torsobeschreibung dient. Gerade im Umfeld der mythologischen Deutung bei Winckelmann ist diesem der Apoll ein ›gemischtes‹ Wesen geworden; wo nämlich eben noch davon die Rede ist, dass der ›erhabene Blick‹ in die Ferne reiche, wo ›Verachtung‹ auf den Lippen liege und ›Unmut‹ die Nase blähe, heißt es im folgenden Satz: »Aber der Friede, welcher in einer seligen Stille auf derselben [der Stirn; F.H.] schwebet, bleibt ungestört, und sein Auge ist voller Süßigkeit, wie unter den Musen, die ihn zu umarmen suchen.«[175] Das, was einen Menschen prinzipiell zum Menschen macht, die Affizierbarkeit des Gemüts – bei Schiller kulminiert dies in der Wendung »der zürnende Gott«[176] –, wird in Winckelmanns Beschreibung des (Gottes) Apoll durch die Gleichzeitigkeit des Gegenteils aufgehoben. Trotz Erhabenheit, Verachtung und Unmut ›bleibt der Friede ungestört‹, so dass selbst der erhabene Blick die ›Süßigkeit des Auges‹ nicht tilgen kann. Dennoch kann es auch Winckelmann nicht völlig verneinen, dass Apoll, unter der Hand wenigstens, in menschlichen Maßstäben zu bewerten ist. Diese müssen allerdings überhöht werden, damit sich die postulierte Göttlichkeit innerhalb der Darstellung

---

[173] Schiller: Brief eines reisenden Dänen. HA V. S. 882.
[174] Winckelmann: Geschichte II. S. 781. Vgl. ebd. Geschichte I. S. 780.
[175] Ebd. Vgl. beide Stellen.
[176] Schiller: Brief eines reisenden Dänen. HA V. S. 882.

zeige. Diesem Wink folgt Schiller nicht, da er bereits zuvor die Apollobeschreibung, wie sie sich von Winckelmann her in die kunstgeschichtlichen Diskussionen der Zeit eingeschrieben hat, mittels der beständigen Verweise und Rückgriffe auf den Torso, und damit einer Herkulesfiguration, entgrenzt und anthropologisiert hat. Zumal der ›Däne‹ damit einen Weg zu beschreiten begonnen hat, dem Winckelmann in der Art ohnehin nicht folgen würde, da er viel zu sehr darauf bedacht gewesen ist, gerade das Göttliche, das Überirdische, das dem Menschen Ferne zu betonen, um Apoll der Sphäre menschlicher Niederungen zu entziehen. – Es ist insgesamt aber interessant, dass Schiller, nachdem er sich hier im *Brief* darum bemüht hat, die Apollobeschreibung vom bloß Schönen wegzuführen und zu dualisieren, diese Linie nicht weiter verfolgt. In *Über Anmut und Würde* findet sich zwar eine Erwähnung des »belvederischen Apoll«,[177] allerdings lediglich im Rahmen einer Aufzählung verschiedener von Winckelmann her bekannter Kunstwerke, die wiederum einem Katalog ähnlich verfährt. Außer dem Namen der Statue wird nichts weiter gesagt. Dort, an jener ›Scharnier‹-Stelle, wo es um die Vereinigung von Anmut und Würde geht, spielt das Kunstwerk als solches keine eigentliche Rolle; es wird stattdessen bis auf den bloßen Namen depotenziert und soll als Bildlieferant für die Argumentation dienen. Auf diese Weise wird das Funktionalisieren der Kunstwerke umgesetzt, welches sich hier im *Brief* im Zuge der ›Inszenierung der Kunstbegeisterung‹ ankündigt.[178]

4.1.2 Inszenierung der Kunstbegeisterung im *Brief*

Aus den vorangegangenen Abschnitten, sowohl demjenigen zur Klimatheorie als auch denjenigen zu den Statuenbeschreibungen, ist ersichtlich geworden, dass sich Schiller in den Worten seines ›Dänen‹ in erheblichem Ausmaß an Winckelmann und dessen *Geschichte der Kunst des Altertums*, in geringerem Maß an den *Gedancken*, orientiert. Bei einer oberflächlichen Betrachtung ließe sich daher von Winckelmannepigonalität sprechen. Allerdings würde dies verkennen, dass Schiller in den besagten Abschnitten signifikant von den Vorgaben seines Vorgängers abweicht; zu stark jedenfalls, um ungebrochen von einer alleinigen ›Nachahmung‹ seines Vorbildes zu sprechen. Es zeigt sich stattdessen eine genuin Schillersche Ebene in diesem Text, der vom Inhalt her ihm eigentlich fern steht.

Schillers gesamtes Werk steht unter der Perspektive der Anthropologie. Im Philosophieunterricht Abels an der Stuttgarter Karlsschule wird Schiller mit einer Art zu denken vertraut, die sich ihm nachhaltig einprägt. Indem fortan alles, womit sich Schiller beschäftigt, sei es Dramatik, Historiographie und ästhetische Philosophie, den Hang seines Autors nachzeichnet, in Antagonismen zu argumentieren, die nach einer Harmonisierung in einem Dritten streben, oder, im Fall der Tragödie, wenigstens nach Auflösung, so ist es kaum überraschend, dass dieses Muster sich in der Komposition dieses Textes wiederfindet. Es findet sich allerdings ebenso eine zweite Strukturebene, die in den Jahren der Entstehung dieses Textes, Mitte der 1780er Jahre, eine frühe Wirkung in Schillers Werk hinterlassen hat. Es handelt sich um die Begabung zur *Inszenierung* einer Handlung, wie sie Schiller in seinen

---

[177] Schiller: Über Anmut und Würde. HA V. S. 481.

[178] Vgl. Hauck, Florian: Herkules als Mittler zwischen Mensch und Göttern. Schillers *Brief eines reisenden Dänen*. In: Schiller im philosophischen Kontext. Hrsg. v. Cordula Burtscher, Markus Hien. Würzburg 2011. S. 92-102.

frühen Tragödien gezeigt hat und wovon sich Spuren sehr deutlich im *Brief* zeigen; immerhin lässt sich der Besuch des ›Dänen‹ im Antikensaal zu Mannheim als eine fingierte Handlung lesen. Der Hang sowie die Begabung zur Theatralität sind von Schillers Zeitgenossen durchaus erkannt worden, so sagt Goethe in einem Gespräch mit Eckermann: »Schillers Talent war recht fürs Theater geschaffen.«[179] Vergleichbares sagt Wilhelm von Humboldt in seinem Essay von 1830 unter dem Titel *Über Schiller und den Gang seiner Geistesentwicklung*:[180]

> Seine [Schillers; F.H.] Bestimmung aber war offenbar die dramatische Dichtung. Die
> Schärfe der Einbildungskraft, die Alles auf Einen Punkt hinführt, die Fähigkeit, auf
> einen gewaltigen Effect hinzuarbeiten, die höchste Spannung in der Wirklichkeit her-
> vorzubringen, und die erhabenste Lösung in der Idee daran zu knüpfen, […].[181]

Die Tragödie fügt sich gerade deshalb so gut in die anthropologische Denkart ein, weil sich in ihr häufig, bei Schiller grundsätzlich immer, ein duales Muster zeigt: dem Protagonisten steht ein Antagonist gegenüber, mitunter durch Spiegelungen verstärkt. (Einem Franz Moor steht ein Karl Moor entgegen; aber ebenso wird Amalia zu einem Gegenspieler Franzens, wie Spiegelberg Karl gegenübersteht. Oder es steht einer Maria Stuart eine Elizabeth Tudor entgegen. *Die Räuber* und *Maria Stuart* seien hier lediglich als zwei Beispiele aus der frühen sowie der späteren Dramenphase Schillers genannt.) Zu bedenken ist aber auch der Hinweis Humboldts, dass Schiller auf einen ›Effekt‹ hinarbeite. Es ist undenkbar, dass Schiller – als Winckelmannepigone – derart gravierende ›Fehler‹ begeht und aus einem Apoll vom Belvedere, der an sich das Muster der höchsten Schönheit darstellen soll, eine Mischfigur von göttlicher Schönheit und menschlicher Kraft, wie sie Herkules, besonders in seiner Torso-Plastik, figuriert. Da man einen solchen groben handwerklichen Fehler nicht zu unterstellen braucht, zielt ein derartiges Verfahren ab auf eine bestimmte Wirkung.

Desgleichen gilt für die Kontrafaktur der Klimatheorie, indem Schiller einen ›Dänen‹, einen nordischen Menschen, in Begeisterung über die südliche Kunst ausbrechen lässt, da Winckelmann dem Norden die Dominanz der »Vernunft über die Einbildungskraft«[182] bescheinigt. Es soll damit nicht gesagt sein, dass Schiller nicht eventuell den Finger in die Wunde des Widerspruchs legt, dass genau genommen Winckelmann selbst, als Deutscher, ein ›nordischer Mensch‹ ist und daher nur bedingt geeignet für die hohe südliche Kunst. Es ist dennoch ebenfalls sehr aufschlussreich, in welcher Weise Schiller dieses Thema bereits auf der ersten Druckseite des *Briefs* behandelt. Wiederum ist es notwendig, einen ›zweiten‹ Blick‹ auf den Anfang dieses Textes zu werfen.

---

[179] Goethe, Johann Wolfgang: Sämtliche Werke nach Epochen seines Schaffens. Münchner Ausgabe. Hrsg. v. Karl Richter u.a. München 1985ff. Bd. 19. Johann Peter Eckermann: Gespräche mit Goethe in den letzten Jahren seines Lebens. Hrsg. v. Heinz Schlaffer. München 1986. (= MA 19) Gespräch vom 18.1.1825. Hier: S. 130. (Künftig zitiert als: Goethe/Eckermann: Gespräche. MA 19.)

[180] Humboldt, Wilhelm von: Werke in fünf Bänden. Hrsg. v. Andreas Flitner, Klaus Giel. Darmstadt 1960ff. Bd. 2. Schriften zur Altertumskunde und Ästhetik. Die Vasken. Hrsg. v. Andreas Flitner, Klaus Giel. Darmstadt 1961. (= HS II). S. 357-394. Vgl. zudem den Kommentar: Bd. 5. Kleine Schriften. Autobiographisches. Dichtungen, Briefe. Kommentare und Anmerkungen zu Band I-V. Anhang. Hrsg. v. Andreas Flitner, Klaus Giel. Darmstadt 1981. (= HS V). Hier S. 415.

[181] Humboldt: Über Schiller. HS II. S. 391.

[182] Winckelmann: Geschichte II. S. 49. Vgl. ebd. S. 49, 51.

4.1.2.1 Herrschaftskritik und Biologie

Die ersten Zeilen stehen, wie oben zu sehen gewesen ist,[183] ganz im Zeichen der Winckel-mannschen Behauptung, »im glücklichen Süden«, »wo der mildere Sonnenstrahl zu fröhli-cher Weisheit einladet«, seien die »göttlichen Früchte des Genies und der Begeisterung«[184] zu besichtigen. »Ich habe vielleicht das Höchste der Pracht und des Reichtums gesehen.«[185] Nach diesen Worten des ›Dänen‹, nach sechseinhalb gedruckten Zeilen, erfolgt der Um-schlag, für welchen insgesamt dreizehneinhalb Zeilen aufgewendet werden, mithin der dop-pelte Raum. Die Wende erfolgt mitten im Satz, unvermittelt, lediglich mittels eines Gedan-kenstrichs gebunden an einen Satzanfang, der Anderes, Gegenteiliges verheißen hat:

> Der Triumph einer Menschenhand über die hartnäckige Gegenwehr der Natur über-raschte mich öfters – aber das nahe wohnende Elend steckte bald meine wollüstige Verwunderung an. Eine hohläugige Hungerfigur, die mich in den blumigten Prome-naden eines fürstlichen Lustgartens anbettelt – eine sturzdrohende Schindelhütte, die einem prahlerischen Palast gegenübersteht – wie schnell schlägt sie meinen aufflie-genden Stolz zu Boden![186]

Nachdem der Anfang des fingierten Briefes so verheißungsvoll enthusiastisch gewesen ist, findet sich im Fortgang ein umso schärferer Kontrast. Dieser wird in der für Schiller typi-schen antithetischen Form dem Leser geboten, indem mehrere Gegensatzpaare dezidiert gegeneinander gestellt werden, was bereits für den ersten Satz gilt, in dem die reine und unverhohlene Begeisterung abbricht. Jener ›Triumph der Menschenhand über die Natur‹ wird vom ›nahe wohnenden Elend‹ geschieden; dabei ist allein besagter ›Triumph‹ erstaun-lich, weil er über eine explizit ›hartnäckige Gegenwehr der Natur‹ errungen wird. In diesem einen Satz scheint Schiller, der grundsätzlich den Ausgleich in Form einer Harmonisierung sucht, eben diese aus den Augen verloren zu haben. Denn der Mensch ist, anthropologisch betrachtet, ja nicht nur Geist, er ist selbst Teil der Natur aufgrund seiner Mischverfassung. Betrachtet man diese ›triumphierende Menschenhand‹ als ein Symbol für den formenden menschlichen Geist, so erscheint jener Sieg als ein gewaltsamer, da die Natur sich ›hartnä-ckig‹ gewehrt zu haben scheint. Gerade an der Stelle scheint Goethe mit seiner Bemerkung Eckermann gegenüber nicht ganz unrecht zu haben – auch wenn sich die betreffende An-sicht mehr auf die unterschiedliche Arbeitsweise der beiden bezieht –, dass Schiller immer wieder Gefahr laufe, die Natur der Idee unterzuordnen: »Ich kann nicht umhin, zu glauben, daß Schillers philosophische Richtung seiner Poesie geschadet hat; denn durch sie kam er dahin, die Idee höher zu halten als alle Natur, ja die Natur gerade dadurch zu vernichten. Was er sich denken konnte, mußte geschehen, es mochte nun der Natur gemäß oder ihr zuwider sein.«[187] In dieser Art ist der ›Triumph der Menschenhand über die hartnäckige Gegenwehr der Natur‹ zu sehen; der Mensch als Intelligenzwesen schafft etwas Großartiges – im Satz zuvor ist vom ›Höchsten der Pracht und des Reichtums‹ die Rede gewesen –, es

---

184	Schiller: Brief eines reisenden Dänen. HA V. S. 879.
185	Ebd.
186	Ebd.
187	Goethe/Eckermann: Gespräche. MA 19. Gespräch vom 14.11.1823. S. 65f.

bleiben jedoch unerledigte Reste, in denen sich die Schöpfung als fehlerhaft und die Natur in ihrer ›Gegenwehr‹ zeigt.

Die Gegensatzpaare, drei an der Zahl, vergleichbar den drei Antagonismen, die Schillers ›Däne‹ bemüht, das gemischte Wesen Apolls zu beschreiben,[188] sind mittels der Gedankenstriche ähnlich gefügt, wie am Ende des *Briefs* die Entgegensetzungen, die die Zeitläufte anzeigen sollen.[189] Hier am Beginn zeigt sich ebenso eine chiastische Anbindung: Während im ersten Satz zunächst der ›Triumph‹ steht, gefolgt vom ›nahen Elend‹, bietet der folgende Satz zunächst die ›hohläugige Hungerfigur‹, anschließend die ›blumigten Promenaden‹. Das dritte Gegensatzpaar wiederum ist parallel zum zweiten gestaltet, das heißt, dass der ›sturzdrohenden Schindelhütte‹ der ›prahlerischer Palast‹ gegenübersteht. Es ist bezeichnend, dass gerade in den beiden parallel gestalteten Gegensatzpaaren eine topische Herrschafts-, vermischt mit Sozialkritik aufscheint, die hier vor allem noch politisch gefärbt ist.[190] Wesentlicher ist die zweite Variante der Kritik, die dem jungen Schiller, nur wenige Jahre nach dem Ende seiner medizinischen Ausbildung an der Karlsschule, deutlich vertrauter sein dürfte. Es handelt sich um eine Kritik an der vorgefundenen südlichen Welt, die ganz entschieden auf das biologisch-medizinische Wissen des Autors abstellt. Bemerkenswert daran ist, dass nach dem Ausruf des ›Dänen‹, alle diese Gegensätze schlügen seinen »auffliegenden Stolz zu Boden«,[191] ein einleitender Satz den Übergang darstellt: »Meine Einbildung vollendet das Gemälde.«[192] Wiederum wird ein Zugriff des Geistes angesprochen, der später im *Brief* erneut zum Tragen kommen wird. Mit den Augen auf dem farnesischen Herkules heißt es: »Meine Phantasie leiht dem Kolossen Bewegung.«[193] Ebenso findet sich diese spekulative Vervollständigung implizit in der Besprechung des Torso, worin der ›Däne‹ »Griechenland« »geahndet«[194] haben will. Mithin sind der Anfang und das Ende dieses Textes stärker miteinander verschränkt, als es auf den ersten Blick scheinen will.

Was aber zeigt das durch ›Einbildung‹ vollendete ›Gemälde‹?

Ich sehe jetzt die Fläche von Tausenden gleich einer gefräßigen Würmerwelt in dieser großsprechenden Verwesung wimmeln – Das Große und Reizende wird mir abscheulich. – Ich entdecke nichts mehr als einen siechen, hinschwindenden Menschenkörper, dessen Augen und Wangen von fiebrischer Röte brennen und blühen-

---

[188] Vgl. Schiller: Brief eines reisenden Dänen. HA V. S. 881.

[189] Vgl. ebd. S. 884.

[190] Vgl. ebd. Hier: Kommentar. S. 1282. Anmerkung zu S. 879. Vgl. auch: Schiller: Brief eines reisenden Dänen. KuK. Hier: Kommentar. S. 805. Vgl. auch: Schiller: Brief eines reisenden Dänen. FA 8. Hier: Kommentar. S. 1262. Anmerkung zu S. 201,17f. Vgl. auch: ebd. Hier Kommentar. S. 1261. Vgl. auch: Meixner, Horst: »Ein Wald von Statuen«. Zur Wirkungsgeschichte des Mannheimer Antikensaals. In: Der Antikensaal in der Mannheimer Zeichnungsakademie 1769-1803. Ausstellung des Archäologischen Seminars der Universität Mannheim (22.11.-10.12.1982). Hrsg. v. der Gesellschaft der Freunde Mannheims und der ehemaligen Kurpfalz – Mannheimer Altertumsverein von 1859. Mannheim 1984. S. 48-62. Hier: S. 56. Vgl. aber auch: Subramanian, Balasundaram: Die ›ästhetischen Briefe‹ als ›Fürstenspiegel‹ der politischen Moderne. Zum Einfluß Edmund Burkes auf Schiller. In: Friedrich Schiller. Der unterschätzte Theoretiker. Hrsg. v. Georg Bollenbeck, Lothar Ehrlich. Köln, Weimar, Wien 2007. S. 87-121.

[191] Schiller: Brief eines reisenden Dänen. HA V. S. 879.

[192] Ebd.

[193] Ebd. S. 880f.

[194] Ebd. S. 884.

des Leben heucheln, während daß Brand und Fäulung in den röchelnden Lungen wüten.[195]

Das Bild, welches hier aufgerufen wird, ist eines, das ein ›ausgebildeter Diagnostiker‹[196] erstellen würde, dessen Blick dafür trainiert ist, hinter das Äußere zu sehen. Insgesamt changiert das ›Gemälde‹ zwischen den Sphären *Oberfläche* und *Substanz*. Es ist die Rede von einer ›Verwesung‹, in der es wie von einer ›gefräßigen Würmerwelt wimmle‹, deren Erscheinungsform ›großsprecherisch‹ ist – eine deutlich Anspielung auf die ›blumigten Promenaden eines fürstlichen Lustgartens‹ sowie auf den ›prahlerischen Palast‹. In die gleiche Richtung zielt das dezidiert medizinische Bild, Terence Reed spricht völlig zu Recht von einer »Metaphorik der Pathologie«,[197] worin ein ›hinschwindender Menschenkörper‹ ›blühendes Leben heuchle‹, während ›Brand und Fäulung‹ in den ›röchelnden Lungen‹ wüten. Gerade hierin kennt sich Schiller besser aus, da seine im eigentlichen Sinn medizinische Dissertation sich mit den Fieberarten auseinandergesetzt hat, worauf die Begriffe ›Brand und Fäulung‹ explizit verweisen. Deren Titel lautet auf Deutsch: *Über die Unterscheidung von entzündungsartigen Fiebern und Faulfiebern*.[198] Abstrakt ausgedrückt sagt der ›Däne‹ nichts anderes, als dass in der Welt des Südens, wie sie sich ihm gezeigt hat, die Oberflächen der Erscheinungen zwar großartig und reizend gewesen sein mögen, unterhalb dieser jedoch bereits Krankheit, Verwesung und Verfall am Werk gewesen sind. Die Wendung »Ich sehe jetzt«[199] ist dabei signifikant, denn der ›Däne‹ impliziert damit, dass zuvor die oberflächlichen Erscheinungen seinen Blick abgelenkt haben, gleich einem phantasmagorischen Schleier. Dieser sei nun, da ihm die Gegensätze aufgefallen seien, wie weggewischt. Andererseits wird nur ein wenig später eine neuerliche Sinnestäuschung, ein Trugbild aufgerufen, indem der ›Däne‹ sagt: »Eine unsichtbare Hand scheint die Hülle der Vergangenheit vor deinem Aug wegzustreifen, zwei Jahrtausende versinken vor deinem Fußtritt, du stehst auf einmal mitten im schönen lachenden Griechenland, wandelst unter Helden und Grazien und betest an, wie sie, vor romantischen Göttern.«[200] Dem Antikensaal in Mannheim gelingt also das, was dem realen, italienischen Süden nicht gelingt, nicht gelingen kann, weil sich unter dem schönen Erscheinungsbild die Krankheit ausgebreitet hat. Man kann sich an dieser Stelle durchaus fragen, ob Schiller in seinen beiden Briefen an Wilhelm von Humboldt und Johann Christian Reinhart, worin er das ›Physische‹ des Südens als ›unrühmlich‹ bezeichnet, sich nicht letztes Endes selbst zitiert. Besonders in jenem Brief an Reinhart spricht Schiller davon, dass »den physischen Zustand« »niemand rühmen« »will«, »der von dorther kommt.«[201] Genau das ist die Ausgangssituation des fiktionalen ›Dänen‹, er ist auf der Rückreise aus dem Süden und berichtet seinem fingierten Briefpartner davon, dass das Physische, sowohl architektonisch als auch menschlich, zwar nach außen reizend wirken

---

[195]   Ebd. S. 879.
[196]   Vgl. Reed, Terence James: Schillers Leben und Persönlichkeit. In: Schiller-Handbuch. Hrsg. v. Helmut Koopmann. Stuttgart 1998. S. 1-22. Hier: S. 8.
[197]   Ebd. S. 8. Vgl. S. 8f.
[198]   Schiller, Friedrich: De discrimine febrium inflammatoriarum et putridarum./Über die Unterscheidung von entzündungsartigen Fiebern und Faulfiebern. In: HA V. S. 1056-1147. In dieser Ausgabe stehen der lateinische Originaltext und die deutsche Übertragung synoptisch nebeneinander.
[199]   Schiller: Brief eines reisenden Dänen. HA V. S. 879.
[200]   Ebd. S. 880.
[201]   Schiller: NA 32. Brief Nr. 28 vom 7. [14.?] 3.1803 an Johann Christian Reinhart. Hier: S. 22.

könne, dass auf der anderen Seite zugleich der Untergang drohe. Es ist sicher zu viel gesagt, aber es drängt sich die Vorstellung auf, dass 1803 in zwei ernstgemeinten Briefen das Leben die Kunst imitiert, indem Schiller, vielleicht unbeabsichtigt, auf einen literarischen Text rekurriert, der zu dem Zeitpunkt rund 18 Jahre alt ist.

In Schillers Beispiel sind die ›Würmerwelt‹ und die ›Verwesung‹ ganz allgemein der biologischen Sphäre zuzuordnen, da alles, das der Natur zugehört, diesem Ende zugeht, einschließlich des Menschen. Im zweiten Teil dieser ›metaphorischen Pathologie‹ ist es der ›Menschenkörper‹ selbst, der in den Fokus der Aufmerksamkeit des ›Dänen‹ gerät. Die Betonung muss hier auf Menschen*körper* liegen; ganz eindeutig geht es nicht um den ›Ganzen Menschen‹ mit seiner Doppelnatur, sondern allein um die Physis, bar aller Intellektualität. Mit allen Wörtern, die Schiller hier aufbietet, um den Verfall eines Menschen auszudrücken, das Reden von ›Siechtum‹, ›Hinschwinden‹, die ›fiebrische Röte‹ sowie ›Brand und Fäulung in den röchelnden Lungen‹, die trotzdem ein – notdürftiges, wird man wohl sagen müssen – ›blühendes Leben heucheln‹, wird ein Gegenentwurf zu dem heraufbeschworen, was der Mensch idealiter an Größe in sich tragen könnte: eine würdevolle Erhabenheit, wie sie ein Laokoon ausdrückt. Nichts deutet darauf hin, dass der so beschworene Mensch sich gegen sein nahendes Ende auflehnt, wobei man die Todesdrohung, die einen Laokoon von außen in Gestalt zweier Schlangen anfällt, hier als eine nach innen gewendete medizinisch-biologische Erinnerung der Sterblichkeit ansehen kann. Wo die Natur einem Laokoon also die eigene Finalität zeigt, indem sie mittels anderer Naturwesen sein Leben bedroht, ist es die Biologie des menschlichen Körpers selbst, die in Schillers Beispiel sich gegen diesen stellt. Damit stellt sich zugleich heraus, dass diese Italiener, oder allgemeiner: Südländer, keineswegs mehr in der Lage wären, großen Künstlern als Vorbild zu dienen. Somit schließt sich ein weiterer Kreis, denn am Ende des Briefs, wenn der ›Däne‹ über den Torso schreibt, spricht er davon, dass in der Antike der Künstler einem Volk angehört habe, in deren Verhältnis zueinander sich beide gegenseitig ergänzt haben. Die Menschen haben dem Künstler als Vorbild für seine Plastiken gedient, während die Kunstwerke den Menschen ihr Dasein idealisiert zurückgespiegelt haben.[202] Alles, was in dieser so beschriebenen Vergangenheit an Edelmut und Schönheit unter den Menschen zu finden gewesen sei, sei in der Gegenwart des ›Dänen‹ nurmehr ein reizendes Erscheinungsbild, dessen eigentlich Substanz bereits ›Würmerfraß‹ geworden ist.

Der zweite Absatz des *Briefs* dient dazu, eine Überleitung herzustellen von den eben noch aufgerufenen Bildern des Verfalls, der Krankheit, der Verwesung und der damit verbundenen Auflösung, hin zur – inszenierten – reinen Kunstbegeisterung. Zugleich soll sie den ›Dänen‹ als einen ›Augenmensch‹ ausweisen, der Lust an der Betrachtung schöner Objekte hat. Man muss ihn dennoch als einen *reflektierten Augenmensch* bezeichnen, denn er sagt selbst, er habe »nun einmal das Unglück«, sich »jede in die Augen fallende Anstalt in Beziehung auf die Glückseligkeit des Ganzen zu denken«; das habe aber zur Folge, dass »viele *Größen*« »in diesem Spiegel so *klein*« werden, dass »viele Schimmer erlöschen«.[203] Mithin wird das zergliedernde Betrachten der Erscheinungen, wie sie sich dem Auge bieten, welches zur Aufdeckung aller dieser un-schönen wie auch nicht-erhabenen Aspekte »im

---

202 Vgl. Schiller: Brief eines reisenden Dänen. HA V. S. 883f.
203 Ebd. S. 879. Hervorhebungen i. Orig.

glücklichen Süden«[204] führt, als ein individuelles Anliegen bezeichnet. Es heißt daher nicht, dass jeder Reisende im Süden dieselben Erfahrungen teilen wird, es sei lediglich seinen eigenen Anlagen geschuldet, dass der ›Däne‹ die Augen nicht vor dem verschließen könne, was sich nicht auf den ersten Blick bereitwillig zeigt.

Einmal mehr also sieht man, dass der gesamte Text des *Briefs* strukturiert wird von Blicken, ersten und zweiten, von Rückblicken in die Vergangenheit, vom Anblick der zwiespältigen Gegenwart – aber auch von phantasmagorischen Scheinwelten, die den Blick lenken und damit die Aufmerksamkeit des Betrachters fokussieren. Übertragen auf den Rezipienten ist es Teil der Wirkungsabsicht des Textes, dass dieser alle Blicke nachvollzieht und sich, abseits der gewöhnlichen klassizistischen Kunstdiskurse, auf eine dezidiert andere, zumindest aber verschobene, Perspektive einlässt.

4.1.2.2 Der ›gipserne‹ Kunstenthusiasmus

Wie bereits im Abschnitt zur Schillerschen Abweichung von Winckelmanns Klimatheorie zu sehen gewesen ist,[205] hebt der *Brief eines reisenden Dänen* an mit einer so begeisterten wie erwartbaren Haltung dem »glücklichen Süden« gegenüber, in dem die »herrliche Schöpfung« vom reisenden ›Dänen‹ »genossen« worden ist, wo sowohl der »Himmel« als auch die »Erde‹ ›lachen‹ und wo »der mildere Sonnenstrahl zu fröhlicher Weisheit einladet« und »die göttlichen Früchte des Genies und der Begeisterung« zu besichtigen sind.[206] Wie ebenfalls zu sehen gewesen ist, bricht kurz darauf die Erkenntnis sowohl der Schattenseiten der Feudalherrschaft als auch der medizinisch prekären Lage der Menschen durch den ›schönen Schein‹ der Oberfläche ins Bewusstsein des ›Dänen‹. Aber nachdem er sich beruhigt hat, dass dies seiner eigenen Empfindlichkeit geschuldet ist, gelangt er im dritten Absatz wieder zur Hochstimmung des ersten Satzes zurück, wodurch die anderen Ausführungen über den schönen sowie prekären Süden wie eine Digression vom eigentlichen Thema wirken. Der erste Satz – »Der heutige Tag war mein seligster, solang ich Deutschland durchreise.«[207] – scheint eine direkte Wiederaufnahme zu erfahren: »Heute endlich habe ich eine unaussprechlich angenehme Überraschung gehabt. Mein ganzes Herz ist davon erweitert. Ich fühle mich edler und besser.«[208]

In beiden Fällen, dem ersten Satz wie dem dritten Absatz, zeigt sich eine Überwältigung des Reisenden, welche im Wort ›selig‹ zumindest indirekt religiös konnotiert ist, welche ebenso die Unsagbarkeit streift, wie sich in der ›unaussprechlichen Überraschung‹ andeutet. Zudem verweist das ›Herz‹ darauf, dass, wie es von einem Kunstenthusiasten erwartet wird, dem Gefühl eine Vorrangstellung eingeräumt wird – obgleich sich gerade in den Statuenbeschreibungen verstärkt das reflektierende Element bemerkbar macht, indem nicht einfach nur die Winckelmannsche Vorgabe kopiert wird, sondern sich in dem, wie Schiller mit dieser umgeht, ein kompositorisches Prinzip erkennen lässt. Aber das Gefühl wird nicht allein angesprochen, das ›Herz‹ werde durch das Kunsterlebnis ›erweitert‹, so dass sich der

---

[204]   Ebd.
[205]   Vgl. oben. Abschnitt 4.1.1.1.
[206]   Schiller: Brief eines reisenden Dänen. HA V. S. 879. Vgl. ebd.
[207]   Ebd.
[208]   Ebd.

›Däne‹ ›edler und besser‹ fühle. Damit hat er etwas von den antiken Griechen aufgenommen, über die er etwas später, kurz bevor er einen Blick zurück auf den Torso wirft, einräumt: »Die Griechen philosophierten trostlos, glaubten noch trostloser und handelten – gewiß nicht minder edel als wir.«[209] Da zudem deren »Götter« »als edlere Menschen« gestaltet seien, handle es sich bei beiden um »Kinder *einer* Familie.«[210] Somit wird die implizit religiöse Erhebung, welche der Kunstgenuss vermittelt, legitimiert durch den Kontext der antiken Kunst selbst. Das ist ein Gedanke, der ebenso in einem Gedicht dieser Jahre aufscheint, in *Die Götter Griechenlands*. Darin heißt es kurz vor dem Ende, wenn sich das lyrische Ich bereits in resignativem Ton mit der Gegenwart beschäftigt: »Da die Götter menschlicher noch waren, / Waren Menschen göttlicher.«[211]

Damit wird aber das, was diese Begeisterung ausgelöst hat, umso stärker in den Blick gerückt: der Mannheimer Antikensaal. Selbst wenn der Untertitel dieses Textes nicht ausweisen würde, dass der ›reisende Däne‹ von diesem spricht, wäre es deswegen ersichtlich, weil ein letzter vorgeschalteter Paratext als fingierten Absendeort »*Mannheim*.«[212] benennt. Zudem spricht das ›Ich‹ davon, »aus dem Saal der Antiken zu Mannheim« zu kommen.[213] In ausufernder Emphase beschreibt Schillers ›Däne‹ diesen Saal und den Kurfürsten, der ihn hat einrichten lassen, nicht ohne dabei jedoch auf reale Gegebenheiten hinzuweisen:

> Hier hat die warme Kunstliebe eines deutschen Souveräns die edelsten Denkmäler griechischer und römischer Bildhauerkunst in einem kurzen geschmackvollen Auszug versammelt. Jeder Einheimische und Fremde hat die uneingeschränkteste Freiheit, diesen Schatz des Altertums zu genießen, denn der kluge und patriotische Kurfürst ließ diese Abgüsse nicht deswegen mit so großem Aufwand aus Italien kommen, um allenfalls des kleinen Ruhmes teilhaftig zu werden, eine Seltenheit mehr zu besitzen […]. – Der *Kunst* selbst brachte er dieses Opfer, […].[214]

Tatsächlich handelt es sich bei diesem Antikensaal um einen der bedeutendsten in Deutschland im ausgehenden 18. Jahrhundert.[215] Der Mannheimer Kurfürst Carl Theodor hat ihn 1767 von Peter Anton von Verschaffelt, einem früheren Bildhauer am päpstlichen Hof, einrichten lassen als Bestandteil der von Verschaffelt geleiteten Zeichnungsakademie. Daher dienen die ausgestellten Abgüsse von Statuen, Gruppen und anderem mehr in erster Linie als Anschauungsmaterial für deren Studenten. Aber wie es Schillers ›Däne‹ schildert, ist es auch interessierten Laien möglich, Zutritt zu erhalten, so dass dieser Saal zur wichtigsten

---

[209] Ebd. S. 883.

[210] Ebd. Hervorhebung i. Orig.

[211] Schiller, Friedrich: Die Götter Griechenlands. [1. Fassung.] In: Ders.: Sämtliche Werke in 5 Bänden. Auf der Grundlage der Textedition von Herbert G. Göpfert hrsg. v. Peter-André Alt, Albert Meier und Wolfgang Riedel. München 2004. Bd. I. Gedichte. Dramen 1. Hrsg. v. Albert Meier. München 2004. (= HA I) S. 163-169. Hier: S. 169. V. 191f. (Künftig zitiert als: Schiller: Götter Griechenlands. HA I.)

[212] Schiller: Brief eines reisenden Dänen. HA V. S. 879. Hervorhebung i. Orig.

[213] Ebd. S. 880. Vgl. ebd.

[214] Ebd. Hervorhebung i. Orig.

[215] Vgl. ebd. Hier: Kommentar. S. 1281. Vgl. auch: Schiller: Brief eines reisenden Dänen. KuK. Hier: Kommentar. S. 807f. Anmerkung zu S. 453,2.

visuellen Quelle des Klassizismus für eine bestimmte Zeit in Deutschland avanciert.[216] Verwegen erscheint allein der Hinweis des ›Dänen‹, der Kurfürst habe der Kunst opfern wollen; richtiger ist vielmehr, dass die Einrichtung dieser Sammlung als Ausdruck höfischer Repräsentation zu werten ist.[217]

Dieser Absatz benennt zudem auf andere Weise eindeutig, um was es sich handelt: um *Abgüsse*. Es ist im höchsten Maß erstaunlich, dass die Betrachtung der griechischen Kunst, welche sich nicht auf die antiken ›Originale‹ stützt, was zumeist römische Kopien bedeutet, solch ausgesuchte Begeisterung hervorruft. Zu bedenken ist, dass in der Zeit, in welcher dieser Text entsteht, die Reise nach Rom zu den obligatorischen Selbstverständlichen des Kunstenthusiasten gehört. Winckelmann hat dazu aufgerufen, sich die Kunstwerke als marmorne Originale anzusehen und sich somit selbst ein Bild von der Kunst der Alten zu machen.[218] Der ›Däne‹ verzichtet damit auf die Aura der Authentizität,[219] welche die Materialität der römischen Plastiken erzeugt, und steht damit einer depotenzierten Schwundstufe des Klassizismus gegenüber. Zudem werden bestimmte Rezeptionsformen unmöglich, wenn es sich um Gips handelt – selbst wenn Schillers ›Däne‹ darauf eingeht und diese als eine Möglichkeit des Kunstgenusses in diesem Mannheimer Saal nennt.[220] Da ist zum einen die visuelle Anschauung, wie sie Goethe in seinem *Laokoon*-Aufsatz beschreibt, indem der Betrachter in einem bestimmten Abstand vor der Gruppe stehen und sie blinzelnd ansehen oder mit einer Fackel nächtens um sie herumgehen solle.[221] Dieses Verfahren spielt auf das Durchscheinende des Marmors und das Glitzern je nach Lichteinfall an, es bezieht sich auf spezifische materiale Qualitäten des Marmors, die zum Schein der ›Verlebendigung‹ des Kunstwerks im Auge des Betrachters führen. Herder auf der anderen Seite setzt ganz auf das Be-Greifen und befühlt die Glätte des Steins, verbunden mit der Aura des Alters. Es ist ein Unterschied, ob man eine steinerne Skulptur anfasst, von der man weiß, dass sie rund 2000 Jahre früher geschaffen worden ist, oder ob man eine zwar geglättete Gipskopie berührt, die aber vor allem eine Kopie ist, und nur wenige Jahre alt.[222] Mithin sind beide Verfahren entweder überhaupt nicht oder nur eingeschränkt nachvollziehbar anhand der vorliegenden Abgüsse.

---

[216] Vgl. ebd. Zusätzlich vgl. auch: Schiller: Brief eines reisenden Dänen. FA 8. Hier: Kommentar. S. 1262. Anmerkung zu S. 201,3. Vgl. auch: Schiering, Wolfgang: Zur Ausstellung in den »Katakomben« des Mannheimer Schlosses. In: Der Antikensaal in der Mannheimer Zeichnungsakademie 1769-1803. Ausstellung des Archäologischen Seminars der Universität Mannheim (22.11.-10.12.1982). Hrsg. v. der Gesellschaft der Freunde Mannheims und der ehemaligen Kurpfalz – Mannheimer Altertumsverein von 1859. Mannheim: 1984. S. 6-20. Hier: S. 6f. (Künftig zitiert als: Schiering: Zur Ausstellung.)

[217] Vgl. Schiller: Brief eines reisenden Dänen. FA 8. Hier: Kommentar. S. 1262. Anmerkung zu S. 201,3.

[218] Vgl. Pfotenhauer: Würdige Anmut. S. 160f.

[219] Vgl. ebd. S. 161.

[220] Vgl. Schiller: Brief eines reisenden Dänen. HA V. S. 880.

[221] Vgl. Goethe, Johann Wolfgang: Über Laokoon. In: Ders.: Sämtliche Werke nach Epochen seines Schaffens. Münchner Ausgabe. Hrsg. v. Karl Richter u.a. München 1985ff. Bd. 4.2. Wirkungen der Französischen Revolution 1791-1797. Hrsg. v. Klaus H. Kiefer u. a. München 1986. S. 73-88. Hier: S. 81.

[222] Vgl. Herder, Johann Gottfried: Plastik. In: Klassik und Klassizismus. Hrsg. v. Helmut Pfotenhauer, Peter Sprengel unter Mitarbeit v. Sabine Schneider, Harald Tausch. Frankfurt a.M. 1995. (= Bibliothek der Kunstliteratur. Bd. 3.) S. 11-107. Vgl. auch: Winckelmann, Johann Joachim: [Statuenbeschreibungen]. In: Frühklassizismus. Hier: Kommentar. S. 515.

Es ist letztlich ein Bruch mit Winckelmanns Kunstdoktrin von der Autopsie am Original, worum es im *Brief* geht. Es gibt nurmehr zwei weitere Bemerkungen, die auf die materielle Seite der Kunstwerke verweisen. Die nächstfolgende findet sich in der Beschreibung des Apoll, worin der ›Däne‹ darauf hinweist, dass dessen Brust die »vollkommenste« sei, »die je ein Meißel geschaffen hat«.[223] Diese Behauptung ist grundsätzlich ambivalent, da das ›Ich‹ schließlich über einen Gipsabguss spricht; aber selbst auf einem solchen, sofern er gut ausgeführt ist, lassen sich Meißelspuren wie am Original erkennen. Im Kontext, in dem die Apollobeschreibung aufscheint, befindet sich der Leser in der oben bereits erwähnten Phantasmagorie der Antike. Unmittelbar vor der ersten ausführlichen Statuenbeschreibung, vor der des Herkules Farnese, tritt der ›Däne‹ und mit ihm gleichermaßen der Leser des *Briefs* in die Antike zurück – es heißt explizit: »du stehst auf einmal mitten im schönen lachenden Griechenland«[224] –, weswegen sich argumentieren ließe, dass es sich daher um eine Beschreibung einer marmornen Statue handeln müsse. Allerdings verlangt der gesamte *Brief* dem Rezipienten eine gehörige Übertragungsleistung ab; gerade wenn der Leser, wie eingangs der ›Däne‹ selbst, einen Blick unter die Oberfläche wirft, fällt trotz aller behaupteter Illusion einer Gegenwart der Antike der Blick auf Gips. Wollte man also nicht behaupten, dass Schiller seinen Leser verwirren möchte, so muss man wohl anerkennen, dass der Verweis auf den ›Meißel‹, der an der Brust des Apoll gearbeitet habe, als Geste des vermeintlichen Kunstenthusiasten zu lesen ist. Da selbiger erkennbar auf den Spuren Winckelmanns wandelt und dieser wiederum nicht unbeträchtliche Mühen darauf verwendet hat, die Kunstwerke in seiner *Geschichte* in ihrer Beschaffenheit zu beschreiben, ist der Meißel nichts anderes als eine Restspur auf diesen hin.

Vor allem dann, wenn man bedenkt, dass der letzte Hinweis auf das Material der Mannheimer Kunstwerke sich ebenfalls innerhalb der postulierten Antikenillusion findet. In jenem Zwischenstück, in dem der ›Däne‹ eine Reihe von Kunstwerken vor allen Dingen summarisch aufzählt und das sich zwischen der Apollobeschreibung und der das Ende des *Briefs* einleitenden Torsobeschreibung befindet, steht folgender Satz: »Unter die besten Stücke in diesem Saal zähle ich noch den Antinous; schade, daß durch einen fehlerhaften Abguß die Figur nach den Hüften und Schenkeln zu ein wenig krumm geworden; […].«[225] Das ist ein höchst überraschender Einbruch der Realität in diesen Text. Wie gesagt, eigentlich steht der ›Däne‹ gleichsam ›mitten im lachenden Griechenland‹ der Antike, er wandelt unter den Denkmälern dieser Antike und fühlt sich ›edler und besser‹. Nun aber findet sich eine Antinous-Plastik, welche fehlerhaft ist, so dass sie expressis verbis ›krumm geworden‹ ist. Noch erstaunlicher ist allerdings, dass sie vom ›Ich‹ ›unter die besten Stücke im Saal‹ gezählt wird – obwohl sie krumm ist, wie man hinzufügen möchte. Hinzukommend ist dezidiert von ›Abguß‹ die Rede. Mit anderen Worten: Bereits die Beschreibung dieser Plastik fällt völlig aus dem Rahmen. Nicht nur aus den Winckelmannschen Vorgaben, der weder einen Abguss noch eine fehlerhafte Statue unter die besten einer Sammlung zählte, sondern auch aus dem Rahmen, der vom Text selbst vorgegeben ist. Schiller konterkariert hier selbst die Erscheinung einer wiederauferstandenen Antike, indem die Mannheimer Gegenwart des Jahres 1785 unvermittelt einbricht. Zugleich stellt sich die Frage, ob dieser beschädigte An-

---

[223] Schiller: Brief eines reisenden Dänen. HA V. S. 881.
[224] Ebd. S. 880.
[225] Ebd. S. 882.

tinous, der für eines der besten Stücke der Sammlung gehalten wird, nicht weiterhin dazu dient, ›Anlauf‹ zu nehmen für die Torsobeschreibung. Der Torso schließlich ist mehr als nur ein wenig ›krumm‹ in den ›Hüften und Schenkeln‹; bei diesem muss sich der ›Däne‹ damit auseinandersetzen, dass er einer »zerschmetterten Steinmasse«[226] gegenübersteht. Da der Torso gleichzeitig aber seit Winckelmann ein mustergültiges Kunstwerk ist, welches zur Ergänzung im Geist einlädt, scheint zugleich die bloße Fehlerhaftigkeit einer (Gips-)Statue nicht ausreichend, sie zu verwerfen.

Diese Verweise des Textes auf die Materialität der Kunstwerke erhöhen umso mehr die Abstraktionsleistung, die der Rezipient vollbringen muss. Indem der Leser der Inszenierung des ›Dänen‹ folgt, erklärt er sich bereit, den *Brief* als Ausfluss einer Kunstbegeisterung zu akzeptieren – und gleichzeitig, wenigstens vorübergehend, zu vergessen, dass es sich hier nicht um Marmorstatuen handelt, sondern um Gipsabgüsse. Gesteigert wird der affirmative Zugang nur noch durch die Worte, welche einmal mehr einen religiösen Subtext auf die Kunstbetrachtung legen: »Empfangen von dem allmächtigen Wehen des griechischen Genius trittst du in diesen Tempel der Kunst. Schon deine erste Überraschung hat etwas Ehrwürdiges, Heiliges.«[227] Derart eingestimmt »scheint« eine »unsichtbare Hand« »die Hülle der Vergangenheit« vor den Augen des Betrachters »wegzustreifen«.[228] Der Leser hat es also mit einer ganzen Phalanx von Beschreibungen und zugleich Überhöhungen der Kunst in religiösem Gepräge zu tun, welche zwar einerseits die Realität nicht verleugnen, die immerhin genannt wird, die aber umgehend wieder aus dem Bewusstsein entfernt werden soll, damit die Inszenierung des Kunsterlebens ungestört und ungetrübt vonstatten gehen kann.

An dieser Stelle sei der Blick nur kurz auf das Verb ›scheinen‹ im eben zitierten Satz geworfen: In diesem ›Scheinen‹ schwingt die Leistung der Einbildungskraft mit, ohne dass das Künstliche, das ›nur‹ Vorgestellte vergessen gemacht würde. Zwar mag der Betrachter des Antikensaals ›auf einmal‹ im antiken Griechenland stehen, aber die ›Hülle der Vergangenheit‹ ist lediglich scheinbar entfernt worden. Am Ende des Textes wird die Wirkung aufgehoben, indem sich der Betrachter den Verlauf der zuvor übersprungenen zweitausend Jahre vorstellt, so dass er wieder in der Gegenwart anlangt. Dies erinnert an die Jahre später entstandenen *Kallias*-Briefe, deren zentraler Satz vom Ende des zweiten Briefes lautet: »Schönheit also ist nichts anders als Freiheit in der Erscheinung.«[229] Schiller spielt dort mit den Bedeutungen von Schein, Scheinen, Erscheinung, also einmal dem Substrat eines sinnlich wahrgenommenen Gegenstandes und dann mit der Projektion des Vernunftsubjekts auf diesen. Es lässt sich daher vermuten, dass diese spätere Formel, besonders was die Polyvalenz des ›Schein‹-Begriffs betrifft, von Schillers Anfängen aus der Karlsschule herkommend im *Brief* vorbereitet wird, gerade weil es darin ebenfalls um Aspekte des sinnlich erfahrbaren Schönen geht.

Desweiteren ist gerade der Begriff ›Hülle‹ aufschlussreich, da er einerseits aufs engste mit dem ›Schein‹, der ›Erscheinung‹ zusammenhängt – eine ›Hülle‹ ist eine Oberfläche und der ›Schein‹ wiederum kann nur einer solchen anhängen oder von ihr ausgelöst werden –, und da er andererseits einen Verweis anzeigt zu jenem Gedicht, das ungefähr in diesem

---

[226]   Ebd. S. 883.
[227]   Ebd. S. 880.
[228]   Ebd.
[229]   Schiller: Kallias-Briefe. HA V. S. 400.

Zeitabschnitt entstanden ist. Die Rede ist erneut von *Die Götter Griechenlands*, womit wir bereits thematisch in die gleiche Richtung gehen wie viele der bedeutenden plastischen Kunstwerke der Antike, die bei Winckelmann eine Rolle spielen. Darin dient die »malerische Hülle« »der Dichtkunst« dazu, die »Wahrheit« »lieblich« zu ›umwinden‹.[230] Mithin ist dort von einer ›Erscheinung‹ die Rede, da die ›Wahrheit lieblicher‹ scheint, wenn sie mit einer ›malerischen Hülle‹ umgeben ist. Daran zeigt sich, dass Schiller in seinem Schreiben und Denken nicht begrenzt ist auf eine bestimmte Gattung; was in einer ästhetischen, oder zumindest teilweise ekphrastischen, Schrift als Gedanke aufscheint, kann ebenso wenige Jahre später in einem Gedicht wiederkehren. Und wiederum wird der Gedanke, nachdem er mehrfach erprobt, angewendet und um- sowie neugeformt worden ist, dem prozessualen Werk der ästhetischen Schriften zugeführt.

4.1.2.3 Die klassizistische Trias

Es gibt noch einen weiteren Aspekt, in dem die Inszenierungsabsicht Schillers offenbar wird. Wieder geht es um die Kunstwerke – allerdings nicht um die Beschreibung oder die Plastiken als solche; es geht um die Reihenfolge der Beschreibungen.

Bekanntlich ist die klassizistische Trias die Klimax, die vom Menschen über den heldischen Halbgott zum Gott hinaufsteigt. Diese wird im deutschen Klassizismus, der hierin Winckelmann folgt, repräsentiert durch die drei Plastiken des Laokoon beziehungsweise der Laokoon-Gruppe, dem Torso vom Belvedere und dem Apoll vom Belvedere.[231] In diesen Werken werde mustergültig die Erhebung über die sinnlichen Affekte (Laokoon), die Vergöttlichung des Menschen als ein über das bloße Menschsein hinausgehender Schritt (Torso) und die überirdische, von nichts Sinnlichem beeinträchtigte Schönheit (Apoll) dargestellt.[232] Es ist festgehalten worden, dass sich Schiller »ganz strikt an diese topoi des Klassizismus«[233] gehalten habe; das stimmt einerseits, ist jedoch andererseits nicht völlig zutreffend.

Es ist auffällig, dass gerade die besagten Kunstwerke eine eigenständige und umfangreiche Besprechung des ›Dänen‹ erhalten haben, während eine ganze Reihe weiterer Plastiken lediglich wie aufgezählt – und damit anzitiert – wirken und bestenfalls mit einigen wenigen Worten abgehandelt werden; hierbei sticht abermals der Antinous mit seiner ›krummen Hüfte‹ heraus sowie ein weiterer Einbruch der realen Gegenwart innerhalb dieser Aufzählung, in der mit einem Mal der »Kopf des Herrn von Voltaire« genannt wird.[234] Wir haben aber im Abschnitt über die Statuenbeschreibungen gesehen, dass der Herkules zweifach beschrieben wird: Einmal als der »berühmte Rumpf[]«,[235] dann aber auch als Herkules Farnese. Zuletzt, so könnte man sagen, stimmt die Reihenfolge der Beschreibungen nicht. Der ›Däne‹ beschreibt zunächst den farnesischen Herkules, anschließend die Laokoon-Gruppe,

---

[230] Schiller: Götter Griechenlands. HA I. S. 163. V. 9f.
[231] Vgl. Schiller: Brief eines reisenden Dänen. HA V. Hier: Kommentar. S. 1281. Vgl. Schiller: Brief eines reisenden Dänen. KuK. Hier: Kommentar. S. 806.
[232] Vgl. Schiller: Brief eines reisenden Dänen. KuK. Hier: Kommentar. S. 806.
[233] Ebd.
[234] Schiller: Brief eines reisenden Dänen. HA V. S. 883. Vgl. 882f.
[235] Ebd. S. 883.

danach den Apoll. Nach diesem folgen die aufgezählten Einzelstücke und zuletzt, als Blick zurück, die Beschreibung des Torso. Lässt man die Liste weg, sprechen wir von folgender Folge: Herkules Farnese – Laokoon-Gruppe – Apoll – Torso. Aus dieser Reihung lässt sich also weder ein Klimax noch ein Antiklimax ersehen.

Ersichtlich ist vielmehr eines: Der *Mensch* bekommt in dieser Zusammenstellung ein merkliches Übergewicht. Nach Winckelmann handelt es sich, wie oben gesehen, beim farnesischen Herkules um den noch menschlichen Helden, der mit seinen Arbeiten nicht abgeschlossen hat. Eben dieses Bild nimmt Schiller auf in seiner Beschreibung: »Die Figur *ruht* – der Bildhauer ergriff seinen Herkules im Momente schlafender (vielleicht erschöpfter) Kraft, und dennoch berechnet in dieser Erschlappung das ungeübteste Auge die ganze furchtbare Summe von Wirkungen.«[236] Die Ruhe, die diese Figur ausstrahle, sei dem Umstand geschuldet, dass ein Mensch zwischen seinen Arbeiten Ruhe benötigt, daher die ›schlafende‹ oder ›erschöpfte‹ Kraft. Dennoch ist sie erkennbar vorhanden – und es ist daher für die »Phantasie« des ›Dänen‹ ein Leichtes, »dem Kolossen Bewegung« zu leihen.[237] Laokoon gilt ohnedies als ein Beispiel für die künstlerische Darstellung des Erhabenen, des Erhebens des Menschen über die bloße Sinnesnatur. In Schillers Beschreibung des Apoll, so ist zu sehen gewesen, mischt sich erkennbar Vieles von dem, das Winckelmann eigentlich dem Torso zuschreibt. Der Torso wiederum ist zwar der vergöttlichte Herkules, was aber nicht darüber hinwegtäuschen kann, dass er einst als Mensch auf der Erde gelebt hat, bevor er in den Olymp erhoben worden ist. Gerade deshalb ist die Apollobeschreibung bei Schiller eine gebrochene, weil nicht nur der eigentlich geborene Gott mit einem nur Vergöttlichten parallelisiert wird, als Leser muss man sich vor Augen halten, dass die Darstellung der reinsten Schönheit innerhalb der Trias, wie es im Klassizismus postuliert worden ist, mit der am stärksten zerstörten, aber nicht ergänzten, der drei Plastiken in der Beschreibung vermengt wird.

Zudem ist der Torso deshalb ein spezieller Fall, weil der ›Däne‹ an ihm ein frühes Stadium der Schillerschen Geschichtsphilosophie exemplifiziert. Freilich ist sie nicht so ausgearbeitet, wie sie dann später in der *Ästhetischen Erziehung* oder in der *Naiven und sentimentalischen Dichtung* erscheint,[238] aber sie mischt in die Kunstbetrachtung das Bewusstsein der vergehenden Zeit, der Abgeschlossenheit vergangener Epochen mit hinein, wie es die von Winckelmann formulierte Unnachahmlichkeit per se ausschließen soll – zumindest in den *Gedancken*,[239] während er mit der *Geschichte der Kunst des Altertums* selbst zum ersten Historiker der Kunst wird. Mit anderen Worten: Das antike Kunstwerk, welches hunderte von Jahren überdauert hat, wird aufgrund der Beschädigungen, welche die Zeitläufte mit sich gebracht haben, sowohl zum Symbol dafür, was die Menschen zu schaffen in der Lage sind, zugleich aber auch zum Symbol für die Abhängigkeit von der Zeit.

Damit kommt Schiller auf das, was ihn im Grunde seit der Karlsschule interessiert: den Menschen. Dem Mensch eignet eine vergleichbare Ambivalenz, indem er als zeitgebunden gedacht wird und zugleich Elemente enthält, die, im Sinne des Geistes oder der Seele, über-

---

[236] Ebd. S. 880. Hervorhebung i. Orig.
[237] Ebd. S. 880f. Vgl. ebd.
[238] Vgl. ebd. Hier: Kommentar. S. 1281f. Vgl. auch: Schiller: Brief eines reisenden Dänen. KuK. Hier: Kommentar. S. 806f.
[239] Vgl. Winckelmann: Gedancken. S. 14.

zeitlich sind. Gleiches gilt für den Menschen im Verhältnis zur Zeit: Sowohl ist er der Geschichte als verlaufender Zeit unterworfen, wie er auch derjenige ist, der ›Geschichte
macht‹. Gerade dieser Aspekt wird ihn immer wieder interessieren. Schon in der frühen
Dramatik mit einem Fiesko, der mittels einer Verschwörung die Geschichte verändern will,
oder einem Don Carlos; dies wird sich übertragen auf Schillers Zeit als Historiker. Eine Zeit,
in der die Beschäftigung mit den großen Umwälzungen des 17. Jahrhunderts – insbesondere dem Dreißigjährigen Krieg – wiederum fruchtbar wird für die spätere Dramatik, man
denke hier an *Wallenstein*, aber auch an die *Jungfrau von Orleans*, *Maria Stuart* oder *Wilhelm Tell*. Es ist nachgerade auffällig, wie häufig die Protagonisten der Schillerschen Stücke
ihre Spuren in der tatsächlichen Geschichte hinterlassen haben.

Im *Brief* wiederum sind es die Beschreibungen der Plastiken, welche die Dargestellten
auf ein menschliches Maß bringen. Beim farnesischen Herkules gibt es für das ›Ich‹ keine
Schwierigkeiten, da es sich ohnehin um den noch nicht vergöttlichten, daher menschlichen,
Halbgott Herkules handelt; er wird lediglich als eine Mischung aus Ruhe und impliziter
Kraft beschrieben. Laokoon stellt ebenfalls keine Schwierigkeit dar, da er eine Menschen-
darstellung ist – und ebenfalls Mensch bleibt –; allerdings wird er hier, wie gesehen und
anders als in späteren Verweisen auf diese Plastik, als eine Mischung aus erhabener Affektkontrolle und ›delikater‹,[240] mithin schöner, Darstellung gesehen. Apoll wird zum wenigstens teilweisen Mensch umgedeutet und der Torso, welcher eigentlich die Darstellung der
Vergöttlichung der Menschennatur ist, wird als Stellvertreter des Menschen schlechthin
zum Symbol für die Überzeitlichkeit und die gleichzeitige Abhängigkeit von der Zeit.

Die Vermenschlichung selbst des Göttlichen ist zugleich ein Programm dieser Schrift,
da diese in der Kunst des Altertums die stete »*Veredlung*«[241] anzeige:

> Der Mensch brachte hier etwas zustande, das mehr ist, als er selbst war, das an etwas
> Größeres erinnert als an seine Gattung – beweist das vielleicht, daß er weniger ist, als
> er sein wird? – So könnte uns ja dieser allgemeine Hang nach Verschönerung jede
> Spekulation über die Fortdauer der Seele ersparen. – Wenn der Mensch *nur* Mensch
> bleiben *sollte* – bleiben *könnte*, wie hätte es jemals Götter und Schöpfer dieser Götter
> gegeben?[242]

Im ersten Teil bis zum ersten Fragezeichen lässt Schiller den ›Dänen‹ seine geschichtsphilosophische Triade in nuce aussprechen: Der frühere Mensch ›brachte‹ etwas zustande, das
größer gewesen sei als die Gattung, was vielleicht beweise, dass er – ›der heutige Mensch‹
ist zu ergänzen – ›weniger *ist*, als er *sein wird*‹. Hier findet binnen eines Satzes die Aufsprei-
zung der Geschichte in Vergangenheit, Gegenwart und Zukunft statt; im Sinne Schillers
muss man vielleicht präzisieren: große Vergangenheit, depravierte Gegenwart und wieder
bessere Zukunft. Wiederum wird außerdem das Schöne, der Kunstgenuss mit einem religiösen Subtext versehen, da hier die Diskussion um die Unsterblichkeit der Seele an die
Schönheit geknüpft wird. Zuletzt aber geht es dem ›Dänen‹ um die Perfektibilität des Menschen, um die Vervollkommnung hin zum Göttlichen. Wenn der Mensch nämlich Mensch
hätte bleiben sollen, wie hätten dann solche (Götter-)Plastiken geschaffen werden können?

---

240 Vgl. Schiller: Brief eines reisenden Dänen. HA V. S. 881.
241 Ebd. S. 883. Hervorhebung i. Orig.
242 Ebd. Hervorhebung i. Orig.

Die Antwort gibt Schiller im folgenden Absatz selbst: »Die Griechen malten ihre Götter nur als edlere Menschen und näherten ihre Menschen den Göttern. Es waren Kinder *einer* Familie.«[243] – Es zeigt sich erneut eine Parallele zu den *Göttern Griechenlands*, worin dieser Gedanke fast wörtlich wiederkehrt: »Da die Götter menschlicher noch waren, / Waren Menschen göttlicher.«[244] – Es ist die antike Kunst, die als ›Scharnier‹ einsteht für diese Annäherung von Mensch und Gott. Indem diese sowohl Menschen als auch Götter idealisiert dargestellt habe, habe sie beide vergleichbar gemacht; so vergleichbar, dass im 18. Jahrhundert eine Kunstgeschichte entwickelt werden muss, um die Statuen auseinanderzuhalten. So vergleichbar andererseits, dass Schiller in seinen Statuenbeschreibungen die Grenzen zwischen den einzelnen Plastiken verwischen kann, um sie seinem anthropologischen Denken unterzuordnen.

Man sollte sich nicht vom Sprechen über Götter ablenken lassen; in den 1780er Jahren ist dies ein Zeichen dafür, dass das anthropologische Denken der Karlsschulzeit im Hintergrund den Text formiert. In Schillers erster Dissertation, der *Philosophie der Physiologie*, heißt es im ersten Paragraph: »Gottgleichheit ist die Bestimmung des Menschen.«[245] In eine vergleichbare Richtung geht er auch in der dritten Dissertation, dem *Versuch über den Zusammenhang*, indem er, Haller zitierend, den Menschen als ein »Mittelding zwischen Vieh und Engel«[246] bezeichnet. Die in diesen Jahren als göttlich bezeichnete Sphäre ist letztlich das Telos der Vervollkommnung und bedeutet vor allen Dingen diejenige Ebene, die über die sinnliche Natur des Menschen hinausweist. Auf diese Weise verbindet das Sprechen über Götter, selbst wenn es sich wie im *Brief* um antike Götter handelt, diese Schrift mit den früheren philosophisch-ästhetischen Dissertationen und damit mit dem anthropologischen Denken Schillers überhaupt.

Daher ist die von Schillers ›Däne‹ wie zufällig eingeführte Reihenfolge der Plastiken, man erinnere sich: Herkules Farnese, Laokoon, Apoll und Torso, also erneut ein Herkules, ein deutliches Zeichen für dieses anthropologische Denken. Wie zu sehen gewesen ist, ist das zentrale Motiv dieser Philosophie, den Zusammenhang zwischen Körper und Geist zu finden.[247] Herkules selbst ist aber von sich aus bereits eine ›gemischte‹ Figuration: als Halbgott steht er exakt in der Mitte seiner menschlichen und seiner göttlichen Seite. Er verbringt ein Menschenleben und wird anschließend zum Gott in den Olymp erhoben. Es kann daher kein Zufall sein, dass die beiden Statuenbeschreibungen, die Herkules betreffen, alle anderen rahmen. Der Eingang, verbunden mit dem »ersten Blick«[248] in die Welt der antiken Kunst geschieht über eine Herkulesfiguration, ebenso wie der Abschied aus dem Antikensaal, wobei der Herkules-Torso, obwohl den vergöttlichten Helden darstellend, an die Zeitlichkeit gemahnt.

Dass die Inszenierung dieses Rundgangs Schiller so erleichtert wird, hängt mit einem Aspekt des realen zeitgenössischen Antikensaals zusammen. Wie gesagt, handelt es sich ei-

---

243 Ebd. Hervorhebung i. Orig.
244 Schiller: Götter Griechenlands. [1. Fassung.] HA I. S. 169. V. 191f.
245 Schiller, Friedrich: Philosophie der Physiologie. In: HA V. S. 250-268. Hier: S. 250.
246 Schiller, Friedrich: Versuch über den Zusammenhang der tierischen Natur des Menschen mit seiner geistigen. In: HA V. S. 287-324. Hier: S. 296. Vgl. ebd. Hier: Kommentar. S. 1178.
247 Vgl. Kapitel 2.1 dieser Arbeit.
248 Schiller: Brief eines reisenden Dänen. HA V. S. 880.

gentlich um einen Bestandteil der Zeichnungsakademie, so dass die Abgüsse vor allen Dingen dafür tauglich sein müssen, nicht nur als Vorbild, sondern auch als Vorlage für die Studenten zu dienen. Daher ist es nachvollziehbar, dass der ›Däne‹ sagt:

> Schon die Aufstellung der Figuren erleichtert ihren Genuß um ein großes. Lessing selbst, der hier gegenwärtig war, wollte behaupten, daß ein Aufenthalt in diesem Antikensaal dem studierenden Künstler mehrere Vorteile gewährte als eine Wallfahrt zu ihren Originalien nach Rom, welche großenteils zu finster oder zu hoch oder auch unter den schlechteren zu versteckt stünden, als daß sie der Kenner, der sich umgehen, befühlen und aus mehreren Augenpunkten beobachten will, gehörig benutzen könnte.[249]

Hier wird verdeutlicht, dass die Kunstwerke eben nicht, wie in Rom, zu finster oder zu hoch oder zu versteckt stehen, sondern dass sie Licht und Raum bekommen.[250] Die zweite Bedeutung des Begriffs ›Aufstellung‹ spielt an auf die Reihenfolge, in der die Kunstwerke dem Betrachter begegnen. Der Text des *Briefes* suggeriert, dass die Statuen so stehen, wie sie der Reihenfolge nach beschrieben oder erwähnt werden. Es ist jedoch so, dass bereits im 18. Jahrhundert die Abgüsse beweglich aufgestellt worden sind:

> Die Proportionen des Saales und sein gutes Licht wurden von den Besuchern ebenso gerühmt wie die leicht beweglichen Sockel, auf denen die bis zu 3 m hohen Statuen standen. Auf gutes Licht und Mobilität der ›Antiken‹ war Verschaffelt der Künstler und Zeichenschüler wegen bedacht, für die der Saal in erster Linie eingerichtet worden ist.[251]

Vergleichbares hat Goethe berichtet, welcher ebenfalls als Gast den Mannheimer Antikensaal besucht hat: »Alle diese herrlichen Gebilde konnten durch Auf- und Zuziehn der Vorhänge in das vorteilhafteste Licht gestellt werden; überdies waren sie auf ihren Postamenten beweglich und nach Belieben zu wenden und zu drehen.«[252] Der Satz wirkt bei Goethe buchstäblich so, gerade im Hinblick auf die Vorhangbewegungen, als werde eine Theateraufführung beschrieben, als könnten mittels Veränderung des Lichteinfalls in dem Saal die Betrachterblicke gesteuert werden. Nimmt man hinzu, dass Goethe an derselben Stelle von *Dichtung und Wahrheit* andererseits zusätzlich von einem »Wald von Statuen«[253] spricht, weil diese eng und ungeordnet im Raum aufgestellt seien,[254] so wirkt die beschriebene Reihenfolge des ›Dänen‹ keineswegs mehr so zwangsläufig wie zuvor. Vielmehr werden die Kunstgegenstände zur Verfügungsmasse desjenigen erklärt, der sich ihnen nähert, der sich seinen eigenen Weg durch diesen ›Wald‹ bahnt. Damit wird der Fokus auf die vom ›Dänen‹ gewählte Reihenfolge der beschriebenen Kunstwerke deutlich verstärkt.

---

249 Ebd.

250 Vgl. Schiering: Zur Ausstellung. S. 7.

251 Ebd.

252 Goethe, Johann Wolfgang: Sämtliche Werke nach Epochen seines Schaffens. Münchner Ausgabe. Hrsg. v. Karl Richter u.a. München 1985ff. Bd. 16. Dichtung und Wahrheit. Hrsg. v. Peter Sprengel. München 1985 (= MA 16). S. 535.

253 Ebd.

254 Vgl. ebd.

Man kann also sagen, dass in der Mitte der 1780er Jahre Herkulesfigurationen das Mittel der Wahl für Schiller sind, um sein anthropologisches Denken mit Hilfe der antiken Kunst zu exemplifizieren. So sehr der *Brief eines reisenden Dänen* an der Oberfläche wirken mag, als handle es sich um eine simple Nachahmung Winckelmanns, so sehr ist die aufgerufene Kunst hier Stellvertreter für das philosophisch-anthropologische Denken Schillers, welches er in der nur wenige Jahre zuvor verlassenen Karlsschule angenommen und sich zu eigen gemacht hat. Wie oben erwähnt,[255] fällt der Philosophieunterricht Jacob Friedrich Abels bei Schiller auf fruchtbaren Boden, so dass sich in dem seinerzeitigen Eleven ein Denkmuster festsetzt, das alle späteren Arbeiten, das Denken und Schreiben Schillers nachhaltig beeinflusst. Hinzu kommt das ebenso verinnerlichte Anverwandeln solcher als nützlich erkannter fremder Impulse, die jedoch nie einfach nur übernommen, sondern stets in etwas Eigenes überführt werden.

Daher gehört es zur gewohnten Arbeitsweise Schillers, dass er Winckelmann nicht einfach nachahmt, zum Teil wörtlich imitiert, sondern dass er etwas Spezifisches daraus herstellt. Herkules und dessen Statuen sind die sinnlich erfahrbaren Vermittlungen des Menschlichen wie Göttlichen als eine vorgestellte Gleichzeitigkeit. Gleichzeitig ist Herkules die offenkundige Vermittlung zweier gegensätzlicher Pole, da diese Figur vom Mythos her bereits eine gemischte Figur ist. Anhand des Apoll im *Brief*, in dessen Beschreibung sich diejenigen Winckelmanns zum Apoll vom Belvedere sowie zum Torso mischen, zeigt sich außerdem, dass Schiller die Statuen als Kunstwerke nicht wichtig sind. Sie fungieren lediglich als Anlass, um über philosophisch-anthropologische Aspekte zu sprechen, die aber nicht im Kunstobjekt zu finden sind – daher die weitgehende Vermeidung, über deren Materialität zu sprechen –, sondern bestenfalls im Mythos, den sie darstellen. Zwar ist dies noch nicht in dem Maß ausgeprägt, wie später in den ästhetischen Schriften der 1790er Jahre, aber die Depotenzierung des Kunstwerks als reales Objekt beginnt sich bereits im *Brief* abzuzeichnen. Umso mehr freilich, wenn man berücksichtigt, dass sich in der feststellbaren grundsätzlichen Abhängigkeit zu Winckelmanns *Geschichte* die Kunst als literarisch vermittelt zeigt. Hierdurch wird die Annäherung an den Mythos, der ebenfalls Literatur ist, sinnfällig.

4.2 Formationen des Weiblichen. Venus und Juno

4.2.1 Visionen der Vereinigung. *Anmut* und *Würde*

Die erste größere ästhetische Schrift der 1790er Jahre ist *Über Anmut und Würde*, welche zahlreiche Gedanken aus den sogenannten *Kallias*-Briefen aufnimmt. Zu bedenken ist dabei, dass diese Briefe tatsächlich lediglich private Schreiben Schillers an seinen langjährigen Freund Gottfried Körner sind, worin sich beide über Fragen der Kantischen *Kritik der Urteilskraft* ausgetauscht haben; dabei stellen sich Bezüge her zu Schillers Vorlesung über Ästhetik aus dem Wintersemester 1792/93. Zudem sind die *Kallias*-Briefe erst nach dem Tod

---

[255]   Vgl. Kapitel 2.1 dieser Arbeit.

Körners 1847 erschienen.[256] Für die zeitgenössischen Leser sind somit die Gedanken über die »Schönheit« als »Freiheit in der Erscheinung«[257] unbekannt. Bekannt ist hingegen, dass die Ästhetik der Zeit gleichsam eine doppelte ist, die sowohl das Schöne als auch das Erhabene verhandelt.[258] Dieses Verhandeln beider Aspekte ist es, welche die Schrift *Über Anmut und Würde* bereits im Titel ankündigt. Dabei gehört es zu Schillers in der Karlsschule erlerntem Denkmuster, nicht nur die Entgegensetzung zweier Pole anzustreben, sondern zugleich die harmonische Auflösung in einem Dritten.

Die Anmut, von der Schiller in dieser Schrift spricht, ist dabei ein Spezialfall des Schönen, denn es handelt sich bei ihr um »eine *bewegliche* Schönheit; eine Schönheit nämlich, die an ihrem Subjekte zufällig entstehen und ebenso aufhören kann.«[259] Ganz spezifisch wird diese ›bewegliche Schönheit‹ nicht allein als zufällig entstehend und endend gedacht, sondern zugleich konkret an »willkürliche[] Bewegungen« des Menschen geknüpft, vielmehr noch an die »Seele« desselben: »Daher ist ihm [dem »zärtliche[n] Sinn der Griechen«; F.H.] auch die Anmut nichts anders als ein solcher schöner Ausdruck der Seele in den willkürlichen Bewegungen. Wo also Anmut stattfindet, da ist die Seele das bewegende Prinzip, und in *ihr* ist der Grund für die Schönheit der Bewegung enthalten.«[260] Schiller differenziert die Anmut als bewegliche Schönheit von einer »*fixen* Schönheit«[261] und imitiert damit implizit die Unterscheidung der beiden Schönheiten nach Kants *Kritik der Urteilskraft*, die der freien und der anhängenden Schönheit, oder mit den Worten Kants: »pulchritudo vaga« und »pulchritudo adhaerens«.[262] – Es zeigt sich in solchen Kleinigkeiten die Nähe gerade dieser frühen ästhetischen Schrift zum Ausgangspunkt aller dieser Texte der 1790er Jahre: die Schillersche Lektüre der Kantischen Kritiken. Liest man jedoch diese Schriften in dem Fluss, in dem sie entstanden sind, so fällt ganz entschieden auf, dass der Einfluss Kants immer mehr schwindet, je länger sich Schiller mit den Fragen des Ästhetischen befasst. – Gleichwohl trennt Schiller die anmutige Schönheit von der ›fixen‹ in dem Sinn, dass diese die Schönheit der Gestalt, des Körperbaus meint, jene, wie gesagt, die der Bewegung.[263]

Damit aber werde die Schönheit »Bürgerin zweier Welten«, da sie sich einerseits »*objektiv* auf lauter Naturbedingungen« einschränken und somit als ein bloßer »Effekt der Sinnenwelt« erklären lasse.[264]

---

[256] Schiller, Friedrich: [Kallias oder über die Schönheit] Briefe an Gottfried Körner. In: Ders.: Sämtliche Werke in 5 Bänden. Auf der Grundlage der Textedition von Herbert G. Göpfert hrsg. v. Peter-André Alt, Albert Meier und Wolfgang Riedel. München 2004. Bd. V. Erzählungen. Theoretische Schriften. Hrsg. v. Wolfgang Riedel. München ²2008. (= HA V.) S. 394-433. Hier: Kommentar. S. 1199-1201. (Künftig zitiert als: Schiller: Kallias-Briefe. HA V.)

[257] Ebd. Hier: Brief v. 8.2.1793. S. 395-400. Hier: S. 400.

[258] Vgl. Zelle, Carsten: Die doppelte Ästhetik der Moderne. Revisionen des Schönen von Boileau bis Nietzsche. Stuttgart, Weimar 1995. Vor allem S. 147ff. (Künftig zitiert als: Zelle: Doppelte Ästhetik.)

[259] Schiller, Friedrich: Über Anmut und Würde. In: HA V. S. 433-488. Hier: S. 434. Hervorhebung i. Orig. (Künftig zitiert als: Schiller: Anmut und Würde. HA V.)

[260] Ebd. S. 437. Hervorhebung i. Orig.

[261] Ebd. S. 434. Hervorhebung i. Orig.

[262] Kant, Immanuel: Werkausgabe. Hrsg. v. Wilhelm Weischedel. Bd. X. Kritik der Urteilskraft. Hrsg. v. Wilhelm Weischedel. Frankfurt a.M. ¹⁷2004. (= stw. Bd. 57). Hier: § 16. S. 146.

[263] Vgl. Schiller: Anmut und Würde. HA V. S. 438ff.

[264] Ebd. S. 442. Hervorhebung i. Orig.

Weil aber doch – auf der andern Seite – die Vernunft von diesem Effekt der bloßen Sinnenwelt einen transzendenten [sic!] Gebrauch macht und ihm dadurch, daß sie ihm eine höhere Bedeutung leiht, gleichsam ihren Stempel aufdrückt, so hat man ebenfalls recht, das Schöne *subjektiv* in die intelligible Welt zu versetzen. Die Schönheit ist daher als die Bürgerin zweier Welten anzusehen, deren einer sie durch *Geburt*, der andern durch *Adoption* angehört; sie empfängt ihre Existenz in der sinnlichen Natur und erlangt in der Vernunftwelt das Bürgerrecht.[265]

Einmal mehr zeigt sich in diesem Abschnitt, in dem Schiller allein über die ›Anmut‹ spricht, dass er bereits anlässlich der Schönheit zu einem dualistischen Ansatz greift, um sie, der menschlichen Doppelnatur entsprechend, ebenso als gleichzeitig sinnlich und intellektuell zu beschreiben. Wie der Mensch, dessen Wesen in der Natur beginnt, dessen Geist gleichzeitig über diese hinausgeht, so ist die Schönheit, in der Konzeption von *Über Anmut und Würde*, eine doppelt erfassbare. Die »Schönheit des Baues«, oder wie sie Schiller nennt, die »architektonische Schönheit«[266] sei strikt zu trennen von jener, welche die ›Seele‹ als ›bewegendes Prinzip‹ erzeuge. Gerade aber weil Schiller den Schönheitsbegriff in dieser Schrift verdoppelt und ihn damit dem Menschen parallelisiert, findet ein Aspekt Eingang in diese so gefasste Schönheit, welche vor allem dem Menschen zukommt. Es handelt sich dabei um das für diese Schrift gewandelte Postulat der *Kallias*-Briefe: »Schönheit also ist nichts anders als Freiheit in der Erscheinung.«[267] Damit will Schiller nichts anderes sagen, als dass die Freiheit des Kunstobjekts, welche in der Schönheit aufscheine, diesem vom Betrachter geliehen werde.[268] Im Entwurf der Schönheit für diese Schrift ist die genannte Freiheit Teil der Anmut, weil sie selbst an den Menschen gebunden bleibt – nach Schiller gibt es keine anmutigen Tiere oder Landschaften[269] – wie die bewegende Seele:

Anmut ist die Schönheit der Gestalt unter dem Einfluß der Freiheit; die Schönheit derjenigen Erscheinungen, die die Person bestimmt. Die architektonische Schönheit macht dem Urheber der Natur, Anmut und Grazie machen ihrem Besitzer Ehre. Jene ist ein *Talent*, diese ein *persönliches* Verdienst.[270]

Mit dem ›persönlichen Verdienst‹, mit der Person überhaupt, welche als Träger der Selbstgesetzgebung, wie sie aus den *Kallias*-Briefen als »Heautonomie« bekannt ist,[271] nimmt Schiller einen Weg auf, der letztlich innerhalb dieser Schrift zur ›Würde‹ führen wird, da diese stets ein persönliches Moment ist. Aber sie verweist ebenso voraus auf die *Briefe über die ästhetische Erziehung*, in deren 11. Brief die ›Person‹ eines Menschen als das »Bleibende« bezeichnet wird, während sein ›Zustand‹ das »Wechselnde« sei.[272] Hier wird dem Leser nahegelegt, die Schönheit aus zwei einzelnen Bestandteilen zusammengesetzt zu denken. Der

---

[265] Ebd. Hervorhebung i. Orig.
[266] Ebd. S. 438. Hervorhebung i. Orig.
[267] Schiller, Friedrich: Kallias-Briefe. HA V. Hier: Brief v. 8.2.1793. S. 395-400. Hier: S. 400.
[268] Vgl. ebd. S. 398. In diesem zweiten der *Kallias*-Briefe findet sich mehrfach der Verweis auf das ›Verleihen‹ der Freiheit des Rezipienten an das Kunstobjekt.
[269] Vgl. Schiller: Anmut und Würde. HA V. S. 453ff.
[270] Ebd. S. 446. Hervorhebung i. Orig.
[271] Vgl. Schiller: Kallias-Briefe. HA V. S. 410ff. Zitat S. 416.
[272] Schiller, Friedrich: Über die Ästhetische Erziehung des Menschen in einer Reihe von Briefen. In: HA V. S. 570-669. Hier: 11. Brief. S. 601-603. Zitat S. 601. Vgl. ebd. (Künftig zitiert als: Schiller: Ästhetische Erziehung. HA V.)

statischen Schönheit des ›Baus‹ und der *sich verändernden* Schönheit der Bewegung. Mit anderen Worten: Schönheit sei zusammengesetzt aus einem unveränderlichen und einem fließenden Bestandteil. Das weist nicht nur, wie gesehen, voraus auf die *Ästhetische Erziehung*, sondern zugleich zurück auf den *Brief eines reisenden Dänen*, worin mehrfach die Statuen ebenso als gleichzeitig ruhig und in Bewegung beschrieben werden. Eine Bewegung, die nicht zuletzt dadurch entsteht, weil der Betrachter beispielsweise dem Herkules Farnese in der »Phantasie« »Bewegung« »leiht«[273] – einmal mehr ein Akt des ›Verleihens‹ seitens des Rezipients, jedoch um Jahre früher als in den *Kallias*-Briefen –, selbst wenn die Statue stillsteht; oder weil sich die Linienführung der Statue so gestalten, dass sie, ebenfalls bei einer an sich ja stillstehenden Plastik, scheinbar ineinanderfließen und einen Auflösungsprozess für das Auge einleiten, wie es der ›Däne‹ beim Apoll vom Belvedere beobachten will.[274]

Diese statischen und beweglichen Elemente seien idealiter in der von Schiller so genannten ›schönen Seele‹ verkörpert:

> In einer schönen Seele ist es also, wo Sinnlichkeit und Vernunft, Pflicht und Neigung harmonieren, und Grazie ist ihr Ausdruck in der Erscheinung. Nur im Dienst einer schönen Seele kann die Natur zugleich Freiheit besitzen und ihre Form bewahren, da sie erstere unter der Herrschaft eines strengen Gemüts, letztere unter der Anarchie der Sinnlichkeit einbüßt.[275]

Die ›schöne Seele‹ ist demnach bereits eine ›Harmonisierung‹ widerstreitender Naturen im Menschen, wie sie »Sinnlichkeit und Vernunft, Pflicht und Neigung« zum Ausdruck bringen. Hinzu kommt eine überraschende Leichtigkeit, die Schiller dieser ›schönen Seele‹ attestiert, da sie »kein andres Verdienst« habe, »als daß sie ist.«[276]

Wie es bei Schiller erwartbar ist, benötigt er für diese allzu große Leichtigkeit ein weiteres Korrektiv, die ›Würde‹. Darin zeigt sich zugleich eine gewisse Bruchlinie innerhalb dieser Schrift,[277] da die Würde letztlich den Ausdruck eines eher »strengen Gemüts« darstellt, worunter eigentlich, nach der oben genannten Bestimmung, die ›schöne Seele‹ leide.

Grundsätzlich sei die »*Würde* der Ausdruck einer erhabenen Gesinnung«,[278] welche in einem Moment des »Widerstandes« entsteht, »den der selbständige Geist dem Naturtriebe leistet«.[279] Während also die Anmut als natürliche Freiheit erscheinen soll, ist die Würde ein Widerstand gegen die Natur, vor allem aber gegen seine eigene menschliche. Bemerkenswert ist, dass Schiller den ›Ganzen Menschen‹, die ›Harmonie seiner beiden Naturen‹ als ›bloße Idee‹ bezeichnet:

---

273 Schiller, Friedrich: Brief eines reisenden Dänen. In: HA V. S. 879-884. Hier: S. 880f. (Künftig zitiert als: Schiller: Brief eines reisenden Dänen. HA V.)

274 Vgl. ebd. S. 881f.

275 Schiller: Anmut und Würde. HA V. S. 468.

276 Ebd.

277 Vgl. Brittnacher, Hans Richard: Über Anmut und Würde. In: Schiller-Handbuch. Hrsg. v. Helmut Koopmann. Stuttgart 1998. S. 587-609. Hier: 603ff. (Künftig zitiert als: Brittnacher: Anmut und Würde.) Vgl. auch: Schilling, Diana: Über Anmut und Würde. In: Schiller Handbuch. Leben – Werk – Wirkung. Hrsg. v. Matthias Luserke-Jaqui unter Mitarbeit v. Grit Dommes. Stuttgart, Weimar 2011. [= Sonderausgabe.] S. 388-398. Hier: S. 395ff. (Künftig zitiert als: Schilling: Anmut und Würde.)

278 Schiller: Anmut und Würde. HA V. S. 470. Hervorhebung i. Orig.

279 Ebd. S. 478.

Es ist dem Menschen zwar aufgegeben, eine innige Übereinstimmung zwischen seinen beiden Naturen zu stiften, immer ein harmonierendes Ganze zu sein und mit
seiner vollstimmigen ganzen Menschheit zu handeln. Aber diese Charakterschön-
heit, die reifste Frucht seiner Humanität, ist bloß eine Idee, welcher gemäß zu werden
er mit anhaltender Wachsamkeit streben, aber die er bei aller Anstrengung nie ganz
erreichen kann.[280]

Schiller ist Mediziner genug, um den Grund hierfür sehr klar in der menschlichen Konstitution zu suchen: »Der Grund, warum er es nicht kann, ist die unveränderliche Einrichtung
seiner Natur; es sind die physischen Bedingungen seines Daseins selbst, die ihn daran ver-
hindern.«[281] Der Umstand, dass der Mensch, salopp gesagt, ›nicht aus seiner Haut heraus-
könne‹, ist das Fundament dafür, dass Schiller, als Mediziner mit zusätzlicher philoso-
phisch-anthropologischer Ausbildung, einen sehr realistischen Blick auf das menschliche
Wesen hat. Der ›Ganze Mensch‹ besteht aus seiner sinnlich-physischen Natur, welche Schiller als ›unveränderlich‹ bezeichnet, und dem Geist. Dieser allein ist beweglich und kann
mithilfe der »Instanz« des »Wille[ns]«[282] über die Natur ›herrschen‹;[283] wiederum also ein
Dualismus, der sich im semantischen Umfeld von Statik und Fließen bewegt. Dass mit der
›Würde‹ letztlich das ›Erhabene‹ gemeint ist, zeigt sich daran, dass Schiller diesen Begriff
am Umgang der intellektuellen Natur des Menschen mit dem auf ihn eindringenden
Schmerz erläutert: »Das Tier *muß* streben, den Schmerz los zu sein, der Mensch kann sich
entschließen, ihn zu behalten.«[284] Man muss die Entscheidung, die dem Menschen obliegt,
beachten. Denn während das Tier den Schmerz ›los sein‹ ›muss‹, ›kann‹ sich der Mensch
entschließen, einen Schmerz zu behalten; er ›kann‹ sich aber ebenso entschließen, wie ein
Tier den Schmerz zu vermeiden. Es ist also eine Frage des Geistes, mit einem Wort der
›Seelenstärke‹, wie er reagiert; ein Konzept, welches bereits Jacob Friedrich Abel in der
Karlsschule seinen Schülern nahegebracht hat.[285]

Weil aber die ›Würde‹ über den Menschen ›herrscht‹, konfligiert sie mit der ›schönen
Seele‹, weshalb in der älteren Forschung mehrfach bemerkt worden ist, dass die Würde die
Anmut – und damit den gesamten ersten Teil dieser Schrift – wieder aufhebe.[286] Jedoch
kann dies nur an der Oberfläche richtig sein, denn im Konfliktfall widerstreiten beide As-
pekte einander nicht, sondern gehen ineinander über: »Die *schöne* Seele muß sich also im
Affekt in eine *erhabene* verwandeln, [...].«[287] Auf seine eigene Weise gibt Schiller damit den
Anspruch der ›Ganzheit‹ des Menschen auf und weist sie als ›Aporie‹ aus;[288] das Fragmen-
tierte, dasjenige, was Bruchlinien aufweist, weil nicht sämtliche Einzelteile zu einem ›bruch-

---

[280]   Ebd. S. 470.
[281]   Ebd. S. 470.
[282]   Ebd. S. 471. Hervorhebung i. Orig.
[283]   Vgl. ebd. S. 475ff.
[284]   Ebd. S. 471. Hervorhebung i. Orig.
[285]   Vgl. hier besonders das folgende Kapitel 4.3 dieser Arbeit.
[286]   Vgl. besonders: Hamburger, Käte: Schillers Fragment *Der Menschenfeind* und die Idee der Kalokagathie. In:
        DVjs 30 (1956). S. 367-400. Ebenso: Henrich, Dieter: Der Begriff der Schönheit in Schillers Ästhetik. In: Zeit-
        schrift für philosophische Forschung 11 (1957). S. 527-547.
[287]   Schiller: Anmut und Würde. HA V. S. 474. Hervorhebung i. Orig.
[288]   Vgl. Oschmann, Dirk: Die Aporien des ›Ganzen‹. In: »Ein Aggregat von Bruchstücken«. Fragment und Frag-
        mentarismus im Werk Friedrich Schillers. Hrsg. v. Jörg Robert. Würzburg 2013. S. 249-267.

losen‹ Ganzen zusammenfinden, wird einmal mehr zum Kern seiner Ästhetik.[289] Indem
Schiller einen Gedanken von Winckelmann übernimmt, das Ineinanderfließen von Linien
eines zerstörten Objekts im Geist, wie es der Torso beim Betrachten hervorrufe, führt nicht
zuletzt zu einer ›Ästhetik der Vervollkommnung‹,[290] die zugleich aufs deutlichste mit der
Vorstellung der Perfektibilität zusammenstimmt, wie sie Schiller wiederum von der Karlsschule her vertraut ist. Die unauflösliche Verbindung von Anmut und Würde kann daher
nur im Ideal geschehen, selbst wenn Schiller sie mit allergrößter Emphase beschreibt:

> Sind Anmut und Würde, jene noch durch architektonische Schönheit, diese durch
> Kraft unterstützt, in derselben Person *vereinigt*, so ist der Ausdruck der Menschheit
> in ihr vollendet, und sie steht da, gerechtfertigt in der Geisterwelt und freigesprochen
> in der Erscheinung. Beide Gesetzgebungen berühren einander hier so nahe, daß ihre
> Grenzen zusammenfließen.[291]

Genau aus diesem Grund tritt an dieser Stelle die Kunst als Vermittler beziehungsweise als
»Scharnier«[292] auf, da die Begriffe Schillers von ihm derart verflüssigt werden, dass deren
›Grenzen zusammenfließen‹. Daher muss, prinzipiell zumindest, die antike Kunst für den
Stillstand sorgen; wo die Begriffe und die Argumentation sich zu sehr auflösen, steht die
steinerne Plastik gleichsam für die Vereinigung, die dem Wortlaut nach lediglich im Ideal
gelingen kann. Schiller benutzt daher die antike Kunst, wie sie sich ihm von Winckelmann
her vermittelt, als Möglichkeit der sinnlichen Veranschaulichung dessen, was er mit Worten
allein nicht sagen kann. Insofern sind wir hier beim eigentlichen Thema angelangt, da es
nicht darum gehen kann, eine Auslegung von *Über Anmut und Würde* zu leisten. Mein
Interesse kreist vor allem um die Frage nach der Kunst in diesem Text; die etwas längeren
Ausführungen zu *Anmut und Würde* haben jedoch den Grund, dass in der *Ästhetischen*

---

[289] Vgl. Wilm, Marie-Christin: »Vestigia terrent«. Schillers Apologie einer fragmentarischen Ästhetik. In: »Ein
       Aggregat von Bruchstücken«. Fragment und Fragmentarismus im Werk Friedrich Schillers. Hrsg. v. Jörg Ro-
       bert. Würzburg 2013. S. 217-249. Vgl. ebenso: Kremer, Detlef: Skeptische Fragmente. Über den Zusammen-
       hang von Skepsis und Fragment in der Spätaufklärung. In: Kleine Prosa. Theorie und Geschichte eines Text-
       feldes im Literatursystem der Moderne. Hrsg. v. Thomas Althaus, Wolfgang Bunzel, Dirk Göttsche. Tübingen
       2007. S. 45-54. Vgl. aber auch als komplementäre Aspekte dieser Diskussion: Fetscher, Justus: Art. ›Fragment‹.
       In: Ästhetische Grundbegriffe. Ein Historisches Wörterbuch in sieben Bänden. Hrsg. v. Karlheinz Barck. Bd.
       2. Stuttgart, Weimar 2001. S. 551-588. Sowie: Früchtl, Josef; Sibille Mischer: Art. ›Vollkommenheit‹. In: Äs-
       thetische Grundbegriffe. Ein Historisches Wörterbuch in sieben Bänden. Hrsg. v. Karlheinz Barck. Bd. 6.
       Stuttgart, Weimar 2005. S. 367-397.
[290] Vgl. Pfotenhauer, Helmut: Zerstückelung und phantasmatische Ganzheit. Grundmuster ästhetischer Argu-
       mentation in Klassizismus und Antiklassizismus um 1800 (Winckelmann, Moritz, Goethe, Jean Paul). In: Der
       fragile Körper. Zwischen Fragmentierung und Ganzheitsanspruch. Hrsg. v. Elena Agazzi, Eva Kocziszky. Göt-
       tingen 2005. S. 121-131. Hier: S. 124.
[291] Schiller: Anmut und Würde. HA V. S. 481. Hervorhebung i. Orig.
[292] Schiller: Brief eines reisenden Dänen. In: Klassik und Klassizismus. Hrsg. v. Helmut Pfotenhauer, Peter Spren-
       gel unter Mitarbeit v. Sabine Schneider, Harald Tausch. Frankfurt a.M. 1995. (= Bibliothek der Kunstliteratur.
       Bd. 3.) Hier: Kommentar. S. 803. (Künftig zitiert als: Schiller: Brief eines reisenden Dänen. KuK.) Vgl. auch:
       Pfotenhauer, Helmut: Rückwärtsgewandte Moderne. Der Klassizismus in den ästhetischen Schriften Schillers.
       In: Würzburger Schiller-Vorträge 2005. Hrsg. v. Jörg Robert. Würzburg 2007. S. 73-91. Besonders S. 73f. Vgl.
       auch: Frühklassizismus. Position und Opposition: Winckelmann, Mengs, Heinse. Hrsg. v. Helmut Pfoten-
       hauer, Markus Bernauer, Norbert Miller unter Mitarbeit v. Thomas Franke. Frankfurt a.M. 1995. (= Bibliothek
       der Kunstliteratur. Bd. 2). Hier der Kommentar zu Schillers Laokoon-Rezeption. S. 549-555. Hier: S. 552.

Erziehung gerade an der Stelle, an der auch dort ein Kunstwerk als ›Scharnier‹ auftritt, diese beiden Begriffe eine Wiederaufnahme erfahren.

Es gibt zudem zwei Dinge, die umgehend auffallen, wenn man sich *Über Anmut und Würde* unter der Perspektive der Kunst ansieht. Zum einen spricht Schiller in dieser Schrift nur am Rande von der bildenden Kunst der Antike, während ein antiker Mythos – der Gürtel der Venus, den sich Juno entleiht – einen mehrseitigen Auftritt zur Eröffnung dieses Textes erhält.[293] Plastiken und Statuen, mithin körperliche Objekte, sind hier also zugunsten einer literarischen Erzählung zurückgedrängt, welche als Erläuterung des Konzepts der Anmut dient. Sofern bildende Kunst zum anderen doch eine zumindest kleine Rolle spielt, ist es mit Niobe wiederum eine Frau, von der die Rede ist, wenn man eine mythologische Göttin ohne Weiteres als Frau bezeichnen will. Ebenso handelt es sich bei besagtem Kunstwerk aus der *Ästhetischen Erziehung* um die seinerzeit so bezeichnete Juno Ludovisi. Erneut spielt eine Frauenfiguration die Hauptrolle, die zugleich die beiden Schriften miteinander verbindet, da Juno ebenso Teil des Mythos ist.

4.2.2 Der Mythos als Zeichen der Depotenzierung der Kunst

Im *Brief eines reisenden Dänen* ist zu sehen gewesen, dass Schiller in dezidierter und genuin eigener Weise von den Vorlagen Winckelmanns zu den Statuenbeschreibungen abweicht. Es ist gerade keine ausschließliche Epigonalität, welche die Verwendung der antiken bildenden Kunst in seinen ästhetischen Schriften fundiert, sondern eine eklektische Übertragung, wie man es wohl nennen muss. Die Reihenfolge, in der die vier umfangreicheren Beschreibungen vom ›Dänen‹ geboten werden, entspricht einer theatralischen Inszenierung, wie ebenso die Vermischung mehrerer Winckelmannscher Muster in der Apollobeschreibung. Schiller hat im *Brief*, so kann man sagen, beispielhaft vorgeführt, dass ihm die Kunst vor allem zur Verfügungsmasse innerhalb einer bestimmten Argumentation wird. Dies kann allein deshalb gelingen, weil er die Kunstwerke als Objekte depotenziert. Wenn Schiller nämlich, obschon er sich nachweislich im Mannheimer Antikensaal aufgehalten hat,[294] derart ›falsch‹ über die Kunstwerke schreibt, können ihm diese nichts bedeuten. Das meint, dass Schiller ohne Rücksicht auf das tatsächliche Kunstwerk seine Beschreibungen der Plastiken dieses Saals dem ›Dänen‹ in den Mund legt, wobei es in dem Fall grundsätzlich einerlei gewesen wäre, ob er anhand der marmornen ›Originale‹ oder der Gipsabgüsse über die Werke schreibt. Dieser ›Däne‹ kommt nur in wenigen Sätzen auf die Materialität der Kunst zu sprechen; er verwendet stattdessen sehr viel mehr Raum für die Verweise auf die mythologischen Geschichten, welche Schiller wiederum bei Winckelmann nachlesen kann. Mithin verschiebt Schiller bereits im *Brief* die Kunstbeschreibungen in Richtung Mythos, wo sie bei Winckelmann dem Leser noch relativ ausgewogen geboten werden.

---

[293]   Schiller: Über Anmut und Würde. HA V. S. 433ff.
[294]   Vgl. Schiller: Brief eines reisenden Dänen. HA V. Hier: Kommentar. S. 1281. Vgl. ebenso: Schiller, Friedrich: Brief eines reisenden Dänen. In: Schiller, Friedrich: Werke und Briefe in zwölf Bänden. Hrsg. v. Otto Dann u.a. Frankfurt a.M. 1988ff. Bd. 8. Theoretische Schriften. Hrsg. v. Rolf-Peter Janz. Frankfurt a.M. 1992. (= FA 8). Hier: Kommentar. S. 1260. (Künftig zitiert als: Schiller: Brief eines reisenden Dänen. FA 8.)

In den Jahren, die zwischen dem *Brief* und *Über Anmut und Würde* liegen, haben sich die Grenzen bei Schiller offenkundig weiter verschoben. Dass letztere Schrift mit der umfangreichen Auslegung eines bestimmten Mythos einsetzt und erst im Abschnitt ›Würde‹ eine Laokoonbeschreibung verdeckt zitiert und noch etwas später weitere antike Kunstwerke nurmehr aufzählt, ist ein beredtes Zeichen dafür, dass die bildende Kunst weiter im Ansehen Schillers gesunken zu sein scheint. Sie dient allein einer Funktion: an bestimmten Stellen der philosophisch-ästhetischen Argumentation tritt sie als sinnliches Zeichen auf, um die Gleichzeitigkeit von Gegensätzen im wörtlichen Sinn ›vor die Augen zu bringen‹; allerdings sind damit vor allem geistige Augen gemeint, da Schiller selbst in diesen Momenten ausgesucht unsinnlich verfährt. Überspitzt könnte man sagen, die Funktion der Kunst ist die momentane *antipygmalionische Petrifizierung* der beweglichen Gedanken Schillers. – Auch in diesem Bild findet sich die Vermischung von Kunst und Mythos. Der Künstler Pygmalion, angewidert von den lasterhaften Frauen seiner Zeit, erschafft aus weißem Elfenbein die ideale Frau und verliebt sich in sie. Bei einem Fest zu Ehren der Venus bittet er um die ›Verlebendigung‹ der Figur, was die Göttin ihm gewährt.[295] – Schiller argumentiert mit großem Aufwand dualistisch, je nach ästhetischer Schrift in unterschiedlichen Antagonismen, und strebt dabei stets die Harmonisierung in einem Dritten an. Dieses Dritte ist in *Über Anmut und Würde* sowie der *Ästhetischen Erziehung* von der antiken bildenden Kunst besetzt. Wie man aber an den Übergängen zwischen dem *Brief* und *Über Anmut und Würde* sowie jeder weiteren Schrift sehen kann, entwickelt Schiller seine Argumentationen immer weiter fort, so dass die von ihm aufgerufenen Kunstwerke jedesmal nur in dem Moment ›funktionieren‹, in dem sie als ›Scharnier‹ eingebettet sind – letztlich so, wie sie nach der Theorie Lessings ihrerseits einen ›prägnanten Moment‹ darstellen.[296] Das Kunstwerk steht zwar expressis verbis still, wird aber wiederum selbst liquide in dem Augenblick, in dem es mit dem Mythos verknüpft wird. Mithin handelt es sich immer dann, wenn Schiller von der bildenden Kunst spricht, um ein stetes Oszillieren zwischen Ruhe und Bewegung, sowohl innerhalb seines eigenen Gedankengangs als auch im Kunstwerk selbst.

Um welchen Mythos handelt es sich nun bei dem von Schiller angezeigten? »Die griechische Fabel legt der Göttin der Schönheit einen Gürtel bei, der die Kraft besitzt, dem, der ihn trägt, *Anmut* zu verleihen und Liebe zu erwerben.«[297] Dieser Aspekt dient Schiller vor allem dazu, seine eigene Differenz von Schönheit und Anmut zu exemplifizieren, zumal die Grazien zusätzlich als Begleiterinnen der Venus eingeführt werden:[298]

> Die Griechen *unterschieden* also die Anmut und die Grazien noch von der Schönheit,
> da sie solche durch Attribute ausdrücken, die von der Schönheitsgöttin zu trennen
> waren. Alle Anmut ist schön, denn der Gürtel des Liebreizes ist ein *Eigentum* der

---

[295]   Ovid [= Publius Ovidius Naso]: Metamorphosen. Aus dem Lateinischen [in deutsche Prosa] übersetzt, kommentiert u. mit einem Nachwort versehen v. Michael von Albrecht. Stuttgart 2015. Hier: Buch 10. V. 243-297. S. 297-299.

[296]   Vgl. Lessing, Gotthold Ephraim: Werke und Briefe in zwölf Bänden. Hrsg. v. Wilfried Barner u.a. Frankfurt a.M. 1985ff. Bd. 5/2. Laokoon. Briefe, antiquarischen Inhalts. Hrsg. v. Wilfried Barner. Frankfurt a.M. 1990. (= B 5/2). Hier: S. 32ff.

[297]   Schiller: Anmut und Würde. HA V. S. 433. Hervorhebung i. Orig.

[298]   Vgl. ebd.

Göttin von Gnidus; aber nicht alles Schöne ist Anmut, denn auch ohne diesen Gürtel bleibt Venus, was sie ist.[299]

Ganz ausdrücklich wird die Anmut als etwas Äußerliches bezeichnet und damit, innerhalb der ›Fabel‹, zugleich veräußerbar. Das hat weitreichende Konsequenzen, da es sich auf das »Minderschöne *übertragen*« lasse:[300] »Anmut ist also kein *ausschließendes* Prärogativ des Schönen, sondern kann auch, obgleich immer nur aus der Hand des Schönen, auf das Minderschöne, je selbst auf das Nichtschöne übergehen.«[301] Diesen Gedanken nimmt Schiller auf, selbst wenn er ihn gleichsam umkehrt: Anmut ist ihm ein Zeichen der ›schönen Seele‹, mithin etwas Innerliches. Aber damit kann ein Mensch Anmut zeigen, wenn er auch nicht unbedingt die ›Schönheit des Baus‹ besitzt. Mit anderen Worten: selbst ein hässlicher Mensch kann sich anmutig bewegen.

Indem Schiller erläutert, wie ein solcher Mythos bei den Griechen entstanden sein könne, erläutert er implizit sein eigenes Verfahren der Versinnlichung der Argumentation: »Das zarte Gefühl der Griechen unterschied frühe schon, was die Vernunft noch nicht zu verdeutlichen fähig war, und nach einem Ausdruck strebend erborgte es von der Einbildungskraft Bilder, da ihm der Verstand noch keine Begriffe darbieten konnte.«[302] Dies beschreibt exakt das Verfahren, das Schiller in seinen eigenen ästhetischen Schriften anwendet und das Fichte und andere wenig geschätzt haben: Dasjenige, wofür sich kein passender *Begriff* findet, ersetzt ein *Bild*, welches aber gerade das Unsagbare beinhalten soll.

An der Stelle wird klar, wie fließend die Grenzen zwischen Mythos und bildender Kunst bei Schiller geworden sind.[303] Ein Bild ist ein Bild, sei der Ideenlieferant ein Kunstwerk, sei er ein Mythos. Damit aktualisiert Schiller für sich aufs Neue das ›ut pictura poesis‹-Gebot,[304] das zu seiner Zeit eigentlich bereits obsolet ist. Winckelmann verweist noch darauf, allein deshalb schon, weil seine Deutungen der Kunstwerke zumeist auf die griechischen Mythen ausgreifen, während Lessing diesen horazischen Ansatz verworfen hat. Da Schiller sich aufgrund seiner persönlichen Unsicherheit in Bezug auf die bildende Kunst regelmäßig bei Winckelmann orientiert, nimmt es nicht Wunder, dass sich Schiller mit der *Geschichte der Kunst des Altertums* »in der Hand«[305] zunächst der Gleichartigkeit beider Kunstformen öffnet, im Lauf der Zeit jedoch vor allem zu der ihm genehmeren, der Literatur, zurückkehrt.

---

[299] Ebd. Hervorhebung i. Orig.

[300] Ebd. Hervorhebung i. Orig. Vgl. ebd.

[301] Ebd. S. 433f. Hervorhebung i. Orig.

[302] Ebd. S. 434.

[303] Eben dieses wiederholen die Kommentare der einschlägigen Textsammlungen bereits beim *Brief eines reisenden Dänen*, indem die genannten Kunstwerke als solche angesehen werden. Vgl. die jeweiligen Kommentare in: Schiller: Brief eines reisenden Dänen. HA V. S. 1281ff. Schiller: Brief eines reisenden Dänen. FA 8. S. 1260ff. Schiller: Brief eines reisenden Dänen. KuK. S. 802ff. Das gleiche gilt für *Über Anmut und Würde*, indem die Kommentare und Handbuchbeiträge beispielsweise bei der impliziten Laokoonbeschreibung so tun, als habe Schiller auf die Laokoon-Gruppe verwiesen. Vgl. Schiller: Über Anmut und Würde. HA V. Hier: Kommentar. S. 1209. Anmerkung zu S. 476. Vgl. auch: Brittnacher: Anmut und Würde. Hier: S. 605f. Vgl. ebenso Schilling: Anmut und Würde. S. 390, 395. Darin werden (bildende) Kunst und Mythos ohnehin in eins gesetzt.

[304] Vgl. Horaz [= Quintus Horatius Flaccus]: Ars Poetica. Die Dichtkunst. [= Epistula ad Pisones de arte poetica.] Lateinisch/Deutsch. Übersetzt u. mit einem Nachwort hrsg. v. Eckart Schäfer. Bibliographisch ergänzte Ausgabe. Stuttgart 2011. V. 361. S. 26. Die Übersetzung (»Eine Dichtung ist wie ein Gemälde: […].«): S. 27.

[305] Schiller: Brief eines reisenden Dänen. HA V. Hier: Kommentar. S. 1281.

Der von Schiller zitierte Mythos besitzt eine weitere Einzelheit, die vor allem für die *Ästhetische Erziehung* relevant wird: Es ist nicht irgendeine Göttin, welche sich den Gürtel der Anmut von Venus leiht – sie sei es allein, welchem ihn verleihen dürfe[306] –, es ist die ›Königin der Götter‹ Juno.

> Juno, die herrliche Königin des Himmels, muß jenen Gürtel erst von der Venus *entlehnen*, wenn sie den Jupiter auf dem Ida bezaubern will. Hoheit also, selbst wenn ein gewisser Grad an Schönheit sie schmückt (den man der Gattin Jupiters keineswegs abspricht), ist ohne Anmut nicht sicher, zu gefallen; denn nicht von ihren eignen Reizen, sondern von dem Gürtel der Venus erwartet die hohe Götterkönigin den Sieg über Jupiters Herz.[307]

Es ist von hoher Relevanz für die nachmalige Erwähnung der Juno Ludovisi in der *Ästhetischen Erziehung*, dass bereits hier in diesem Schillerschen Beispiel es die majestätische Götterkönigin ist, die sich mit der beweglichen Schönheit ausstatten möchte. Zudem erfreut sich gerade diese mythologische Geschichte einer gewissen Bekanntheit, so dass sie in den einschlägigen Mythensammlungen zur Antike nicht fehlen. Sie findet sich im *Gründlichen mythologischen Lexikon* Benjamin Hederichs, welches sich nicht zuletzt bei Goethe großer Beliebtheit erfreut. Darin heißt es:

> Sie [die Venus; F.H.] trug einen besondern buntgestickten Guertel, worinnen alle Reizungen, Liebe, Begierde, freundlicher Umgang, Schmeicheley und Liebkosung enthalten waren, wodurch sie alle Herzen gewinnen konnte. Diesen bath sich Juno einst von ihr aus, da sie den Jupiter luestern machen und zum Besten der Griechen einschläfern wollte.[308]

Auffällig ist, dass Schiller jeden Hinweis auf die erotische Konnotation der Absicht Junos entfernt – und damit der grundsätzlichen Wirkungsweise dieses Gürtels. Während aber Venus als die »schoenste unter allen Goettinnen«[309] diesen Gürtel naturgemäß trägt, ist Juno darauf angewiesen, um sich gefälliger zu machen, da sie aufgrund ihres Standes unter den Göttern bereits als herrschaftlich bis hin zur Gewalttätigkeit beschrieben wird.[310] Hederich erwähnt signifikanterweise zunächst das Entleihen des Gürtels,[311] bevor er Junos eigentliches »Wesen und Thaten« beschreibt: »Wie sie die Gemahlinn des Koenigs der Goetter war, also war sie auch die Koeniginn derselben.« »Sie wußte sich ihrer Hoheit und Gewalt auch gegen andere, so wohl Goetter, als Menschen, wohl zu bedienen.«[312] Besonders ihre Taten[313] sind dabei von der Art, dass sie wenig Liebreiz zeigen, wodurch wiederum der Gürtel nötig wird.

---

[306] Vgl. Schiller: Anmut und Würde. HA V. S. 433.
[307] Ebd.
[308] Hederich, Benjamin: Art. ›Venus‹. In: Ders.: Gründliches mythologisches Lexikon. Reprographischer Nachdruck der Ausgabe Leipzig 1770. Darmstadt 1996. Sp. 2436-2447. Hier: Sp. 2438f. (Künftig zitiert als: Hederich: Lexikon.)
[309] Ebd. Sp. 2439.
[310] Vgl. Ebd. Art. ›Ivno‹. Ebd. Sp. 1391-1400. Hier besonders 1394f.
[311] Vgl. ebd. Sp. 1394.
[312] Ebd.
[313] Vgl. ebd. Sp. 1394f.

In vergleichbarer Weise schildert Karl Philipp Moritz diesen Mythos in seiner *Götter-lehre*. Dabei ist vor allem zu bemerken, dass in der Art, wie Moritz die mythologischen Ge-schichten erzählt, sehr viel von dem enthalten ist, was Schiller interessiert haben dürfte. Im Abschnitt zur Venus berichtet Moritz lediglich in einem dürren Satz von dem Vorgang: »Der hohen Juno mangelte es an sanftem Liebreiz; sie muß den Gürtel der Venus borgen.«[314] Etwas ausführlicher wird er im Abschnitt zur Juno: »Als Juno den Jupiter mit Liebreiz fes-seln wollte, so mußte sie erst den Gürtel der Venus leihen, deren sanftere Schönheit schon vorher den Preis davontrug, […].«[315]

Angesichts des Umstandes, dass Schiller häufiger Figurationen antiker Götter als das ›harmonische‹ Dritte zweier Gegensätze heranzieht, ist es sprechend, dass in der *Götterlehre* Moritzens diese von vornherein als gemischte Wesen dargestellt werden. Eine Venus ist dabei ebenso gemischt darstellbar wie die anderen Götter: »So wie nun aber jener sanfte wohltätige Trieb auch oft verderblich wird und über ganze Nationen Krieg und Unheil bringt, so stellt die Sanfteste unter den Göttinnen sich in den Dichtungen der Alten auch als ein furchtbares Wesen dar.«[316] Apoll steht für die jugendliche Schönheit wie auch zu-gleich für den zürnenden Drachentöter; für den Gott der Heilkunst wie auch für den To-desbringer.[317] Am stärksten findet sich Schillers Bild der Juno – sowohl des Mythos als auch der Juno Ludovisi – in dem, was Moritz über diese schreibt.

Wie Hederich berichtet Moritz davon, dass Juno eine sowohl herrschaftliche als auch zur Rachsucht neigende sowie gewalttätige Göttin ist.[318] Andererseits: »Unter der Juno dachte man sich das erhabene, mit der Macht vereinte Schöne.«[319] »Die erhabene Juno heißt die Herrschende, Großäugichte, Weißarmichte; es ist nicht sanfter Reiz der Augen, der ihre Bildung zeichnet, sondern Ehrfurcht einprägende Größe […].«[320] Diese Erhabenheit der Juno beschreibt Moritz mit Bildern, die allzu sehr an die Beispiele des Erhabenen aus Kants *Kritik der Urteilskraft* erinnern – aber auch diese werden mit ihrem Gegenteil vermischt. Es seien die »tobenden Elemente« ihr Zeichen, aber ebenso ›himmlische Ruhe‹:[321]

> Die Elemente sind im Streit; sie zürnen in Ungewittern, verdrängen und unterdrü-cken einander, berauben und rächen sich. Der Felsen kracht im tobenden Meere, und unter dem Windstoß heult die Welle. – Dies alles aber beschränkt sich nur auf die niedre Atmosphäre.
> *Über* dieser ist alles blendend und regelmäßig. – Alles hat Raum genug; im stillen Äther vollenden die Weltkörper ihre Bahnen, und nichts verdrängt, nichts hemmt das andre.[322]

---

[314] Moritz, Karl Philipp: Götterlehre oder Mythologische Dichtungen der Alten. In: Ders.: Werke. 3 Bde. Hrsg. v. Horst Günther. Frankfurt a. M. ²1993 (zuerst 1981). Hier Bd. 2: Reisen. Schriften zur Kunst und Mythologie. S. 609-842. Hier: S. 685. (Künftig zitiert als: Moritz: Götterlehre.)

[315] Ebd. S. 669.

[316] Ebd. S. 684.

[317] Vgl. ebd. S. 669-672.

[318] Vgl. den Abschnitt zur »Eifersucht der Juno«. Ebd. S. 654f.

[319] Ebd. S. 666.

[320] Ebd. S. 667.

[321] Ebd. Vgl. ebd.

[322] Ebd.

Zuletzt sagt Moritz, dass solche Götterbilder von den Alten deswegen erfunden worden seien, weil nichts Übersinnliches darstellbar sei.[323] Mithin wird das Schillersche Verfahren von Moritz bereits für die Antike behauptet; damit wird es umso einsichtiger, dass ein klassizistischer Autor wie Schiller in dieser Manier verfährt. Gleichwohl fällt in die Augen, wie sehr sich Schiller in seiner ›Beschreibung‹ der Juno Ludovisi an das anlehnt, was Moritz hier sagt. Hierbei ist allerdings Beschreibung zu viel gesagt, denn er ruft lediglich die kolossale Plastik auf, um sie sogleich für das eigene Projekt, der Verbindung von Anmut und Würde, umzudeuten. Mit keinem Wort geht er auf das eigentliche Kunstwerk ein, sofort wird es von Deutungen überformt, die sich deutlich decken mit dem, was in der Mythologie über die Götterkönigin berichtet wird:

> Es ist weder Anmut, noch ist es Würde, was aus dem herrlichen Antlitz einer Juno Ludovisi zu uns spricht; es ist keines von beiden, weil es beides zugleich ist. Indem der weibliche Gott unsre Anbetung heischt, entzündet das gottgleiche Weib unsre Liebe; aber indem wir uns der himmlischen Holdseligkeit aufgelöst hingeben, schreckt die himmlische Selbstgenügsamkeit uns zurück. In sich selbst ruhet und wohnt die ganze Gestalt, eine völlig geschlossene Schöpfung, und als wenn sie jenseits des Raumes wäre, ohne Nachgeben, ohne Widerstand; da ist keine Kraft, die mit Kräften kämpfte, keine Blöße, wo die Zeitlichkeit einbrechen könnte. Durch jenes unwiderstehlich ergriffen und angezogen, durch dieses in der Ferne gehalten, befinden wir uns zugleich in dem Zustand der höchsten Ruhe und der höchsten Bewegung, und es entsteht jene wunderbare Rührung, für welche der Verstand keinen Begriff und die Sprache keinen Namen hat.[324]

Im ersten Satz Schillers schimmert ein wenig Moritz durch. Wo dieser gesagt hat, »es ist nicht sanfter Reiz der Augen, der ihre Bildung zeichnet, sondern Ehrfurcht einprägende Größe«,[325] mithin eine ›es ist nicht – sondern‹-Struktur verwendet, bricht Schiller diese Dualität auf. »Es ist weder Anmut, noch ist es Würde, was aus dem herrlichen Antlitz einer Juno Ludovisi zu uns spricht; es ist keines von beiden, weil es beides zugleich ist.«[326] Aus einem einfachen Gegensatzpaar bei Moritz wird bei Schiller die Gleichzeitigkeit des sich gegenseitig Ausschließenden. Gerade darin verknüpfen sich beide Schriften miteinander, da *Über Anmut und Würde* noch von der gegenseitigen Ablösung gesprochen hat, während die Vereinigung in das Reich der Idee verschoben worden ist; andererseits ist die Juno bereits als gemischte Figuration, die Herrlichkeit und Liebreiz miteinander verbindet, eingeführt worden. Hier wird nun die Gleichzeitigkeit als Möglichkeit behauptet – jedoch angewendet auf eine Kolossalbüste, die man womöglich wiederum falsch gedeutet hat, da die Zuordnung nicht ganz sicher ist.[327] Diese Juno soll die Gleichzeitigkeit von ›weiblichem

---

[323] Vgl. ebd. S. 668f.

[324] Schiller: Ästhetische Erziehung. HA V. 15. Brief. S. 614-619. Hier: S. 618f.

[325] Moritz: Götterlehre. S. 667.

[326] Schiller: Ästhetische Erziehung. HA V. S. 618.

[327] Vgl. ebd. Hier: Kommentar. S. 1228. Anmerkung zu S. 618. Vgl. auch: Schiller, Friedrich: Über die ästhetische Erziehung des Menschen in einer Reihe von Briefen. In: Ders.: Werke und Briefe in zwölf Bänden. Hrsg. v. Otto Dann u.a. Frankfurt a.M. 1988ff. Bd. 8. Theoretische Schriften. Hrsg. v. Rolf-Peter Janz. Frankfurt a.M. 1992. (= FA 8). Hier: Kommentar. S. 1399. Anmerkung zu S. 615,5. Dagegen: Winckelmann, Johann Joachim: Schriften und Nachlaß. Hrsg. v. der Akademie der Wissenschaften und Literatur Mainz, Akademie gemeinnütziger Wissenschaften zu Erfurt, Winckelmann-Gesellschaft Stendal. Mainz 1996ff. Bd. 4.2. Geschichte der

Gott‹ und ›gottgleichem Weib‹ vorstellen, eine Mischung, die als ›in sich selbst ruhend‹, als ›völlig geschlossene Schöpfung‹ apostrophiert wird. Damit wiederum greift Schiller Aspekte aus Moritzens Theorie der Kunstautonomie auf, die sich bis in die Formulierung hinein ähnelt, besonders wenn man an einen bestimmten Aufsatz denkt: *Über den Begriff des in sich selbst Vollendeten.*[328] Es ist bemerkenswert, welche Anstrengung es Schiller kostet, dieses Kunstwerk dazu zu bringen, das auszusagen, was es aussagen soll; allerdings bleibt es im höchsten Maß fraglich, ob es dies tatsächlich tut. Der gesamte oben zitierte längere Text ist vor allem eine Kaskade von Gegensätzen: Anmut und Würde – weiblicher Gott – gottgleiches Weib, Anbetung – Liebe, Holdseligkeit – Selbstgenügsamkeit, unwiderstehliche Ergriffenheit – in der Ferne Halten. Zuletzt kippt Schillers Blick auf uns Betrachter, so dass »wir uns zugleich in dem Zustand der höchsten Ruhe und der höchsten Bewegung« »befinden«. Allerdings läuft diese Vereinigung, in unserem Geist zumindest, aus ins – Nichts: »es entsteht jene wunderbare Rührung, für welche der Verstand keinen Begriff und die Sprache keinen Namen hat.«[329] Wieder ist es der bereits im *Brief eines reisenden Dänen* vorgefundene Unsagbarkeitstopos, welcher als äußerster Kulminationspunkt einer Schillerschen Vereinigungsvision diese ins Unsinnliche wendet.

Zugleich sei es vermeintlich das Kunstwerk, welches für die Gleichzeitigkeit der Gegensätze einstehe. Allerdings lässt sich das nicht erkennen. Zwar wird namentlich die Büste der sogenannten Juno Ludovisi aufgerufen, aber die Büste wird nicht beschrieben. Es findet sich noch mehr von der Winckelmannschen Beschreibung in Moritzens *Götterlehre*. Dort wird Juno als »Großäugichte«[330] bezeichnet, was einer Aussage Winckelmanns zu diesem Kolossalkopf entspricht: »Juno ist außer ihrem gipflichten Diadema kenntlich, an den großen Augen, und an dem gebieterischen Munde, dessen Zug dieser Göttin so eigen ist […]. […] Der schönste Kopf dieser Göttin von colossalischer Größe befindet sich in der Villa Ludovisi, […].«[331] Nichts, womit man die Büste erkennen könnte, wird von Schiller genannt. Le-

     Kunst des Altertums. Katalog der antiken Denkmäler. Erste Auflage Dresden 1764. Zweite Auflage Wien 1776. Hrsg. v. Adolf Borbein, Thomas Gaethgens, Johannes Irmscher, Max Kunze. Bearbeitet v. Mathias Hofter, Axel Rügler, Adolf Borbein u.a. Mainz 2006. Hier: Nr. 744. Kopf der Antonia Minor (?), ›Juno Ludovisi‹. S. 324f. Hiernach bleibt die Deutung als ›Juno‹ möglich.

[328] Moritz, Karl Philipp: Über den Begriff des in sich selbst Vollendeten. In: Ders.: Werke. 3 Bde. Hrsg. v. Horst Günther. Frankfurt a. M. ²1993 (zuerst 1981). Bd. 2: Reisen. Schriften zur Kunst und Mythologie. Hrsg. v. Horst Günther. S. 543-548. Vgl. hierzu auch: Schneider, Sabine: Die schwierige Sprache des Schönen. Moritz' und Schillers Semiotik der Sinnlichkeit. Würzburg 1998.

[329] Beide Zitate: Schiller: Ästhetische Erziehung. HA V. 15. Brief. S. 619.

[330] Moritz: Götterlehre. S. 667.

[331] Winckelmann, Johann Joachim: Schriften und Nachlaß. Hrsg. v. der Akademie der Wissenschaften und Literatur Mainz, Akademie gemeinnütziger Wissenschaften zu Erfurt, Winckelmann-Gesellschaft Stendal. Mainz 1996ff. Bd. 4.1. Geschichte der Kunst des Altertums. Text. Erste Auflage Dresden 1764. Zweite Auflage Wien 1776. Hrsg. v. Adolf Borbein, Thomas Gaethgens, Johannes Irmscher, Max Kunze. Mainz 2002. Ich beziehe mich vor allem auf die zweite Auflage, welche Schiller benutzt hat. Da diese Ausgabe beide Auflagen synoptisch nebeneinanderstellt, verweise ich gegebenenfalls ebenso auf die erste Auflage; hierbei kennzeichne ich die Auflage mithilfe römischer Zahlen. Desweiteren findet sich die erste Auflage auf den jeweils geraden Seiten, die zweite Auflage auf den jeweils ungeraden Seiten. (Künftig zitiert als: Winckelmann: Geschichte I beziehungsweise II.) Hier: Geschichte II. S. 289.

diglich der Name – nicht der Göttin, sondern der Plastik – steht für Schillers Aussageabsicht.[332]

Damit jedoch ist die Funktionalisierung der antiken Kunst in den Schriften der 1790er Jahre bezeichnet: Die Kunstwerke sind vielfach nurmehr als Name vorhanden, sie werde selten beschrieben, mitunter, wie beim Laokoon der gleichnamigen Gruppe in *Über Anmut und Würde*,[333] wird ein Kunstwerk zwar beschrieben, aber dafür nicht mit dem Namen benannt. Sie fristen ihr Dasein in Schillers ästhetischen Schriften gleichsam als Zitat. Ich jedenfalls kann an dieser Stelle des 15. Briefes der *Ästhetischen Erziehung* nicht erkennen, dass es um das Kunstwerk, die Büste der Juno Ludovisi geht. Hält man sich allerdings ein ›Bild‹ dieses Kolossalkopfes vor Augen, lässt sich anhand der vollkommenen Leere dieses Gesichts durchaus erkennen, was Schiller gereizt haben mag, eine solche Vereinigung von Gegensätzen in es zu projizieren. Im Vertrauen darauf, dass seine Leser ebenfalls sowohl Winckelmanns *Geschichte der Kunst des Altertums* kennen als auch die mythologischen Erzählungen, vermittelt durch Autoren wie Hederich und Moritz, muss Schiller lediglich die Kunstwerke zitieren, um im Geist besagter Leser das Bild mitsamt des Mythos derselben zu evozieren. Genau in dieser Art arbeitet Schiller bereits in *Über Anmut und Würde*. An jener Stelle nämlich, worin er die Vereinigung von Anmut und Würde in einer Person idealisiert, so dass sie »gerechtfertigt in der Geisterwelt und freigesprochen in der Erscheinung« sei,[334] fährt er fort:

> Mit gemildertem Glanze steigt in dem Lächeln des Mundes, in dem sanftbelebten Blick, in der heitern Stirne die *Vernunftfreiheit* auf, und mit erhabenem Abschied geht die *Naturnotwendigkeit* in der edeln Majestät des Angesichts unter. Nach diesem Ideal menschlicher Schönheit sind die Antiken gebildet, und man erkennt es in der göttlichen Gestalt einer Niobe, im belvederischen Apoll, in dem borghesischen geflügelten Genius und in der Muse des Barberinischen Palastes.[335]

Auch hier also lediglich die zitierten Namen verschiedener Kunstwerke. Bezeichnenderweise in der gleichen Art der Katalogaufzählung, die bereits im *Brief eines reisenden Dänen* das fingierte ›Ich‹ angewendet hat – mit Ausnahme des Apoll, der dort noch eine eigene und eingehende Beschreibung gestattet bekommen hat.[336] Für sich genommen ist bereits das brisant, denn im *Brief* hat sich der ›Däne‹ noch der Mühe unterzogen, die Beschreibung

---

[332] Vgl. Janz, Rolf-Peter: Ansichten der Juno Ludovisi. Winckelmann – Schiller – Goethe. In: Prägnanter Moment. Studien zur deutschen Literatur der Aufklärung und Klassik. Festschrift für Hans-Jürgen Schings. Hrsg. v. Peter-André Alt, Alexander Košenina, Hartmut Reinhardt, Wolfgang Riedel. Würzburg 2002. S. 357-372. Hier besonders: S. 362ff. (Künftig zitiert als: Janz: Ansichten.) Vgl. auch ders.: Über die ästhetische Erziehung des Menschen in einer Reihe von Briefen. In: Schiller-Handbuch. Hrsg. v. Helmut Koopmann. Stuttgart 1998. S. 610-626. Hier besonders: S. 615ff. Vgl. auch ders.: Natur und Kunst als Eideshelfer des Vollkommenen. In: »Ein Aggregat von Bruchstücken«. Fragment und Fragmentarismus im Werk Friedrich Schillers. Hrsg. v. Jörg Robert. Würzburg 2013. S. 135-143. Vgl. auch: Zelle, Carsten: Über die ästhetische Erziehung des Menschen in einer Reihe von Briefen. In: Schiller Handbuch. Leben – Werk – Wirkung. Hrsg. v. Matthias Luserke-Jaqui unter Mitarbeit v. Grit Dommes. Stuttgart, Weimar 2011. [= Sonderausgabe.] S. 409-445. Hier besonders: S. 430.

[333] Vgl. Schiller: Anmut und Würde. HA V. S. 476f.

[334] Ebd. S. 481.

[335] Ebd. Hervorhebungen i. Orig.

[336] Vgl. Schiller: Brief eines reisenden Dänen. HA V. S. 881-883.

des Apoll mit der des Torso aus den Winckelmannschen Vorgaben zu vermischen, um damit die an sich die höchste (männliche) Schönheit darstellende Figur der antiken Kunst durch menschliche Anteile gleichsam zu ›erden‹. Damit hat sie dort, vergleichbar den beiden Herkulesfigurationen, einen besonderen Status erhalten. Jetzt, in *Über Anmut und Würde* hingegen ist der belvederische Apoll ebenso depotenziert wie die übrigen aufgezählten Kunstwerke, zumal in dieser Schrift wie auch in der *Ästhetischen Erziehung* Darstellungen des Weiblichen mehr in Schillers Fokus liegen.

Freilich ist dies nicht ganz friktionsfrei. Dieser Aufzählung von Kunstwerken hängt Schiller eine Fußnote an, in der er Winckelmann vorwirft, in seinen Kunstbeschreibungen, in diesem Fall der Darstellung der Niobe, das vermischt zu haben, was Schiller als ›Anmut‹ und ›Würde‹ getrennt definiert hat.[337] Dabei berücksichtigt er zweierlei nicht. Erstens ist der Mythos um Niobe an sich eher prekär, wie zuvor der Erhaltungszustand des Torso, wenngleich diesem so eine überwältigende Deutungs- und Transformationsleistung abgerungen werden kann. Bei Niobe handelt es sich um eine Frau, welche, je nach Überlieferung, je sechs oder je sieben Söhne und Töchter hat – und deswegen sich in Hybris über Latona, der Mutter von Apoll und Diana, erhebt, die ja nur zwei Kinder habe. Daraufhin töten Apoll und Diana sämtliche Kinder Niobes. Damit wird sie zu einem Denkmal des Schmerzes, zumal sie zur Steinsäule erstarrt – mithin eine gegenteilige Reaktion zu Laokoon, aus einer hochfliegenden Erhebung des Mannes wird hier die Erstarrung der Frau.[338] Zum anderen aber ist bei Winckelmann grundsätzlich eine Statue als eine Mischung aus ›Ausdruck‹ und ›Schönheit‹ zu sehen; zumindest gilt dies für die gelungenen Exemplare.[339] Gerade deshalb ist es wenig überraschend, dass in den Beschreibungen der Statuen bei Winckelmann sich Schönheit und Erhabenheit, beziehungsweise in der Terminologie dieser Schrift ›Anmut‹ und ›Würde‹, vereinigen. Im Übrigen: Schiller selbst wird mit der Juno Ludovisi in der *Ästhetischen Erziehung* scheinbar ein Kunstwerk vorlegen, welches expressis verbis dieselbe Vereinigung figuriert, die hier noch Winckelmann vorgeworfen wird.[340] Insofern mutet gerade die Fußnote zur Niobe im höchsten Maß deplatziert an, weil sie bemängelt, was bei Winckelmann selbst programmatisch ist, und weil sie gleichzeitig einem Anderen etwas vorwirft, was Schiller selbst jederzeit sucht: die Vereinigung des Gegensätzlichen, versinnlicht in der Kunst.

4.2.3 Der Salon als Formation des Weiblichen in der Gesellschaft

Im Zusammenhang von *Über Anmut und Würde* sowie der *Ästhetischen Erziehung in einer Reihe von Briefen* von einem (literarischen) Salon zu sprechen, scheint auf den ersten Blick nicht ohne gewaltsame Brüche vonstatten zu gehen. Dennoch ist es so, dass dem Salon als sozialem Ort ein Moment des Schönen eignet. »Das Schöne ist für Schiller eine *soziale* Kraft, die sich in konkreten Lebensvollzügen und in der Perfomanz des geselligen Lebens zeigt«,

---

337   Vgl. Schiller: Anmut und Würde. HA V. S. 481f. Anmerkung 1.
338   Vgl. Hederich: Lexikon. Art. ›Niobe‹. Sp. 1739f. Ebenso: Art. ›Latona‹. Sp. 1443f. Vgl. auch: Moritz: Götterlehre. S. 830
339   Vgl. Winckelmann: Geschichte II. S. 301. Vgl. ebd. Geschichte I. S. 300.
340   Vgl. Janz: Ansichten. S. 364f.

worunter nicht zuletzt auch »Konversation« zu denken ist.[341] Gleichzeitig ist es so, dass gerade in den beiden genannten Schillerschen Schriften das Weibliche in Form des mit Juno verbundenen Venus-Mythos und des Niobe-Mythos in der früheren sowie die Nennung der Juno Ludovisi-Büste in der späteren Raum zugewiesen bekommt, wie es in den sonstigen ästhetischen Schriften nicht der Fall ist. Im *Brief eines reisenden Dänen* dominieren ausschließlich Darstellungen von Männern (und Göttern) mit ihren umfangreichen Beschreibungen, während Frauenstatuen bestenfalls in der genannten Aufzählung erscheinen. Ebenso ist es in der langen und durchaus breiten Spur, welche das Erhabene in Schillers ästhetischen Schriften hinterlässt, immer wieder und ebenso ausschließlich Laokoon, welcher als Bildlieferant fungiert. Mithin kommt dem Weiblichen, wenn es aufscheint, gerade in seiner Randständigkeit Bedeutung zu.

Der Weg, welchen Schiller dem Weiblichen in seiner *Ästhetischen Erziehung* weist, ist so sublim gesetzt, dass man ihn übersehen könnte – wenn nicht zugleich der Weimarer Freund Goethe dieser impliziten Setzung ein ganzes Werk gewidmet hätte. Die Rede ist freilich von den »einigen wenigen auserlesenen Zirkeln«.[342] Diese Wendung findet sich im letzten Absatz der *Ästhetischen Erziehung*, worin Schiller zurückhaltend formuliert, dass seine Idee vom ›Staat des schönen Scheins‹[343] nicht in der Gesamtgesellschaft anzutreffen sei, sondern bestenfalls in wenigen Kreisen, wozu besagte ›auserlesene Zirkel‹ gehören. Man muss nicht von einem Scheitern des Erziehungsprojektes sprechen, damit Schiller am Ende seiner so bedeutsamen Schrift zu diesem Ergebnis kommt, am ehesten vielleicht von einem resignativen, vielleicht auch skeptischen Schluss, dem ein realistischer Blick auf die Welt zu Grunde liegt.[344] Andererseits wäre es naiv, anzunehmen, dass mit dem Beginn einer vonseiten Schillers eingeforderten individuellen ästhetischen Erziehung hin zu einer ›unendlichen Bestimmbarkeit des Menschen‹ bereits genügend solcher Individuen vorhanden seien, um eine nennenswerte Größe und somit bereits eine eigene Gesellschaft zu bilden. Daher

---

[341] Robert, Jörg: Vor der Klassik. Die Ästhetik Schillers zwischen Karlsschule und Kant-Rezeption. Berlin, Boston 2011. (= Quellen und Forschungen zur Literatur- und Kulturgeschichte. Bd. 72). Hier: S. 407. Hervorhebung i. Orig. Vgl. zudem den gesamten Abschnitt, der bezeichnenderweise mit »Eine Ästhetik der Vergesellschaftung« überschrieben ist. Ebd. S. 406ff.

[342] Schiller: Ästhetische Erziehung. HA V. 27. Brief. S. 661-669. Hier: S. 669.

[343] Vgl. ebd.

[344] Vgl. Borchmeyer, Dieter: Ästhetische und politische Autonomie. Schillers Ästhetische Briefe im Gegenlicht der Französischen Revolution. In: Revolution und Autonomie. Deutsche Autonomieästhetik im Zeitalter der Französischen Revolution. Hrsg. v. Wolfgang Wittkowski. Tübingen 1990. S. 278-290. Vgl. auch: Bräutigam, Bernd: Die ästhetische Erziehung der deutschen Ausgewanderten. Zeitschrift für deutsche Philologie 96 (1977). S. 508-539. Vgl. auch: Cadete, Teresa: Schillers Ästhetik als Synchronisierung seiner anthropologischen und historischen Erkenntnisse. In: Weimarer Beiträge 37 (1991). S. 839-852. Vgl. auch: Karthaus, Ulrich: Schiller und die Französische Revolution. In: Jahrbuch der Deutschen Schillergesellschaft 33 (1989). S. 210-239. Vgl. auch: Pfaff, Peter: Das Horen-Märchen. Eine Replik auf Schillers *Briefe über die Ästhetische Erziehung*. In: Geist und Zeichen. Festschrift für Arthur Henkel zu seinem 60. Geburtstag. Hrsg. v. Herbert Anton, Bernhard Gajek, Peter Pfaff. Heidelberg 1977. S. 320-332. Vgl. auch: Vierhaus, Rudolf: »Sie und nicht wir« – Deutsche Urteile über den Ausbruch der Französischen Revolution. In: Deutschland und die Französische Revolution. Hrsg. v. Jürgen Voss. München 1983. S. 1-15. Vgl. zudem: Zelle, Carsten: Die Notstandsgesetzgebung im ästhetischen Staat. Anthropologische Aporien in Schillers philosophischen Schriften. In: Der ganze Mensch. Anthropologie und Literatur im 18. Jahrhundert. DFG-Symposion 1992. Hrsg. v. Hans-Jürgen Schings. Stuttgart, Weimar 1994. (= Germanistische Symposien Berichtsbände. Bd. 15). S. 440-468.

muss ein solches Erziehungsprojekt ›klein anfangen‹, individuell – und Schiller erwähnt hierfür unter anderem die genannten ›Zirkel‹.

Er beruft sich dabei auf eine Geselligkeitsform, die sich in Deutschland in dieser Zeit zu entwickeln beginnt, in anderen europäischen Staaten jedoch bereits auf eine eigene Geschichte zurückblicken kann. Eine Salonkultur, in welcher die Frau im Zentrum und einer Gesprächsrunde vorsteht, welche nicht selten um künstlerische Produkte wie Fragen kreist. – Das Projekt dieser literarischen Salons unter dem Vorsitz von Frauen, beginnend mit hochadligen Damen aus dem Umfeld des Herrschers, was im Verlauf mehrerer Generationen und Jahrhunderte auf bürgerliche Frauen übergeht, fängt im Italien der Renaissance an sich zu etablieren.[345] Von dort aus wandert es weiter ins vorabsolutistische Frankreich, um dann spätestens in der Aufklärung seinen Höhepunkt zu erfahren.[346] Im Deutschland des 18. Jahrhunderts ist hierfür die jüdische Akkulturation eine wesentliche Voraussetzung, da die berühmten Salons um 1800, diejenigen von Henriette Herz und Rahel Varnhagen, bemerkenswerterweise von jüdischen Preußinnen geleitet werden, sowie die nicht zuletzt durch den klassizistischen Geschmack bedingte äußerliche ›Verbürgerlichung‹ der adligen Frau.[347]

Dabei ist es an sich so, dass Schiller immer wieder, auch und gerade in seinen ästhetischen Schriften, einen erschreckend konservativ-konventionellen Blick auf die Frau hat.[348] Betrachtet man sich allein das, was nach Schiller dafür spricht, für die Frauen in den gelehrten Zeitschriften – wozu die eigenen *Horen* zählen – eine ›schöne Diktion‹ zu pflegen, so trifft man auf ›geballte Klischees‹ über diese und ihre Fähigkeiten sowie Unfähigkeiten: »Das andre Geschlecht kann und darf, seiner Neigung und seiner schönen Bestimmung nach, mit dem männlichen nie die *Wissenschaft*, aber durch das Medium der Darstellung kann es mit demselben die *Wahrheit* teilen.«[349] Was Schiller hier sagt, ist nichts anderes, als dass Frauen in der Wissenschaft selbst fehl am Platze seien; aber sofern man die Ergebnisse derselben – hier als ›Wahrheiten‹ tituliert – in eine schöne Form gieße, können sie daran

---

[345]   Vgl. Seibert, Peter: Der literarische Salon. Literatur und Geselligkeit zwischen Aufklärung und Vormärz. Stuttgart, Weimar 1993. Hier: S. 25ff. (Künftig zitiert als: Seibert: Der literarische Salon.) Vgl. auch: Heyden-Rynsch, Verena von: Europäische Salons. Höhepunkte einer versunkenen weiblichen Kultur. München 1992. S. 24ff. (Künftig zitiert als: Heyden-Rynsch: Europäische Salons.) Vgl. auch: Gaus, Detlef: Geselligkeit und Gesellige. Bildung, Bürgertum und bildungsbürgerliche Kultur um 1800. Stuttgart, Weimar 1998. Vgl. ebenso: Peter, Emanuel: Geselligkeiten. Literatur, Gruppenbildung und kultureller Wandel im 18. Jahrhundert. Tübingen 1999. (= Studien zur deutschen Literatur. Bd. 153).

[346]   Vgl. Seibert: Der literarische Salon. S. 33ff. Vgl. auch: Heyden-Rynsch: Europäische Salons. S. 32ff.

[347]   Vgl. hier besonders das gesamte 3. Kapitel »Entstehungsbedingungen für eine Literarische Salonkultur um 1800 in Deutschland«. In: Seibert: Der literarische Salon. S. 102-203. Zur ›Verbürgerlichung‹ siehe besonders: ebd. S. 161ff. Vgl. auch: Altenhofer, Norbert: Geselligkeit als Utopie. Rahel und Schleiermacher. In: Berlin zwischen 1789 und 1848. Facetten einer Epoche. Ausstellung der Akademie der Künste vom 30. August bis 1. November 1981. Redaktion v. Barbara Volkmann, Rose-Franc Raddatz. (= Akademie-Katalog. Bd. 132). Berlin 1981. S. 37-42. Vgl. auch: Danzer, Gerhard: Rahel Varnhagen oder der Ausgang des Menschen aus seiner selbstverschuldeten Unmündigkeit. In: Frauen in der patriarchalischen Kultur. Psychographien über Rahel Varnhagen, Madame de Staël, Karen Horney und Simone de Beauvoir. Würzburg 1997. S. 9-57. Vgl. auch: Henriette Herz in Erinnerungen, Briefen und Zeugnissen. Hrsg. v. Rainer Schmitz. Frankfurt a.M. 1984. Hier nicht zuletzt ein Verweis auf Schiller und Goethe. Ebd. S. 125ff.

[348]   Vgl. in Bezug auf *Über Anmut und Würde*: Schilling: Über Anmut und Würde. Hier: S. 392.

[349]   Schiller, Friedrich: Über die notwendigen Grenzen beim Gebrauch schöner Formen. In: HA V. S. 670-693. Hier: S. 683.

teilhaben; dessen habe sich seine Zeitschrift verschrieben. Schiller bedient somit in eher gedankenloser Form alte Vorbehalte von der Inferiorität, also der Unterlegenheit, der Frau. Er verstärkt dieses noch, wenn er sie als gleichsam der Empfindung, dem Gefühl ausgeliefert beschreibt:

> Dieses Geschlecht, das, wenn es auch nicht durch Schönheit herrschte, schon allein deswegen das schöne Geschlecht heißen müßte, weil es durch die Schönheit beherrscht wird, zieht alles, was ihm vorkommt, vor den Richterstuhl der Empfindung, und was nicht zu dieser spricht oder sie gar beleidigt, ist für dasselbe verloren.[350]

Es steht daher zu befürchten, dass die in den etwa zeitgleich entstandenen *Briefen über die ästhetische Erziehung* entwickelte Programmatik sich wohl eher an den Mann richtet. Eine vergleichbare Stoßrichtung hat die Zuordnung des ›Naiven‹ zur Frau: »Nach nichts ringt die weibliche Gefallsucht so sehr als nach dem *Schein des Naiven*; Beweis genug, wenn man auch sonst keinen hätte, daß die größte Macht des Geschlechts auf dieser Eigenschaft beruhe.«[351] Und doch sind es die deutschlandweit im Entstehen begriffenen ›kleinen Zirkel‹, welche für eine Verbreitung des ›ästhetischen Staates‹ eintreten und welche, in ihrer geselligen Form, unter dem Vorsitz einer Frau stehen.

Für eine Erklärung muss man einen Schritt zurücktreten, das heißt für die als ein ›work in progress‹ entstehenden ästhetischen Schriften muss man eine Schrift früher ansetzen – und wird in *Über Anmut und Würde* fündig. Gerade die drei Schriften, *Kallias oder über die Schönheit* (im eigentlichen Sinn handelt es sich, wie gesagt, um Einzelteile aus Briefen an Schillers langjährigen Freund und Korrespondenzpartner Körner, die außerdem erst lange Jahre nach Schillers Tod veröffentlicht worden sind), *Über Anmut und Würde* und die Neufassung der sogenannten *Augustenburger Briefe*, die *Ästhetische Erziehung*, weisen sehr starke inhaltliche Parallelen auf, wenngleich jede neue Schrift neue Aspekte fokussiert. Bekanntlich versucht sich Schiller in *Über Anmut und Würde* an einer Verbindung von Schönem, als Schönheit der Bewegung, eben ›Anmut‹, mit dem Erhabenen, die ›Würde‹; es ist darum der Versuch, die beiden Elemente der ›doppelten Ästhetik‹[352] der Zeit zusammenzudenken. Hierbei gerät, sozusagen erstmals, die Frau in den Blick Schillers, ebenfalls nicht klischeefrei:

> Man wird, im ganzen genommen, die Anmut mehr bei dem *weiblichen* Geschlecht (die Schönheit vielleicht mehr bei dem männlichen) finden, wovon die Ursache nicht weit zu suchen ist. Zur Anmut muß sowohl der körperliche Bau als der Charakter beitragen; jener durch seine Biegsamkeit, Eindrücke anzunehmen und ins Spiel gesetzt zu werden, dieser durch die sittliche Harmonie der Gefühle. In beidem war die Natur dem Weibe günstiger als dem Mann.[353]

Die Anmut, wie gesagt: Schönheit in Bewegung, sei eine Domäne der Frau. Da zumal sich die Anmut ebenso als Ausdruck der Seele auf dem Gesicht des Menschen zeigt, ist wiederum die Frau ›im Vorteil‹, da sie, wie wir gesehen haben, den Empfindungen unterworfen sei:

---

[350]   Ebd.
[351]   Schiller, Friedrich: Über naive und sentimentalische Dichtung. In: HA V. S. 694-780. Hier: S. 705. Hervorhebung i. Orig.
[352]   Vgl. Zelle: Doppelte Ästhetik. Zu Schiller besonders: S. 147ff.
[353]   Schiller: Über Anmut und Würde. HA V. S. 469. Hervorhebung i. Orig.

> Die zarte Fiber des Weibes neigt sich wie dünnes Schilfrohr unter dem leisesten
> Hauch des Affekts. In leichten und lieblichen Wellen gleitet die Seele über das spre-
> chende Angesicht, das sich bald wieder zu einem ruhigen Spiegel ebnet.[354]

Selbst wenn solche Aussagen den heutigen Leser befremden und man sie dadurch zu ent-
schuldigen suchen könnte, dass der damalige Zeitgeist aus ihnen spricht, so darf man aber
nicht die Konsequenzen übersehen, die sich hieraus ergeben.

Wie bereits festgehalten, versucht Schiller die Vereinigung von Anmut und Würde, von
Schönheit und Erhabenheit zu fassen. Das entspricht in vielfältiger Weise dem anthropologischen Denken Schillers, in dem es ursprünglich, wie er es im Philosophieunterricht Jacob
Friedrich Abels in der Karlsschule gelehrt bekommen hat – allerdings in Verbindung mit
seiner medizinischen Ausbildung –, darum geht, wie Leib und Seele bzw. Geist zusammenhängen. Im Grunde also geht es bereits in der Ausbildung Schillers um die Vereinigung von
zwei ›Substanzen‹. Jetzt, rund eineinhalb Dekaden später, sollen Schönheit und Erhabenheit
vereinigt werden, was zugleich bedeutet, dass das ›männliche‹ Element der Würde mit dem
›weiblichen‹ Element der Anmut sich vereinigen soll; das Weibliche als das Andere des
Männlichen und umgekehrt. So wie sich in der philosophischen Anthropologie innerhalb
des Individuums die Frage nach dem Zusammenhang von Körper und Geist stellt – oder in
der Sprache der Zeit: die Frage nach dem ›commercium mentis et corporis‹ –, wird dieser
Zusammenhang zwar vor allem innerhalb der Seele gedacht, in welcher idealiter eine solche
Vereinigung von Anmut und Würde sich vollzieht, andererseits jedoch ebenso externali-
siert, indem Schiller beide Begriffe mit dem Weiblichen und Männlichen in Verbindung
bringt. Es ist daher lediglich ein kleiner Schritt, um dieses endgültig nach außen zu wenden
und von einer interindividuellen Vereinigung zu reden – realisierbar in der geselligen
Runde eines Salons. So wie in der Seele desjenigen, der Anmut und Würde im rechten Maß
vereinigt, weibliche wie männliche Elemente sich mischen, so geschieht dies im Salon, in
dem Frauen und Männer gleichberechtigt miteinander im guten Ton konversieren über
Themen des allgemeinen Interesses. Damit wird in dieser Form der natürlichste aller Antagonismen, Mann versus Frau, ausgeglichen in der geselligen Runde – und daher kann am
Ende der *Ästhetischen Erziehung*, nachdem der Autor so viel Aufwand betrieben hat, um
vom Ausgleich des Stoff- und Formtriebs im Spieltrieb zu sprechen,[355] Schiller in aller De-
zenz von »einigen wenigen auserlesenen Zirkeln«[356] reden, in denen sein Erziehungsprojekt
realisiert werden könnte.

Während aber Schiller in einer ästhetisch-philosophischen Abhandlung von dieser Poten-
tialität der geselligen Runde schreibt, führt dies Goethe auf seine Weise innerhalb der Literatur aus. Etwa zeitgleich zu Schillers *Ästhetische Erziehung* entstehen Goethes *Unterhaltungen deutscher Ausgewanderten*[357] – überdies stehen beide Texte in einem Zusammen-

---

[354]   Ebd.
[355]   Vgl. Franke, Ursula: Art. ›Spieltrieb‹. In: Historisches Wörterbuch der Philosophie. Hrsg. v. Joachim Ritter,
        Karlfried Gründer. Bd. 9: Se-Sp. Basel 1995. Sp. 1396-1398.
[356]   Schiller: Ästhetische Erziehung. HA V. Hier: 27. Brief. S. 669.
[357]   Goethe, Johann Wolfgang: Unterhaltungen deutscher Ausgewanderten. In: Ders.: Sämtliche Werke nach Epo-
        chen seines Schaffens. Münchner Ausgabe. Hrsg. v. Karl Richter in Zusammenarbeit mit Herbert G. Göpfert,

hang, den zu bemerken die Forschung lange Zeit benötigt hat.[358] Es soll nicht darum gehen, in welcher Weise die *Unterhaltungen* in der Tradition der Novelle stehen, ob es sich überhaupt um Novellen handelt und derlei mehr. Es geht ausschließlich darum, zu zeigen, wie die Rahmenerzählung und Schillers *Ästhetische Erziehung* miteinander verbunden sind.

Wie oben gesehen, postuliert Schiller darin eine philosophische Bildung über die Ästhetik beziehungsweise die Kunst als Material der Anschauung; eine Bildung, die sich über den Ausgleich zweier antagonistischer Triebe ins Werk setzt. Bei Goethe geht es andererseits um eine »gesellige Bildung«,[359] eine Bildung also, die Gesellschaft, mithin andere Menschen voraussetzt, wo die Bildung bei Schiller ein höchst individueller Akt ist. Diese gesellige Bildung geschieht in den *Unterhaltungen* dadurch, dass die Mitglieder der Gesellschaft einander Geschichten erzählen – darin aber sind sie dem berühmten Vorbild sehr ähnlich. In Boccaccios *Decamerone* ist es die Pest, welche eine Gruppe junger Menschen aus Florenz auf ein Landgut vertreibt, wo sie bemüht sind, die Schrecken und den Tod, denen sie eben entronnen sind, auf eine ganz spezifische Art zu bannen: indem sie sich Geschichten erzählen.[360] Die narrative Bewältigung einer als solche empfundenen Katastrophe ist das *tertium comparationis* für die Goetheschen *Unterhaltungen*: denn es ist die Französische Revolution, deretwegen eine Gesellschaft von Adligen, gemischten Geschlechts und gemischten Alters, in Begleitung eines alten Geistlichen und einiger Dienstboten, auf ein rechtsrheinisches Landgut flieht, um so den Zeitläuften zu entkommen.[361] Allerdings, wie gewöhnlich in solchen außergewöhnlichen Zeiten, nehmen sie die Querelen mit sich, so dass es aufgrund verschiedener Meinungen zu den tagesaktuellen Geschehnissen zum Streit kommt; mehrfach sogar, wie vom Erzähler festgehalten wird.[362] Zentrale Figur für die Etablierung

---

Norbert Miller u. Gerhard Sauder. Bd. 4.1. Wirkungen der Französischen Revolution. 1791-1797. Teilband I. Hrsg. v. Reiner Wild. München 1988. S. 436-550. (Künftig zitiert als: Goethe: Unterhaltungen.)

[358] Vgl. Gaier, Ulrich: Soziale Bildung gegen ästhetische Erziehung. Goethes Rahmen der Unterhaltungen als satirische Antithese zu Schillers Ästhetischen Briefen I-IX. In: Poetische Autonomie? Zur Wechselwirkung von Dichtung und Philosophie in der Epoche Goethes und Hölderlins. Hrsg. v. Helmut Bachmaier, Thomas Rentsch. Stuttgart 1987. S. 207-272. Vgl. auch: Pfaff, Peter: Das Horen-Märchen. Eine Replik auf Schillers *Briefe über die Ästhetische Erziehung*. In: Geist und Zeichen. Festschrift für Arthur Henkel zu seinem 60. Geburtstag. Hrsg. v. Herbert Anton, Bernhard Gajek, Peter Pfaff. Heidelberg 1977. S. 320-332. Vgl. auch: Plumpe, Gerhard: Ästhetische Kommunikation der Moderne. Bd. 1. Von Kant bis Hegel. Opladen 1993. Hier: S. 107-128. Vgl. ebenso: Reinhardt, Hartmut: Ästhetische Geselligkeit. Goethes literarischer Dialog mit Schiller in den Unterhaltungen deutscher Ausgewanderter. In: Prägnanter Moment. Studien zur deutschen Literatur der Aufklärung und Klassik. Festschrift für Hans-Jürgen Schings. Hrsg. v. Peter-André Alt, Alexander Košenina, Hartmut Reinhardt, Wolfgang Riedel. Würzburg 2002. S. 311-341. Vgl. zudem: Witte, Bernd: Das Opfer der Schlange. Zur Auseinandersetzung Goethes mit Schiller in den *Unterhaltungen deutscher Ausgewanderten* und im *Märchen*. In: Unser Commercium. Goethes und Schillers Literaturpolitik. Hrsg. v. Wilfried Barner, Eberhard Lämmert, Norbert Oellers. Stuttgart 1984. S. 461-484. Vgl. aber auch: Ueding, Gert: Gesprächsgesellschaft in Utopia. *Goethes Unterhaltungen deutscher Ausgewanderten*. In: Ders.: Aufklärung über Rhetorik. Versuche über Beredsamkeit, ihre Theorie und praktische Bewährung. Tübingen 1992. S. 125-137.

[359] Goethe: Unterhaltungen. S. 448.

[360] Vgl. Boccaccio, Giovanni: Der Decamerone. Übers. v. Gustav Diezel. Revidiert v. Paola Calvino. Illustriert mit den Holzschnitten der venezianischen Ausgabe v. 1492. Mit einem Nachwort v. Horst Rüdiger. 2 Bde. Hier: Bd. 1. Zürich 2001 [zuerst 1957]. Besonders: S. 10ff.

[361] Vgl. Goethe: Unterhaltungen. S. 436ff.

[362] Vgl. ebd. S. 438f., 441ff.

der geselligen Runde ist die »Baronesse von C.«,[363] welche sehr früh etwas bemerkt, das in einem engen Zusammenhang mit Schillers Nachdenken über das Erhabene steht: »Eines Tages machte die Baronesse die Bemerkung, daß man nicht deutlicher sehen könne wie ungebildet, in jedem Sinne, die Menschen seien, als in solchen Augenblicken allgemeiner Verwirrung und Not.«[364] Man könnte mit Schiller sagen, es fehlt an der inokulatorischen Vor-Bildung im Erhabenen, damit man im Augenblick akuten Leids sich entsprechend stoisch und gefasst zeigen könne.[365] Andererseits bedarf es einiges, sich die Ruhe zu bewahren und sich in angenehmer Konversation zu üben, wenn der Tagesablauf vom »Donner der Kanonen gestört«[366] wird – und wenn darüber hinaus sich jedes Gespräch von der Tagesaktualität beeinflusst zeigt, welche zunehmend »lebhaft geäußert«[367] wird.

Zu bemerken ist bereits anlässlich der frühen Streitfälle, dass die Baronesse ein besonderes Geschick darin hat, die beiden Parteien »durch anmutige Zwischenreden« »im Gleichgewicht zu halten«.[368] Es ist auffällig, welche Worte hier Goethe wählt: mit ›anmutigen‹ Zwischenreden ›hält‹ die Baronesse die Gruppen ›im Gleichgewicht‹. Wie selbstverständlich bemisst Goethe die Fähigkeit zum Ausgleich, zur Harmonisierung, der Dame mit dem Begriff, den Schiller in seiner entsprechenden Schrift als einen Vorzug des Weiblichen behauptet hat. Da zugleich die beiden Parteien von Männern gebildet werden, ist es das weibliche Element, das ebenfalls selbstverständlich zwischen diesen vermitteln und das Gleichgewicht wieder herstellen kann. Jedoch, und an diesem Punkt zeigt Goethe in besonderem Maß die Fragilität eines solchen Ausgleichs, hält dieser nicht sehr lange an, so dass es zum Eklat kommt, woraufhin der Vertreter des Ancien Régime, der »Geheimerat von S.«,[369] abreist.

Daher, so beschließt die Baronesse, müsse sich etwas ändern. Bemerkenswert genug weiß sie, dass sie die Unterhaltungen über den Fortgang der Zeitläufte nicht unterbinden kann – lässt sie von den Teilnehmern der Geselligkeit aber in die Zeit privater Unterhaltungen und Spaziergänge verschieben.[370] Im Gegensatz dazu soll in Gesellschaft »im Namen der gemeinsten Höflichkeit«[371] das Gesetz der »gesellige[n] Schonung«[372] gelten: »Aber, Kinder, in Gesellschaft laßt uns nicht vergessen, wieviel wir sonst schon, ehe alle diese Sachen zur Sprache kamen, um gesellig zu sein, von unsern Eigenheiten aufopfern mußten, und daß jeder so lange die Welt stehn wird, um gesellig zu sein, wenigstens äußerlich sich wird beherrschen müssen.«[373] Nichts anderes also als ein Programm der Mäßigung und der Beherrschung. Reine Individualität könne man daher nur dann pflegen, sofern man wirklich allein ist; in Gesellschaft hingegen müsse sich jedermann zusammennehmen im Hinblick auf die anderen Teilnehmer. Hier stellt Goethe in nuce eine Theorie der Geselligkeit

---

[363]   Ebd. S. 436.

[364]   Ebd. S. 439.

[365]   Vgl. Schiller, Friedrich: Über das Erhabene. In: HA V. S. 792-808. Hier: S. 805f.

[366]   Goethe: Unterhaltungen. S. 441.

[367]   Ebd. Vgl. ebd.

[368]   Ebd. S. 442.

[369]   Ebd. S. 440. Vgl. ebd. S. 444f.

[370]   Vgl. ebd. S. 448.

[371]   Ebd.

[372]   Ebd. S. 449.

[373]   Ebd. S. 448.

auf, die zwangsläufig zentrale Aspekte derselben nennt.[374] Es wird dezidiert nicht verlangt, dass man sein Inneres verändere – was Schiller aufgrund seiner Postulate in der *Ästhetischen Erziehung* ganz anders sehen dürfte –, aber im Umgang mit Anderen müsse man auf diese und deren Meinung Rücksicht nehmen, da man selbiges billigerweise auch von diesen verlangen könne. Im Grunde lässt sich eine solche Mäßigung auf zwei Arten herstellen: Entweder nimmt sich jeder sehr stark zusammen, oder die Themenauswahl bleibt beschränkt, nicht umsonst schlägt die Baronesse einen Katalog harmloser oder Themen aus den Bereichen verschiedener Liebhabereien vor, wie Reiseberichte, Literatur und Geschichte oder auch Biologie und Geologie auf einem dilettantischen Niveau.[375] Beachte man diese Vorgaben, könne man »Friede und Einigkeit« untereinander wieder herstellen, sowie »den guten Ton«.[376]

Während also Schiller in seiner typisch antagonistischen Weise eine ästhetische Erziehung und damit individuelle Bildung für Jeden postuliert, überführt dies Goethe in eine Form geselliger Bildung. Womöglich ist es vermessen, hier von Konkurrenzunternehmungen zu sprechen. Aber während Schiller eine echte Änderung der inneren Gesinnung eines jeden Einzelnen postuliert, wonach erst eine Änderung der Gesellschaft als Ganzes erfolgen könne, wie es meines Erachtens in dem dezenten Hinweis auf die ›auserlesenen Zirkel‹ als Moment des Übergangs in die gesellschaftliche Realität hinein zu sehen ist – im Rahmen einer philosophischen Schrift und damit auf der Ebene eines Sachtextes –, beschreibt Goethe eine Form des erzählerischen Ausweichens vor den Anmaßungen des Tages, ohne dass man im Inneren seine Meinung aufgeben müsse – im Rahmen eines literarischen Werkes. Zugleich sieht man an den *Unterhaltungen* Goethes, dass der Kitt, welcher eine Gesellschaft – oder nur Geselligkeit – zusammenhält, von äußerst oberflächlicher Natur ist. Immerhin wird der ›gute Ton‹ im literarischen Beispiel vor allem dadurch erkauft, dass sich die Gesellschaft nurmehr mit allgemeinen Themen befassen darf, während alle Themen, die sozusagen ›unter den Nägeln brennen‹, weil sie einen aktuellen Zeitbezug herstellen, außen vor bleiben müssen, selbst wenn der Kanonendonner sogar am Ort der Geselligkeit zu hören ist. Gerne wird dem Erziehungskonzept Schillers unterstellt, es bereite eine unmögliche Mühe, um das individuelle Ergebnis zu erreichen, so dass man sich gerne mit einem möglichen ›Scheitern‹ desselben einverstanden erklärt, zumal die ›Reihe von Briefen‹ noch nicht einmal vom Titel her einen Abschluss in Aussicht stellen.[377] Gleichzeitig kostet Goethes Konzept der oberflächlichen Ruhe ebenfalls einiges an Anstrengung, um alles Tagesaktuelle zu ignorieren und den ›guten Ton‹ zu wahren. Es ist daher wohl geboten, beide Konzepte

---

[374] Vgl. hierzu den nur wenige Jahre später entstandenen *Versuch einer Theorie des geselligen Betragens* von 1799, der unter dem Einfluss des Salons der Henriette Herz entstanden ist: Schleiermacher, Friedrich Daniel Ernst: Versuch einer Theorie des geselligen Betragens. In: Ders.: Kritische Gesamtausgabe. Hrsg. v. Hans-Joachim Birkner, Gerhard Ebeling, Hermann Fischer u.a. Erste Abteilung. Schriften und Entwürfe. Bd. 2. Schriften aus der Berliner Zeit 1796-1799. Hrsg. v. Günter Meckenstock. Berlin, New York 1984. S. 163-184.

[375] Goethe: Unterhaltungen. S. 450.

[376] Ebd. Vgl. ebd. S. 449f.

[377] Vgl. Büssgen, Antje: Abbruch – Fragment – Scheitern? Schillers »erster Versuch« über eine ästhetische Konstitution des Menschen. In: »Ein Aggregat von Bruchstücken«. Fragment und Fragmentarismus im Werk Friedrich Schillers. Hrsg. v. Jörg Robert. Würzburg 2013. S. 183-215. Vgl. auch: Pieper, Heike: Schillers Projekt eines »menschlichen Menschen«. Eine Interpretation der *Briefe über die ästhetische Erziehung des Menschen* von Friedrich Schiller. Lage 1997.

als komplementär zu sehen und nicht als einander ausschließende, konkurrierende Systeme.

Zuletzt bleibt nochmals festzuhalten, dass es von einiger Eigentümlichkeit ist, welchen Stellenwert Schiller in den beiden Schriften *Über Anmut und Würde* und *Über die ästhetische Erziehung des Menschen in eine Reihe von Briefen* der Frau oder allgemeiner dem Weiblichen zuweist. Nicht zuletzt deshalb, weil dies lediglich vereinzelte Aussagen bleiben. Wie oben gesehen, ist es die Darstellung des Mannes in der Kunst, welche im *Brief eines reisenden Dänen* dominiert. Ebenso wird stets dann, wenn Schiller über das Erhabene nachdenkt, Laokoon nicht fern sein, da er in diesem Kontext regelmäßig aufgerufen wird. Aber bereits in der *Ästhetischen Erziehung* ist das Weibliche wieder marginalisiert; wo zuvor noch das weibliche Prinzip der ›Anmut‹ mit dem männlichen der ›Würde‹ vereinigt worden ist, stellt in einem einzelnen Absatz die Juno Ludovisi – aber wiederum mehr das Zitat eines literarischen Mythos als eine echte Anerkennung des Kunstwerks – diese Vereinigung scheinbar sinnlich dar. Erst wieder im letzten Absatz des letzten Briefes überhaupt findet sich in der Erwähnung der ›auserlesenen Zirkel‹ ein auch noch impliziter Verweis auf Formen der Geselligkeit in der Zeit, welche im Regelfall von Frauen dominiert werden. Man ist daher fast versucht, zu sagen, das Ausweichen auf Figurationen des Weiblichen hat in den genannten zwei ästhetischen Schriften der 1790er Jahre den Charakter eines Experiments, da Schiller ihn gleichsam umgehend fallenlässt und zur Darstellung des Männlichen als sinnlichem Vermittler für seine antagonistischen Argumentationsmuster zurückkehrt. Ergänzt man jedoch das, was Schiller in der *Ästhetischen Erziehung* bestenfalls andeutet mit dem, was Goethe in den *Unterhaltungen deutscher Ausgewanderten* belletristisch vorführt, ergibt sich eine wechselseitige Ergänzung. Schiller pocht auf einem individuellen Gang der Vervollkommnung, Goethe schlägt stattdessen eine ›gesellige Bildung‹ vor, die gleichwohl an der Oberfläche bleibt. Denkt man beide Muster zusammen, würde sich eine individuelle Entwicklung mit einem geselligen Ausgleich paaren – mithin eine harmonische Vereinigung bilden. Mit anderen Worten: Schiller als Autor des anthropologischen Ausgleichs bleibt in diesem Fall auf Goethe angewiesen, um sein Harmonisierung zu entfalten. Eine Entfaltung, die in beiden Fällen literarisch vermittelt bleibt und Frauenfiguren ins Zentrum nehmen.

4.3 Paradigmatischer Laokoon. Schiller und das Erhabene

4.3.1 Schillers Konzept des Erhabenen

Diese Darstellung kann nur in aller Kürze erfolgen, da es mir sehr viel mehr um die Spur des Laokoon geht, als eine weitere Deutung des Komplexes vom Erhabenen bei Schiller vorzulegen. Dabei sehe ich die besondere Bedeutung des Laokoon – es geht Schiller zumeist um ihn, nicht so sehr um die Kinder, die ebenfalls zur gleichnamigen Gruppe gehören – vor allem in den Wandlungen seiner Verwendung in den verschiedenen ästhetischen Schriften, die nichts anderes bedeuten als seine Funktionalisierung. Wie zuvor bereits gesehen, ist es in besonderem Maße die Depotenzierung der Kunstwerke unter gleichzeitiger Stärkung des dahinterstehenden Mythos, die Schiller zu Zwecken der Bildlichkeit seiner Schriften zur antiken Kunst greifen lässt. Dabei ist Laokoon der einzige Kunstgegenstand, der mehrfach und zugleich mehrfach ausführlich von Schiller gewürdigt wird. Da allerdings diese Figuration bereits in Winckelmanns *Gedancken über die Nachahmung der Griechischen Wercke in der Mahlerey und Bildhauer-Kunst* eindeutig unter dem Zeichen des Erhabenen steht, muss ich einige Worte über das Erhabene bei Schiller, von den Anfängen her, sagen.

Gemeinhin wird der Lektüre der Kantischen *Kritik der Urteilskraft* der Verdienst um Schillers Nachdenken über das Erhabene zugewiesen. Allerdings ist das nur teilweise richtig; zwar ist es so, dass von dieser dritten Kritik ein »entscheidende[r] Impuls«[378] ausgegangen ist, allerdings liegen die Grundzüge dieses Denkens von der Karlsschule her in Schiller. Im Rahmen der philosophisch-anthropologischen Ausbildung bei seinem Philosophieprofessor Jacob Friedrich Abel hört Schiller vom Konzept der ›Seelenstärke‹, welches wiederum auf antike stoische Traditionen zurückgeht. Hierin ist die Grundlage von Schillers Beschäftigung mit dem Erhabenen zu suchen.

Gleichzeitig muss man seine Gedanken zu diesem Thema engführen mit den lediglich fragmentarischen Überlegungen zur Theorie der Tragödie. Nicht von ungefähr leiten die beiden Aufsätze *Über den Grund des Vergnügens an tragischen Gegenständen* sowie *Über die tragische Kunst*[379] die ästhetischen Schriften der 1790er Jahre ein. Zwar lassen sich die Epochen seines Schaffens relativ klar abgrenzen in Dramatiker – Historiker – ästhetischer Philosoph – Dramatiker, jedoch gibt es dabei gleichsam übergeordnete Themen, die Schiller von der Karlsschule an ein Leben lang begleiten. Dazu gehört das Konzept der ›Seelenstärke‹, welches spätestens ab den 1790er Jahren im Konzept des Erhabenen aufgeht.

Diese ›Seelenstärke‹ erfährt ihren stärksten Niederschlag während Schillers Karlsschulzeit in einer Rede Abels, welche er anlässlich einer Prüfung 1777 hält; einem Jahr, in dem Schiller als einer der Respondenten, als Verteidiger mithin, von Abels Prüfungsthesen geführt wird.[380] Dabei definiert Abel die ›Seelenstärke‹ gleich zu Beginn seiner Ausführungen:

> […], Seelenstaerke ist eine ungewoehnliche Faehigkeit sich zu denjenigen Ideen Empfindungen und Neigungen, zu derjenigen Auffassung, Erhoehung, Anhaltung kurz demjenigen Grad und Art derselben zu bestimmen, die man vor die Beste haelt, ohne von der ueberwiegenden Lebhaftigkeit und Reiz anderer, oder ihrer eignen Mattigkeit abgezogen zu werden oder diejenige zu entfernen, die man vor minder gut

---

[378] Schiller, Friedrich: Über den Grund des Vergnügens an tragischen Gegenständen. In: Ders.: Sämtliche Werke in 5 Bänden. Auf der Grundlage der Textedition von Herbert G. Göpfert hrsg. v. Peter-André Alt, Albert Meier und Wolfgang Riedel. München 2004. Bd. V. Erzählungen. Theoretische Schriften. Hrsg. v. Wolfgang Riedel. München ²2008. (= HA V). S. 358-372. Hier: Kommentar. S. 1195. (Künftig zitiert als: Schiller: Grund des Vergnügens. HA V.)

[379] Schiller, Friedrich: Über die tragische Kunst. In: HA V. S. 372-393. (Künftig zitiert als: Schiller: Tragische Kunst. HA V.)

[380] Abel, Jacob Friedrich: Rede [Seelenstärke ist Herrschaft über sich selbst]. 1777. In: Ders.: Eine Quellenedition zum Philosophieunterricht an der Stuttgarter Karlsschule (1773-1782). Mit Einleitung, Übersetzung, Kommentar und Bibliographie hrsg. v. Wolfgang Riedel. Würzburg 1995. S. 219-236. (Künftig zitiert als: Abel: Rede. In: Abel/Riedel: Quellenedition.) Schiller ist als Respondent verzeichnet für die *Aesthetischen Säze* desselben Jahres. In: Abel, Jacob Friedrich: Aesthetische Säze. In: Abel/Riedel: Quellenedition. S. 35-43. Hier: S. 38.

haelt, ohne von ihrer Lebhaftigkeit und dem Gefuehl des Vergnuegens, das sie jezt geben, ueberwaeltiget zu werden.[381]

Zentral an dieser Ausführung ist Abels Hinweis darauf, dass es sich bei der ›Seelenstärke‹ gerade um diejenige ›Fähigkeit‹ handle, sich auf einzelne ›Empfindungen‹ zu ›bestimmen‹ beziehungsweise andere, welche man für ›minder gut‹ halte, auszusondern oder gar abzuweisen. Dahinter steht die Vorstellung aus der Schulphilosophie, dass dem Menschen die »Aufmerksamkeit (attentio)«[382] zukomme. Christian Wolff prägt diesen Topos, womit er ausdrückt, dass der Geist des Menschen den durch die Sinnesorgane auf ihn eindringenden Reizen nicht wie ein Floß auf einem reißenden Fluss den Unbilden des Wassers einfach ausgeliefert sei. Stattdessen sei die Aufmerksamkeit gleichsam das Steuerungsorgan, welches die Reize nach den Maßgaben des Geistes in gute, erwünschte und schlechte selektiere. Daher gilt sie der »Psychologie des 18. Jahrhunderts« als »Schlüsselindiz dafür, daß es so etwas wie geistige Selbstbestimmung geben kann.«[383] Die ›Aufmerksamkeit‹ ist der Garant für jedwede Freiheit und Autonomie, die dem Mensch zukommt.[384]

Es wird hieraus ersichtlich, dass die Aufmerksamkeit zwar nicht die Reize selbst steuert – diese kommen immerhin von außen –, allerdings die Reaktion des Subjekts darauf. Damit ist die Basis dessen vorgebildet, was später unter dem Begriff des ›Erhabenen‹ Karriere in der Ästhetik machen wird. Dadurch werden zugleich diejenigen Freiheitspotentiale sichtbar, um die es Schiller später vor allen Dingen gehen wird. Mit dem so beschriebenen Mechanismus eröffnet sich dem Subjekt die Freiheit, auf andrängende Reize zu reagieren oder gerade nicht und ›über den Dingen zu stehen‹, sich also expressis verbis über die Angelegenheiten der Sinnenwelt zu erheben.

Bemerkenswert ist außerdem, wie Abel seine Argumentation führt. Die ›Aufmerksamkeit‹ orchestriert und temperiert gleichsam die Reize, die sie zum Geist durchlässt, so dass Abel sie sowohl vom positiven als auch vom negativen Ende her denkt: nicht nur bestimmt sich der Geist mittels der Aufmerksamkeit auf die positiven ›Ideen, Empfindungen und Neigungen‹, ohne sich von ihrer ›Lebhaftigkeit‹ und ihren ›Reizen‹ ablenken zu lassen, sondern weist auch die negativen ab, ohne von deren ›Lebhaftigkeit‹ und sogar dem ›Gefühl des Vergnügens‹, das sie ebenso hervorrufen können, ›überwältigt‹ zu werden. Abel denkt weit voraus, wenn er den positiven Empfindungen negative Seiten beimisst, wie er auch den negativen Positives beimengt. Letztlich ist das vor allen Dingen anthropologisch gedacht, denn die Reize, die sich über den Sinnesapparat vermitteln, sprechen freilich zunächst die Sinnesnatur des Menschen an. Es ist jedoch am Geist, auf diese zu reagieren. »Ohne Verknüpfung mit der Physiologie bleibt die Psychologie immer unzureichend.«[385] Ein Zeichen dieser

---

[381]   Abel: Rede. In: Abel/Riedel: Quellenedition. S. 225.

[382]   Ebd. Hier: Kommentar. S. 573.

[383]   Ebd.

[384]   Vgl. ebd. S. 572f.

[385]   Abel, Jacob Friedrich: Theses Philosophicae. 1776. In: Abel/Riedel: Quellenedition. S. 26-34. Die eigentlich Lateinisch verfassten *Philosophischen Thesen* hat Wolfgang Riedel ins Deutsche übertragen. Vgl. ebd. S. 463f. Hier: These III. S. 463. Lateinisch S. 31. Auch in diesem Jahr wird Schiller als Respondent dieser *Thesen* verzeichnet: vgl. ebd. S. 30. Vgl. auch: Abel, Jacob Friedrich: Dissertatio de origine characteris animi. 1776. In: Abel/Riedel: Quellenedition. S. 140-179. Die eigentlich Lateinisch verfasste *Dissertatio* hat Wolfgang Riedel ins Deutsche übertragen. Vgl. ebd. S. 528-551. Hier: § 11: »Wir sind der Überzeugung, daß alle seelischen

philosophisch-anthropologischen Denkrichtung ist es, den Menschen als unauflösliche Einheit von Körper und Geist zu denken; so wie also der Mensch selbst zu einem dualen System wird, gilt dies auch für die auf ihn eindringenden Reize von außen. Jedem wohnt ein doppeltes Potential inne, nichts ist nur gut, wie auch nichts nur schädlich ist. Es bleibt daher am Menschen, zu entscheiden, wie er auf die Welt reagiert.

Im anthropologischen Denken Abels spricht sich, wie gesagt, eine erkennbare Menschenkenntnis aus, vor allem deshalb, weil er nicht apodiktisch davon ausgeht, dem Menschen gelinge es in jedem Fall, die negativen Affekte gänzlich loszuwerden: »Oft hat die Natur uns die Kraft versagt eine Leidenschaft ganz zu ersticken, aber mit ungebrochnem Muth steht noch der Weiße [sic!] um durch eben diese Mittel sie wenigstens niederzudruecken oder eine andere ueber sie zu erheben.«[386] Die besagten ›Mittel‹ sind Auswahl derjenigen Ideen, denen der Mensch anhängen möchte, sowie die willentliche Verstärkung derjenigen Seelenkräfte, die für uns förderlich sind, beziehungsweise die Abschwächung oder das Beiseiteschieben derjenigen, die uns im Wege stehen.[387] Mit anderen Worten: der Mensch kommt von seiner sinnlichen Seite nicht los; aber er hat die Macht, darüber zu bestimmen, was seinem Körper – und damit letztlich dem Geist – dienlich ist.

Diesen Ansatz kann man ebenfalls in Schillers erster Dissertation, der *Philosophie der Physiologie*, nachweisen.[388] Dort liegt der Keim desjenigen in Schillers Denken, das später so wirkmächtig werden wird; das also, was Schiller so vehement – schließlich ab den Krankheitsschüben der 1790er Jahre in eigener Sache – über das Sich-Erheben über die Anwürfe des Körperlich-Sinnlichen nachdenken und öffentlich philosophieren lässt.

Gleichzeitig ist die ›Seelenstärke‹, im folgenden Satz als ›starker Geist‹ gedacht, ohne eine gewisse Schärfe nicht zu haben: »Er [ein Mensch solchen Geistes; F.H.] beherrscht seine Gedanken, er beherrscht seine Empfindungen, er beherrscht seine Leidenschaften, […].«[389] Dieser Satz ist nicht nur lautmalerisch sehr eindrucksvoll gebaut, die asyndetische Verdreifachung des ›beherrschen‹ lässt die ›Seelenstärke‹ durchaus von einer gewissen Gewaltsamkeit begleitet erscheinen. Einerseits soll der Mensch eine unauflösliche Einheit von Körper und Geist sein, andererseits scheint der Geist das Körperlich-Sinnliche mit einer nicht unerheblichen Rigorosität unterdrücken zu müssen, um zum Ziel zu gelangen. Diese mag jedoch gerechtfertigt werden durch den Affekt, gegen den sich der Geist wehren muss – denkt man konkret an Laokoon, handelt es sich um den sich vollziehenden Tod, den der Schlangenbiss bringt. Der Tod wiederum ist die ultima ratio aller Affekte, so dass hierbei eine merkliche Gewaltsamkeit gegen den Körper nicht unwahrscheinlich ist, selbst wenn dies ein Winckelmann negieren würde. Diese Strenge zeigt Schiller bisweilen ebenfalls; so sagt er in beinahe wörtlicher Übernahme seines Lehrers Abel: »Diese erhabene Geistesstimmung ist das Los starker und philosophischer Gemüter, die durch fortgesetzte Arbeit an sich selbst den eigennützigen Trieb unterjochen gelernt haben.«[390] Zugegeben, es geht hier nicht um

---

Vermögen, alle Vorstellungen und alle Klassen von Vorstellungen vom Körper abhängen.« Hier: S. 532. Die lateinische Fassung: ebd. S. 148.

[386] Abel: Rede. In: Abel/Riedel: Quellenedition. S. 230f.

[387] Vgl. ebd. S. 226ff.

[388] Vgl. Schiller, Friedrich: Philosophie der Physiologie. In: HA V. S. 250-268. Vgl. auch das Kapitel 2.1.2.1 dieser Arbeit.

[389] Abel: Rede. In: Abel/Riedel: Quellenedition. S. 225.

[390] Schiller: Tragische Kunst. HA V. S. 375.

den Tod, aber diese Stelle ist insofern symptomatisch, als sie einerseits rückverweist auf die Ausbildung an der Karlsschule, andererseits jedoch die Anbindung an die Moralität erkennen lässt, die Schillers gesamte Ästhetik durchzieht. Es ist nämlich nicht irgendein ein Trieb, welcher ›unterjocht‹ werden soll von dem ›starken Gemüt‹, es ist ein ›eigennütziger‹. In diesem Satz zeigt sich die Moralität des Erhabenen darin, die Vereinzelung der Individualität zu überwinden auf ein altruistisches Ziel hin.

Bemerkenswert ist bei Abel zudem, dass er in dieser *Rede* eine Theorie des Ausgleichs gegenläufiger Triebe, bei ihm als ›Leidenschaften‹ apostrophiert, formuliert: »Diese Erzeugung oder Erhoehung einer Leidenschaft ists allein, durch die wir eine andere niederstuerzen.«[391] Man kann deutlich Schillers *Ästhetische Erziehung* angedeutet sehen. Mit dem kleinen Unterschied allerdings, dass er ein Drittes einführt, da weder der Stoff- den Formtrieb unterdrücken soll noch umgekehrt. Stattdessen sollen sich beide gleich starken Triebe gegenseitig annihilieren und eine ›Null‹ herstellen. Während der Lehrer an der Karlsschule das dualistische System nicht verlässt, wird der Schüler dieses später zur Triade umformen; er wird regelmäßig ein drittes Moment einführen, in welchem die beiden Ausgangspole vereint sind.

Die eben erwähnte ›Null‹ aus Schillers *Ästhetischer Erziehung* hat dort bekanntlich die Funktion, als Grundlage für die Selbstbestimmung des Menschen zu dienen, gleichsam als Grundlage für die Entwicklung hin zum ›Ganzen Menschen‹. Bei Abel ist der ›starke Geist‹ ebenso gehalten, ein Ziel anzustreben: in ›Handlung‹ überzugehen. »Aber in ihrem hoechsten Glanze bricht die starke Seele hervor wann sie sich zu Handlungen, wann sie zu Großthaten sich erhebt.«[392] Denn wenn der starke Geist in allen vorgenannten Aspekten siegreich gewesen ist und über alle drei Bereiche ›herrscht‹, dann ist der Geist frei genug, um eine Entscheidung für seine künftigen Aktionen zu treffen; diese Entscheidung wird selbst wieder zur Grundlage des starken Geistes.[393] Hier lässt sich ebenfalls eine lebenswirkliche Komponente entdecken. Abel sagt nämlich, dass ein Entschluss in dem Moment sich ändern müsse, wenn sich alle äußeren Umstände fundamental geändert hätten.[394] Anders gesagt: Abel hält es für töricht, an einem früher gefassten Entschluss festzuhalten, wenn sich sämtliche Parameter verändert haben. Freilich könnte man einwenden, dass diese Rede gehalten worden ist im Angesicht des Herzogs Carl Eugen und sich somit eine philosophische Legitimation seiner absolutistischen Herrschaft, die besonders in den frühen Jahren tendenziell willkürlich gewesen ist, fast schon aufdrängt.[395] Andererseits illustriert Abel seine ›Menschen mit starkem Geist‹ mittels vieler Beispiele,[396] vornehmlich Männer, aus der Geschichte. Dabei hat die Antike ein gewisses Übergewicht, es folgen jedoch ebenfalls Beispiele aus Mittelalter und Neuzeit. Dabei fehlt auch die Zeit des Dreißigjährigen Krieges nicht, was eine gewisse Koinzidenz herstellt zu Schiller als Historiker und Autor historischer Tragödien. In beiden Fällen interessiert er sich in besonderem Maß für diejenige Sorte ›großer

---

[391] Abel: Rede. In: Abel/Riedel: Quellenedition. S. 232.
[392] Ebd.
[393] Vgl. ebd. S. 232f.
[394] Ebd. S. 234.
[395] Vgl. Alt, Peter-André: Schiller. Leben – Werk – Zeit. Eine Biographie. 2 Bde. München 2000. Hier Bd. 1. S. 28ff. Der Abschnitt ist bezeichnenderweise mit »Ein zwiespältiger Despot. Der württembergische Herzog Carl Eugen« überschrieben.
[396] Vgl. Abel: Rede. In: Abel/Riedel: Quellenedition. S. 227ff.

Charaktere‹, welche Abel in dieser *Rede* über die Seelenstärke vorzugsweise zur Bebilderung seiner Thesen wählt. Mithin kann man einmal mehr Linien des Interesses sehen, welche von der Karlsschulzeit ausgehen und Schillers gesamtes Wirken durchlaufen.

Von der Karlsschule aus ziehen diese Überlegungen zur ›Seelenstärke‹ und dem ›starken Geist‹ ihre Kreise und werde sehr schnell in den 1790er Jahren an die Ethik und die Moral gebunden. Zumal Schiller lange, bevor er diesen Begriff verwendet, Anläufe unternimmt, dem »Moralischgute[n]«[397] in der Kunst die Fähigkeit zur »Inokulation«[398] beizugeben. Denn aus einer »Theorie des Vergnügens« und einer »Philosophie der Kunst« würde sich »ergeben, daß ein freies Vergnügen, so wie die Kunst es hervorbringe, durchaus auf moralischen Bedingungen beruhe, daß die ganze sittliche Natur des Menschen dabei tätig sei.«[399] Während bereits von der ›Freiheit‹ des Vergnügens die Rede ist, scheidet Schiller in dieser frühen Schrift das Schöne noch nicht kategorial vom Erhabenen wie dies später der Fall ist; ist nämlich die ›ganze sittliche Natur des Menschen tätig‹, müssen ebenso alle Sinne angesprochen werden. Daher gilt: »Die Lust am Schönen, am Rührenden, am Erhabenen stärkt unsre moralischen Gefühle, […].«[400] Wieder eine asyndetische Reihung wie zuvor bei Abel. Allerdings wird bei Schiller klar, dass es nicht zu einer Verstärkung eines einzelnen Begriffes kommt, sondern dass zu diesem Zeitpunkt das Schöne, das Rührende und das Erhabene auf der gleichen Stufe stehen und alle gemeinsam das ›moralische Gefühl stärken‹. Es ist eine eigenwillige Bewegung in Schillers Philosophieren, dass die beiden Seiten der ›doppelten Ästhetik‹[401] zu Anfang nicht voneinander geschieden sind, dann aufgetrennt und in das bekannte anthropologisch-dualistische System eingefügt werden, um zuletzt jedoch wieder in einem Dritten als Idealzustand vereinigt zu werden. Hinzukommend verdeutlicht der anfängliche Hinweis auf die ›ganze sittliche Natur des Menschen‹, dass im gleichen Maß die gesamte Affektpsychologie des Naturwesens Mensch angesprochen werden muss.

Dass in der Zeit zwischen dem Konzept dieser Schrift und ihrer Überarbeitung zur Veröffentlichung offenbar die Lektüre der Kantischen *Kritik der Urteilskraft* gelegen hat, erweist sich daran, dass bereits in *Über den Grund des Vergnügens an tragischen Gegenständen* bemerkbar Kantische Wendungen aufscheinen.[402] Namentlich geschieht dies, wenn Schiller sagt, dass das »Erhabene«, eine »Lust durch Unlust« hervorbringe, weil man eine »Zweckmäßigkeit« »empfinden« solle, »die eine Zweckwidrigkeit voraussetzt.«[403]

> Das Gefühl des Erhabenen besteht einerseits aus dem Gefühl unsrer Ohnmacht und
> Begrenzung, einen Gegenstand zu umfassen, andererseits aber aus dem Gefühl uns-

---

[397] Schiller: Grund des Vergnügens. HA V. S. 359.

[398] Schiller, Friedrich: Über das Erhabene. In: HA V. S. 792-808. Hier: S. 805. (Künftig zitiert als: Schiller: Über das Erhabene. HA V.)

[399] Schiller: Grund des Vergnügens. HA V. S. 359.

[400] Ebd. S. 360.

[401] Vgl. Zelle, Carsten: Die doppelte Ästhetik der Moderne. Revisionen des Schönen von Boileau bis Nietzsche. Stuttgart, Weimar 1995. Zu Schiller besonders S. 147ff.

[402] Vgl. Schiller: Grund des Vergnügens. HA V. Hier: Kommentar. S. 1195.

[403] Ebd. S. 362. Vgl. auch: Kant, Immanuel: Werkausgabe. Hrsg. v. Wilhelm Weischedel. Bd. X. Kritik der Urteilskraft. Hrsg. v. Wilhelm Weischedel. Frankfurt a.M. [17]2004. (= stw. Bd. 57). Hier: Analytik des Erhabenen. §§ 23-29. S. 164ff. Vgl. auch: Ehlers, Monika: Grenzwahrnehmungen. Poetiken des Übergangs in der Literatur des 19. Jahrhunderts. Kleist – Stifter – Poe. Bielefeld 2007. Darin zu Kant und Schiller: S. 77ff.

rer Übermacht, welche vor keinen Grenzen erschrickt und dasjenige sich geistig unterwirft, dem unsre sinnlichen Kräfte unterliegen.[404]

Damit ist im Grunde alles ausgesprochen, was das Erhabene für Schiller bedeutet, so dass
er in den späteren Schriften vor allen Dingen einzelne Formulierungen variiert. Allerdings
bleibt der Kern immer derselbe: Im Erhabenen muss das Gefühl der Ohnmacht, des Ausgeliefertseins aufgefangen werden durch eine geistige Operation der Selbstbehauptung. Dabei
bleibt diese Behauptung, die ›Unterwerfung‹, von der Schiller spricht, zumeist eine ›geistige‹, weil die ›sinnlichen Kräfte‹, also die Physis, dennoch unterliegen. Schiller spricht damit auf grundsätzliche Art von einer ›gemischten Empfindung‹, womit sich das Erhabene
ohne Umwege in die ohnehin vorherrschende anthropologisch-dualistische Systematik
Schillers einreihen lässt.

Was Schiller im obigen Zitat sagt, bezieht sich auf reale Affekte, die dem Menschen begegnen können. Zugleich existieren sie ebenfalls in der Kunst. Deren Wirkungsweise ist eine
andere, denn hier macht sich die (ästhetische) Distanz bemerkbar, besonders bei der von
Schiller bevorzugten Kunstform:

> Diejenige Dichtungsart also, welche uns die moralische Lust in vorzüglichem Grade
> gewährt, muß sich eben deswegen der gemischten Empfindungen bedienen und uns
> durch den Schmerz ergötzen. Dies tut vorzugsweise die *Tragödie*, und ihr Gebiet um
> faßt alle mögliche Fälle [sic!], in denen irgendeine Naturzweckmäßigkeit einer mo
> ralischen oder auch eine moralisch Zweckmäßigkeit der andern, die höher ist, aufge
> opfert wird.[405]

Bemerkenswert ist nicht allein die Erwähnung der ›gemischten Empfindungen‹, die indirekt
auf die ›gemischten Chraktere‹ Lessings verweisen, sondern auch, dass Schiller einige Radikalität zeigt, indem er von ›opfern‹ spricht. Radikal deshalb, weil an obiger Stelle zwar die
Rede davon ist, ›Zweckmäßigkeiten‹ zu opfern, es aber nicht viel braucht, um von anderem
zu sprechen: »[…]; aber Aufopferung des Lebens in moralischer Absicht ist in hohem Grad
zweckmäßig, denn das Leben ist nie für sich selbst, nie als Zweck, nur als Mittel zur Sittlichkeit wichtig.«[406] Wiederum tritt der Tod, in dem Fall als Opferung des eigenen Lebens in
moralischer Hinsicht, als ultima ratio in Erscheinung. Zu bedenken ist jedoch einmal mehr,
dass es sich um einen Opfertod im Rahmen der Kunst handelt. In der Literatur, auf der
Theaterbühne handelt es sich um ein ›Sterben als ob‹, also eines, welches innerhalb des ästhetischen Scheins einer Erzählung oder eines Bühnengeschehens stattfindet und damit
nicht ein Ding der äußersten Notwendigkeit ist, sondern der dramaturgischen.[407] Nur so ist
auf der anderen Seite die nötige Distanz für den Leser oder den Zuschauer einzunehmen,
die benötigt wird, damit sich ein Lerneffekt im Sinne der ›Inokulation‹ einstellen kann. Zugleich darf die Distanz nicht zu groß werden, denn es muss eine gewisse Verbindung zwischen dem Bühnengeschehen und dem Zuschauer, wie auch zwischen der Erzählung und

---

[404]   Schiller: Grund des Vergnügens. HA V. S. 362.

[405]   Ebd. S. 364. Hervorhebung i. Orig.

[406]   Ebd. S. 366. Vgl. hier stellvertretend bis zu *Über das Pathetische*: Riedel, Wolfgang: Die Freiheit und der Tod.
       Grenzphänomene idealistischer Theoriebildung beim späten Schiller. In: Friedrich Schiller. Der unterschätzte
       Theoretiker. Hrsg. v. Georg Bollenbeck, Lothar Ehrlich. Köln, Weimar, Wien 2007. 59-71.

[407]   Vgl. Früchtl, Josef: Art. ›Schein‹. In: Ästhetische Grundbegriffe. Historisches Wörterbuch in sieben Bänden.
       Hrsg. v. Karlheinz Barck. Bd. 5. Stuttgart, Weimar 2003. S. 365-390.

dem Leser bleiben. Das ›Mitleid‹ stellt diese Verbindung her zwischen dem ästhetischen Geschehen und dem Rezipienten: »Die Möglichkeit des Mitleids beruht nämlich auf der Wahrnehmung oder Voraussetzung einer Ähnlichkeit zwischen uns und dem leidenden Subjekt.«[408] Für die Einübung in die ›erhabene Gemütsstimmung‹ ist mithin die Übertragungsleistung notwendig, die das Mitleid darstellt. Auf diese aber hat bereits Winckelmann in seinen Statuenbeschreibungen abgestellt – gerade in denjenigen des Laokoon, deren eine in den *Gedancken* dieser Schrift einen außerordentlich hohen Bekanntheitsgrad ermöglicht hat.

4.3.2 Die Spur Laokoons durch Schillers ästhetische Schriften

Es ist Absicht, dass die Rede unspezifisch von Laokoon ist, womit weder der Vater aus der Laokoon-*Gruppe* gemeint ist noch derjenige aus dem literarischen *Mythos*. Im Grunde sind stets beide gemeint, da Schiller in Bezug auf die Plastik und den Mythos vereinigend verfährt – dies gilt insbesondere bereits für den Laokoon aus dem *Brief eines reisenden Dänen*, einem Text, der zu einem Zeitpunkt entstanden ist, von dem man annehmen muss, dass Schiller sich noch keineswegs gründlich mit Lessings Schrift auseinandergesetzt hat. Immerhin hat er sich erst im Januar 1793 ein eigenes Exemplar von *Laokoon: oder über die Grenzen der Malerei und Poesie* bei Göschen bestellt, so dass sich die erste – und einzige – intensive Auseinandersetzung mit dieser Abhandlung in *Über das Pathetische* findet.[409] Von Anfang an ist ersichtlich, dass sich Schiller, sofern er zur bildenden Kunst als Bildgeber für philosophische Argumentationen greift, Winckelmann und dessen Statuenbeschreibungen zum Fluchtpunkt wählt – woran auch die Lektüre des Lessingschen *Laokoon* nichts ändert.

Bekanntlich ist es jene Beschreibung in den *Gedancken* Winckelmanns, welche nicht nur dessen eigenen Ruhm begründen, sondern zugleich den Ausgangspunkt für die Beschreibung des Laokoon bildet, welche aufs engste mit dem Erhabenen verbunden ist:

> Diese Seele schildert sich in dem Gesicht des Laocoons, und nicht in dem Gesicht allein, bey dem heftigsten Leiden. Der Schmertz, welcher sich in allen Muskeln und Sehnen des Cörpers entdecket, und den man gantz allein, ohne das Gesicht und andere Theile zu betrachten, an den schmertzlich eingezogenen Unter-Leib beynahe selbst zu empfinden glaubet; dieser Schmertz, sage ich, äussert sich dennoch mit keiner Wuth in dem Gesichte und in der gantzen Stellung. Er erhebet kein schreckliches Geschrey, wie Virgil von seinem Laocoon singet: Die Oeffnung des Mundes gestattet es nicht; es ist vielmehr ein ängstliches und beklemmtes Seufzen, wie es Sadolet be

---

408 Schiller: Tragische Kunst. HA V. S. 384.

409 Vgl. Robert, Jörg: Vor der Klassik. Die Ästhetik Schillers zwischen Karlsschule und Kant-Rezeption. Berlin, Boston 2011. (= Quellen und Forschungen zur Literatur- und Kulturgeschichte. Bd. 72). Hier: S. 354f. Anmerkung 11.

schreibt. […]: sein Elend gehet uns bis an die Seele; aber wir wünschten, wie dieser
grosse Mann, das Elend ertragen zu können.[410]

Selbst wenn man bedenkt, dass Winckelmann hier lediglich eine Abbildung als Grundlage
für die Beschreibung benutzt hat, so erkennt man den Versuch, dem – potentiellen – Kunstwerk gerecht zu werden.[411] Zugleich steckt in dem »das Elend ertragen zu können« jener
Hinweis auf das Erhabene, wie es Schiller in der letzten Schrift,[412] die dieses Thema entfaltet,
ausgedrückt hat: »Eine Gewalt dem Begriffe nach vernichten, heißt aber nichts anders, als
sich derselben freiwillig unterwerfen.«[413] ›Das Elend zu ertragen‹ und sich einer ›Gewalt‹,
die von außen auf den Menschen eindringt, zu ›unterwerfen‹, scheinen sich frappierend zu
ähnln. In beiden Fällen ist der Akt des Widerstandes ein aktives Moment des Geistes, dem
jedoch eine eher passive Haltung nach außen hin zu folgen scheint, zumindest wenn sich
das Körperliche als das ›Außen‹ partialisieren lässt wie bei einem Kunstwerk. In diese Richtung argumentiert Winckelmann: Das Gesicht, in welchem die Seele erkennbar sein soll, ist
ruhig; der Schmerz hingegen zeige sich allein in verschiedenen Teiles des Körpers, so im
›eingezogenen Unterleib‹. Es gilt gleichwohl das Prinzip der Erhebung bereits bei Winckelmann, welches von Schiller der ›moralischen Kultur‹ zugeordnet wird.[414]

In der *Geschichte der Kunst des Altertums* wird Winckelmann diesen Gedanken wiederholen und abermals darauf hinweisen, dass es zum ›starken Geist‹ gehöre – dieser Topos
wird dort wörtlich gebraucht –, den Affekt auf den Schmerz gleichsam im Innern zu verbergen, so dass sich auf dem Gesicht eine heitere Ruhe zeige und bestenfalls in einigen Kör-
perpartien die sinnliche Not:

> Laocoon ist eine Natur im höchsten Schmerze, nach dem Bilde eines Mannes ge-
> macht, der die bewußte Stärke des Geistes gegen denselben zu sammeln suchet; und
> indem sein Leiden die Muskeln aufschwellet, und die Nerven anziehet, tritt der mit
> Stärke bewaffnete Geist in der aufgetriebenen Stirne hervor, und die Brust erhebet
> sich durch den beklemmten Othem, und durch Zurückhaltung des Ausbruchs der
> Empfindung, um den Schmerz in sich zu fassen und zu verschließen. Das bange Seuf-
> zen, welches er in sich, und den Othem an sich zieht, erschöpft den Unterleib, und
> machet die Seiten hohl, welches uns gleichsam von der Bewegung seiner Eingeweide
> urtheilen läßt.[415]

---

[410]   Winckelmann, Johann Joachim: Gedancken über die Nachahmung der Griechischen Wercke in der Mahlerey
und Bildhauer-Kunst. In: Frühklassizismus. Position und Opposition: Winckelmann, Mengs, Heinse. Hrsg. v.
Helmut Pfotenhauer, Markus Bernauer, Norbert Miller unter Mitarbeit v. Thomas Franke. Frankfurt a.M.
1995. (= Bibliothek der Kunstliteratur. Bd. 2). S. 11-50. Hier: S. 30f. (Künftig zitiert als: Winckelmann: Gedancken.)

[411]   Vgl. ebd. Hier: Kommentar. S. 445f. Anmerkung zu S. 30,30.

[412]   Zur Frage der Datierung vgl.: Schiller, Friedrich: Über das Erhabene. In: HA V. S. 792-808. Hier: Kommentar.
S. 1260f.

[413]   Ebd. S. 794.

[414]   Vgl. ebd.

[415]   Winckelmann, Johann Joachim: Schriften und Nachlaß. Hrsg. v. der Akademie der Wissenschaften und Literatur Mainz, Akademie gemeinnütziger Wissenschaften zu Erfurt, Winckelmann-Gesellschaft Stendal. Mainz
1996ff. Bd. 4.1. Geschichte der Kunst des Altertums. Text. Erste Auflage Dresden 1764. Zweite Auflage Wien
1776. Hrsg. v. Adolf Borbein, Thomas Gaethgens, Johannes Irmscher, Max Kunze. Mainz 2002. S. 677. Ich
beziehe mich vor allem auf die zweite Auflage, welche Schiller benutzt hat. Da diese Ausgabe beide Auflagen

Beide Beschreibungen Winckelmanns sind in sich konsistent, da in beiden Fällen die Erhabenheit sich im ruhigen Gesicht spiegelt, während es lediglich dem Körper zugestanden wird, den ›Schmerz des Mannes‹ darzustellen. Damit zeigt sich Laokoon als mustergültiges Beispiel für Winckelmanns gemischtes Statuenkonzept, worin ›Schönheit‹ und ›Ausdruck‹ vereinigt seien; dieser ›Ausdruck‹ wiederum ist die Darstellung der ›leidenden Seele‹ – man könnte daher auch ›Erhabenheit‹ sagen.[416]

Wie bereits zu sehen gewesen ist, geht Schiller deutlich freier mit den Statuenbeschreibungen um, die er bei Winckelmann vorfindet. Bereits im ersten Satz derjenigen Schilderung, die dem fiktiven ›Dänen‹ des nämlichen *Briefes* in die Schreibhand gelegt wird, folgt er seinem großen Vorbild gerade nicht: »Dieser hohe Schmerz im Aug, in den Lippen, die emporgetriebene arbeitende Brust […].«[417] Gleich zu Winckelmann ist die ›emporgetriebene arbeitende Brust‹, da bei diesem sich die Brust ›erhebt‹ wegen des ›zurückgehaltenen Atems‹. Allerdings legt Schiller den Schmerz, den sein ›Däne‹ erkennen will, ausgerechnet in das Auge und in die Lippen, mithin Elementen des Gesichts, die beim Vorbild stets strikt freigehalten worden sind von sämtlichen Anklängen an das Leid, weil sich darin die ›große Seele‹, der ›starke Geist‹ zeige.

Schiller hingegen strebt zwar ebenfalls eine Vereinigung an, aber mit anderen Mitteln. Ihm ist die Laokoon-Gruppe, er bezieht sich im *Brief* dezidiert auch auf die »Figuren der hilflosen Kinder«,[418] die Darstellung von »Wahrheit und Schönheit«, welche »bei aller Treue« »delikat« ausgeführt seien.[419] In gewisser Weise wird die Vereinigung von ›Anmut‹ und ›Würde‹ bereits in diesem Laokoon vorbereitet, weswegen sich im Gesicht desselben Zeichen des Affektes zeigen dürfen. Schiller erwähnt wörtlich den »Ausdruck der Leidenschaft«, »diesen ganzen Ausdruck des Leidens« und den »gewaltsamen Zustande des Affekts« – allerdings ausschließlich, um diese wieder aufzulösen und jene »unbeschreibliche Harmonie« herzustellen, die diese Gruppe ohnedies bereits zeige.[420] Die Auflösung, die dieser frühen Vereinigung des Gegensätzlichen vorangehen muss, wird explizit angesprochen, indem Schiller nach dem ersten Halbsatz, in dem vom Schmerz, den Augen, Lippen und der Brust die Rede gewesen ist, anfügt, die Gruppe zeige besagte Wahrheit und delikate Schönheit, »daß sich das verwöhnteste Auge mit Trunkenheit darauf heften kann.«[421] Sofern sich ein betrachtendes Auge ›mit Trunkenheit‹ auf einen Gegenstand einlässt, ist die Grenzverwischung, ja die Auflösung jeder Grenze, nicht verwunderlich. Hinzu kommt, dass mit den Kindern die »ganze Idee« der Darstellung »schmelzend« werde.[422] Wie oben zu sehen

---

synoptisch nebeneinanderstellt, verweise ich gegebenenfalls ebenso auf die erste Auflage; hierbei kennzeichne ich die Auflage mithilfe römischer Zahlen. Desweiteren findet sich die erste Auflage auf den jeweils geraden Seiten, die zweite Auflage auf den jeweils ungeraden. (Künftig zitiert als: Winckelmann: Geschichte I beziehungsweise II.) Vgl. ebd. Geschichte I. S. 674, 676.

[416] Vgl. ebd. Geschichte II. S. 301. Vgl. ebd. Geschichte I. S. 300.

[417] Schiller, Friedrich: Brief eines reisenden Dänen. In: HA V. S. 879-884. Hier: S. 881. (Künftig zitiert als: Schiller: Brief eines reisenden Dänen. HA V.)

[418] Ebd.

[419] Ebd. Vgl. ebd.

[420] Ebd.

[421] Ebd.

[422] Ebd.

gewesen ist,[423] handelt es sich hierbei um eine Vorwegnahme des 16. Briefes der *Ästhetischen Erziehung*, in welchem der ›schmelzenden Schönheit‹ die Fähigkeit zur ›Auflösung‹ beigegeben wird.[424] Mit anderen Worten: gerade derjenigen Plastik, der von Winckelmann die paradigmatische Verbindung mit der Erhebung des Menschen über seine Sinnesnatur beigelegt worden ist, begegnet Schillers ›Däne‹ in der ersten dezidierten Beschäftigung mit dieser Statuengruppe in Schillers ästhetischen Schriften ohne jedes nähere Interesse an diesem Umstand. Er kommt darauf zu sprechen, weil es die Konvention zu verlangen scheint, aber der ›Däne‹ strebt sehr viel deutlicher die Auflösung der Grenzen zwischen dem Schönen und der bisweilen ›grässlichen‹ Wahrheit[425] im Kunstwerk an. Damit zeigt sich diese Beschreibung ganz im Sinn der übrigen ausgreifenden Schilderungen im *Brief*, die das Moment der Vereinigung in den Vordergrund stellen; die Herkulesfigurationen als konkrete Darstellung zweier Naturen im Menschen und der ›schöne Gott Apoll‹, der mit Elementen des Torso, der zerstörten Überlieferung eines Halbgottes, merklich ins Menschliche und somit ins Zeitgebundene desselben verschoben wird. Diese Eingliederung ins Konzept der Vereinigung zweier Pole oder zweier Naturen muss Schillers ›Däne‹ aber mithilfe der Depotenzierung des Kunstwerks bewerkstelligen. Die Laokoon-Gruppe dient als Ankerpunkt für die Schilderung, die das Brief-Ich dem Leser bietet; es handelt sich jedoch nicht um eine Beschreibung des Kunstwerks, sondern vielmehr um eine solche des nötigen Vorgangs, um die Auflösung desselben ›im Auge des Betrachters‹ herzustellen – und damit auf das eigentliche Interesse des Autors zu lenken: die anthropologische Verschmelzung zum ›Ganzen Menschen‹. Ein Vorgang, welchen später *Über Anmut und Würde* sowie die *Ästhetische Erziehung* exemplarisch vorführen.

Es zeigt sich daher, dass für Schiller die Laokoon-Darstellung erst in den Schriften der 1790er Jahre das Potential des Erhabenen ausdrückt. Zunächst geschieht dies in *Über Anmut und Würde* – bezeichnenderweise gerade nicht als Moment der Vereinigung, sondern allein, um die ›Würde‹ zu veranschaulichen. Daran erkennt man, dass sich in den Jahren, die zwischen dem *Brief* und dieser Schrift liegen, Schillers Blick auf Laokoon verändert hat. In dem Moment, in dem Schiller die Vereinigung von ›Anmut‹ und ›Würde‹ postuliert, stehen andere Kunstwerke ein, in einer bloßen Aufzählung, ohne alle eingehendere Beschreibung. Darunter findet sich noch der belvederischen Apoll, der im *Brief* Teil jener dort verfolgten anthropologischen Harmonisierung gewesen ist, aber kein Herkules und eben kein Laokoon.[426]

Im Abschnitt zur ›Würde‹ zitiert Schiller eine Laokoon-Beschreibung, die gemeinhin als Winckelmannsche aufgefasst wird.[427] Auffällig ist an dieser Stelle vor allen Dingen, dass der

---

[423]   Vgl. Kapitel 4.1.1.2.2 dieser Arbeit.

[424]   Vgl. Schiller, Friedrich: Über die ästhetische Erziehung des Menschen in einer Reihe von Briefen. In: HA V. S. 570-669. Hier: 16. Brief. S. 619-622. Vgl. besonders S. 620f.

[425]   Vgl. Schiller: Brief eines reisenden Dänen. HA V. S. 881.

[426]   Vgl. Schiller, Friedrich: Über Anmut und Würde. In: HA V. S. 433-488. Hier: S. 481. (Künftig zitiert als: Schiller: Anmut und Würde. HA V.)

[427]   Vgl. ebd. Hier: Kommentar. S. 1209. Anmerkung zu S. 476. Vgl. auch: Schiller, Friedrich: Über Anmut und Würde. In: Werke und Briefe in zwölf Bänden. Hrsg. v. Otto Dann u.a. Frankfurt a.M. 1988ff. Bd. 8. Theoretische Schriften. Hrsg. v. Rolf-Peter Janz. Frankfurt a.M. 1992. (= FA 8). Hier: Kommentar. S. 1342. Anmer-

Name ›Laokoon‹ nicht genannt wird; zugleich ist es im höchsten Maß ersichtlich, worauf Schiller anspielt:

> Gesetzt, wir erblicken an einem Menschen Zeichen des qualvollesten [sic!] Affekts aus der Klasse jener ersten ganz unwillkürlichen Bewegungen. Aber indem seine Adern auflaufen, seine Muskel krampfhaft angespannt werden, seine Stimme erstickt, seine Brust emporgetrieben, sein Unterleib einwärts gepreßt ist, sind seine willkürlichen Bewegungen sanft, seine Gesichtszüge frei, und es ist heiter um Aug und Stirne.[428]

Diese Stelle, die ein verdecktes Zitat ist, bezieht sich merklich auf die Beschreibung des Winckelmannschen Laokoon, die offenkundig derart bekannt ist, dass Schiller nicht notwendig den Namen ›Laokoon‹ erwähnen muss, damit jeder seiner Leser weiß, wovon er spricht. Auch so erkennt man in den ›auflaufenden Adern‹, den ›krampfhaft angespannten Muskeln‹ und der ›emporgetriebenen Brust‹ Winckelmanns Vorgaben. Das »Leiden«, das »die Muskeln aufschwellet und die Nerven anziehet«, das »die Brust erhebet«.[429] Das »bange Seufzen«,[430] welches Schiller als ›erstickte Stimme‹ wiedergibt, »erschöpfet den Unterleib, und machet die Seiten hohl«.[431] Schiller hat sich insofern an Winckelmann angenähert, als an der Stelle auch bei ihm Auge und Stirn ›heiter‹ scheinen.

Diese Stelle zitiert Schiller als Beispiel für die ›unwillkürlichen‹ Bewegungen im Moment des Affekts; wohingegen die ›heiteren‹ Augen und die Stirn bereits auf die willkürlichen verweisen. Denn der Mensch ist nicht »bloß ein Sinnenwesen«,[432] er ist zugleich dank seines Geistes Teil der intelligiblen Welt. Daher seien die »Züge der Ruhe«, welche »unter die Züge des Schmerzens [sic!] gemischt sind«, der Beweis für »das Dasein und den Einfluß einer Kraft, die von dem Leiden unabhängig und den Eindrücken überlegen ist, unter denen wir das Sinnliche erliegen sehen.«[433] Daher »wird die *Ruhe* im *Leiden*, als worin die Würde eigentlich besteht, obgleich nur mittelbar durch einen Vernunftschluß, Darstellung der Intelligenz im Menschen und Ausdruck seiner moralischen Freiheit.«[434]

En passant fügt Schiller eine Definition der ›Würde‹ als ›Ruhe im Leiden‹ an, womit er gerade an einer Stelle, an der er verdeckt eine Laokoonbeschreibung zitiert, auf seinen *Brief eines reisenden Dänen* anspielt, in dem es häufig genug um die Bewegung und Ruhe im und des Kunstwerks gegangen ist. So wenn beispielsweise die »Phantasie« dem »Kolossen« des Herkules Farnese »Bewegung« »leiht«,[435] oder wenn die Statuen Beweglichkeit vortäuschen, was zur theatralischen Inszenierung eines Rundgangs durch den Mannheimer Antikensaal einlädt, obwohl sie im eigentlichen Sinn an ihrem Platz bleiben. Die ›Würde‹ als ›Ausdruck‹

---

kung zu S. 380,11. Vgl. aber auch: Schiller, Friedrich: Brief eines reisenden Dänen. In: Klassik und Klassizismus. Hrsg. v. Helmut Pfotenhauer, Peter Sprengel unter Mitarbeit v. Sabine Schneider, Harald Tausch. Frankfurt a.M. 1995. (= Bibliothek der Kunstliteratur. Bd. 3). Hier: Kommentar. S. 810f. Anmerkung zu S. 455,16. (Künftig zitiert als: Schiller: Brief eines reisenden Dänen. KuK.)

[428]   Schiller: Anmut und Würde. HA V. S. 476.
[429]   Winckelmann: Geschichte II. S. 677.
[430]   Ebd.
[431]   Ebd.
[432]   Schiller: Anmut und Würde. HA V. S. 476.
[433]   Ebd.
[434]   Ebd. S. 476f. Hervorhebungen i. Orig.
[435]   Schiller: Brief eines reisenden Dänen. HA V. S. 880f.

der ›moralischen Freiheit‹ des Menschen zieht das bekannte Problem nach sich, dass sich Freiheit selbst nicht darstellen lässt,[436] wofür bei Schiller selbst häufig die Kunst eingesetzt wird. Dort, wo die Argumente nicht mehr weiterführen, dient die Kunst als »Scharnier« der Argumentation.[437]

Ich halte es allerdings für fraglich, ob es hier um die Kunst geht, schließlich zitiert Schiller die Laokoonbeschreibung Winckelmanns aus der *Geschichte der Kunst*. Mit anderen Worten: Schiller zitiert Literatur, um Literatur herzustellen, in diesem Fall einen philosophischen Sachtext. Die Anschauung eines Kunstwerkes ist gleichsam irrelevant, welche er noch im *Brief* den ›Dänen‹ hat fingieren lassen, auch wenn es selbst dort im eigentlichen Sinn nicht um die Kunst geht, sondern um die anthropologischen Philosopheme, welche er *anhand* der Kunst abhandelt. An dieser Stelle in *Über Anmut und Würde* ist das Kunstwerk vollends beiseite geräumt, es ist weder Stein noch Gips, welche den Blick verstellen: Die Bezugnahme auf Laokoon ist ausschließliche literarische ›Kopfgeburt‹, die bestenfalls mittelbar zur Anschauung führen soll, indem sie sich wiederum einer Wirkungsabsicht unterstellt. Ich sehe hier den Autor Schiller, welcher die literarische Beschreibung des Laokoon durch Winckelmann zitiert; eine Beschreibung, die immense Bekanntheit hat. Das Zitat einer so bekannten Stelle vermag sogar ohne die Nennung des betreffenden Kunstwerks dahin zu führen, dass sämtliche gelehrten Leser seiner Zeit – und auch heute noch, wie die einschlägigen Kommentare aufzeigen – das Bild der Laokoon-Gruppe im Kopf haben. Man kann bei dem Zitat also nicht im eigentlichen Sinn von einer Illustration seiner These sprechen, aber mittelbar verweist Schiller auf die Plastik, die ihrerseits das Konzept des Erhabenen figuriere. Am Ende dieser verschlungenen Wege, die der Leser der Schrift gehen muss, erfolgt zwar einerseits eine Art Illustration, andererseits jedoch auf derart abstrakte Weise, dass sie keinesfalls sinnlich genannt werden kann. Gemessen an Winckelmanns Vorgaben, der sich erkennbar in den Kunstgegenstand einzufühlen versucht,[438] abstrahiert Schiller vom Kunstwerk und seiner Beschreibung das Notwendige, damit der Leser die Allusion versteht – und wendet sich umgehend der weiteren Deutung zu. In dem Sinn ist es beinahe vermessen, wenn Schiller am Ende des betreffenden Absatzes davon schreibt, derart der »Darstellung der Intelligenz im Menschen«[439] zu begegnen.

An diesem Verfahren hat sich nicht sehr viel verändert, als Schiller in *Über das Pathetische* Winckelmann beinahe wörtlich zitiert; beinahe deshalb, da die Abweichung eher Flüchtigkeitsfehlern entsprechen als einen eigenen Ansatz zu verfolgen. Mit der Ausnahme, dass er

---

[436] Vgl. Loth, Robert: Das Problem der Freiheit. Über die Schönheit in Schillers *Kallias*-Briefen. In: Jahrbuch der Deutschen Schillergesellschaft 60 (2016). S. 189-215. Hier besonders: S. 189f.

[437] Schiller: Brief eines reisenden Dänen. KuK. Hier: Kommentar. S. 803. Vgl. auch: Pfotenhauer, Helmut: Rückwärtsgewandte Moderne. Der Klassizismus in den ästhetischen Schriften Schillers. In: Würzburger Schiller-Vorträge 2005. Hrsg. v. Jörg Robert. Würzburg 2007. S. 73-91. Besonders S. 73f. Vgl. auch: Frühklassizismus. Hier den Kommentar zu Schillers Laokoon-Rezeption. S. 549-555. Hier: S. 552.

[438] Vgl. Winckelmann: Geschichte II. S. 677. Vgl. ebd. Geschichte I. S. 674, 676.

[439] Schiller: Anmut und Würde. HA V. S. 477.

in dem Fall offenlegt, über dessen Laokoon zu sprechen; er gibt gar einen korrekten Quellenbeleg an.[440] Das Zitat leitet Schiller mit folgenden Worten ein:

> In den Bildsäulen der Alten findet man diesen ästhetischen Grundsatz [= das Pathos; F.H.] anschaulich gemacht, aber es ist schwer, den Eindruck, den der sinnlich lebendige Anblick macht, unter Begriffe zu bringen und durch Worte anzugeben. Die Gruppe des Laokoon und seiner Kinder ist ohngefähr ein Maß für das, was die bildende Kunst der Alten im Pathetischen zu leisten vermochte.[441]

Erstaunlicherweise lässt sich Schiller hier gleichsam ›in die Karten sehen‹, indem er benennt, wie schwierig, ja unmöglich es im Grunde sei, das ›Pathetische‹, mithin das Erhabene, sinnlich auszudrücken. Er spielt damit erneut darauf an, dass es sich hierbei um ein unsinniges, rein geistiges Prinzip handelt. Freilich aber setzt unmittelbar darauf das Zitat Winckelmanns ein. Schiller konzediert im Anschluss an selbiges:

> Wie wahr und fein ist in dieser Beschreibung der Kampf der Intelligenz mit dem Leiden der sinnlichen Natur entwickelt, und wie treffend die Erscheinungen angegeben, in denen sich Tierheit und Menschheit, Naturzwang und Vernunftfreiheit offenbaren![442]

Dieses Lob betrifft mithin einen Text, der ein plastisches Kunstwerk beschreibt, welches wiederum die Darstellung der ›großen Seele‹ sei, obwohl sich eine solche ›Seelenstärke‹ eigentlich nicht veranschaulichen lasse. Er lobt Winckelmann, um unmittelbar darauf mit der Diskussion von Laokoonstellen aus Vergils *Äneis* zu beginnen, wobei er sich endlich auf Lessing beruft.[443] Daraus wird ersichtlich, in wie vielen Brechungen sich Laokoon scheinbar in den Schillerschen ästhetischen Schriften dem Leser zeigt: Schillers Text verweist auf einen Text, der sich auf ein Kunstobjekt bezieht; oder Schillers Text verweist auf einen Text, welcher einen Mythos erzählt. Es wirkt, als wolle Schiller geflissentlich vergessen machen, dass er – letztlich – nicht imstande ist, dasjenige zu versinnlichen, worauf er hinauswill. Der Hinweis auf Vergil dient ebenfalls nur dazu, Schillers Argumentation als Anker zu dienen, um von dort aus, diesmal mit mythologischer Literatur als Folie, »den Begriff des Pathetischen« »zu entwickeln«; denn: »wozu Lessing sie gebrauchte, war bloß, die Grenzen der poetischen und malerischen Darstellung an diesem Beispiel anschaulich zu machen.«[444] Man beachte die Formulierung: ›bloß die Grenzen der poetischen und malerischen Darstellung‹. Diese Mediendifferenz ist die zentrale Leistung von Lessings Schrift, da er die Bedingungen von Kunst aus ihrer jeweiligen Materialität und spezifischen Semiotik herleitet. Das aber scheint für Schiller gerade das vernachlässigbare Element zu sein. Hätte man zuvor daran gezweifelt, dass Schiller wenig bis kein Interesse an der Kunst hat, so fände man hier den eindeutigen Beweis. Kunst mag vielleicht etwas darstellen, das sich real den Sinnen verschließt, aber für Schiller muss sie dennoch vor allem ›funktionieren‹. Diese Funktionalisie-

---

[440]   Vgl. Schiller, Friedrich: Über das Pathetische. In: HA V. S. 512-537. (Künftig zitiert als: Schiller: Über das Pathetische. HA V.) Hier: S. 521f. Vgl. auch Winckelmann: Geschichte II. S. 677. Die Angabe der Originalpaginierung findet sich in der Kopfzeile, sowie laufend im Text.

[441]   Schiller: Über das Pathetische. HA V. S. 521.

[442]   Ebd. S. 522.

[443]   Vgl. ebd. S. 522f.

[444]   Ebd. S. 523.

rung gelingt ihm dadurch, dass er die Kunst als Objekt zum Verschwinden bringt und stattdessen eine literarische Vermittlung dazwischenschaltet, die bereits zum Ausdruck bringt,
was das Kunstwerk – angeblich – sage; oder, wie man hier in *Über das Pathetische* sieht,
man spiegelt das Kunstwerk so lange in Texten, bis nurmehr Texte übrigbleiben. Schillers
Bezug zur Kunst ist demnach keiner ›Augenlust‹ geschuldet, sondern reine Kopfgeburt.
Dass es auch anders geht, zeigt Goethe in seinem Aufsatz *Über Laokoon*.

Exkurs: Goethes Aufsatz *Über Laokoon*

Goethe bietet dasjenige Beispiel, das zeigt, dass man über Werke der bildenden Kunst in
einer Weise sprechen kann, die weder in eine hyperbolische Emphase ausweicht, wie dies
bei Winckelmann allzu leicht geschieht, noch die Kunst als Objekt auszublenden, um literarisch vermittelt dem Mythos das zu entnehmen was eigentlich das Kunstwerk vorstellen
soll. Dazu schickt es sich, dass Goethe von Schiller selbst als ein ›Augenmensch‹ apostrophiert wird: »Ihr beobachtender Blick, der so still und rein auf den Dingen ruht, setzt Sie
nie in Gefahr, auf den Abweg zu gerathen, in den sowohl die Speculation als die willkührli-
che und bloß sich selbst gehorchende Einbildungskraft sich so leicht verirrt.«[445] Dieser auf
den Dingen selbst ruhende Blick, der sich, anders als Spekulationen nicht verwirren lasse,
habe dafür gesorgt, dass es Goethe gelungen sei, mittels hinzukommender »Imagination«
»gleichsam von innen heraus und auf einem rationalen Wege ein Griechenland zu gebäh-
ren.«[446] Das, was Schiller in diesem sogenannten ›Geburtstagsbrief‹ über Goethe und auch
sich selbst schreibt, findet offenbar die Zustimmung des Adressaten, er meint zumindest,
dass ihm »kein angenehmer Geschenk« habe »werden können« als dieser Brief.[447] Abstrahiert ist also Goethe der Mann des Sehens, während Schiller der Spekulierende ist. Aber
selbst hier ist Schiller auf der Suche nach der Harmonisierung, weshalb er letztlich davon
ausgeht, das sich beide »auf halbem Wege begegnen werden.«[448] Damit ist zugleich das Muster der Goetheschen Betrachtung auf die Laokoon-Gruppe beschreiben: Ohne auf eine begriffliche Eingrenzung zu verzichten, vergisst sein Aufsatz doch auch nicht, das Kunstwerk
als solches zu beschreiben.[449]

---

[445] Schiller an Goethe vom 23.8.1794. In: Schillers Werke. Nationalausgabe. Begründet v. Julius Petersen, fortgeführt v. Lieselotte Blumenthal u. Benno v. Wiese. Hrsg. im Auftrag der Stiftung Weimarer Klassik und des
Schiller-Nationalmuseums Marbach v. Norbert Oellers. Weimar 1943ff. Bd. 27. Briefwechsel. Schillers Briefe.
1794-1795. Hrsg. v. Günter Schulz. Weimar 1958. (= NA 27). Brief Nr. 22. S. 24-27. Zitat: S. 24. (Künftig zitiert
als: Schiller: NA 27.)

[446] Ebd. S. 26.

[447] Goethe an Schiller vom 27.8.1794. In: Goethe, Johann Wolfgang: Sämtliche Werke nach Epochen seines Schaf-
fens. Münchner Ausgabe. Hrsg. v. Karl Richter u.a. München 1985ff. (= MA). Bd. 8.1. Briefwechsel zwischen
Schiller und Goethe in den Jahren 1794 bis 1805. Teilband I. Text. Hrsg. v. Manfred Beetz. (= MA 8.1). Hier:
S. 16-17. Zitat S. 16.

[448] Schiller: NA 27. S. 26.

[449] Auf den katalytischen Auslöser dieses Textes, der Laokoon-Aufsatz Aloys Hirts in den *Horen*, kann an dieser
Stelle nicht eingegangen werden, da es mir vorrangig um die Kontrastierung der Schillerschen Laokoon-*Ver-
wendung* mit dem Text eines Autors geht, der nachweisliches Interesse an der Kunst hat. Vgl. Goethe, Johann
Wolfgang: Über Laokoon. In: Ders.: Sämtliche Werke nach Epochen seines Schaffens. Münchner Ausgabe.
Hrsg. v. Karl Richter u.a. München 1985ff. (= MA). Bd. 4.2. Wirkungen der Französischen Revolution. 1791-

Auffällig ist an der Stelle, dass Goethe seine Betrachtung ebenfalls mit einem Unsagbarkeitstopos einleitet: »Ein echtes Kunstwerk bleibt, wie ein Naturwerk, für unsern Verstand immer unendlich; es wird angeschaut, empfunden; es wirkt, es kann aber nicht eigentlich erkannt, vielweniger sein Wesen, sein Verdienst mit Worten ausgesprochen werden.«[450] Während Schillers Anrufungen des Unsagbarkeitstopos mitunter am Ende einer Ausführung stehen, wie bei der Nennung der Juno Ludovisi in der *Ästhetischen Erziehung*,[451] somit einen Endpunkt setzen, ab dem tatsächlich nichts mehr zu sagen ist, ähnelt Goethes Verwendung hier pikanterweise derjenigen in Schillers Ausführungen zum Laokoon im Brief eines reisenden Dänen: dort sagt der ›Däne‹ er wisse »wenig Neues mehr [zu] sagen«,[452] um anschließend überhaupt erst mit einer Beschreibung zu beginnen. So auch hier, Goethe schreibt, dass ein ›echtes Kunstwerk‹ immer ›unendlich‹ bleibe, es werde ›angeschaut‹ und ›empfunden‹, könne aber nicht ›mit Worten ausgesprochen‹ werden, um dann mit dem eigentlichen Aufsatz zu beginnen.

Eine zweite Auffälligkeit besteht darin, dass Goethe das ›Kunstwerk‹ dem ›Naturwerk‹ parallel setzt, was, mit Blick auf die bildende Kunst, nichts anderes sein kann als der menschliche Körper. »Alle hohe Kunstwerke stellen die menschliche Natur dar, die bildenden Künste beschäftigen sich besonders mit dem menschlichen Körper; […].«[453] Allein diese Bemerkung davon, dass in der Plastik die menschliche Natur in Form von Körpern gezeigt werden, verrät einen wesentlich anderen Blickwinkel auf die Kunst, als dies der Fall bei Schiller ist. Es geht nicht um die *Überfrachtung* der Plastik mit unsinnlichen Ideen, welche im Stein zu finden sein sollen und hierarchisch über ihm stehen, sondern darum, dass zunächst nichts weiter im Kunstwerk gesucht werden solle als der menschliche Körper. Bestenfalls als eine zweite Indikation dürfen sich Ideen im Kunstwerk finden lassen, da auch Goethe nicht darauf verzichten wird, Elemente der überkommenen Laokoonbeschreibung in seinen Text aufzunehmen.

Ein anderer Hinweis darauf, dass sich Goethe nicht ohne weiteres für die altbekannten Diskurse um diese Statue einspannen lässt ist, dass er die Laokoon-Gruppe als »schön« bezeichnet, was jeder zugeben müsse, »welcher das Maß erkennt, womit das Extrem eines physischen und geistigen Leidens hier dargestellt ist.«[454] Beredt ist hier, dass er nicht von der Erhebung über das Leiden spricht, sondern von der Darstellung des Leidens selbst. Goethe, so muss man sagen, verfolgt hier eher eine Naturalisierung der Laokoon-Gruppe als deren allegorische und symbolische Ausdeutung.

Hinzu kommt eine Übertragung, die gleichsam gegen Schillers Theorie gerichtet ist: »Hingegen wird manchem paradox scheinen, wenn ich behaupte, daß diese Gruppe auch zugleich *anmutig* sei.«[455] Das liege nach Goethe daran, dass sie »ein Muster sei von Symmetrie und Mannigfaltigkeit, von Ruhe und Bewegung, von Gegensätzen und Stufengängen,

1797. Teilband II. Hrsg. v. Klaus Kiefer, Hans Becker, Gerhard Müller u.a. München 1986. (= MA 4.2). S. 73-88. Hier: Kommentar. S. 974f. (Künftig zitiert als: Goethe: Über Laokoon. MA 4.2.)

[450]   Ebd. S. 73.

[451]   Vgl. Schiller: Ästhetische Erziehung. HA V. 15. Brief. S. 614-619. Hier: S. 618f.

[452]   Schiller: Brief eines reisenden Dänen. HA V. S. 881.

[453]   Goethe: Über Laokoon. MA 4.2. S. 73.

[454]   Ebd. S. 77.

[455]   Ebd. Hervorhebung i. Orig.

die sich zusammen, teils sinnlich teils geistig, dem Beschauer darbieten«,[456] also auch hier – in Gegensatzpaaren ausgedrückt – die Gleichzeitigkeit von Antagonismen. Diese stellen offenbar für Goethe das Anmutige der Plastik dar, wo Schiller Anmut allein an Menschen und deren willkürliche Bewegungen knüpft.[457] Zudem beziehe sich diese Beweglichkeit bei gleichzeitiger Ruhe am besten auf ein ›geschlossenes‹ Kunstwerk. Dabei verweist Goethe interessanterweise auf die Büste der Juno Ludovisi, über die bereits Schiller gesagt hat, sie sei eine »völlig geschlossene Schöpfung«.[458]

In dem Augenblick aber, in dem Goethe auf die Laokoon-Gruppe zu sprechen kommt, verrät er, dass er im Sinn der Autonomieästhetik Moritzscher Prägung argumentiert. Er entkleidet die Plastik radikal aller Mythologie, um sie in ihrem Eigenwert zu besprechen:

> Die Bildhauerkunst wird mit Recht so hoch gehalten, weil sie die Darstellung auf ihren höchsten Gipfel bringen kann und muß, weil sie den Menschen von allem, was ihm nicht wesentlich ist, entblößt. Sie ist auch bei dieser Gruppe, *Laokoon* ein bloßer Name; von seiner Priesterschaft, von seinem trojanisch-nationellen, von allem poetischen und mythologischem Beiwesen haben ihn die Künstler entkleidet, er ist nichts von allem, wozu ihn die Fabel macht, es ist ein Vater mit zwei Söhnen, in Gefahr zwei gefährlichen Tieren unterzuliegen.[459]

Sehr viel weiter kann man sich kaum von Schiller entfernen. Dieser benötigt unter allen Umständen die Einbettung dieser Figuration in den Mythos, da nur so auf die Erhabenheit, die Erhebung über akutes Leid, verwiesen werden kann. Handelt es sich ›nur‹ um einen Vater mit zwei Söhnen, kommt ein Autor, für den das Kunstwerk als reales Objekt ohne jeden Belang ist, dem jede Lust fehlt, es selbst in Augenschein zu nehmen und zu beschreiben, ins Straucheln, was die eigene Argumentation anbelangt. Bleibt der Mythos unerreichbar, zielen alle Brechungen und Spiegelungen ins Leere und die Funktionalisierung als Allusion bricht in sich zusammen.

Gerade darin ist jedoch Goethe das Gegenteil Schillers. Goethe hat nicht nur den Gipsabguss in Mannheim gesehen,[460] er kann auch mit eigenen Betrachtungen der originalen Kunst aus Marmor aufwarten:

> Um die Intention des Laokoons recht zu fassen, stelle man sich in gehöriger Entfernung, mit geschlossenen Augen, davor, man öffne sie und schließe sie sogleich wieder so wird man den ganzen Marmor in Bewegung sehen, man wird fürchten, indem man die Augen wieder öffnet, die ganze Gruppe verändert zu finden. Ich möchte sagen, wie sie jetzt dasteht, ist sie ein fixierter Blitz, eine Welle, versteinert im Augenblick, da sie gegen das Ufer anströmt. Dieselbe Wirkung entsteht, wenn man die Gruppe Nachts bei der Fackel sieht.[461]

Wo also Schiller eine ›ästhetische Erziehung‹ anstrebt, erteilt Goethe Unterricht im korrekten Betrachten eines Kunstwerks; eines marmornen allerdings, wie eigens betont wird. Zu-

---

[456]   Ebd.
[457]   Vgl. Schiller: Anmut und Würde. HA V. S. 437.
[458]   Schiller: Ästhetische Erziehung. HA V. S. 618. Vgl. Goethe: Über Laokoon. MA 4.2. S. 78.
[459]   Goethe: Über Laokoon. MA 4.2. S. 78.
[460]   Vgl. Schiller: Brief eines reisenden Dänen. HA V. Hier: Kommentar. S. 1281.
[461]   Goethe: Über Laokoon. MA 4.2. S. 81. Vgl. auch ebd. Hier: Kommentar. S. 985. Anmerkung zu S. 81,28.

dem verweist Goethe an der Stelle auf die Idee des ›prägnante Augenblicks‹ wie ihn Lessing fasst, als ein Moment, der einen transitorischen Augenblick auf Dauer stelle,[462] so dass mit jedem Blinzeln ein Fortschritt erahnbar werde. Da Goethe zudem vom ›Marmor in Bewegung‹ spricht und gleichzeitig von einer ›versteinerten Welle‹, ist es wiederum ein Auflösungsprozess, der bei der Betrachtung des Kunstwerks im Gange ist. Ihm gelingt dies in sinnlich nachvollziehbarer Weise, allein Schiller muss sich dabei auf die Sprache verlassen, die aufgrund ihrer Semantik für eine solche einstehen soll, indem die richtigen Wörter in den Text eingebunden werden.

Wie bereits oben angedeutet, sind die Kinder in der Plastik Goethe mehr als eine Erwähnung im Nebensatz wert; an ihnen und dem Vater beschreibt er das Verfahren einer Gradation des Leidens:

> Der Zustand der drei Figuren ist mit der höchsten Weisheit stufenweise dargestellt, der älteste Sohn ist nur an den Extremitäten verstrickt, der zweite öfters umwunden, besonders ist ihm die Brust zusammengeschnürt, durch die Bewegung des rechten Arms sucht er sich Luft zu machen, mit der linken drängt er sanft den Kopf der Schlange zurück, […]. Der Vater hingegen will sich und die Kinder von diesen Umstrickungen mit Gewalt befreien, er preßt die andere Schlange, und diese, gereizt, beißt ihn in die Hüfte.[463]

Hieran lässt sich erkennen, dass es Goethe um das Kompositionsprinzip der gesamten Gruppe geht – nicht allein um den Vater und eventuelle übersinnliche Gehalte, die sich in der Plastik ausdrücken. Das Verderben, welches über diese drei Menschen hereinbricht, trifft nicht alle gleichzeitig und nicht alle gleich stark. Goethe spricht von den ›Stufen‹, in denen sich die Darstellung des Leidens anzeigt: der eine Sohn wirkt so, als könne er noch entkommen, der Vater in der Mitte versucht, die angreifenden Schlangen abzuwehren, während aber für den dritten Sohn bereits jede Hilfe zu spät zu kommen scheint. Damit ist in einer Weise das Kunstwerk als solches ernstgenommen, wie es Schiller nicht nur nicht gelingen kann, weil ihm das Interesse fehlt, sondern auch, weil sich seine literarischen Vorlagen, sowohl überwiegend Winckelmann als auch in *Über das Pathetische* Vergil, vor allem auf Laokoon selbst beziehen und die Kinder kaum mehr als Beiwerk sind.

Ich gehe nicht mehr im Einzelnen auf Goethes Beschreibung der Laokoon-Figur ein. Nur so viel: Auch sie verdankt sich einer genauen Autopsie des Kunstwerks als solchem.[464] Der wesentliche Unterschied zwischen dieser und der Beschäftigung Schillers mit Laokoon liegt darin, dass Goethe erst im Nachhinein auf den übersinnlichen Gehalt der Statue eingeht. Er betont damit das sinnliche Primat der Anschauung vor aller idealistischer Deutung eines Kunstwerks.

Man darf also festhalten, dass im 18. Jahrhundert selbst die Äußerungen zu Laokoon zahlreich werden und dass darüber hinaus die Perspektiven sich ebenfalls mehren; vermutlich ist seither die Laokoon-Gruppe die am meisten besprochene Plastik. Schiller hat sich dieser

---

[462] Vgl. Lessing, Gotthold Ephraim: Werke und Briefe in zwölf Bänden. Hrsg. v. Wilfried Barner u.a. Frankfurt a.M. 1985ff. Bd. 5/2. Lakoon. Briefe, antiquarischen Inhalts. Hrsg. v. Wilfried Barner. Frankfurt a.M. 1990. (= B 5/2). Hier besonders: S. 32.

[463] Goethe: Über Laokoon. MA 4.2. S. 81.

[464] Vgl. ebd. S. 82.

Statue ebenfalls nicht entzogen, jedoch ausschließlich deshalb nicht, weil diese so mustergültig etwas zu verkörpern scheint, was für ihn ein wesentliches Element der Ästhetik ist.
Das Erhabene, oder: die sittliche Erhebung des Individuums über die sinnlichen Affekte,
beschäftigen ihn über einen langen Zeitraum. Vom frühen Nachdenken über die Tragödie,
über die Zeit als Historiker – nicht zuletzt unter dem Stichwort von der ›Geschichte als erhabenem Objekt‹,[465] als ästhetischer Philosoph und wiederum als praktischer Dramatiker.
Dabei, jedoch, darf nicht vergessen werden, dass auch das Erhabene kein Übergewicht bekommen darf, denn es spricht immerhin nur die eine Natur des Menschen an. Gerade aus
dem bei Schiller vorherrschenden anthropologischen Denken lässt sich erschließen, dass
zwar das Schöne des Erhabenen zur Ergänzung bedarf – umgekehrt gilt dies aber ebenso.

Dabei hat es sich gezeigt, dass Schillers Zugriff auf den Laokoon als paradigmatischem
Bildgeber für den Komplex des Erhabenen eine merkliche Vielgestaltigkeit aufweist, die zugleich ins Vage kippt. Während in der frühen Beschäftigung innerhalb des *Brief eines reisenden Dänen* alles darauf hindeutet, das Kunstwerk mittels seiner Auflösung handhabbar
zu machen, sind es in den 1790er Jahren vor allem Strategien der Spiegelung und Brechung,
um es zu depotenzieren. Damit aber ist das Kunstwerk gleichsam aus dem Weg geräumt, es
lässt großen interpretatorischen Spielraum – und gleichzeitig ist es als Allusion, als Andeu-
tung im Text vorhanden, um so innerhalb des Rezipienten ein Bild zu evozieren, worauf
sich die sprachliche Auseinandersetzung wiederum stützt. Am deutlichsten wird das vielleicht in *Über Anmut und Würde*, worin die Winckelmannsche Beschreibung verdeckt zitiert wird, aber gleichzeitig jedem Leser die Plastik ›vor Augen steht‹.

Besonders mit einer Kontrafaktur, wie sie Goethes Aufsatz *Über Laokoon* darstellt, wird
das genuin Schillersche Verfahren ersichtlich. Es ist nicht *Laokoon*, worauf er sich bezieht,
es ist die Vorstellung des Lesers von Laokoon, die angesprochen wird und als Teil der Argumentation in diese hineingezogen wird. Zumal sich Schiller Laokoon allein literarisch
vermittelt nähert, innerhalb eines Bereiches also, dem er, im Gegensatz zur bildenden
Kunst, etwas abgewinnen und mit dem er arbeiten kann.

---

[465]   Vgl. Riedel, Wolfgang: »Weltgeschichte ein erhabenes Object«. Zur Modernität von Schillers Geschichtsden-
ken. In: Prägnanter Moment. Studien zur deutschen Literatur der Aufklärung und Klassik. Festschrift für
Hans-Jürgen Schings. Hrsg. v. Peter-André Alt, Alexander Košenina, Hartmut Reinhardt, Wolfgang Riedel.
Würzburg 2002. S. 193-214.

5 Abschließende Einblicke in Schillers Kunstverständnis und Ausblicke auf seinen *Propyläen*-Beitrag

Diese Arbeit ist von der Prämisse ausgegangen, es könne schlichtweg kein Zufall sein, dass Schiller, der von sich selbst sagt, kein Interesse an der bildenden Kunst zu besitzen, selbige doch in seinen ästhetischen Schriften erwähnt. Zudem nicht einfach nur erwähnt, sondern an signifikanten Stellen auf Kunstwerke verweist. Zurecht kann man daher von der ›Scharnier‹-Funktion sprechen, die die Kunstwerke erfüllen. In dem Moment, in dem Schillers Argumentation sich in einem angestrengten Antagonismus aufzulösen beginnt, weil die mühsame Oszillation zwischen ›Anmut‹ und ›Würde‹, zwischen ›Stofftrieb‹ und ›Formtrieb‹ zusammenzubrechen droht, da Schiller die Gleichzeitigkeit der Gegenteile postuliert, die sie mehr oder minder zusammenzwingt, treten die Kunstwerke der Antike auf und stehen nebenher ein für die behauptete Vereinigung. In diesem Muster stehen die Juno Ludovisi in der *Ästhetischen Erziehung des Menschen in einer Reihe von Briefen*, darin findet sich auch die Nennung des belvederischen Apoll, der Niobe und anderer in *Über Anmut und Würde*.

Damit ist aber lediglich das Verfahren für jene Kunstwerke beschrieben, die dort aufgerufen werden, wo sie bereits in ihrer Makrostruktur antagonistisch aufgefasst werden. Erfasst ist damit nicht die Funktionalisierung der Kunst im *Brief eines reisenden Dänen* und diejenige des Laokoon, der sich in mehreren Schriften findet, in denen Schiller über das Erhabene nachdenkt – oder auch als Figuration der Würde, ohne jedoch zugleich die Vereinigung mit der Anmut zu meinen. Trotzdem sollen in beiden Fällen die Kunstwerke Vereinigungen darstellen.

Im *Brief eines reisenden Dänen* geschieht dies vor allem dadurch, dass sich die Aufzählung der Kunst einerseits einer theatralischen Inszenierung unterwirft, so dass mit der Betonung von Herkulesfigurationen eine mythologisch verdoppelte Figur – zur Hälfte Mensch, zur anderen Hälfte Gott – als Bild für den anthropologischen ›Ganzen Menschen‹ einsteht. Daneben wird bei der Beschreibung der Kunstwerke in eminent hervorstechender Weise die Auflösung der einzelnen Statue betont, indem sich im Blick des ›Dänen‹ nicht allein die Konturen der jeweiligen Plastiken ›ineinander‹ zu ›schmelzen‹ scheinen, sondern auch Schiller die Winckelmannschen Vorgaben miteinander vermischt. Es ist zu sehen, dass in der Schilderung des belvederischen Apoll Elemente der Torsobeschreibung Winckelmanns durchscheinen – wo sie im Auge eines echten Kunstfreundes fehl am Platz sind. Denn immerhin soll Apoll die höchste (männliche) Schönheit figurieren, allein deshalb bereits, weil dieser, als Gott von Natur aus, allem Menschlichen überhoben sei. In der Beschreibung des ›Dänen‹ wiederum wird er mittels der Vermischung mit Elementen eines Halbgottes zumindest punktuell in die menschliche Sphäre zurückgeholt – was in dessen Augen auch den Apoll als eine gemischte Figur auszeichnet.

Mit einem vergleichbaren Impetus ist bereits der Beginn des *Briefs* gekennzeichnet als eine ins Satirische spielende Umdeutung der Winckelmannschen Vorgaben. Nicht nur, dass Schiller ›ausgerechnet‹ einen ›Dänen‹ zum reisenden Kunstfreund – da es besonders der nordische Mensch in den Augen des Vorbildes an Kunstverstand mangeln lasse – stilisiert, es ist ebenso ein pathologisiertes Bild Italiens, die der von dort zurückkehrende ›Däne‹ mit medizinischem Blick schildert. Mit der beschriebenen Reise in den Süden habe sich der Blick des ›Dänen‹ dahingehend geklärt, dass er neben dem ›Palast‹ auch die elende ›Hütte‹ wahrnimmt, dass er nicht nur das ›lebhaft gerötete Gesicht‹ sieht, sondern auch die ›gefräßige Würmerwelt der Verwesung‹, die damit verborgen werde. Aus dem einstigen Sehnsuchtsland des Kunstenthusiasten ist, vermittelt in der durchaus drastisch zu nennenden medizinischen Umdeutung der dortigen Gegebenheiten, erneut eine Mischung von Gegensätzlichem geworden. Nicht nur das Licht wird gezeigt, auch der Schatten; nicht nur die schöne, lebenspralle Menschheit, sondern auch die von Krankheit und Verwesung bedrohte.

Es ist, wie zu erkennen gewesen ist, gerade diese Schrift aus dem Jahr 1785, in welcher Schiller die anthropologischen Prämissen, die er aus seiner Zeit in der Karlsschule mit in sein übriges schriftstellerisches Leben nimmt, auf ein Themengebiet überträgt, in dem er, oberflächlich betrachtet, ›nicht in seinem Feld‹ gewesen ist. Jedoch ist in ebensolcher Deutlichkeit zu sehen, dass er dieses für ihn Fremde ›in sein Thema‹ hineinzieht, dass er sich dieses Thema anverwandelt und zu etwas Eigenem macht.

In vergleichbarer Weise anverwandelt er sich außerdem den Laokoon aus der gleichnamigen Gruppe. Dieser ist schon von Winckelmann unter der Idee des Erhabenen verhandelt worden; als die mustergültige plastische Darstellung des Menschen, der sich im Augenblick des andrängenden Todes nicht dem Schmerz und der Agonie des körperlichen Hinscheidens ergibt, sondern geistige Überlegenheit bewahrt, indem er auf dem Gesicht eine ›heitere Ruhe‹ zeige. Schiller übernimmt zwar die Winckelmannsche Beschreibung dieser Figur mehrfach und zum Teil sehr wörtlich – oder er verwendet immerhin wiedererkennbare Bestandteile, wenn er eine verkürzte Schilderung wie im *Brief* bietet –, aber auch hier ist eine Anverwandlung auszumachen. Der Zusammenhang des Bildgegenstandes zu dem, was Schiller interessiert, ist im Fall des Laokoon wesentlich ersichtlicher als bei den übrigen Kunstgegenständen. Aber da es sich um Kunst handelt, ist er schließlich immer noch nicht ›in seinem Feld‹.

Dieses Problem wird dadurch gelöst, dass Schiller wiederum das Kunstobjekt depotenziert. Dabei umstellt er Laokoon mittels mehrfacher literarischer Brechungen und Spiegelungen, dass die konkrete Plastik gleichsam aus dem Blick des Lesers getilgt wird. Stattdessen wird von ihm ein durch Literatur vermitteltes Bild in dessen Bewusstsein hervorgerufen, an das Schiller seine Interpretationen andocken lassen kann. Man kann es nicht anders sagen: Laokoon, dasjenige Kunstwerk, das Schiller am häufigsten nennt, ist als reales Kunstobjekt von keinerlei Bedeutung; allein die in Sprache umgesetzte Deutung ist für Schiller verfügbar und erscheint als solche in dessen ästhetischen Schriften.

Das Muster, auf dem diese Anverwandlung der Kunst gelingt, ist ein zuvor mehrfach angewendetes Verfahren. Bereits in der Karlsschule hat Schiller gezeigt, dass er Thesen seiner Vorläufer eklektisch aufnimmt – jeweils nur dasjenige, was in seine eigene Argumentationen einzufügen ist –, aber nicht in einem bloßen Abbildungsverhältnis. Vielmehr beginnt er bereits dort mit einer verhaltenen Umwandlung in Eigenes. Dieses Verfahren ist in besonderem Maß in seinem Umgang mit Kant zu beobachten. Schiller übernimmt Begriffe, Vorstellungen, Argumente, amalgamiert sie jedoch mit den bereits in ihm existierenden

Vorstellungen. Man kann ihm dabei vorwerfen, Kant misszuverstehen. Allerdings wäre dies lediglich ein oberflächlicher Blick, da Schiller ohnehin lediglich das von Kant übernimmt, das sich mit seinen eigenen Thesen verträgt. Hinzu kommt, dass sich die Spur Kants im Verlauf der ästhetischen Schriften abschwächt; spätestens seit in der *Ästhetischen Erziehung* das geschichtliche Paradigma als Strukturelement aufscheint.

In ähnlicher Weise ist seine Auseinandersetzung mit Fichte zu sehen. Aus der Perspektive eines Fachphilosophs mag Schiller zu unpräzise argumentieren, indem er zu ›bildlich‹ philosophiert. Jedoch ist Schiller kein Bewohner des Hauses der Philosophie sondern ausschließlich Besucher. Es ist darüber hinaus auch zu sehen, dass sich die Kritikpunkte, die Schiller an Fichtes Beitrag *Über Geist und Buchstab in der Philosophie* erkennt, aus einem Festhalten an der anthropologischen Doppelnatur des Menschen speisen. Mit Schiller lässt sich Fichte durchaus vorwerfen, dass er das geistige Vernunftsubjekt zu stark betone und darüber das Sinneswesen vergesse. Mithin, so meine ich, lässt sich der Streit auf diese Ebene beziehen und bewegt sich, was die Bildlichkeit des Philosophierens oder dessen Mangel daran betrifft, nur an der Oberfläche.

Es gibt, so meine ich, stichhaltige Gründe dafür, das Verhältnis Schillers zur bildenden Kunst anders als nur negativ zu sehen. Aus dem Blickwinkel der zeitgenössischen Kunstbegeisterung ist Schiller gewiss marginal; andere Autoren, nicht zuletzt der Weimarer Freund Goethe, zeigen in ihren Schriften ein weit größeres Interesse an dieser. Aber die Pejoration dieses Verhältnisses verkennt, dass Schiller einen eigenen Zugang zur Kunst gefunden hat, der nicht über das Objekt verläuft, sondern über dessen literarischer Vermittlung. Schiller hat also ganz recht, wenn er Wilhelm von Humboldt oder Johann Christian Reinhart gegenüber davon spricht, kein Interesse an der Kunst zu haben. Gleichwohl interessiert er sich für die Literarisierung der Kunst ebenso wie für den Mythos, auf dem Figurationen vielfach beruhen. – Man denke hier an den so lange Jahrhunderte gültigen horazischen Grundsatz ›ut pictura poesis‹. – Schiller Zugang zur Kunst geschieht durch die Literatur und in der Literatur, so dass bei ihm wiederum Literatur entsteht. Kunst ist im Schillerschen Blickwinkel also vor allen Dingen ›Kopfgeburt‹. Damit unterliegt sie zugleich der üblichen Handhabbarkeit der Literatur: sie wird zitierbar und nicht zuletzt anverwandelbar. Schiller muss lediglich den Kontext anpassen, in dem er Kunstwerke nennt, und sie werden ›Scharniere‹ der Argumentation; oder er muss sie in bestimmter Weise inszenieren, um aus ihnen Garanten der anthropologischen Doppelnatur des Menschen zu machen.

Zuletzt stellt sich noch eine Frage: Was ist mit Schillers Beitrag *An den Herausgeber der Propyläen*?[1] Es handelt sich dabei immerhin um denjenigen Text Schillers, in dem er, eineinhalb Dekaden nach dem *Brief eines reisenden Dänen*, zum letzten Mal explizit von und

---

[1]   Vgl. Schiller, Friedrich: An den Herausgeber der Propyläen. In: Ders.: Sämtliche Werke in 5 Bänden. Auf der Grundlage der Textedition von Herbert G. Göpfert hrsg. v. Peter-André Alt, Albert Meier und Wolfgang Riedel. München 2004. Bd. V. Erzählungen. Theoretische Schriften. Hrsg. v. Wolfgang Riedel. München ²2008. (= HA V). S. 891-902. (Künftig zitiert als: Schiller: Propyläen. HA V.) Vgl. ebenso: Schiller, Friedrich: An den Herausgeber der Propyläen. In: Klassik und Klassizismus. Hrsg. v. Helmut Pfotenhauer, Peter Sprengel unter Mitarbeit v. Sabine Schneider, Harald Tausch. Frankfurt a.M. 1995. (= Bibliothek der Kunstliteratur. Bd. 3). S. 460-472. (Künftig zitiert als: Schiller: Propyläen. KuK.)

über bildende Kunst spricht. Es lässt sich fragen, ob es einen Unterschied bedeutet, dass Schiller in diesem Fall von zeitgenössischer klassizistischer Kunst spricht anstatt von antiker. Betrachtet man sich den Text, so fällt auf, dass scheinbar alles beim Alten ist, wenn Schiller über Kunst spricht.

Wie so oft, wenn sich Schiller über bildende Kunst hören lässt, betont er, dass er ›nicht auf seinem Felde‹ sei,[2] dass von ihm also keine Expertise über die vorliegende Kunst zu erwarten sei. Überhaupt ist dieser Beitrag vor allem auf Bitten Goethes hin entstanden, so dass Schiller ausführt, dass das Schreiben desselben ›nicht aus seinem Trieb‹, heute sagt man eher Antrieb, geschehen sei.[3] Was also bedeutet es für die Betrachtung der Kunst durch Schiller, wenn er sich von Goethe dazu gedrängt fühlt und entgegen des eigenen Wunsches sich trotzdem dem Unterfangen stellt? Kann man diesen spezifischen Beitrag ebenso lesen wie die früheren, also den *Brief eines reisenden Dänen* oder die Reihe der ästhetischen Schriften der mittleren 1790er Jahre, allen voran *Über Anmut und Würde* sowie *Über die ästhetische Erziehung ein einer Reihe von Briefen*? So viel sei vorweggenommen: Ich denke nicht, dass man den *Propyläen*-Beitrag ebenso lesen kann, da es trotz aller Vergleichsmöglichkeiten signifikante Unterschiede gibt.

Die oberflächlichen Ähnlichkeiten gerade zum *Dänen-Brief* sind eklatant: Ein Besucher der ausgestellten Werke des Weimarer Preisausschreibens von 1800 betrachtet diese und tut dem lesenden Publikum seine Eindrücke kund. Dieses Mal allerdings hat Schiller keinen fingierten Kunstenthusiast dazwischengeschaltet, er tritt ohne Maske auf. Und doch fühlt sich der Leser an den Rundgang zurückerinnert, wie ihn der Däne im Mannheimer Antikensaal erlebt haben will. Schiller gibt allgemeine Hinweise zu seinem Kunstverständnis dem Leser an die Hand, bevor er mit der Besprechung der einzelnen Werke beginnt.

Dabei kann man beinahe wörtliche Wiederholungen erkennen. Der Brief *An den Herausgeber der Propyläen* – also Goethe – beginnt mit den Worten: »Ich komme von Betrachtung der Bilder zurück, die durch Ihre zwei letzten Preisaufgaben veranlaßt wurden, und noch lebhaft mit diesen Eindrücken beschäftigt, versuche ich es, die Gedanken zu ordnen und auszusprechen, […].«[4] Der Däne wiederum schreibt als Eröffnung in die eigentliche Kunstbetrachtungen, nachdem er seinen kontrastiven Beginn abgeschlossen hat: »Ich komme aus dem Saal der Antiken zu Mannheim.«[5] Im Absatz zuvor heißt es: »Heute endlich habe ich eine unaussprechlich angenehme Überraschung gehabt. Mein ganzes Herz ist davon erweitert. Ich fühle mich edler und besser.«[6] Beide Texte also beginnen mit der Versprachlichung eminenter Kunsteindrücke im Betrachter, mit dem kleinen Unterschied jedoch, dass der Däne im Herz getroffen wird, während der spätere Schiller vor allen Dingen seine Gedanken ordnen will. Der Kunsteindruck ist also im Verlauf der Jahre vom Herz ins Hirn verlagert worden.

---

[2] Vgl. Goethe, Johann Wolfgang: Sämtliche Werke nach Epochen seines Schaffens. Münchner Ausgabe. Hrsg. v. Karl Richter u.a. München 1985ff. Bd. 8.1. Briefwechsel zwischen Schiller und Goethe in den Jahren 1794 bis 1805. Teilband I. Text. Hrsg. v. Manfred Beetz. (= MA 8.1). Hier: Brief Schillers an Goethe vom 29.9.1800. S. 821. (Künftig zitiert als: Schiller-Goethe Briefwechsel. MA 8.1.)

[3] Vgl. ebd. Brief Schillers an Goethe vom 1.10.1800. S. 824f. Hier: S. 824.

[4] Schiller: Propyläen. HA V. S. 891f.

[5] Schiller, Friedrich: Brief eines reisenden Dänen. Der Antikensaal zu Mannheim. HA V. S. 879-884. Hier: S. 880.

[6] Ebd. S. 879.

Hinzu kommt eine weitere Analogie beider Kunstbetrachtungen: Der Däne spricht bereits zu Beginn im Kontext seiner emotionalen Ergriffenheit von einer »unaussprechlich angenehme[n] Überraschung«.[7] Er ruft also den Unsagbarkeitstopos noch vor aller Beschreibung der Kunsteindrücke im Mannheimer Antikensaal auf und lässt darüber hinaus gerade mit Blick auf den Laokoon und den Torso Manches ungesagt; er ›ahndet‹[8] vielmehr. Schiller wiederum endet seinen *Propyläen*-Beitrag mit dem Unsagbarkeitstopos: »[…] der edle Stil, die Einheit, die leichte Hand, die Reinlichkeit und Anmut in der Behandlung kann nur empfunden, nicht durch Worte ausgedrückt werden.«[9] Strukturell ähneln die beiden Texte einander, wenn man den Gestus des Überwältigtseins beziehungsweise die Ergriffenheit des Herzens mit dem gleichzeitigen Gefühl vergleicht, nicht die rechten Worte für diese Empfindungen zu treffen. Ebenso, was den vermeintlichen oder wirklichen Rundgang durch eine Ausstellung anbelangt.

Besieht man sich die Wortwahl des *Propyläen*-Beitrags, so fällt auf, dass Schiller hier das gesamte Begriffsrepertoire verwendet, welches er sich in den Jahren seiner philosophisch-ästhetischen Beschäftigungen angeeignet hat. So ist vom »naiven und seelenvollen Empfindungsgemälde«[10] in Bezug auf den Abschied Hektors die Rede, was mit Schillers Differenzierung von ›naiver‹ und ›sentimentalischer‹ Dichtung zusammenhängt; es geht um die richtige »Wahl des Moments«[11] – oder des ›prägnanten Moments‹, sofern man Lessings Ausführungen zu Grunde legt; er spricht vom »pathetischen Charakter«,[12] den ein Bild zur Preisaufgabe *Ulyß und Diomed* haben kann, sowie von der »sinnlichen Bedeutsamkeit und der Würde«.[13] Das Siegerbild zu dieser Aufgabe wiederum sei dadurch gekennzeichnet, dass »[a]lle Partien des Bildes« »in einer angenehmen Harmonie von Licht und Schatten und Reflexen ineinander« »schmelzen«.[14] Bei den Arbeiten zu *Hektors Abschied* wiederum sei »der *sentimentalische* Hang der Nation und des Zeitalters zu fürchten«[15] gewesen, dabei gehe es besonders um die »Einheit des Bildes«,[16] um in wahrhaftiger Weise »das Pathetische der Situation«[17] darzustellen; »[a]uf der andern Seite sollte sich der Held über den Schmerz erhaben zeigen.«[18] Es gehe um den »guten Geschmack« und die »edlere Behandlung« des Stoffes.[19] Zuletzt, im Umfeld des abschließenden Unsagbarkeitstopos, ist noch von der »Anmut«[20] die Rede.

Man sieht selbst bei einem schnellen, kursorischen Blick über diesen Text eine regelrechte Kaskade von Begriffen, die man seit Jahren von Schiller her kennt. Hinzugekommen

---

[7] Ebd.
[8] Vgl. ebd. S. 884.
[9] Schiller: Propyläen. HA V. S. 902.
[10] Ebd. S. 892.
[11] Ebd. S. 893.
[12] Ebd.
[13] Ebd. S. 894.
[14] Ebd. S. 896.
[15] Ebd. S. 897. Hervorhebung i. Orig.
[16] Ebd.
[17] Ebd. S. 898.
[18] Ebd.
[19] Ebd. S. 901.
[20] Ebd. S. 902.

ist allein eine Ausführung zum Symbol, welche erst im Zusammenspiel mit Goethe entwickelt worden ist, hier am Beispiel eines Hektor-Bildes:

> Ganz mit der weisen Bedeutsamkeit der Alten hat uns hier der Künstler die Situation mehr durch symbolische Zeichen als durch Nachahmung des Wirklichen vorgebildet. Alles stellt mehr vor, als es ist; es gilt zwar für sich selbst und weist doch auf etwas andres hin, es ist nur der sinnvolle Buchstabe, in welchem der Geist verhüllt liegt.[21]

Das jedoch, was das Symbol leistet, dass der Signifikant sowohl für das Signifikat als auch ein Mehr steht, führt wieder zurück auf kunsttheoretische Pfade, die Schiller seit Winckelmann wohlvertraut sind. Es handelt sich, in anderen Worten, um Winckelmanns Verdikt: »Der Pinsel, den der Künstler führet, soll im Verstand getunckt seyn, wie jemand von dem Schreibe-Griffel des Aristoteles gesagt hat: Er soll mehr zu dencken hinterlassen, als was er dem Auge gezeiget, [...].«[22] Freilich präferiert Winckelmann noch die Allegorie.[23]

Es ist ebenfalls wenig erstaunlich, dass Schiller die *Idee* eines Kunstwerks höher schätzt als ihre Ausführung. Daher kommt Schiller hier, wie auch sonst, nur am Rande auf das Gemachtsein der Kunst zu sprechen. Da er allerdings mehrfach die Licht- beziehungsweise die Figurenkomposition zur Sprache bringt, finden hier, wie zuvor nur im *Dänen-Brief*, die Kunstwerke als solche Eingang in seinen Text.[24]

Es lässt sich einwenden, dass das Besondere an Schillers *Propyläen*-Beitrag sei, dass er seinen Finger gerade in die Wunde legt, die Meyers Themenauswahl gerissen hat. Es heißt dort nämlich zur zweiten Aufgabe: »Die andere Ulyß und Diomed, welche das trojanische Lager nächtlich überfallen, den Rhesus mit seinen Gesellen ermorden und die schönen Pferde erbeuten.«[25] Meyer wählt also für eine klassizistische Preisaufgabe in bildender Kunst eine *Mord*-Szene – und das, wo der Klassizismus sonst gerne sich am ›Guten, Wahren und Schönen‹ aufrichtet. Gerade an dieser prekären Problemstelle arbeitet sich Schiller in seinem Beitrag deutlich ab, da er erkennt, eine solche Szene in künstlerischer Darstellung – und damit, um mit Lessing zu sprechen, auf Dauer gestellt – erwecke »einen widrigen Eindruck auf das Gefühl«, denn »die nächtliche Ermordung schlafender Menschen hat etwas Schändendes für einen Helden.«[26] Das Betonen der prekären Situation ist vielleicht das, was man in diesem Text als das spezifisch Schillersche ansehen kann; immerhin hat sich Schiller seinen eigenen Ansatz für seinen Beitrag gegenüber Goethe ausbedungen.[27] Im Arbeiten an der künstlerischen Bewältigung eines nächtlichen Mordes zeigt sich die Kontur des Schil-

---

[21] Ebd. S. 900.
[22] Winckelmann, Johann Joachim: Gedancken über die Nachahmung der Griechischen Wercke in der Mahlerey und Bildhauer-Kunst. In: Frühklassizismus. Position und Opposition: Winckelmann, Mengs, Heinse. Hrsg. v. Helmut Pfotenhauer, Markus Bernauer, Norbert Miller unter Mitarbeit v. Thomas Franke. Frankfurt a.M. 1995. (= Bibliothek der Kunstliteratur. Bd. 2). S. 9-50. Hier: S. 50. (Künftig zitiert als: Winckelmann: Gedancken.) Vgl. auch: Schiller: Propyläen. KuK. Hier: Kommentar. S. 817.
[23] Vgl. Winckelmann: Gedancken. S. 50.
[24] Vgl. Schiller: Propyläen. KuK. Hier: Kommentar. S. 817f.
[25] Ebd. S. 814.
[26] Schiller: Propyläen. HA V. S. 893.
[27] Vgl. Schiller-Goethe Briefwechsel. MA 8.1. Brief Schillers an Goethe vom 13.9.1800. S. 812f. Hier: S. 813.

lerschen Klassizismus, der deutlich spannungsvoller ist als der eines Heinrich Meyers – besonders da Schiller dem ›Charakteristischen‹ Alois Hirts Einiges abgewinnen kann.[28]

Gleichwohl ist dieser Ansatz bei Schiller ebenso vorgeprägt wie die verwendeten Begrifflichkeiten seines Beitrags. Man erinnere sich: Zu Beginn seiner Abhandlung *Über Anmut und Würde* legt Schiller jenen Mythos aus, in dem Juno sich den Gürtel des Liebreizes beziehungsweise der Anmut von Aphrodite ausleiht. Im Zuge dessen folgert Schiller bekanntlich:

> Die Schönheitskönigin kann aber doch ihren Gürtel entäußern und seine Kraft auf
> das Minderschöne *übertragen.* Anmut ist also kein *ausschließendes* Prärogativ des
> Schönen, sondern kann auch, obgleich immer nur aus der Hand des Schönen, auf
> das Minderschöne, ja selbst auf das Nichtschöne übergehen.[29]

Das Verleihen der Anmut an das Nichtschöne ist, so betrachtet, die Vorprägung dessen, was Schiller angesichts der Ermordung von Rhesus und seinen Mannen schreiben wird. Anders gesagt: Das, was Schillers *Propyläen*-Beitrag besonders macht, was sein Klassizismusverständnis sehr viel interessanter, weil spannungsvoller, sein lässt, ist eine gewandelte Wiederaufnahme älterer Gedanken. Es zeigt sich einmal mehr die Kontinuität in Schillers Denken und Schreiben – auch im Hinblick auf bildende Kunst.

Wo aber liegen die wesentlichen Unterschiede, die mich die Betrachtung dieses Textes an den Schluss haben setzen lassen? Ich sehe ihn vor allem in der unterschiedlichen Intention dieses Textes im Vergleich mit den früheren, die Kunst betreffen. Schiller schreibt, dass er den Propyläen-Brief auf Betreiben Goethes verfasst, nicht aus eigenem Antrieb. Damit unterscheidet er sich allerdings fundamental von den anderen.

Wie zu sehen gewesen ist, schreibt Schiller den *Dänen-Brief* deshalb, weil er Beiträge für seine *Rheinische Thalia* benötigt. Es ist zwar auch für den Schiller des Jahres 1785 eigentümlich, dass er als Sujet gerade einen Rundgang im Mannheimer Antikensaal wählt – aber er anverwandelt sich das Sujet so vollkommen, dass man gerade nicht sagen kann, es handle sich um einen beliebigen Text der Kunstbegeisterung. Ohne den Mehrwert, den Schiller in seine Literarisierung legt, ist das Spezifische dieses ersten Kunsttextes nicht zu verstehen. Nicht nur, *dass* es eine literarische Kunstbetrachtung ist, die angesichts von Gipsabgüssen so tut, als stehe das erlebende Ich vor den römischen Marmorstatuen, sondern auch, *wie* das Dänen-Ich verfährt, indem die Kunstwerke zur Verfügungsmasse einer anthropologischen Aussage werden, zeichnen den *Dänen-Brief* aus und weisen ihm einen deutlich höheren Stellenwert in Schillers Schaffen zu als das bislang gesehen worden ist.

Ebenso haben die aufgerufenen Kunstwerke in den ästhetischen Schriften der 1790er Jahre eine ganz bestimmte Funktion, die ihnen Schiller unterlegt. Sie dienen vor allen Dingen als Scharnier, als Verbindungsstück der Argumentation, wenn zwei Gegensätze in ei-

---

[28] Vgl. ebd. Brief Schillers an Goethe vom 7.7.1797. S. 371-373. Vgl. ebenfalls: Schiller: Propyläen. KuK. Hier: Kommentar. S. 819f. Vgl. zudem: Pfotenhauer, Helmut: Würdige Anmut. Schillers ästhetische Verlegenheiten und philosophische Emphasen im Kontext bildender Kunst. In: Ders.: Um 1800. Konfigurationen der Literatur, Kunstliteratur und Ästhetik. Tübingen 1991. S. 157-178. Sowie: Hatfield, Henry: Schiller, Winckelmann, and the Myth of Greece. In: Schiller 1759/1959. Commemorative American Studies. Hrsg. v. John R. Frey. Urbana 1959. S. 12-35.

[29] Schiller, Friedrich: Über Anmut und Würde. HA V. S 433-488. Hier: S. 433f.

nem Dritten aufgehoben werden sollen. Dabei sind es nicht zuletzt zahlreiche Spiegelungen und Allusionen, die die genannten Kunstwerke als Kunstwerke depotenzieren, um sie so wieder auf den Myhos, also Literatur, zurückzuführen. Werke der bildenden Kunst sind für Schiller vor allem dann greifbar, wenn er sie reliterarisieren und sie seiner eigenen Sache einverleiben kann.

Gerade das aber fehlt im Brief *An den Herausgeber der Propyläen*. Es geht gerade nicht um eine Sache Schillers, sondern um eine Goethes. Schiller ist lediglich bereit, als Freundschaftsdienst Goethe eine Gefälligkeit zu erweisen. Liest man den Text aufmerksam genug, erkennt man, dass Schiller sich deutlich an den Mustern orientiert, wie er sie sich für den *Dänen-Brief* erarbeitet hat – auch das von der Textgattung her ein offener Brief. Ebenso stammen die verwendeten Begriffe, mit denen Schiller über die Kunstwerke spricht, aus der Zeit seines ästhetischen Philosophierens. Und doch steht bereits die hier zugrundeliegende Textgattung dagegen, dass Schiller die Kunstwerke zur Verfügungsmasse ›hinabwürdigen‹ kann.

Oberflächlich betrachtet liegt ein Brief vor wie 1785. Jedoch ist der ältere als literarischer Brief zu sehen, während hier für eine Rezension die Briefform gewählt wird. *An den Herausgeber der Propyläen* ist nämlich und zuallererst die Rezension über Kunstwerke einer Preisaufgabe für eine Zeitschrift. Hier kann es also nicht um eine Literarisierung gehen oder um einen philosophischen Gedankengang, für den die Kunstwerke herangezogen werden; die Bilder hängen ganz konkret und physisch in Weimar aus und stehen Besuchern offen. Schillers Beitrag kann also nur dann Wirkung unter den Zeitgenossen entfalten, wenn er sich an den vorhandenen Kunstwerken orientiert und sie in ihrem So-Sein bespricht – und nicht in einem Als-Ob-Sein. Schiller ist also in letzter Konsequenz auf die Kunstpräsenz der Ausstellung zurückgeworfen, weshalb sich in diesem spezifischen Fall eine Funktionalisierung der bildenden Kunst verbietet, ja verbieten muss. Sie ›funktioniert‹ schlichtweg nicht. Daher spielt es auch keine Rolle, dass es sich um zeitgenössische antikisierende Kunst im Gegensatz zu antiken römischen Kunstwerken handelt: Da es nicht um einen Argumentationszusammenhang geht, für den die bildende Kunst als Illustration dient, weil Schiller etwas anderes, etwas Drittes, sagen möchte, kommt es hier nicht zu einer Funktionalisierung der Kunst. Aus diesem Grund wiederum hat diese Schrift keinen Platz im Hauptteil der Arbeit finden können.

Gleichwohl ist es wünschenswert für eine spätere Arbeit, unter diesem Blickwinkel die Gemeinsamkeiten und Unterschiede dieser letzten Kunstschrift Schillers im Vergleich zu seiner ersten genauer herauszuarbeiten.

6 Literaturverzeichnis

6.1 Quellen

6.1.1 Schiller-Werkausgaben

Schiller, Friedrich: Sämtliche Werke in 5 Bänden. Auf der Grundlage der Textedition von Herbert G. Göpfert hrsg. v. Peter-André Alt, Albert Meier und Wolfgang Riedel. München 2004. (= HA).

– : Bd. I. Gedichte. Dramen 1. Hrsg. v. Albert Meier. München 2004. (= HA I).

– : Bd. II. Dramen 2. Hrsg. v. Peter-André Alt. München 2004. (= HA II).

– : Bd. IV. Historische Schriften. Hrsg. v. Peter-André Alt. München 2004. (= HA IV).

– : Bd. V. Erzählungen. Theoretische Schriften. Hrsg. v. Wolfgang Riedel. München ²2008. (= HA V).

Schiller, Friedrich: Werke und Briefe in zwölf Bänden. Hrsg. v. Otto Dann u.a. Frankfurt a.M. 1988ff. (= FA).

– : Bd. 8. Theoretische Schriften. Hrsg. v. Rolf-Peter Janz. Frankfurt a.M. 1992. (= FA 8).

– : Bd. 12. Briefe II. 1795-1805. Hrsg. v. Norbert Oellers. Frankfurt a.M. 2002. (= FA 12).

Schillers Werke. Nationalausgabe. Begründet v. Julius Petersen, fortgeführt v. Lieselotte Blumenthal u. Benno v. Wiese. Hrsg. im Auftrag der Stiftung Weimarer Klassik und des Schiller-Nationalmuseums Marbach v. Norbert Oellers. Weimar 1943ff. (= NA).

– : Bd. 22. Vermischte Schriften. Hrsg. v. Herbert Meyer. Weimar 1958. (= NA 22).

– : Bd. 27. Briefwechsel. Schillers Briefe. 1794-1795. Hrsg. v. Günter Schulz. Weimar 1958. (= NA 27).

– : Bd. 28. Briefwechsel. Schillers Briefe. 1.7.1795–31.10.1796. Hrsg. v. Norbert Oellers. Weimar 1969. (= NA 28).

– : Bd. 32. Briefwechsel. Schillers Briefe 1.1.1803-9.5.1805. Hrsg. v. Axel Gellhaus. Weimar 1984. (= NA 32).

– : Bd. 35. Briefwechsel. Briefe an Schiller. 25.5.1794–31.10.1795. In Verbindung mit Liese-
    lotte Blumenthal hrsg. v. Günter Schulz. Weimar 1964. (= NA 35).

6.1.2 Werkausgaben anderer Autoren

Fichte, Johann Gottlieb: Schriften zur Wissenschaftslehre. Werke I. Hrsg. v. Wilhelm G.
    Jacobs. Frankfurt a.M. 1997.

– : Johann Gottlieb Fichte's sämmtliche Werke. Hrsg. v. I.H. Fichte. Bd. 8. [= Dritte Abthei-
    lung. Popularphilosophische Schriften. Dritter Band. Vermischte Schriften und Auf-
    sätze]. Berlin 1846.

Goethe, Johann Wolfgang: Sämtliche Werke nach Epochen seines Schaffens. Münchner
    Ausgabe. Hrsg. v. Karl Richter u.a. München 1985ff. (= MA).

– : Bd. 3.1. Italien und Weimar. 1786-1790. Teilband I. Hrsg. v. Norbert Miller, Hartmut
    Reinhardt. München 1990. (= MA 3.1).

– : Bd. 4.1. Wirkungen der Französischen Revolution. 1791-1797. Teilband I. Hrsg. v. Reiner
    Wild. München 1988. (= MA 4.1).

– : Bd. 4.2. Wirkungen der Französischen Revolution. 1791-1797. Teilband II. Hrsg. v. Klaus
    Kiefer, Hans Becker, Gerhard Müller u.a. München 1986. (= MA 4.2).

– : Bd. 8.1. Briefwechsel zwischen Schiller und Goethe in den Jahren 1794 bis 1805. Teilband
    I. Text. Hrsg. v. Manfred Beetz. (= MA 8.1).

– : Bd. 16. Dichtung und Wahrheit. Hrsg. v. Peter Sprengel. München 1985. (= MA 16).

– : Bd. 19. Johann Peter Eckermann: Gespräche mit Goethe in den letzten Jahren seines
    Lebens. Hrsg. v. Heinz Schlaffer. München 1986. (= MA 19).

Humboldt, Wilhelm von: Werke in fünf Bänden. Hrsg. v. Andreas Flitner, Klaus Giel.
    Darmstadt 1960ff. (= HS).

– : Bd. 2. Schriften zur Altertumskunde und Ästhetik. Die Vasken. Hrsg. v. Andreas Flitner,
    Klaus Giel. Darmstadt 1961. (= HS II).

– : Bd. 5. Kleine Schriften. Autobiographisches. Dichtungen, Briefe. Kommentare und An-
    merkungen zu Band I-V. Anhang. Hrsg. v. Andreas Flitner, Klaus Giel. Darmstadt
    1981. (= HS V).

Kant, Immanuel: Kritik der Urteilskraft. Werke III. Hrsg. v. Manfred Frank, Veronique Za-
    netti. Frankfurt a.M. 1996. (= Bibliothek deutscher Klassiker. Bd. 135). (= KdU. FA).

– : Werkausgabe. Hrsg. v. Wilhelm Weischedel. Bd. X. Kritik der Urteilskraft. Hrsg. v. Wil-
    helm Weischedel. Frankfurt a.M. [17]2004. (= stw. Bd. 57).

Lessing, Gotthold Ephraim: Werke und Briefe in zwölf Bänden. Hrsg. v. Wilfried Barner u.a. Frankfurt a.M. 1985ff. (= B).

– : Bd. 5/2. Laokoon. Briefe, antiquarischen Inhalts. Hrsg. v. Wilfried Barner. Frankfurt a. M. 1990. (= B 5/2).

Moritz, Karl Philipp: Werke. 3 Bde. Hrsg. v. Horst Günther. Frankfurt a. M. ²1993 (zuerst 1981).

– : Bd. 2: Reisen. Schriften zur Kunst und Mythologie. Hrsg. v. Horst Günther.

Schleiermacher, Friedrich Daniel Ernst: Kritische Gesamtausgabe. Hrsg. v. Hans-Joachim Birkner, Gerhard Ebeling, Hermann Fischer u.a. Erste Abteilung. Schriften und Entwürfe. Bd. 2. Schriften aus der Berliner Zeit 1796-1799. Hrsg. v. Günter Meckenstock. Berlin, New York 1984.

Winckelmann, Johann Joachim: Schriften und Nachlaß. Hrsg. v. der Akademie der Wissenschaften und Literatur Mainz, Akademie gemeinnütziger Wissenschaften zu Erfurt, Winckelmann-Gesellschaft Stendal. Mainz 1996ff.

– : Bd. 4.1. Geschichte der Kunst des Altertums. Text. Erste Auflage Dresden 1764. Zweite Auflage Wien 1776. Hrsg. v. Adolf Borbein, Thomas Gaethgens, Johannes Irmscher, Max Kunze. Mainz 2002.

– : Bd. 4.2. Geschichte der Kunst des Altertums. Katalog der antiken Denkmäler. Erste Auflage Dresden 1764. Zweite Auflage Wien 1776. Hrsg. v. Adolf Borbein, Thomas Gaethgens, Johannes Irmscher, Max Kunze. Bearbeitet v. Mathias Hofter, Axel Rügler, Adolf Borbein u.a. Mainz 2006.

– : Bd. 9. Vermischte Schriften zur Kunst, Kunsttheorie und Geschichte. Bd. 9.1. Dresdner Schriften. Text und Kommentar. Hrsg. v. Adolf Borbein, Max Kunze, Axel Rügler. Mainz 2016.

6.1.3 Andere Quellen

Abel, Jacob Friedrich: Eine Quellenedition zum Philosophieunterricht an der Stuttgarter Karlsschule (1773-1782). Mit Einleitung, Übersetzung, Kommentar und Bibliographie hrsg. v. Wolfgang Riedel. Würzburg 1995. (= Abel/Riedel).

Appellation an das Publikum... Dokumente zum Atheismusstreit um Fichte, Forberg, Niethammer. Jena 1798/99. Hrsg. v. Werner Röhr. Leipzig 1987.

Aristoteles: Die Poetik. Griechisch/Deutsch. Übers. u. hrsg. v. Manfred Fuhrmann. Stuttgart 2001.

Boccaccio, Giovanni: Der Decamerone. Übers. v. Gustav Diezel. Revidiert v. Paola Calvino. Illustriert mit den Holzschnitten der venezianischen Ausgabe v. 1492. Mit einem Nachwort v. Horst Rüdiger. 2 Bde. Zürich 2001 [zuerst 1957].

Fontane, Theodor: Unsere lyrische und epische Poesie seit 1848. In: Ders.: Sämtliche Werke. Bd. XXI/1. Literarische Essays und Studien. Erster Teil. Hrsg. v. Kurt Schreinert. München 1963. S. 7-33.

Frühklassizismus. Position und Opposition: Winckelmann, Mengs, Heinse. Hrsg. v. Helmut Pfotenhauer, Markus Bernauer, Norbert Miller unter Mitarbeit v. Thomas Franke. Frankfurt a.M. 1995. (= Bibliothek der Kunstliteratur. Bd. 2).

Hederich, Benjamin: Ders.: Gründliches mythologisches Lexikon. Reprographischer Nachdruck der Ausgabe Leipzig 1770. Darmstadt 1996.

Herder, Johann Gottfried: Plastik. In: Klassik und Klassizismus. Hrsg. v. Helmut Pfotenhauer, Peter Sprengel unter Mitarbeit v. Sabine Schneider, Harald Tausch. Frankfurt a.M. 1995. (= Bibliothek der Kunstliteratur. Bd. 3). S. 11-107.

Henriette Herz in Erinnerungen, Briefen und Zeugnissen. Hrsg. v. Rainer Schmitz. Frankfurt a.M. 1984.

Horaz [= Quintus Horatius Flaccus]: Ars Poetica. Die Dichtkunst. Lateinisch/Deutsch. Übersetzt u. mit einem Nachwort hrsg. v. Eckart Schäfer. Stuttgart 2011.

Klassik und Klassizismus. Hrsg. v. Helmut Pfotenhauer, Peter Sprengel unter Mitarbeit v. Sabine Schneider, Harald Tausch. Frankfurt a.M. 1995. (= Bibliothek der Kunstliteratur. Bd. 3).

Montaigne, Michel de: Tagebuch der Reise nach Italien über die Schweiz und Deutschland von 1580 bis 1581. Übers., hrsg. u. mit einem Essay versehen v. Hans Stilett. Frankfurt a.M. 2002.

Ovid [= Publius Ovidius Naso]: Metamorphosen. Aus dem Lateinischen [in deutsche Prosa] übersetzt, kommentiert u. mit einem Nachwort versehen v. Michael von Albrecht. Stuttgart 2015.

Schulz, Günter: Die erste Fassung von Fichtes Abhandlung »Über Geist und Buchstab in der Philosophie. In einer Reihe von Briefen« 1795. Ein Beitrag zum Verhältnis Fichte-Schiller. In: Neue Folge des Jahrbuchs der Goethe-Gesellschaft 17 (1955). S. 114-141.

Sophokles: König Ödipus. Übersetzt v. Kurt Steinmann. Hrsg. v. Mario Leis. Stuttgart 2015. (= Reclam XL. Text und Kontext. Nr. 19236)

Staël, Anne Germaine de: Über Deutschland. Vollständige u. neu durchgesehene Fassung der deutschen Erstausgabe von 1814 in der Gemeinschaftsübersetzung v. Friedrich Buchholz, Samuel Heinrich Catel u. Julius Eduard Hitzig. Hrsg. u. mit einem Nachwort versehen v. Monika Bosse. Mit einem Register, Anmerkungen u. einer Bilddokumentation. Frankfurt a.M. ²1986.

Winckelmann, Johann Joachim: Gedancken über die Nachahmung der Griechischen Wercke in der Mahlerey und Bildhauer-Kunst. In: Frühklassizismus. Position und Opposition: Winckelmann, Mengs, Heinse. Hrsg. v. Helmut Pfotenhauer, Markus Bernauer, Norbert Miller unter Mitarbeit v. Thomas Franke. Frankfurt a.M. 1995. (= Bibliothek der Kunstliteratur. Bd. 2). S. 11-50.

[Zedler:] Johann Heinrich Zedlers Grosses vollständiges Universal-Lexicon aller Wissenschaften und Künste, Welche bißhero durch menschlichen Verstand und Witz erfunden und verbessert worden. 68 Bde. Halle, Leipzig 1732-1754.

6.2 Forschungsliteratur

Adam, Wolfgang: Herder und die Plastik. Theorie und Autopsie. Mit einem unveröffentlichten Brief von Eduard Spranger. In: Herder und die Künste. Ästhetik, Kunsttheorie, Kunstgeschichte. Hrsg. v. Elisabeth Découltot, Gerhard Lauer. Heidelberg 2013. (Beihefte zum Euphorion. Heft 72.) S. 221-252.

Albert, Claudia: Art. ›Peripetie‹. In: Reallexikon der deutschen Literaturwissenschaft. Bd. III. P-Z. Gemeinsam mit Georg Braungart, Harald Fricke, Klaus Grubmüller, Friedrich Vollhardt u. Klaus Weimar hrsg. v. Jan-Dirk Müller. Berlin, New York 2007. [= Broschierte Sonderausgabe.] S. 48f.

Alt, Peter-André: »Arbeit für mehr als ein Jahrhundert«. Schillers Verständnis von Ästhetik und Politik in der Periode der Französischen Revolution (1790-1800). In: Jahrbuch der Deutschen Schillergesellschaft 46 (2002). S. 102-133.

– : Ästhetische Revolution, schwieriger Staat, ferne Nation. Schiller und die Politik. In: Würzburger Schiller Vorträge 2005. Hrsg. v. Jörg Robert. Würzburg 2007. S. 27-45.

– : Auf den Schultern der Aufklärung. Überlegungen zu Schillers ›nationalem‹ Kulturprogramm. In: Prägnanter Moment. Studien zur deutschen Literatur der Aufklärung und Klassik. Festschrift für Hans-Jürgen Schings. Hrsg. v. Peter-André Alt, Alexander Košenina, Hartmut Reinhardt, Wolfgang Riedel. Würzburg 2002. S. 215-237.

– : Aufklärung. Lehrbuch Germanistik. Stuttgart, Weimar ²2001.

– : Schiller. Leben – Werk – Zeit. Eine Biographie. 2 Bde. München 2000.

Altenhofer, Norbert: Geselligkeit als Utopie. Rahel und Schleiermacher. In: Berlin zwischen 1789 und 1848. Facetten einer Epoche. Ausstellung der Akademie der Künste vom 30. August bis 1. November 1981. Redaktion v. Barbara Volkmann, Rose-Franc Raddatz. (= Akademie-Katalog. Bd. 132). Berlin 1981. S. 37-42.

Barbisan, Léa: Vom Gefühl zur Taktik. Der Tastsinn in den visuellen Künsten von Johann Gottfried Herder bis Walter Benjamin. In: Herder und die Künste. Ästhetik, Kunsttheorie, Kunstgeschichte. Hrsg. v. Elisabeth Découltot, Gerhard Lauer. Heidelberg 2013. (Beihefte zum Euphorion. Heft 72). S. 253-272.

Berghahn, Klaus L.: Ästhetische Reflexion als Utopie des Ästhetischen. In: Ders.: Schiller. Ansichten eines Idealisten. Frankfurt a.M. 1986. S.125-155.

– : »Das Pathetischerhabene« – Schillers Dramentheorie. In: Ders.: Schiller. Ansichten eines Idealisten. Frankfurt a.M. 1986. S. 27-58.

– : Schillers philosophischer Stil. In: Schiller-Handbuch. Hrsg. v. Helmut Koopmann. Stuttgart 1998. S. 289-302.

Bösmann, Holger: ›Ein fröhliches Gefühl seiner selbst zu entwickeln‹. Schiller als Historiker. In: Würzburger Schiller-Vorträge 2005. Hrsg. v. Jörg Robert. Würzburg 2007. S. 47-71.

– : Projekt Mensch. Anthropologischer Diskurs und Moderneproblematik bei Friedrich Schiller. Würzburg 2005. (= Würzburger Beiträge zur deutschen Philologie. Bd. 30).

Bollenbeck, Georg: Von der Universalgeschichte zur Kulturkritik. In: Friedrich Schiller. Der unterschätzte Theoretiker. Hrsg. v. Georg Bollenbeck, Lothar Ehrlich. Köln, Weimar, Wien 2007. S. 11-26.

Borchmeyer, Dieter: Ästhetische und politische Autonomie. Schillers Ästhetische Briefe im Gegenlicht der Französischen Revolution. In: Revolution und Autonomie. Deutsche Autonomieästhetik im Zeitalter der Französischen Revolution. Hrsg. v. Wolfgang Wittkowski. Tübingen 1990. S. 278-290.

Bräutigam, Bernd: Die ästhetische Erziehung der deutschen Ausgewanderten. Zeitschrift für deutsche Philologie 96 (1977). S. 508-539.

– : Generalisierte Individualität. Eine Formel für Schillers philosophische Praxis. In: Die in dem alten Haus der Sprache wohnen. Festschrift für Helmut Arntzen. Hrsg. v. Eckehard Czucka. Münster 1991. S. 149-158.

– : Szientifische, populäre und ästhetische Diktion. Schillers Überlegungen zum Verhältnis von »Begriff« und »Bild« in theoretischer Prosa. In: Offene Formen. Beiträge zur Literatur, Philosophie und Wissenschaft im 18. Jahrhundert. Hrsg. v. Bernd Bräutigam, Burghard Damerau. Frankfurt a.M., Berlin, Bern u.a. 1997. (= Berliner Beiträge zur neueren deutschen Literaturgeschichte. Bd. 22). S. 92-117.

Braungart, Georg: Leibhaftiger Sinn. Der andere Diskurs der Moderne. Tübingen 1995. (Studien zur deutschen Literatur. Bd. 130).

Brittnacher, Hans Richard: Über Anmut und Würde. In: Schiller-Handbuch. Hrsg. v. Helmut Koopmann. Stuttgart 1998. S. 587-609.

Büssgen, Antje: Abbruch – Fragment – Scheitern? Schillers »erster Versuch« über eine ästhetische Konstitution des Menschen. In: »Ein Aggregat von Bruchstücken«. Fragment und Fragmentarismus im Werk Friedrich Schillers. Hrsg. v. Jörg Robert. Würzburg 2013. S. 183-215.

Cadete, Teresa: Schillers Ästhetik als Synchronisierung seiner anthropologischen und historischen Erkenntnisse. In: Weimarer Beiträge 37 (1991). S. 839-852.

Danzer, Gerhard: Rahel Varnhagen oder der Ausgang des Menschen aus seiner selbstverschuldeten Unmündigkeit. In: Frauen in der patriarchalischen Kultur. Psychographien über Rahel Varnhagen, Madame de Staël, Karen Horney und Simone de Beauvoir. Würzburg 1997. S. 9-57.

Der ganze Mensch. Anthropologie und Literatur im 18. Jahrhundert. DFG-Symposion 1992. Hrsg. v. Hans-Jürgen Schings. Stuttgart, Weimar 1994. (= Germanistische Symposien Berichtsbände. Bd. 15).

Düsing, Wolfgang: Ästhetische Form als Darstellung der Subjektivität. Zur Rezeption Kantischer Begriffe in Schillers Ästhetik. In: Friedrich Schiller. Zur Geschichtlichkeit seines Werkes. Hrsg. v. Klaus L. Berghahn. Kronberg i. Ts. 1975. S. 197-239.

Ehlers, Monika: Grenzwahrnehmungen. Poetiken des Übergangs in der Literatur des 19. Jahrhunderts. Kleist – Stifter – Poe. Bielefeld 2007.

»Ein Aggregat von Bruchstücken«. Fragment und Fragmentarismus im Werk Friedrich Schillers. Hrsg. v. Jörg Robert. Würzburg 2013.

Ekardt, Philipp: Maß und Umriss. Bilder als Regulative bei Winckelmann und Warburg. In: Maßlose Bilder. Visuelle Ästhetik der Transgression. Hrsg. v. Ingeborg Reichle, Steffen Siegel. München 2009. S. 247-261.

Erhart, Walter: Art. ›Mimesis$_2$‹. In: Reallexikon der deutschen Literaturwissenschaft. Bd. II. H-O. Gemeinsam mit Georg Braungart, Klaus Grubmüller, Jan-Dirk Müller, Friedrich Vollhardt u. Klaus Weimar hrsg. v. Harald Fricke. Berlin, New York 2007. [= Broschierte Sonderausgabe]. S. 595-600.

Ewers, Hans-Heino: Die schöne Individualität. Zur Genese des bürgerlichen Kunstideals. Stuttgart 1978.

Feger, Hans: Die Macht der Einbildungskraft in der Ästhetik Kants und Schillers. Heidelberg 1995. (= Probleme der Dichtung. Bd. 25).

– : Durch Schönheit zur Freiheit der Existenz – Wie Schiller Kant liest. In: Monatshefte 97 (2005), 3. Heft. S. 439-449.

Fetscher, Justus: Art. ›Fragment‹. In: Ästhetische Grundbegriffe. Ein Historisches Wörterbuch in sieben Bänden. Hrsg. v. Karlheinz Barck. Bd. 2. Stuttgart, Weimar 2001. S. 551-588.

Fick, Monika: Lessing-Handbuch. Leben – Werk- Wirkung. 3., neu bearbeitete u. erweiterte Aufl. Stuttgart, Weimar 2010.

Franke, Ursula: Art. ›Spieltrieb‹. In: Historisches Wörterbuch der Philosophie. Hrsg. v. Joachim Ritter, Karlfried Gründer. Bd. 9: Se-Sp. Basel 1995. Sp. 1396-1398.

Frick, Werner: Schiller und die Antike. In: Schiller-Handbuch. Hrsg. v. Helmut Koopmann. Stuttgart 1998. S. 91-116.

Friedrich Schiller. Der unterschätzte Theoretiker. Hrsg. v. Georg Bollenbeck, Lothar Ehrlich. Köln, Weimar, Wien 2007.

Früchtl, Josef: Art. ›Schein‹. In: Ästhetische Grundbegriffe. Historisches Wörterbuch in sieben Bänden. Hrsg. v. Karlheinz Barck. Bd. 5. Stuttgart, Weimar 2003. S. 365-390.

– ; Sibille Mischer: Art. ›Vollkommenheit‹. In: Ästhetische Grundbegriffe. Ein Historisches Wörterbuch in sieben Bänden. Hrsg. v. Karlheinz Barck. Bd. 6. Stuttgart, Weimar 2005. S. 367-397.

Gaier, Ulrich: Soziale Bildung gegen ästhetische Erziehung. Goethes Rahmen der Unterhaltungen als satirische Antithese zu Schillers Ästhetischen Briefen I-IX. In: Poetische Autonomie? Zur Wechselwirkung von Dichtung und Philosophie in der Epoche Goethes und Hölderlins. Hrsg. v. Helmut Bachmaier, Thomas Rentsch. Stuttgart 1987. S. 207-272.

– : Die anthropologische Dimension von Einzelsinn-Ästhetiken. In: Herder und die Künste. Ästhetik, Kunsttheorie, Kunstgeschichte. Hrsg. v. Elisabeth Découltot, Gerhard Lauer. Heidelberg 2013. (Beihefte zum Euphorion. Heft 72). S. 13-31.

Gaiser, K.: Art. ›Exoterisch/esoterisch‹. In: Joachim Ritter u.a. (Hrsg.): Historisches Wörterbuch der Philosophie. Bd. 2: D-F. Darmstadt 1972. Sp. 865-867.

Gaus, Detlef: Geselligkeit und Gesellige. Bildung, Bürgertum und bildungsbürgerliche Kultur um 1800. Stuttgart, Weimar 1998.

Grondin, Jean: Kant zur Einführung. Hamburg ³2004.

Hamburger, Käte: Schillers Fragment *Der Menschenfeind* und die Idee der Kalokagathie. In: DVjs 30 (1956). S. 367-400.

Hansen, Frank-Peter: Die Rezeption von Kants »Kritik der Urteilskraft« in Schillers Briefen *Über die ästhetische Erziehung des Menschen*. In: Literaturwissenschaftliches Jahrbuch 33 (1992). S. 165-188.

Hatfield, Henry: Schiller, Winckelmann, and the Myth of Greece. In: Schiller 1759/1959. Commemorative American Studies. Hrsg. v. John R. Frey. Urbana 1959. S. 12-35.

Hauck, Florian: Herkules als Mittler zwischen Mensch und Göttern. Schillers *Brief eines reisenden Dänen*. In: Schiller im philosophischen Kontext. Hrsg. v. Cordula Burtscher, Markus Hien. Würzburg 2011. S. 92-102.

Heinz, Marion: »Die Harmonie des Menschen mit der Gottheit« – Anthropologie und Geschichtsphilosophie bei Reinhold und Schiller. In: Friedrich Schiller. Der unterschätzte Theoretiker. Hrsg. v. Georg Bollenbeck, Lothar Ehrlich. Köln, Weimar, Wien 2007. S. 27-37.

– : Schönheit als Bedingung der Menschheit. Ästhetik und Anthropologie in Schillers ästhetischen Briefen. In: Transzendenz und Existenz. Festschrift für Wolfgang Janke zum 70. Geburtstag. Hrsg. v. Manfred Baum. Amsterdam, New York 2001. S. 121-137.

Henrich, Dieter: Der Begriff der Schönheit in Schillers Ästhetik. In: Zeitschrift für philosophische Forschung 11 (1957). S. 527-547.

– : Schillers Denken im Spannungsfeld der Jenaer Konstellation. In: Friedrich Schiller. Dichter, Denker, Vor- und Gegenbild. Hrsg. v. Jan Bürger. Göttingen 2007. S. 116-135.

Herder Handbuch. Hrsg. v. Stefan Greif, Marion Heinz, Heinrich Clairmont. Paderborn 2016.

Herder und die Künste. Ästhetik, Kunsttheorie, Kunstgeschichte. Hrsg. v. Elisabeth Découltot, Gerhard Lauer. Heidelberg 2013. (Beihefte zum Euphorion. Heft 72).

Heyden-Rynsch, Verena von: Europäische Salons. Höhepunkte einer versunkenen weiblichen Kultur. München 1992.

Hinderer, Walter: Versuch über die Schreibweise der offenen Denkform. Anmerkungen zu Schillers *Philosophischen Briefen* und *Kallias, oder über die Schönheit*. In: »Ein Aggregat von Bruchstücken«. Fragment und Fragmentarismus im Werk Friedrich Schillers. Hrsg. v. Jörg Robert. Würzburg 2013. S. 161-181.

Hogrebe, Wolfgang: Fichte und Schiller. Eine Skizze. In: Schillers Briefe über die ästhetische Erziehung. Hrsg. v. Jürgen Bolten. Frankfurt a.M. 1984. S. 276-289.

Huebner, Kathinka: Die Kallias-Briefe von Friedrich Schiller – eine Analyse des Kunstschönen. Eine Darstellung der Kunsttheorie Friedrich Schillers mit semiotischen Mitteln. In: Zeitschrift für Literaturwissenschaft und Linguistik 7 (1977). S. 173-187.

Janz, Rolf-Peter: Ansichten der Juno Ludovisi. Winckelmann – Schiller – Goethe. In: Prägnanter Moment. Studien zur deutschen Literatur der Aufklärung und Klassik. Festschrift für Hans-Jürgen Schings. Hrsg. v. Peter-André Alt, Alexander Košenina, Hartmut Reinhardt, Wolfgang Riedel. Würzburg 2002. S. 357-372.

– : Natur und Kunst als Eideshelfer des Vollkommenen. In: »Ein Aggregat von Bruchstücken«. Fragment und Fragmentarismus im Werk Friedrich Schillers. Hrsg. v. Jörg Robert. Würzburg 2013. S. 135-143.

– : Über die ästhetische Erziehung des Menschen in einer Reihe von Briefen. In: Schiller-Handbuch. Hrsg. v. Helmut Koopmann. Stuttgart 1998. S. 610-626.

Karthaus, Ulrich: Schiller und die Französische Revolution. In: Jahrbuch der Deutschen Schillergesellschaft 33 (1989). S. 210-239.

Kittsteiner, Heinz Dieter: Von der Geschichtsphilosophie zur Ästhetik. Von der Ästhetik zur Geschichtsphilosophie. In: Friedrich Schiller. Der unterschätzte Theoretiker. Hrsg. v. Georg Bollenbeck, Lothar Ehrlich. Köln, Weimar, Wien 2007. S. 39-58.

Kohlross, Christian: Die poetische Erkundung der wirklichen Welt. Literarische Epistemologie (1800-2000). Bielefeld 2010.

Kondylis, Panajotis: Die Aufklärung im Rahmen des neuzeitlichen Rationalismus. Hamburg 2002 [zuerst 1981].

Koopmann, Helmut: Kleinere Schriften nach der Begegnung mit Kant. In: Schiller-Handbuch. Hrsg. v. Helmut Koopmann. Stuttgart 1998. S. 575-586.

Koukou, Kalliope: Schillers Kant-Kritik in seiner Schrift *Über Anmut und Würde*. In: Schiller im philosophischen Kontext. Hrsg. v. Cordula Burtscher, Markus Hien. Würzburg 2011. S. 40-49.

Kremer, Detlef: Skeptische Fragmente. Über den Zusammenhang von Skepsis und Fragment in der Spätaufklärung. In: Kleine Prosa. Theorie und Geschichte eines Textfeldes im Literatursystem der Moderne. Hrsg. v. Thomas Althaus, Wolfgang Bunzel, Dirk Göttsche. Tübingen 2007. S. 45-54.

Loth, Robert: Das Problem der Freiheit. Über die Schönheit in Schillers *Kallias*-Briefen. In: Jahrbuch der Deutschen Schillergesellschaft 60 (2016). S. 189-215.

Luserke, Matthias: Die Suche nach dem objektiven Begriff des Schönen. Von der Ästhetik Schillers zur Metaphysik des Schönen bei Schopenhauer. In: Zeitschrift für Germanistik 1 (1994). S. 24-34.

– : Sturm und Drang. Autoren – Texte – Themen. Stuttgart 2003 [zuerst 1997].

Mainberger, Sabine: Einfach (und) verwickelt. Zu Schillers ›Linienästhetik‹. Mit einem Exkurs zum Tanz in Hogarths *Analysis of Beauty*. In: DVjs 79 (2005). S. 196-252.

Meier, Lars: Kantische Grundsätze? Schillers Selbstinszenierung als Kant-Nachfolger in seinen Briefen *Ueber die ästhetische Erziehung des Menschen*. In: Schiller im philosophischen Kontext. Hrsg. v. Cordula Burtscher, Markus Hien. Würzburg 2011. S. 50-
63.

Mein, Georg: Die Konzeption des Schönen. Der ästhetische Diskurs zwischen Aufklärung
und Romantik: Kant – Moritz – Hölderlin – Schiller. Bielefeld 2000.

Meixner, Horst: »Ein Wald von Statuen«. Zur Wirkungsgeschichte des Mannheimer Antikensaals. In: Der Antikensaal in der Mannheimer Zeichnungsakademie 1769-1803.
Ausstellung des Archäologischen Seminars der Universität Mannheim (22.11.-
10.12.1982). Hrsg. v. der Gesellschaft der Freunde Mannheims und der ehemaligen
Kurpfalz – Mannheimer Altertumsverein von 1859. Mannheim 1984. S. 48-62.

Menges, Karl: Schönheit als Freiheit in der Erscheinung. Zur semiotischen Transformation
des Autonomiegedankens in den ästhetischen Schriften Schillers. In: Friedrich Schiller. Kunst, Humanität und Politik in der späten Aufklärung. Ein Symposion. Hrsg.
v. Wolfgang Wittkowski. Tübingen 1982. S. 181-199.

Mertens, Marina: Anthropoetik und Anthropoiesis. Zur Eigenleistung von Darstellungsformen anthropologischen Wissens bei Friedrich Schiller. Hannover 2014. (= Bochumer Quellen und Forschungen zum 18. Jahrhundert. Bd. 5).

Muehleck-Müller, Cathleen: Schönheit und Freiheit. Die Vollendung der Moderne in der
Kunst. Schiller – Kant. Würzburg 1989. (= Epistemata. Würzburger wissenschaftliche Schriften. Reihe Literaturwissenschaft. Bd. 36).

Mülder-Bach, Inka: Im Zeichen Pygmalions. Das Modell der Statue und die Entdeckung
der »Darstellung« im 18. Jahrhundert. München 1998.

Müller Niebala, Daniel: Die »Gewalt« der »Vergleichung«. Zur Freiheit in Schillers Kant-
Lektüre. In: Jahrbuch der Deutschen Schillergesellschaft 43 (1999). S. 222-240.

Nieke, W.: Art. ›Eklektizismus‹. In: Joachim Ritter u.a. (Hrsg.): Historisches Wörterbuch
der Philosophie. Bd. 2: D-F. Darmstadt 1972. Sp. 432f.

Oschmann, Dirk: Die Aporien des ›Ganzen‹. In: »Ein Aggregat von Bruchstücken«. Fragment und Fragmentarismus im Werk Friedrich Schillers. Hrsg. v. Jörg Robert.
Würzburg 2013. S. 249-267.

Peter, Emanuel: Geselligkeiten. Literatur, Gruppenbildung und kultureller Wandel im 18.
Jahrhundert. Tübingen 1999. (= Studien zur deutschen Literatur. Bd. 153).

Petersen, Jürgen H.: Mimesis – Imitatio – Nachahmung. Eine Geschichte der europäischen
Poetik. München 2000.

Pfaff, Peter: Das Horen-Märchen. Eine Replik auf Schillers *Briefe über die Ästhetische Erziehung*. In: Geist und Zeichen. Festschrift für Arthur Henkel zu seinem 60. Geburtstag. Hrsg. v. Herbert Anton, Bernhard Gajek, Peter Pfaff. Heidelberg 1977. S. 320-332.

Pfotenhauer, Helmut: Anthropologie, Transzendentalphilosophie, Klassizismus. Begründungen des Ästhetischen bei Schiller, Herder und Kant. In: Anthropologie und Literatur um 1800. Hrsg. v. Jürgen Barkhoff, Eda Sagarra. München 1992. S. 72-97.

– : Anthropologische Ästhetik und Kritik der ästhetischen Urteilskraft oder Herder, Schiller, die antike Plastik und Seitenblicke auf Kant. In: Ders.: Um 1800. Konfigurationen der Literatur, Kunstliteratur und Ästhetik. Tübingen 1991. S. 201-220.

–: Ausdruck. Farbe. Kontur. Winckelmanns Ästhetik und die Moderne. In: Winckelmann. Moderne Antike. Katalog der gleichnamigen Ausstellung im Neuen Museum Weimar vom 7.4.-2.7.2017. Hrsg. v. Elisabeth Décultot, Martin Dönike, Wolfgang Holler u.a. München 2017. S. 67-81.

– : Einführung. In: Der ganze Mensch. Anthropologie und Literatur im 18. Jahrhundert. DFG-Symposion 1992. Hrsg. v. Hans-Jürgen Schings. Stuttgart, Weimar 1994. (= Germanistische Symposien Berichtsbände. Bd. 15). S. 555-560.

– : Evidenzverheißungen. Klassizismus und »Weimarer Klassik« im europäischen Vergleich. In: Ders.: Um 1800. Konfigurationen der Literatur, Kunstliteratur und Ästhetik. Tübingen 1991. S. 137-155.

– : Gemeißelte Sinnlichkeit. Herders Anthropologie des Plastischen und die Spannungen darin. In: Ders.: Um 1800. Konfigurationen der Literatur, Kunstliteratur und Ästhetik. Tübingen. 1991. S. 79-102.

– : Literarische Anthropologie. Selbstbiographien und ihre Geschichte – am Leitfaden des Leibes. Stuttgart 1987.

– : Rückwärtsgewandte Moderne. Der Klassizismus in den ästhetischen Schriften Schillers. In: Würzburger Schiller-Vorträge 2005. Hrsg. v. Jörg Robert. Würzburg 2007. S. 73-91.

– : Um 1800. Konfigurationen der Literatur, Kunstliteratur und Ästhetik. Tübingen. 1991.

– : Winckelmann und Heinse. Die Typen der Beschreibungskunst im 18. Jahrhundert oder die Geburt der neueren Kunstgeschichte. http://www.goethezeitportal.de/ digitale-bibliothek/forschungsbeitraege/autoren-kuenstler-denker/winckelmann-johann-joachim/helmut-pfotenhauer-winckelmann-und-heinse.html (Abgerufen: 15.10.2010 und häufiger.) Ursprünglich veröffentlicht in: Beschreibungskunst – Kunstbeschreibung. Ekphrasis von der Antike bis zur Gegenwart. Hrsg. v. Gottfried Boehm, Helmut Pfotenhauer. München 1995. S. 313-330.

– : Würdige Anmut. Schillers ästhetische Verlegenheiten und philosophische Emphasen im Kontext bildender Kunst. In: Ders.: Um 1800. Konfigurationen der Literatur, Kunstliteratur und Ästhetik. Tübingen 1991. S. 157-178.

– : Zerstückelung und phantasmatische Ganzheit. Grundmuster ästhetischer Argumentation in Klassizismus und Antiklassizismus um 1800 (Winckelmann, Moritz, Goethe, Jean Paul). In: Der fragile Körper. Zwischen Fragmentierung und Ganzheitsanspruch. Hrsg. v. Elena Agazzi, Eva Kocziszky. Göttingen 2005. S. 121-131.

Pieper, Heike: Schillers Projekt eines »menschlichen Menschen«. Eine Interpretation der *Briefe über die ästhetische Erziehung des Menschen* von Friedrich Schiller. Lage 1997.

Plumpe, Gerhard: Ästhetische Kommunikation der Moderne. Bd. 1. Von Kant bis Hegel. Opladen 1993.

Rainer, Ulrike: Schillers Prosa. Poetologie und Praxis. Berlin 1988.

Reallexikon der deutschen Literaturwissenschaft. Bd. I. A-G. Gemeinsam mit Harald Fricke, Klaus Grubmüller u. Jan-Dirk Müller hrsg. v. Klaus Weimar. Berlin, New York 2007. [= Broschierte Sonderausgabe].

Reallexikon der deutschen Literaturwissenschaft. Bd. II. H-O. Gemeinsam mit Georg Braungart, Klaus Grubmüller, Jan-Dirk Müller, Friedrich Vollhardt u. Klaus Weimar hrsg. v. Harald Fricke. Berlin, New York 2007. [= Broschierte Sonderausgabe].

Reallexikon der deutschen Literaturwissenschaft. Bd. III. P-Z. Gemeinsam mit Georg Braungart, Harald Fricke, Klaus Grubmüller, Friedrich Vollhardt u. Klaus Weimar hrsg. v. Jan-Dirk Müller. Berlin, New York 2007. [= Broschierte Sonderausgabe].

Reed, Terence James: Schillers Leben und Persönlichkeit. In: Schiller-Handbuch. Hrsg. v. Helmut Koopmann. Stuttgart 1998. S. 1-22.

Reinhardt, Hartmut: Ästhetische Geselligkeit. Goethes literarischer Dialog mit Schiller in den Unterhaltungen deutscher Ausgewanderten. In: Prägnanter Moment. Studien zur deutschen Literatur der Aufklärung und Klassik. Festschrift für Hans-Jürgen Schings. Hrsg. v. Peter-André Alt, Alexander Košenina, Hartmut Reinhardt, Wolfgang Riedel. Würzburg 2002. S. 311-341.

Riedel, Wolfgang: Anthropologie und Literatur in der deutschen Spätaufklärung. Skizze einer Forschungslandschaft. In: Internationales Archiv für Sozialgeschichte der deutschen Literatur. Sonderheft 6 (1994). Forschungsreferate 3. S. 93-157.

– : Art. ›Literarische Anthropologie‹. In: In: Reallexikon der deutschen Literaturwissenschaft. Bd. II. H-O. Gemeinsam mit Georg Braungart, Klaus Grubmüller, Jan-Dirk Müller, Friedrich Vollhardt u. Klaus Weimar hrsg. v. Harald Fricke. Berlin, New York 2007. [= Broschierte Sonderausgabe]. S. 432-434.

– : Die Anthropologie des jungen Schiller. Zur Ideengeschichte der medizinischen Schriften und der »Philosophischen Briefe«. Würzburg 1985. (= Epistemata. Reihe Literaturwissenschaft. Bd. 17).

– : Die anthropologische Wende: Schillers Modernität. In: Würzburger Schiller-Vorträge 2005. Hrsg. v. Jörg Robert. Würzburg 2007. S. 1-24.

– : Die Aufklärung und das Unbewußte. Die Inversionen des Franz Moor. In: Jahrbuch der Deutschen Schillergesellschaft 37 (1993). S. 198-220. – In aktualisierter Fassung erneut gedruckt in: Von Schillers *Räubern* zu Shelleys *Frankenstein*. Wissenschaft und Literatur im Dialog um 1800. Hrsg. v. Dietrich von Engelhardt, Hans Wißkirchen. Stuttgart, New York 2006. S. 19-40.

– : Die Freiheit und der Tod. Grenzphänomene idealistischer Theoriebildung beim späten Schiller. In: Friedrich Schiller. Der unterschätzte Theoretiker. Hrsg. v. Georg Bollenbeck, Lothar Ehrlich. Köln, Weimar, Wien 2007. 59-71.

– : Erkennen und Empfinden. Anthropologische Achsendrehung und Wende zur Ästhetik bei Johann Georg Sulzer. In: Der ganze Mensch. Anthropologie und Literatur im 18. Jahrhundert. DFG-Symposion 1992. Hrsg. v. Hans-Jürgen Schings. Stuttgart, Weimar 1994. (= Germanistische Symposien Berichtsbände. Bd. 15). S. 410-439.

– : Erster Psychologismus. Umbau des Seelenbegriffs in der deutschen Spätaufklärung. In: Zwischen Empirisierung und Konstruktionsleistung. Anthropologie im 18. Jahrhundert. Hrsg. v. Heinz Thoma, Jörn Garber. Tübingen 2004. (= Hallesche Beiträge zur Europäischen Aufklärung. Bd. 24). S. 1-17.

– : Influxus physicus und Seelenstärke. Empirische Psychologie und moralische Erzählung in der deutschen Spätaufklärung und bei Jacob Friedrich Abel. In: Anthropologie und Literatur um 1800. Hrsg. v. Jürgen Barkhoff, Eda Sagarra. München 1992. (= Publications of the Institute of German Studies. University London. Bd. 54). S. 24-52.

– : Literarische Anthropologie. Eine Unterscheidung. In: Wahrnehmen und Handeln. Perspektiven einer Literaturanthropologie. Hrsg. v. Wolfgang Braungart, Klaus Ridder, Friedmar Apel. Bielefeld 2004. (= Bielefelder Schriften zu Linguistik und Literaturwissenschaft. Bd. 20). S. 337-366.

– : Schiller und die popularphilosophische Tradition. In: Schiller-Handbuch. Hrsg. v. Helmut Koopmann. Stuttgart 1998. S. 155-166.

– : Schriften der Karlsschulzeit. In: Schiller-Handbuch. Hrsg. v. Hemut Koopmann. Stuttgart 1998. S. 547-559.

– : Schriften zum Theater, zur bildenden Kunst und zur Philosophie vor 1790. In: Schiller-Handbuch. Hrsg. v. Hemut Koopmann. Stuttgart 1998. S. 575-586.

– : Theorie der Übertragung. Empirische Psychologie und Ästhetik der schönen Natur bei Schiler. In: Kunst und Wissen. Beziehungen zwischen Ästhetik und Erkenntnistheorie im 18. und 19. Jahrhundert. Hrsg. v. Astrid Bauereisen, Stephan Pabst, Achim Vesper. Würzburg 2009. S. 121-138.

– : Weltgeschichte als erhabenes Object. In: Prägnanter Moment. Studien zur deutschen Literatur der Aufklärung und Klassik. Festschrift für Hans-Jürgen Schings. Hrsg. v. Peter-André Alt, Alexander Košenina, Hartmut Reinhardt, Wolfgang Riedel. Würzburg 2002. S. 193-214.

Ritter, Joachim u.a. (Hrsg.): Historisches Wörterbuch der Philosophie. Bd. 2: D-F. Darmstadt 1972.

Robert, Jörg: Die Sendung Moses. Ägyptische und ästhetische Erziehung bei Lessing, Reinhold, Schiller. In: Würzburger Schiller-Vorträge 2009. Hrsg. v. Wolfgang Riedel. Würzburg 2011. S. 109-174.

– : Klassizität in der Modernität. Schillers Antike(n) und der Beginn der Klassik. In: Schiller im philosophischen Kontext. Hrsg. v. Cordula Burtscher, Markus Hien. Würzburg 2011. S. 165-180.

– : *Schein und Erscheinung*: Kant-Revision und Semiotik des Schönen in Schillers Kallias-Briefen. In: Friedrich Schiller. Der unterschätzte Theoretiker. Hrsg v. Georg Bollenbeck, Lothar Ehrlich. Köln, Weimar, Wien 2007. S. 159-175.

– : Vor der Klassik. Die Ästhetik Schillers zwischen Karlsschule und Kant-Rezeption. Berlin, Boston 2011. (= Quellen und Forschungen zur Literatur- und Kulturgeschichte. Bd. 72).

Römpp, Georg: Schönheit als Erfahrung von Freiheit. Zur transzendentallogischen Bedeutung des Schönen in Schillers Ästhetik. In: Kant-Studien 89 (1998), 4. Heft. S. 428-445.

Sandkaulen, Birgit: Schönheit und Freiheit. Schillers politische Philosophie. In: Schiller im Gespräch der Wissenschaften. Hrsg. v. Klaus Manger, Gottfried Willems. Heidelberg 2005. (= Ereignis Weimar – Jena. Kultur um 1800. Ästhetische Forschungen. Bd. 11). S. 37-56.

Sauder, Gerhard: Art. ›Briefroman‹. In: Reallexikon der deutschen Literaturwissenschaft. Bd. I. A-G. Gemeinsam mit Harald Fricke, Klaus Grubmüller u. Jan-Dirk Müller hrsg. v. Klaus Weimar. Berlin, New York 2007. [= Broschierte Sonderausgabe]. S. 255-257.

Sayce, Olive: Das Problem der Vieldeutigkeit in Schillers ästhetischer Terminologie. In: Jahrbuch der Deutschen Schillergesellschaft 6 (1962). S. 149-177.

Schiering, Wolfgang: Zur Ausstellung in den »Katakomben« des Mannheimer Schlosses. In: Der Antikensaal in der Mannheimer Zeichnungsakademie 1769-1803. Ausstellung des Archäologischen Seminars der Universität Mannheim (22.11.-10.12.1982). Hrsg. v. der Gesellschaft der Freunde Mannheims und der ehemaligen Kurpfalz – Mannheimer Altertumsverein von 1859. Mannheim: 1984. S. 6-20.

Schiller-Handbuch. Hrsg. v. Helmut Koopmann. Stuttgart 1998.

Schiller Handbuch. Leben – Werk – Wirkung. Hrsg. v. Matthias Luserke-Jaqui unter Mitarbeit v. Grit Dommes. Stuttgart, Weimar 2011. [= Broschierte Sonderausgabe].

Schilling, Diana: Über Anmut und Würde. In: Schiller Handbuch. Leben – Werk – Wirkung. Hrsg. v. Matthias Luserke-Jaqui unter Mitarbeit v. Grit Dommes. Stuttgart, Weimar 2011. [= Broschierte Sonderausgabe]. S. 388-398.

Schmitt, Jochen: Die Geschichte des Genie-Gedankens in der deutschen Literatur, Philosophie und Politik 1750-1945. Bd. 1. Von der Aufklärung bis zum Idealismus. Darmstadt ²1988.

Schneider, Helmut: Kontur der Versöhnung. Der klassische Statuenkörper als Hintergrund der Schillerschen Entfremdungskritik. In: Schiller und die Antike. Hrsg. v. Paolo Chiarini, Walter Hinderer. Würzburg 2008. (= Stiftung für Romantikforschung. Bd. XLIV). S. 347-363.

Schneider, Sabine: Die schwierige Sprache des Schönen. Moritz' und Schillers Semiotik der Sinnlichkeit. Würzburg 1998.

Seibert, Peter: Der literarische Salon. Literatur und Geselligkeit zwischen Aufklärung und Vormärz. Stuttgart, Weimar 1993.

Simon, Ralf: Der poetische Text als Bildkritik. München 2009.

Sokel, Walter: Die politische Funktion botschaftsloser Kunst. Zum Verhältnis von Politik und Ästhetik in Schillers Briefen ›Über die ästhetische Erziehung des Menschen‹. In: Revolution und Autonomie. Deutsche Autonomieästhetik im Zeitalter der Französischen Revolution. Ein Symposium. Hrsg. v. Wolfgang Wittkowski. Tübingen 1990. S. 264-272.

Strube, Werner: Schillers Kallias-Briefe oder über die Objektivität der Schönheit. In: Literaturwissenschaftliches Jahrbuch 18 (1977). S. 115-131.

Subramanian, Balasundaram: Die ›ästhetischen Briefe‹ als ›Fürstenspiegel‹ der politischen Moderne. Zum Einfluß Edmund Burkes auf Schiller. In: Friedrich Schille. Der unterschätzte Theoretiker. Hrsg. v. Georg Bollenbeck, Lothar Ehrlich. Köln, Weimar, Wien 2007. S. 87-121.

Trebels, Andreas Heinrich: Einbildungskraft und Spiel. Untersuchungen zur Kantischen Ästhetik. Bonn 1967. (Kantstudien. Ergänzungshefte. Bd. 93).

Tschierske, Ulrich: Vernunftkritik und ästhetische Subjektivität. Studien zur Anthropologie Friedrich Schillers. Tübingen 1988. (= Studien zur deutschen Literatur. Bd. 97).

Ueding, Gert: Gesprächsgesellschaft in Utopia. *Goethes Unterhaltungen deutscher Ausgewanderten.* In: Ders.: Aufklärung über Rhetorik. Versuche über Beredsamkeit, ihre Theorie und praktische Bewährung. Tübingen 1992. S. 125-137.

– : Schillers Rhetorik. Idealistisch Wirkungsästhetik und rhetorische Tradition. Tübingen 1971.

– : Schiller und die Rhetorik. In: Schiller-Handbuch. Hrsg. v. Helmut Koopmann. Stuttgart 1998. S. 190-197.

Ulrich, Thomas: Anthropologie und Ästhetik in Schillers Staat. Schiller im politischen Dialog mit Wilhelm von Humboldt und Carl Theodor von Dalberg. Frankfurt a. M., Berlin, Bern u.a. 2011. (= Bochumer Schriften zur deutschen Literatur. Bd. 71).

Vierhaus, Rudolf: »Sie und nicht wir« – Deutsche Urteile über den Ausbruch der Französischen Revolution. In: Deutschland und die Französische Revolution. Hrsg. v. Jürgen Voss. München 1983. S. 1-15.

Wellbery, David: Art. ›Stimmung‹. In: Ästhetische Grundbegriffe. Ein Historisches Wörterbuch in sieben Bänden. Hrsg. v. Karlheinz Barck. Bd. 5. Stuttgart, Weimar 2003. S. 703-733.

Wildenburg, Dorothea: »Aneinander vorbei«. Zum Horenstreit zwischen Fichte und Schiller. In: Fichte und die Romantik. Hölderlin, Schelling, Hegel und die späte Wissenschaftslehre. Hrsg. v. Wolfgang Schrader. Amsterdam 1997. S. 27-41. (= Fichte-Studien. Beiträge zur Geschichte und Systematik der Transzendentalphilosophie. Bd. 12).

Willems, Gottfried: »Vom Zusammenhang der tierischen Natur des Menschen mit seiner geistigen«. Das medizinische Wissen des 18. Jahrhunderts und der Menschenbildner Schiller. In: Schiller im Gespräch der Wissenschaften. Hrsg. v. Klaus Manger, Gottfried Willems. Heidelberg 2005. (= Ereignis Weimar – Jena. Kultur um 1800. Ästhetische Forschungen. Bd. 11). S. 57-77.

Wilm, Marie-Christin: »Vestigia terrent«. Schillers Apologie einer fragmentarischen Ästhetik. In: »Ein Aggregat von Bruchstücken«. Fragment und Fragmentarismus im Werk Friedrich Schillers. Hrsg. v. Jörg Robert. Würzburg 2013. S. 217-249.

Winkelmann, Elisabeth: Schiller und Fichte. In: Zeitschrift für Geschichte der Erziehung und des Unterrichts 24 (1934). S. 177-248.

Witte, Bernd: Das Opfer der Schlange. Zur Auseinandersetzung Goethes mit Schiller in den *Unterhaltungen deutscher Ausgewanderten* und im *Märchen.* In: Unser Commercium. Goethes und Schillers Literaturpolitik. Hrsg. v. Wilfried Barner, Eberhard Lämmert, Norbert Oellers. Stuttgart 1984. S. 461-484.

Zelle, Carsten: Art. ›Katharsis‹. In: Reallexikon der deutschen Literaturwissenschaft. Bd. II. H-O. Gemeinsam mit Georg Braungart, Klaus Grubmüller, Jan-Dirk Müller, Friedrich Vollhardt u. Klaus Weimar hrsg. v. Harald Fricke. Berlin, New York 2007. [= Broschierte Sonderausgabe]. S. 249-252.

– : Die doppelte Ästhetik der Moderne. Revisionen des Schönen von Boileau bis Nietzsche. Stuttgart, Weimar 1995.

– : Die Notstandsgesetzgebung im ästhetischen Staat. Anthropologische Aporien in Schillers philosophischen Schriften. In: Der ganze Mensch. Anthropologie und Literatur im 18. Jahrhundert. DFG-Symposion 1992. Hrsg. v. Hans-Jürgen Schings. Stuttgart, Weimar 1994. (= Germanistische Symposien Berichtsbände. Bd. 15). S. 440-468.

– : Über die ästhetische Erziehung des Menschen in einer Reihe von Briefen. In: Schiller Handbuch. Leben – Werk – Wirkung. Hrsg. v. Matthias Luserke-Jaqui unter Mitarbeit v. Grit Dommes. Stuttgart, Weimar 2011. [= Broschierte Sonderausgabe]. S. 409-445.

– : Von der Ästhetik des Geschmacks zur Ästhetik des Schönen. In: Die Wende von der Aufklärung zur Romantik 1760-1820. Epoche im Überblick. Hrsg. v. Horst Albert Glaser, György Vayda. Amsterdam, Philadelphia 2001. S. 371-397.

Zeuch, Ulrike: Die Umkehr der Sinneshierarchie in Johann Gottfried Herders *Plastik*. In: Herder und die Künste. Ästhetik, Kunsttheorie, Kunstgeschichte. Hrsg. v. Elisabeth Découtot, Gerhard Lauer. Heidelberg 2013. (Beihefte zum Euphorion. Heft 72). S. 179-192.

– : Umkehr der Sinneshierarchie. Herder und die Aufwertung des Tastsinns seit der frühen Neuzeit. Tübingen 2000. (Communicatio. Bd. 22).